国家卫生健康委员会"十三五"规划教材

全国高等中医药教育教材

供中医养生学等专业用

中医四时养生学

主　　编　龚婕宁

副 主 编　张凤瑞　李琳荣　刘晓燕　夏丽娜　章德林

编　　委（以姓氏笔画为序）

马玉侠（山东中医药大学）	夏丽娜（成都中医药大学）
田　辉（辽宁中医药大学）	黄浏姣（湖北中医药大学）
朱　平（南京中医药大学）	龚婕宁（南京中医药大学）
刘晓燕（北京中医药大学）	章德林（江西中医药大学）
李琳荣（山西中医药大学）	梁尚华（上海中医药大学）
何　璐（安徽中医药大学）	隋　华（大连医科大学）
汶　希（广州中医药大学）	韩　进（浙江中医药大学）
张凤瑞（长春中医药大学）	韩　捷（河南中医药大学）
尚懿纯（天津中医药大学）	韩洁茹（黑龙江中医药大学）

学术秘书　朱　平（兼）

人民卫生出版社

图书在版编目（CIP）数据

中医四时养生学 / 龚婕宁主编. —北京：人民卫生出版社，2019
ISBN 978-7-117-28843-9

Ⅰ.①中… Ⅱ.①龚… Ⅲ.①养生（中医）-医学院校-教材 Ⅳ.①R212

中国版本图书馆 CIP 数据核字（2019）第 193117 号

| 人卫智网 | www.ipmph.com | 医学教育、学术、考试、健康，购书智慧智能综合服务平台 |
| 人卫官网 | www.pmph.com | 人卫官方资讯发布平台 |

中医四时养生学

主　　编：龚婕宁
出版发行：人民卫生出版社（中继线 010-59780011）
地　　址：北京市朝阳区潘家园南里 19 号
邮　　编：100021
E - mail：pmph @ pmph.com
购书热线：010-59787592　010-59787584　010-65264830
印　　刷：人卫印务（北京）有限公司
经　　销：新华书店
开　　本：787 × 1092　1/16　　印张：15
字　　数：346 千字
版　　次：2019 年 9 月第 1 版　2019 年 9 月第 1 版第 1 次印刷
标准书号：ISBN 978-7-117-28843-9
定　　价：48.00 元

打击盗版举报电话：010-59787491　E-mail：WQ @ pmph.com
（凡属印装质量问题请与本社市场营销中心联系退换）

出 版 说 明

为了深入贯彻党的十九大精神,进一步贯彻落实《国务院办公厅关于推进养老服务发展的意见》《中医药健康服务发展规划(2015—2020年)》《中医药发展战略规划纲要(2016—2030年)》以及《国家中长期教育改革和发展规划纲要(2010—2020年)》《"健康中国2030"规划纲要》等文件精神,充分发挥中医药服务于全民健康的特色和优势,全面推进中医养生学专业教材建设和人才培养服务于大健康时代,2018年4月,人民卫生出版社在教育部、国家卫生健康委员会、国家中医药管理局的领导下,在充分调研论证的基础上,启动了全国高等中医药教育中医养生学专业教材建设工作。

根据中医养生学专业人才培养目标,在第三届全国高等中医药教育教材建设指导委员会的领导指导下,人民卫生出版社成立了全国高等中医药教育首届中医养生学专业教材评审委员会,组织规划、确定了首批中医养生学专业8种主干教材。本套教材初步构建了中医养生学学科体系,坚持了立德树人的原则和人文知识的熏陶,以中医药语言表述为主体,突出了中医养生学传承与创新的融合发展,注重专业课程的导向目标和内容凝练,具有专业性和普适性。

教材具体特色如下:

1. **大师指导,注重传承** 教材建设得到国医大师亲自指导和把关,充分反映了大师的学术思想和养生精华;培养学生中医原创思维,传承经典,创新发挥,体现全套教材"重传承、厚基础、强人文、宽应用"的特点。

2. **定位准确,面向实际** 教材符合高等教育教材的基本属性和特征,以问题为导向,对人才培养体系、课程体系、教材体系进行充分调研和论证,使之更加符合教改实际、适应中医养生人才培养要求和市场需求。

3. **夯实基础,整体优化** 全套教材以培养高素质、复合型、创新型中医养生专业人才为宗旨,以体现中医养生基本理论、基本知识、基本思维、基本技能为指导,对教材体系进行科学设计、整体优化,同时既体现了不同学科自身特点,又注意各学科之间有机衔接;确保切合教学实际。

4. **纸质数字,融合发展** 教材充分体现了与时代融合、与现代科技融合、与现代医学融合的特色和理念,将移动互联、网络增值、慕课、翻转课堂等新的教学理念和教学技术、学习方式融入教材建设之中。

5. **创新形式,提高效用** 采用模块化编写的设计思路,同时图文并茂、版式精美;内容方面注重提高效用,以提高学生的学习兴趣和学习效果。

6. **突出实用,注重技能** 为增强学生综合运用所学知识的能力,全套教材大大增加了中医养生方法、技术的成果与应用,使教师好教、学生好学、方法实用。

7. **立足精品,树立标准** 教材编写人员不忘重托,精心编写;出版社不忘初心,精心审校,全程全员坚持质量控制体系,把打造精品教材作为崇高的历史使命,严把各个环节质量关,力保教材的精品属性,通过教材建设推动和深化高等中医药教育教学改革,力争打造高等中医药教育标准化教材。

8. 三点兼顾,有机结合 全套教材以基本知识点作为主体内容,并与相关部门组织的资格考试有效衔接,使知识点、创新点、执业点三点结合;避免理论与实践脱节、教学与临床脱节。

本轮教材的编写,得到了教育部、国家卫生健康委员会、国家中医药管理局和有关学会领导、专家的指导,得到了全国各院校领导、专家和教师的积极支持和参与,在此,对有关单位和个人表示衷心的感谢!希望广大院校在教学使用中及时提出宝贵意见或建议,以便不断修订和完善,为下一轮教材的修订工作奠定坚实的基础。

第三届全国高等中医药教育教材建设指导委员会

人民卫生出版社有限公司

2019 年 5 月

全国高等中医药教育本科
国家卫生健康委员会"十三五"规划教材
教材目录

中医学等专业

序号	教材名称	主编
1	中国传统文化（第2版）	臧守虎
2	大学语文（第3版）	李亚军　赵鸿君
3	中国医学史（第2版）	梁永宣
4	中国古代哲学（第2版）	崔瑞兰
5	中医文化学	张其成
6	医古文（第3版）	王兴伊　傅海燕
7	中医学导论（第2版）	石作荣
8	中医各家学说（第2版）	刘桂荣
9	*中医基础理论（第3版）	高思华　王　键
10	中医诊断学（第3版）	陈家旭　邹小娟
11	中药学（第3版）	唐德才　吴庆光
12	方剂学（第3版）	谢　鸣
13	*内经讲义（第3版）	贺　娟　苏　颖
14	*伤寒论讲义（第3版）	李赛美　李宇航
15	金匮要略讲义（第3版）	张　琦　林昌松
16	温病学（第3版）	谷晓红　冯全生
17	*针灸学（第3版）	赵吉平　李　瑛
18	*推拿学（第3版）	刘明军　孙武权
19	中医临床经典概要（第2版）	周春祥　蒋　健
20	*中医内科学（第3版）	薛博瑜　吴　伟
21	*中医外科学（第3版）	何清湖　秦国政
22	*中医妇科学（第3版）	罗颂平　刘燕峰
23	*中医儿科学（第3版）	韩新民　熊　磊
24	*中医眼科学（第2版）	段俊国
25	中医骨伤科学（第2版）	詹红生　何　伟
26	中医耳鼻咽喉科学（第2版）	阮　岩
27	中医急重症学（第2版）	刘清泉
28	中医养生康复学（第2版）	章文春　郭海英
29	中医英语	吴　青
30	医学统计学（第2版）	史周华
31	医学生物学（第2版）	高碧珍
32	生物化学（第3版）	郑晓珂
33	医用化学（第2版）	杨怀霞

序号	教材名称	主编姓名	
34	正常人体解剖学（第2版）	申国明	
35	生理学（第3版）	郭 健	杜 联
36	神经生理学（第2版）	赵铁建	郭 健
37	病理学（第2版）	马跃荣	苏 宁
38	组织学与胚胎学（第3版）	刘黎青	
39	免疫学基础与病原生物学（第2版）	罗 晶	郝 钰
40	药理学（第3版）	廖端芳	周玖瑶
41	医学伦理学（第2版）	刘东梅	
42	医学心理学（第2版）	孔军辉	
43	诊断学基础（第2版）	成战鹰	王肖龙
44	影像学（第2版）	王芳军	
45	循证医学（第2版）	刘建平	
46	西医内科学（第2版）	钟 森	倪 伟
47	西医外科学（第2版）	王 广	
48	医患沟通学（第2版）	余小萍	
49	历代名医医案选读	胡方林	李成文
50	医学文献检索（第2版）	高巧林	章新友
51	科技论文写作（第2版）	李成文	
52	中医药科研思路与方法（第2版）	胡鸿毅	

中药学、中药资源与开发、中药制药等专业

序号	教材名称	主编姓名	
53	高等数学（第2版）	杨 洁	
54	解剖生理学（第2版）	邵水金	朱大诚
55	中医学基础（第2版）	何建成	
56	无机化学（第2版）	刘幸平	吴巧凤
57	分析化学（第2版）	张 梅	
58	仪器分析（第2版）	尹 华	王新宏
59	物理化学（第2版）	张小华	张师愚
60	有机化学（第2版）	赵 骏	康 威
61	医药数理统计（第2版）	李秀昌	
62	中药文献检索（第2版）	章新友	
63	医药拉丁语（第2版）	李 峰	巢建国
64	*药用植物学（第2版）	熊耀康	严铸云
65	中药药理学（第2版）	陆 茵	马越鸣
66	中药化学（第2版）	石任兵	邱 峰
67	中药药剂学（第2版）	李范珠	李永吉
68	中药炮制学（第2版）	吴 皓	李 飞
69	中药鉴定学（第2版）	王喜军	
70	中药分析学（第2版）	贡济宇	张 丽
71	制药工程（第2版）	王 沛	
72	医药国际贸易实务	徐爱军	
73	药事管理与法规（第2版）	谢 明	田 侃
74	中成药学（第2版）	杜守颖	崔 瑛
75	中药商品学（第3版）	张贵君	
76	临床中药学（第2版）	王 建	张 冰
77	临床中药学理论与实践	张 冰	

8

78	药品市场营销学（第2版）	汤少梁
79	中西药物配伍与合理应用	王 伟　朱全刚
80	中药资源学	裴 瑾
81	保健食品研究与开发	张 艺　贡济宇
82	波谱解析（第2版）	冯卫生

针灸推拿学等专业

序号	教材名称	主编姓名
83	*针灸医籍选读（第2版）	高希言
84	经络腧穴学（第2版）	许能贵　胡 玲
85	神经病学（第2版）	孙忠人　杨文明
86	实验针灸学（第2版）	余曙光　徐 斌
87	推拿手法学（第3版）	王之虹
88	*刺法灸法学（第2版）	方剑乔　吴焕淦
89	推拿功法学（第2版）	吕 明　顾一煌
90	针灸治疗学（第2版）	杜元灏　董 勤
91	*推拿治疗学（第3版）	宋柏林　于天源
92	小儿推拿学（第2版）	廖品东
93	针刀刀法手法学	郭长青
94	针刀医学	张天民

中西医临床医学等专业

序号	教材名称	主编姓名
95	预防医学（第2版）	王泓午　魏高文
96	急救医学（第2版）	方邦江
97	中西医结合临床医学导论（第2版）	战丽彬　洪铭范
98	中西医全科医学导论（第2版）	郝微微　郭 栋
99	中西医结合内科学（第2版）	郭 姣
100	中西医结合外科学（第2版）	谭志健
101	中西医结合妇产科学（第2版）	连 方　吴效科
102	中西医结合儿科学（第2版）	肖 臻　常 克
103	中西医结合传染病学（第2版）	黄象安　高月求
104	健康管理（第2版）	张晓天
105	社区康复（第2版）	朱天民

护理学等专业

序号	教材名称	主编姓名
106	正常人体学（第2版）	孙红梅　包怡敏
107	医用化学与生物化学（第2版）	柯尊记
108	疾病学基础（第2版）	王 易
109	护理学导论（第2版）	杨巧菊
110	护理学基础（第2版）	马小琴
111	健康评估（第2版）	张雅丽
112	护理人文修养与沟通技术（第2版）	张翠娣
113	护理心理学（第2版）	李丽萍
114	中医护理学基础	孙秋华　陈莉军

115	中医临床护理学	胡 慧
116	内科护理学（第2版）	沈翠珍 高 静
117	外科护理学（第2版）	彭晓玲
118	妇产科护理学（第2版）	单伟颖
119	儿科护理学（第2版）	段红梅
120	*急救护理学（第2版）	许 虹
121	传染病护理学（第2版）	陈 璇
122	精神科护理学（第2版）	余雨枫
123	护理管理学（第2版）	胡艳宁
124	社区护理学（第2版）	张先庚
125	康复护理学（第2版）	陈锦秀
126	老年护理学	徐桂华
127	护理综合技能	陈 燕

康复治疗学等专业

序号	教材名称	主编姓名
128	局部解剖学（第2版）	张跃明 武煜明
129	运动医学（第2版）	王拥军 潘华山
130	神经定位诊断学（第2版）	张云云
131	中国传统康复技能（第2版）	李 丽 章文春
132	康复医学概论（第2版）	陈立典
133	康复评定学（第2版）	王 艳
134	物理治疗学（第2版）	张 宏 姜贵云
135	作业治疗学（第2版）	胡 军
136	言语治疗学（第2版）	万 萍
137	临床康复学（第2版）	张安仁 冯晓东
138	康复疗法学（第2版）	陈红霞
139	康复工程学（第2版）	刘夕东

中医养生学等专业

序号	教材名称	主编姓名
140	中医养生学导论	陈涤平 周时高
141	养生名著选读	田思胜
142	中医体质养生学	倪 诚
143	中医情志养生学	陈四清 侯江红
144	中医四时养生学	龚婕宁
145	中医药膳食养学	史丽萍 何富乐
146	中医养生方法学	郑 亮 金荣疆
147	中医养生适宜技术	程 凯 杨佃会

注：①本套教材均配网络增值服务；②教材名称左上角标有 * 号者为"十二五"普通高等教育本科国家级规划教材。

全国高等中医药教育本科
中医养生学专业教材评审委员会名单

前　言

　　《中医四时养生学》是国家卫生健康委员会"十三五"规划教材,由南京中医药大学等全国多所高等医学院校联合编写。本教材供全国高等中医药教育中医养生学等专业本科学生使用。

　　中医四时养生学是中医养生的核心内容之一,是在"天人合一""因时制宜"理论指导下,研究四时养生的基本理论和方法。四时养生源于古代生活实践,历经数千年,逐渐发展完善,为中华民族的繁衍昌盛作出了贡献。但在高等中医药教育领域,始终缺乏理论系统、内容完整的四时养生教科书,不利于高素质中医养生人才的培养。在全国高等中医药教育中医养生学专业教材评审委员会的组织下,全国17所高等医学院校的养生学专家共同编写了第一版《中医四时养生学》教材。本书汲取古今四时养生的丰富经验,并加以规范化、系统化,努力使内容在继承的基础上具有创新性和时代特征。

　　全书分为十二章,主要介绍中医四时养生学的概念、中医四时养生的起源和发展、中医四时养生的基本特点、四季气候与天时运气对养生的影响、四时养生纲要、四时养生基本方法、四时节气养生、季节交替养生、不同人群四时养生、中医四时养生与现代养生理论,以及春、夏、秋、冬四季养生的具体方法和易发病养护。本书全面阐述了中医四时养生的理论和方法,体现了中医四时养生的特色,理论联系实际,突出了实践性和实用性。为了拓宽教材的知识范围,增强趣味性,本书某些章节增设了知识拓展和小贴士。

　　本教材第一章由龚婕宁、梁尚华编写,第二章由刘晓燕编写,第三章由章德林编写,第四章由田辉、马玉侠编写,第五章由隋华编写,第六章由夏丽娜编写,第七章由何璐、尚懿纯编写,第八章由朱平、龚婕宁编写,第九章由张凤瑞、韩洁茹编写,第十章由李琳荣、尚懿纯编写,第十一章由黄浏姣、汶希编写,第十二章由韩捷、韩进编写。

　　本教材是集体智慧的结晶,全体编委认真完成了编写和审修任务,倾注了大量心血。在编写过程中,还得到南京中医药大学领导的大力支持,在此表示衷心的感谢。

　　由于本教材为首编,工作有较大难度,尽管编写过程中大家付出了辛勤努力,但因水平所限,书中恐有疏漏和不足之处,敬请各院校师生和读者在使用过程中提出宝贵意见,以便进一步修订提高。

编者
2019 年 3 月

目　录

第一章

绪　论

第一节　中医四时养生学概念

养生,又称为摄生,或卫生、道生、保生,是一种通过自我调摄保养生命的活动,以防病保健、减缓衰老、尽享天年为目的。中医养生历史悠久,在人类与疾病斗争的医疗实践中积累了丰富经验,为中华民族的繁衍昌盛作出了贡献。四时养生是中医养生的核心组成部分,具有独特的理论和方法。

一、四时与四时养生

"四时"一般指一年中的春、夏、秋、冬四季,如《礼记·孔子闲居》说:"天有四时,春秋冬夏"。"四时"也指一日的朝、昼、夕、夜,如《左传·昭公元年》说:"君子有四时,朝以听政,昼以访问,夕以修令,夜以安身。"即将昼夜循环的一天划分为朝、昼、夕、夜四个时段。

在《黄帝内经》奠定的中医学理论中,人体脏腑的生理功能及病理变化、临床诊治疾病的方法、养生防病等多方面,皆贯穿着"四时"的观念,从而形成了中医学气象和时间的特征。人从自然中获取生命健康所需的各种物质,又必须适应自然的变化。人与自然的和谐统一是保持健康的根本。《素问·宝命全形论》说:"人以天地之气生,四时之法成",《灵枢·本神》云:"智者之养生也,必顺四时而适寒暑,和喜怒而安居处,节阴阳而调刚柔,如是则僻邪不至,长生久视。"因此,四时养生就是顺应自然以防病保健的实践活动。

二、中医四时养生学定义和地位

中医四时养生学是在中医整体观念指导下,研究四时养生基本理论及方法的一门学科。主要从自然界四时气候及天时节令对人体影响的角度,阐明四时养生纲要、四时养生基本方法和四时易发病的养护措施。其内容对减缓衰老、预防疾病、尽享天年具有理论指导意义和实际应用价值。

"防病保健、尽终天年"是养生的最高境界,而顺应自然保养生命则是中医四时养生学的核心。中医四时养生学从四时变化的角度研究养生,充分体现了中医学"天人相应""天人合一"的理论特点。人是自然界万物之一,生、长、壮、老、已整个过程皆受到春夏秋冬、昼夜晨昏、日月运行的影响。四时应五脏,春时肝阳易旺,夏令心火易亢,长夏脾运易困,秋时肺金易燥,冬令肾气易伤。所以,养生应随四时更替调阴阳、适寒温,各种养生方法必须结合四时合理运用才能发挥最大作用。中医四时养生学以四时养生实践为基础,重视自然界春温、夏热、秋燥、冬寒四时之变对人体的影响,倡导顺应春生、夏长、秋收、冬藏四时之动的自然规律,通过多种养生保健措施养护机体、预防疾病,促使人类健康长寿、颐养天年。中医四时养生学主要包括:四时养生的原则和方法,节气养生,季节交替养生,不同人群四时养生,以及春、夏、秋、冬养生的特色法则与易发病的养护方法。中医四时养生学借鉴了现代生物气象学、时间生物学、生物钟理论、发病阈值学说等内容,阐述了其特点,贯穿着中医传统理论的主线,养生方法科学、实用,是中医四时养生理论与实践的高度结合。

中医四时养生学在人类漫长的自然演化中形成,是历代先贤养生经验的结晶,具有完整的理论体系、系统的养生方法,经过了数千年的探索与实践,是中医学的宝贵财富。中医四时养生学充分运用四时养生理论指导实践,具有鲜明的中医养生特色,在中医养生领域占有重要地位。

第二节　中医四时养生起源和发展

四时养生从起源到发展经历了漫长的时期,经过历代中医家、养生家的传承和发扬,逐渐形成了完备的理论和方法。历代发展特点可以从以下几个阶段进行总结和概述。

一、先秦时期

1. 四时养生始于原始的生活生产实践和古代天文学　上古时期,人类为生存创造简单的工具以获取食物;选择水源充足、土壤肥沃、食物丰富的地方筑巢穴、避风寒、防野兽;存火种以照明、御寒、熟食。"古者禽兽多而人少,于是民皆巢居以避之,昼拾橡栗,暮栖木上"(《庄子·盗跖》),"冬则居营窟,夏则居橧巢"(《礼记·礼运》)。先民们日出而作,日落而息,根据冬寒夏暑的气候特征选择不同的居住环境;根据四季气候变化种植五谷,主动尝试草药,寻找药物治疗疾病。这些简单的医学经验经过数代人的总结,嬗变成医学知识传承下来,成为早期的医学养生知识。

四时养生学是在古代天文历法学基础上逐渐形成的。四时是以时间为节点将一年、一日划分为四个时段,用以反映自然界生长化收藏的变化。《尚书·尧典》有"乃命羲和,钦若昊天,历象日月星辰,敬授人时。"即在尧的时代,羲氏、和氏已经开始对日月星辰、四时天象进行观察,并编制了历法传授给百姓,指导农耕稼穑之事,不同季节从事不同农事活动,又根据自然界的物候变化,将一年分为二十四节气。"顺应天时"的思想在日常生活中渐渐萌发,古人从原始的懵懂逐渐积累发展为对自然规律的掌握和利用,开始有了顺应天时的哲学思想,这些都成为后世四时养生思想的源泉。

2. 早期的四时民事活动和医事记载　早在殷商甲骨文中就有关于"疾病"的文字记载。疾病被广泛称之为"疒",记述各种疾病最常见的方式是在"疒"后面加上表示躯体某一部位或功能的字,如"疒目""疒首""疒心"。当疾病发生时,商人就会占卜,将这一切归咎于鬼神作祟、祖先惩罚等,并会祈祷祖宗保佑。到了周代,文化更加昌明,人们的饮食起居会根据四季更替而调整,这是早期的"顺奉天时"思想。《周礼·天官冢宰》记载,庖人、渔人、鳖人等根据四时不同进献不同食物,春食牛膏、献王鲔、献鳖蜃,夏食犬膏,秋食豕膏、献龟鱼,冬食羊膏等。同时,将医学分为"食医""疾医""疡医""兽医"四科。食医主要负责调配王室贵族的饮食,依四时变化,对食物的寒、热、温、凉及四季的五味所主都有明确记载。《周礼·天官冢宰》说:"食医……凡食齐眡春时,羹齐眡夏时,酱齐眡秋时,饮齐眡冬时。凡和,春多酸,夏多苦,秋多辛,冬多咸,调以滑甘。"此时,四时配五味的思想逐步形成。另外,"食医"作为官职,以"医"命名,表明食物有治疗疾病的作用,这可能是一种根据四时配制出的食养或食疗方法。该文还明确记载"四时皆有疠疾,春时有痟首疾,夏时有痒疥疾,秋时有疟寒疾,冬时有嗽上气疾",说明人们对四时不同气候与疾病的关系已有一定认识。"疾医"治病"以五味、五谷、五药养其病""分而治之"并"各书其所以",此"五味""五谷""五药"已具有早期的五行思想,并初具药物配伍的雏形。根据四时不同,起居、饮食、疾病发生均有不同,表明周人已经认识到自然界的变化与人体有密切联系,"天人相应"的思想在不断形成,同时,顺应四时变化,主动将之应用于生活中以预防疾病发生。

3. 诸子争鸣充实四时养生内容　春秋战国,是中国文化争鸣繁荣的重要阶段,形成了儒、道、墨、法、阴阳、名、纵横、杂、农、小说等思想流派。养生方面更是百花齐放,各有千秋。《老子》主张"人法地,地法天,天法道,道法自然"的自然养生之道;《庄子》认为养生之道全在"依乎天理",提倡因其自然,而保身、全生、养亲、尽年;《论语》详细论述了"食不厌精,脍不厌细"等饮食宜忌,对不同年龄之人指出"君子有三戒"的养生箴言;《管子》从天、地、四时、山川与人之间的关系论述养生要领。这一时期,有关养生的理论和方法在诸子论著中已屡见不鲜,说明春秋战国时期养生文化已形成一定理论,古人认识到生活起居、饮食衣行、情绪性格等都能够影响人的寿命,并根据精、气、神、形之间的关系,创造了养生气功、导引方法等。

在这些丰富的养生理论中,"顺应天时"是最为重要的养生原则。《周易·文言传》曰:"夫大人者,与天地合其德,与日月合其明,与四时合其序。"说明人体受天地、日月、四时的影响,顺应天地规律和四时节律才能称为智者。《左传·昭公元年》曰:"天有六气,降生五味,发为五色,徵为五声。淫生六疾。六气曰阴、阳、风、雨、晦、明也。分为四时,序为五节,过则为灾。阴淫寒疾,阳淫热疾,风淫末疾,雨淫腹疾,晦淫惑疾,明淫心疾。"指明自然界有阴阳、风雨、晦明六气,太过则能引起人体疾病,所以人体若欲保持健康,必须要按时节变化,对不同的气候做出不同的反应,才是保养身体的正确方法。《吕氏春秋》继承了老庄效法自然的抱一养生思想,提出"天生阴阳寒

暑燥湿，四时之化，万物之变。莫不为利，莫不为害。圣人察阴阳之宜，辨别万物之利以便生，故精神安乎形而寿得长焉。长也者，非短而续之也，毕其数也。毕数之务，在乎去害……故凡养生，莫若知本，知本则疾无由至矣"。这些关于自然界阴阳寒暑的认识，已开始成为指导人们生活的知识，养生成为在理论指导下进行的主动行为。同时还指出，养生不是延长生命的长度，而是保全生命应有的寿命，"毕数之务，在乎去害"，即去除有害的、不符合天道自然的行为。

4.《黄帝内经》奠定中医四时养生理论 《黄帝内经》将自然界的事物用五行思想联结成一个整体。整体观是中医学的核心观点之一，人的形体、发肤、五脏、六腑、官窍、血脉、津液自成一个完整的体系，同时还与天地自然相应，外界的五畜、五谷、五色、五季（包括长夏）、五星、五方等都与之有关，通过五行的生克制化和乘侮胜复，将时间、空间、天地人、万物万象有机地联系在一起，成为一个整体，因而利用相互的关系，可以有效地预防、治疗疾病。

《黄帝内经》提出阴阳四时是万物的根本。自然界的一切动植物都随着四时节气的变化而生活，风、雨、雪、霜、雷、雾、云亦因季节地区不同而异，植物春生、夏长、秋收、冬藏，动物亦按四季、昼夜而有其特有的生活习性。同时，四时气候的变化也会影响到人体，根据五行生克理论，不同季节易患不同疾病。《黄帝内经》中"真人""至人""圣人""贤人"都是将天地、阴阳、四时作为安身立命的根本，都是将"把握阴阳""调于四时"作为保养生命的原则。《灵枢·本神》总结指出："智者之养生也，必顺四时而适寒暑，和喜怒而安居处，节阴阳而调刚柔"。

《黄帝内经》根据四时不同，提出了四时养生的原则。"春三月，此谓发陈，天地俱生，万物以荣，夜卧早起，广步于庭，被发缓形，以使志生。""夏三月，此谓蕃秀，天地气交，万物华实，夜卧早起，无厌于日，使志无怒。""秋三月，此谓容平，天气以急，地气以明，早卧早起，与鸡俱兴，使志安宁。""冬三月，此谓闭藏，水冰地坼，无扰乎阳，早卧晚起，必待日光，使志若伏若匿。"（《素问·四气调神大论》）人的生活起居与自然界息息相关，在春、夏、秋、冬四季中，根据不同季节，采取不同的起居方式，必合于生、长、化、收、藏的自然之道，才是养生的根本。此外，《黄帝内经》还提出日节律时，人体疾病的变化，在一日中会有"旦慧""昼安""夕加""夜甚"的现象，这与人体阴阳之气在一天四时中的变化有关。无论年节律四时，还是日节律四时，人体都与天地自然同为一体，受其影响而变化，所以养生的根本原则之一便是顺应天时，把握阴阳，调于四时。

二、秦汉至隋唐时期

1. 佛道色彩鲜明的顺时养生术 公元前 221 年，秦始皇建立了统一的封建帝国，出现了短暂的稳定局面，至汉代，"与民休息"的养民政策使社会生产力得以提高，自然科学与社会科学均长足发展，医学、养生学亦是如此。在此期间，秦始皇、汉武帝追求长生不老的行为，直接影响了当时的社会风气，道教的炼丹术、服石法、神仙术、房中术竞相现世。长沙马王堆汉墓出土的彩绘"导引图"中有 44 幅各式导引姿式，形象逼真，栩栩如生，《却谷食气篇》论述了养生食气之道，此外还有《养生方》《十问》等。汉代魏伯阳所著的《周易参同契》被后世称为"万古丹经王"，这是道教以炼气结丹为主要修炼目标的早期代表作，书中借用乾、坤、坎、离、水、火、龙、虎、铅、汞等法象,以论述炼丹修仙的方法。《周易参同契》对道教气功的发展产生很大的影响,另一道教著作《太平经》对气功的论述甚为精辟:"夫人本生混沌之气,气生精,精生神,神生明,本于阴阳之气,气转为精,精转为神,神转为明。欲寿者,守气而合神,精不去其形,念此三合为一,久以致理,非同筋力,自然而致太平矣"。《太平经》提出了善恶养生之道,认为养生须行善积德。

两晋至隋唐时期,佛道思想不断融入中医学,同时也影响着养生学,充实了养生理论和方法,从理论指导渐渐趋向实际应用,尤其是道教学说,对养生学的影响是全方位的。"道法自然"被贯彻到养生的每一环节,强调人与天地的和谐统一;顺时养生,特别注意时令节序的变化,积累了四时养生的丰富经验;饮食养生,糅合儒、医家饮食养生的经验,重视食物营养和治疗作用,创制了众多药膳养生方;起居养生,载有大量关于坐卧行立、沐浴盥洗、衣着器具、语言情绪的养生格言和经验;形神同养,除注重清静守一、淡泊虚无的精神修炼外,也注重形体修炼,通过导引、按摩和武术等形体运动疏经络、调气血、除疲乏,使形体康健,达到形神合一的养生目的;另有服饵、辟谷、服食丹药等养生方法,可谓百花齐放,各有殊长。

这一时期,出现了很多杰出的养生大家和养生著述,如嵇康《养生论》、葛洪《抱朴子》、张湛《养生要集》、陶弘景《养性延命录》、孙思邈《备急千金要方·养性》《千金翼方·养性》《摄养枕中方》等。这些养生专著、专卷有大量养生理论和方法,内容十分丰富,尤重顺应天时,在中医养生学史上有承前启后的作用。

葛洪《抱朴子》是一部集道教宗旨、哲理、仪式、养生延年、禳邪却祸的著作,其中养生理论对后世养生学影响很大。他提出,"长生之要,在乎还年之道。上士知之,可以延年除病;其次不以自伐者也"(《抱朴子·极言》)。他指出,在平时的养生方法中,不能过劳过极,"行不疾步,耳不极听,目不久视,坐不至久,卧不及疲";四时有早晚,冬天不能太热,夏天不能贪图寒凉;外出登山有时令,最佳的是三月、九月,此时是"山开月"。

陶弘景《养性延命录》是一部汇集魏晋以前养生论述的专著。全书从教诫、食诫、杂诫忌禳害祈善、服气疗病、导引按摩、御女损益等方面论述了养性摄生的理论和方法,提出了"生者神之本,形者神之具,神大用则竭,形大劳则毙"形神同养的养生理论。在具体养生方法中,有顺应四时时辰阴阳变化的原则,如从夜半至日中为生气,从日中后至夜半为死气,服气吐纳应在生气时进行,导引之术在每日平旦时施行,而房中养生则要根据春、夏、秋、冬阴阳变化进行,"春三日一施精,夏及秋一月再施精,冬常闭精勿施"。

孙思邈《备急千金要方》《千金翼方》中亦提倡四时养生。如食疗中,提出"春七十二日省酸增甘以养脾气,夏七十二日省苦增辛以养肺气,秋七十二日省辛增酸以养肝气,冬七十二日省咸增苦以养心气,季月各十八日省甘增咸以养肾气"。孙思邈的四时食疗养生是以五脏、四时、五味的中医五行理论为基础的。对于起居坐卧,亦是根据一年之中人体阴阳之气变化而行事。孙思邈还提出了四季服食养生法,"凡人春服小续命汤五剂,及诸补散各一剂。夏大热,则服肾沥汤三剂。秋服黄芪等丸一二剂。冬服药酒两三剂,立春日则止。此法终身常尔,则百病不生"。

2. 谨奉天时顺乎自然思想已成共识　谨奉天时顺乎自然的思想在秦汉时期已成为各界的共识,"循天""顺天"成为各种养生流派的基本思想之一。董仲舒云:"循天之道,以养其身,谓之道也。"《史记·太史公自序》:"夫阴阳、四时、八位、十二度、二十四节各有教令,曰'顺之者昌,逆之者亡'……夫春生、夏长、秋收、冬藏,此天道之大经也,弗顺,则无以为天下纪纲。故曰'四时之大顺,不可失也'。"《淮南子·本经训》:"四时者,春生夏长,秋收冬藏,取予有节,出入有时,开阖张歙,不失其叙,喜怒刚柔,不离其理。"这一时期,谨奉天时养生的论述较多,认为人的饮食住行均应根据四时变化而变化,四时养生已从理论学说趋向于实际运用。

3. 中医四时养生方法的发展 东汉末年,《黄帝内经》《难经》《神农本草经》《伤寒杂病论》均已成书,中医学的理法方药、辨证论治体系基本形成,在此基础上繁衍出的中医养生学也得到了很大发展。《神农本草经》全书分三卷,载药 365 种,分上、中、下三品,以应天、地、人三才。《伤寒杂病论》确立了中医辨证论治体系,其中的养生思想也极具指导价值,书中提到每日饮食宜忌"夜食生菜不利人;夜食诸姜、蒜、葱等,伤人心",每月饮食宜忌"正月勿食生葱,三月勿食小蒜,十一月、十二月勿食薤",四季饮食宜忌"春不食肝,夏不食心,秋不食肺,冬不食肾,四季不食脾",这些饮食宜忌,可为四时饮食养生之宗法。另外,华佗创立的"五禽戏"亦是中医运动、导引养生法的经典,"普施行之,年九十余,耳目聪明,齿牙完坚"(《后汉书·华佗传》)。

两晋南北朝时期,食疗学得到很大的发展。食经专著大量出现,如崔浩的《食经》、刘休的《食方》,以及已亡佚的《太官食经》《太官食法》《黄帝杂饮食忌》《膳羞养疗》《马琬食经》等有 40 余部,但其中一些片段,仍可在日本丹波康赖的《医心方》中找到。《医心方》中有四时宜食,"春七十二日宜食酸咸味,夏七十二日宜食甘苦味,秋七十二日宜食辛咸味,冬七十二日宜食咸酸味。四季十八日宜食辛苦甘味",以及四时禁食,"春七十二日,禁辛味,黍、鸡、桃、葱是也;夏七十二日,禁咸味,大豆、猪、栗、藿是也;秋七十二日,禁酸味,麻子、李、韭是也;冬七十二日,禁苦味,麦、羊、杏、薤是也;四季十八日土王,禁酸咸味,麻、大豆、猪、犬、李、栗、藿是也。"唐代孟诜的《食疗本草》,是我国现存第一部食疗食养专著,从书中收载的各种食疗方剂中可以看出唐以前饮食养生的特点。另外,还有昝殷所著《食医心鉴》、杨晔撰《膳夫经手录》、南唐陈士良著《食性本草》等与饮食有关的专著,均有涉及四时饮食养生的内容。

《针灸甲乙经》提出四时针法。晋朝皇甫谧《针灸甲乙经》集《素问》《灵枢》《明堂孔穴针灸治要》的精华编著而成,继承整理了《黄帝内经》中的四时理论并加以发挥,根据四时之气及人体卫气营血运行的特点,四季选穴和针刺深浅各有不同要求,这些论述成为后世四时针灸养生的圭臬。

四时养生法至隋唐时期,已经从理论发展成实践方法,并且走入民间,指导民众饮食、住行、起居生活,同时服食、导引、房事等方面亦都体现了四时宜忌。

三、宋金元时期

1. 养生著作大量涌现深化四时养生内涵 宋代经济发达,印刷术的发明使古代文献得以大量传播和保存,宋代皇帝大多对道教、医学、养生、艺术等领域感兴趣,受其影响,养生学著作大量出现,如李昉的《太平御览·养生篇》、周守忠的《养生类纂》

《养生月览》、佚名的《养生秘录》、蒲虔贯的《保生要录》、姜蜕的《养生月录》、韦行规的《保生月录》、愚谷老人的《延寿第一绅言》、赵希鹄的《调燮类编》、陈直的《寿亲养老新书》、姚称的《摄生月令》、刘词的《混俗颐生录》，另有文人学士所著养生名篇，如苏轼的《问养生》《养生说》，陆游的《养生诗》等。元朝的养生专著有：丘处机的《摄生消息论》、李鹏飞的《三元参赞延寿书》、王珪的《泰定养生主论》、汪汝懋的《山居四要》、瞿佑的《居家宜忌》和《四时宜忌》、忽思慧的《饮膳正要》。其中，《泰定养生主论》阐释了养生应从婚合、孕育开始，这样有利于胎儿发育成长；婴儿出生，就应时时顾护；壮岁时养生则以养心为要务，防止精神和形体的过度损耗，积精全神。这种将人体按孕、幼、壮、老不同阶段划分的养生分类，也是一种人体四时养生的体现，根据人体生、长、壮、老、已的自然规律以及不同阶段的生理心理特点，施行不同的养生方法。

2. 金元四大家独特养生理论指导四时养生 "金元四大家"不仅是中医临床家、理论家，也是养生家，他们将医学理论运用于养生学，对四时养生学理论的创新与发展起了很大作用。刘完素的养生观点重在"安"字，认为"全生之术，形气贵乎安，安则有伦而不乱；精神贵乎保，保则有要而不耗"，其精于五运六气理论，指出人体"一身之气皆随四时五运六气兴衰"，不论治病还是养生，都要按照一年四时五运六气变化而随时应变。张从正以攻邪立论，但也注意补养正气，其补养正气之法，偏重于食疗，提出"养生当用食补，治病当用药攻"，同时他继承了刘完素的一部分理论，对五运六气也深有研究，提出了"外有风寒暑湿，属天之四令，无形也。内有饥饱劳逸，属地之四令，有形也"。这对四时养生有一定指导意义。李杲则以补土立本，创制了补中益气汤这一名方，同时又补充了"四时用药加减法"，即根据四时不同，又须加减应用，不拘泥固执，又顺应天时。朱震亨倡"相火论"，力主滋阴，他在《格致余论》中提出了"夏月伏阴在内论"，从一年中阴阳之气的变化论述了"春夏养阳"的重要性，提出"内伏阴"的生理状态，提倡春夏食寒凉以养阳的观点。以上独特的养生理论，对四时饮食养生和不同体质、不同年龄人群的四时养生均具有重要指导意义。

3. 编撰四时养生专著 元代丘处机著《摄生消息论》是一部以四时养生立目的养生专著。全书分为4个章节，分别论述了春、夏、秋、冬四季摄生理论。书中将《黄帝内经》养生意旨与道家养生观相结合，融合天人相应、阴阳五行理论阐明四时摄生原理，强调了肝脏春旺、心脏夏旺、肺脏秋旺、肾脏冬旺的养生特点，进而结合个人心得，论述了针对春、夏、秋、冬四时的防病调摄原则"相五脏病法"。提倡养生应顺应四时阴阳之气的消长，起居饮食要"合乎四时长养之道"，固护精气，四时之病主要原因是阴阳乖违，气血逆乱，应辨证论治。元代瞿佑的《四时宜忌》亦是一部四季养生著作，博引了历代文献中有关四季所宜所忌的注意事项编辑而成。南宋周守忠《养生月览》是以十二月立目的养生著作，按照月令顺序予以排列，叙述一年十二个月的逐月养生之法，各种日常生活的宜忌，包括着装、饮食、房事、疾病等多方面。至此，中医四时养生理论与方法渐趋系统和完善。

四、明清时期

1. 明清医家对四时养生学的影响 明清时期出现了很多著名的养生学家，养生

7

专著相继出版,对四时养生学的发展起到很大推动作用。

养生著作如明代朱权的《臞仙神隐》、佚名的《彭祖摄生养性论》《孙真人摄养论》《四气摄生图》、刘宇的《安老怀幼书》、冷谦的《修龄要旨》、万全的《养生四要》、高濂的《遵生八笺》、胡文焕的《养生集览》、李中梓的《颐生微论》、龚廷贤的《寿世保元》及《正统道藏养生书选录十六种》《洪缏集刊养生书六种》《格致丛书·养生书选录十二种》《夷门广牍·养生选录三种》……清代有石成金的《石成金医书四种》、冯曦的《颐养诠要》、曹庭栋的《老老恒言》、汤灏《保生编》、叶志诜《颐身集》、黄凯钧的《一览延龄》《橘旁杂论》、田绵淮的《延命金丹》《护身宝镜》、王士雄的《随息居饮食谱》、袁枚《随园食单》等。其内容丰富,方法众多,为四时养生提供了全面指导。

明代的某些养生理论与方法颇具影响。例如李梴“保养说”力驳佛、道唯心的养生说,认为《黄帝内经》的“食饮有节,起居有常,不妄作劳”“精神内守”是养生的正宗。张介宾在《类经》“摄生类”中汇集了《黄帝内经》的论述并加以阐发,其个人关于养生的创见,则集中体现在《治形论》中,他首先批判了老子“使吾无身,吾有何患”的消极厌世人生观,辩证地阐述了形与神、形与生命的关系,认为形是神和生命的物质基础,因而明确指出:“善养生者,可不先养此形以为神明之宅;善治病者,可不先治此形以为兴复之基乎!”他认为养形重在精血,谓“精血即形也”,并常用温补药以养精血,成为薛己之后温补派首领,所创的左归饮、右归饮,是补阳气阴精、防治老年病常用的名方。赵献可继承薛己、孙一奎之说,创造性地发挥了命门学说,提出:“余所以谆谆必欲明此论者,欲世之养生者、治病者均以命门为君主,而加意于火之一字”。李中梓的论点比较全面,他提出肾为先天之本,脾为后天之本,先天分水火论治,后天分饮食、劳倦论治的观点。明代龚廷贤在《寿世保元》中,不但阐发了许多前人的养生理论,而且搜集了大量延年益寿的秘方,并把重要者编成口诀,流传甚广。他还编写了《衰老论》,对人衰老的原因作了专题研究。清代则以徐大椿与叶桂的有关论述最为重要。徐大椿对寿命问题有独到见解,认为寿命在受生之时已有“定分”,这定分就是元气。人的寿命长短,决定于元气的盛衰,所以强调“谨护元气”是养生、治病之首要。叶桂《临证指南医案》中记载了300多例老年病的治验,提出人在六十以后身体状况以“肾虚”为主的观点,在养生方面,强调应注重顺天时,并做到保真气、慎劫夺,他说:“颐养功夫,寒暄保摄,尤当加意于药饵之先”,还特别指出须戒烟酒。

2. 明清时期的四时养生　明代高濂撰的《遵生八笺》中有《四时调摄笺》,主要介绍四时脏腑调摄的养生方法,包括导引、方药、饮食等方面内容。他依据《黄帝内经》理论,遵循天人合一的学术观点,泛引各家对四时逐月养生的精辟论述,以指导人们根据不同的时令,采取不同的养生方法。另外,他还按月附行气导引图谱,并指出逐月养生的事宜与禁忌等事项。尤乘《寿世青编》中有“四时摄生篇”“十二时无病法”“四季却病六字诀”;田绵淮《护身宝镜》中有“春日调摄”“夏日调摄”“秋日调摄”“冬日调摄”“每日调摄”“每夜调摄”等,均为四时养生增加了新的内容。

五、近现代时期

1. 民国时期四时养生学的中西汇通　中国自鸦片战争后,便进入了一个硝烟四起、思想激荡、文化冲突的时代,有"昌明中国固有之学术为宗旨"的守旧派,有"反传统、反孔教、反文言"之新文化运动,亦有"中学为体、西学为用"的中西汇通主张。这种中西汇通的思想也影响到了养生学界,郑观应的《中外卫生要旨》是一部融汇中西医学的综合性养生著作,书中汇编了大量中外养生及卫生资料,倡导预防为主。全书中西合璧,发挥中西医理之长处,尤其大量择录西医生理、生化内容佐证中医论述,具有显著的中西医汇通的特点,其中收录了"却病延年动功",是以二十四节气为主的导引功法。《保全生命论》是英国人口译而中国人记录的国外养生著作,由英国人古兰肥勒撰,在近代西方解剖学、生理学的基础上,阐述了人的日常饮食、起居及工作所应遵循的一般原则,又在附卷中论及了对健康有影响的四个因素:"人之短处""生命力""人之性情""随时应变"等。伍廷芳《延寿新法》亦是吸取西医知识而著的养生著作,书中主要以近代西医学为基础,借鉴中医学知识来阐述其养生观点,提出"食之有时",一日食两餐即中餐和晚餐就足够身体的需要,这与现今养生理念并不符合。对于睡眠,认为应顺应自然界规律,日出而起,日入而息,此与中医的观点相同。

2. 当代养生热潮推崇四时养生　新中国成立后,综合国力不断提升,百姓的生活日渐富足,从最初解决温饱的生存要求,到现在全面小康的迈进,体现着人们在精神、健康方面对美好生活的强烈追求,与之相应,养生主题亦逐渐成为民众关注的热点。我国在1987年设立了中医养生康复专业,近年又增设了独立的养生专业,开创了专业养生人才培养的全新模式。广泛开展养生保健科普教育,利用多种传播媒介进行传播。中医界高度重视中医养生,在中医养生理论、方法的研究和普及方面做了大量工作。其主要表现有:整理出版养生古籍、发表养生论文、编著养生著作、开展养生研究、整理名老中医的养生思想、与社会资本合作开发养生旅游等,都显示出民众对养生的热情和对身体健康的强烈愿望。四时养生学也得到蓬勃发展,不断总结实践经验,探索新的方法。例如,根据春生、夏长、秋收、冬藏的理论,从清末民国时期开始,在江浙沪一带渐渐形成了冬季进补膏方的风俗。膏方不但在治疗疾病上有很好的效果,在滋补、保健、预防、养生方面也极具特色。中医学家秦伯未所撰写的《膏方大全》《谦斋膏方案》,从冬令膏方的意义、效力、组方、用量、时期、煎熬、服食、禁忌、经验等方面论述了膏方的宜忌,开启了以中医膏方进行季节调养的新局面。迄今,膏方已成为冬令进补的代表性方法而得到公认。

纵观古今,中医四时养生源远流长,内容丰富,代有发展,不仅为中华民族的繁衍昌盛建立了丰功伟绩,还将为整个人类的健康长寿、医疗保健作出更大的贡献。

第三节　中医四时养生基本特点

中医四时养生基于四时变化与人体的反应进行调摄,具有鲜明的东方哲学思想和中华民族的传统色彩。具体而言,有如下特点:

一、顺应自然,因时制宜

四时养生的首要特点是"顺天因时"养护机体,从中医学"天人相应"的观念出发,强调"天人合一"的关系。人与自然是一个统一的整体,主要表现在人与自然的不可分割和人对自然的依赖和相应。如老子所言:"人法地,地法天,天法道,道法自然。"庄周进一步提出:"天地与我并生,而万物与我为一。"人体既需要自然之物以维持生命和健康,又必须了解自然的变化,并采取相应的养生措施适应其变化以预防疾病。因而,四时养生不能孤立地研究人的状况,更重要的是要研究如何调节人与自然相统一的关系,使人体处于对自然的最佳"获取"和"适应"状态。所以,四时养生首先提倡顺应春、夏、秋、冬四季气候变化规律养生。

春、夏、秋、冬四季是自然界四时气候变化的征象,又是阴阳升降、寒暑更迭的标志。自然界的万物生长在四季表现为春生、夏长、秋收、冬藏的特点,从气候而言,又常见春温、夏热、秋凉、冬寒的规律。同时,它们又是一个不可分割的整体,是一个连续变化的过程。没有生长就无所谓收藏,也就没有第二年的再生长。正因为有了寒热温凉、生长收藏的消长进退变化,才有了生命的正常发育和成长。在长期的生产和医疗实践中,人们观察到自然界四时气候的变化对人体的影响很大,四季更替、寒暑变化不可避免地干预人体脏腑的生理活动和病理变化。在正常生理状况下,人与自然界时辰季节变化具有同步的相应性变化,人体生理功能随着天地四时之气的运动变化而进行着自稳调节。因此,养生实践中,就必须做到顺应四时气候以调养五脏之气,即春养生,顺应春季阳气的生发以舒肝气;夏养长,顺应夏季阳气的旺盛以养心气;秋养收,顺应秋季阳气的收藏以养肺气;冬养藏,顺应冬季阳气的闭藏以养肾气,维护人和自然的统一,达到健康长寿的目的。

依据五行学说和脏腑功能特点,五脏分别对应不同的季节,如肝属风主春,心属火主夏,脾属土主长夏,肺属金主秋,肾属水主冬。在五脏各自的主时季节,该脏之气就相对较为旺盛。此时养生宜循此规律重点养护,春应养肝,夏应养心,长夏应养脾,秋应养肺,冬应养肾。同样,时令的变化还与经络、肌肤、骨骼等组织相关。《素问·四时刺逆从论》说:"春气在经脉,夏气在孙络,长夏气在肌肉,秋气在皮肤,冬气在骨髓中。"所以,要根据四时变化与五行生克制化的规律,按照不同季节经气的变化保养脏腑经络。此外,人体是一个完整的系统,精气神兼备是生命力的体现。精的生成、贮藏,气的充养、运行,神的状态、调节,也会受到季节的影响,养生应注意顺时保养精气神,尤其应排除不利因素的干扰,做到封藏适宜、动静有度、形神共养。"神"即人的意志、情绪、思维活动,是脏腑气血活动的产物,但反过来又能主宰脏腑气血的功能活动,且与气候时令有关,所以四时调神各有方法。

二、法于阴阳,和于数术

自然界阴阳之气消长运动,既有四时节律,也有昼夜节律,四时养生的宗旨是保持机体内外阴阳的协调。人体保持健康,实际是指人体在自然社会环境中保持"阴平阳秘"的协调状态。四时阴阳的变化会直接影响人体内在的阴阳平衡,所谓"上应天光星辰历纪,下副四时五行,贵贱更立,冬阴夏阳,以人应之",因此,养生保健的目的就是要保持和维护其协调平衡状态,正如《素问·至真要大论》所说:"谨察阴阳所在而调之,以平为期"。

保持人体内外的阴阳协调平衡,养生的关键在于阴阳的依存互根和消长转化。例如,冬至一阳生,由春至夏是阳长阴消的过程,所以有春之温、夏之热;夏至一阴生,由秋至冬是阴长阳消的过程,所以有秋之凉、冬之寒。所以四时养生有"春夏养阳,秋冬养阴"之法,就是从大自然的阴阳变化影响人体内环境阴阳平衡的角度提出的调养方法。张志聪《素问集注》解释说:"春夏之时,阳盛于外而虚于内;秋冬之时,阴盛于外而虚于内。故圣人春夏养阳,秋冬养阴,以从其根而培养之。"由于春夏阳虚于内,阳虚则寒,宜用辛热温阳食品以补阳气;秋冬阴虚于内,阴虚则热,宜用寒凉养阴食品以补阴气。实际就是把握四时阴阳变化规律,结合季节气候特点,调整人体的阴阳偏差,以保持人体内外的阴阳协调平衡。其具体方法可涉及饮食起居、运动、调养精神等多方面。如果不能如此养生,则易患疾病甚至危及寿命。正如张介宾在《类经》中所说:"今人有春夏不能养阳者,每因风凉生冷,伤此阳气,以致秋冬多患疟泄,此阴胜之为病也。有秋冬不能养阴者,每因纵欲过热,伤此阴气,以致春夏多患火证,此阳胜之为病也。善养生者,宜切佩之。"

"和术数"是《黄帝内经》提出的一种养生方法。术数,指吐纳、导引等方法。吐纳,在古代是一种"呼吸精气,独立守神"的养生手段,类似于近代的气功。导引按跷,即摇动筋骨肢节,举转手足,并与按摩相结合的健身运动,具有疏通气血的作用,类似于现代健身操一类的养生运动。四时养生运用"和术数"的养生方法,也同样注重时令时辰的特性,主张在不同季节、不同时间应当选择运用适宜的养生技术。如《石室秘录》中的"四时颐养导引法",以立冬后十五日、立春后十五日行养阳之法,立夏后十五日、立秋后十五日行养阴之法;《杂病源流犀烛》中的"五脏修养法",以五脏主旺季节行吐纳、导引之法。尽管所用导引、吐纳的具体方法不尽相同,但其依据是五脏旺于四时的理论。此外,《黄帝内经》尚提出,吐纳养生在一天之中以清晨"平旦人气生"时最为适宜,体现了重视分时间调养的观念。

三、适时调摄,固护其虚

适时调摄,就是指春、夏、秋、冬四时各采取不同的养生方法。四季不同,人体状态也会出现不同变化。已有研究表明,四季的变化可通过影响褪黑素的分泌,从而影响体温调节、神经－内分泌－免疫调节、生物节律,睡眠,应激,进而广泛影响人体生理及心理功能。所以,如能预先明了其规律并加以防护,通过有目的地调养五脏功能活动,使之适应时序变化的调控能力,即可达到培固正气、预防疾病的目的。固护人体的正气,是养生的关键所在。正气包括元气、宗气、营气和卫气(人体抵御外邪的能力)。正气充盛不仅可保持人体旺盛的生命力和各种正常的生理功能活动,以维持健康、延年益寿,而且能够有效地抵御外来病邪的侵袭或祛除体内的各种有害致病物质。所以,未病先防重在保持体内有充盛的正气。晋代著名养生家葛洪在《神仙传》中说:"养寿之道,莫伤而已。"事实上,许多高龄的老人,并无特别的补养正气的方法,其之所以健康长寿,只是善于保养正气,勿使无谓的耗损而已。所以,适时调摄首当注意日常生活中根据自然和自身的变化,进行适度地自我调节,在形体、精、气、神各

11

方面杜绝各种可能耗伤正气的因素。如孙思邈在《备急千金要方》中提出："冬时天地气闭,血气伏藏,人不可劳作出汗,发泄阳气,有损于人也。"同时,强调应"暮护阳气"。由于暮则人身阳气内藏,此时若饱食、大醉、远行、燃烛行房,则易扰动或耗损内藏之阳气,故当忌之。在房室养生方面,认为异常天气不宜行房:"交会者,当避丙丁日,及弦望晦朔、大风、大雨、大雾、大寒、大暑,雷电霹雳,天地晦冥、日月薄蚀,虹霓地动,若御女者,则损人神,不吉,损男百倍,令女得病。"究其原因,《黄帝虾蟆经》明言:此时"人气大乱,阴阳分争",故当避之。

春养肝、夏养心、长夏养脾、秋养肺、冬养肾以固正气是四时调摄的重点。《养老奉亲书》说:"人能执天道生杀之理,法四时运用而行,自然疾病不生,长年可保。"因此,四时养生从自然变化入手,以四季脏腑之功能状态为依据加以培护,可以达到保护机体的目的。如春季温风过暖,阳气升发,人体腠理疏松;夏季暑热外蒸,汗液大泄,毛孔开放,均宜导致阳气过多外泄而受损,因而要注重保养阳气。秋季气候渐凉,自然界阴气转盛,人体阴气亦外盛而内虚,且秋季燥盛易伤人体之阴,故养生固正应护阴防燥。冬季万物闭藏,阴盛于外而虚于内,故养生应重视防寒保暖、滋养补阴。再如,脾为后天之本,气血生化之源,人体健康的前提是保持脾的运化正常。《素问·太阴阳明论》谓:"脾者土也,治中央,常以四时长四脏,各以十八日寄治。"《金匮要略》进一步说:"四季脾旺不受邪。"春季肝木旺易伤脾土,养生既要调肝又当健脾;长夏天暑下迫、地湿上蒸,湿热氤氲易致脾运受困,养生须重视化湿以助脾运。肾为先天之本,人体五脏精气藏蓄于肾。冬应于肾而主收藏,养生应使精气内藏以"顺时气",肾阴肾阳亏损者,还要尽量避免情绪烦扰以防止精气耗散。

四、虚邪贼风,避之有时

一年之中阴阳相移,寒暑更替,气候变化有一定的规律和限度。如果气候变化异常,六气太过或不及,或非其时而有其气,或气候变化过于剧烈,则形成风、寒、暑、湿、燥、火"六淫"之邪。"六淫"侵袭人体,可导致多种疾病发生。通常"正气存内,邪不可干",人体正气强盛,对外邪有较强的抵御能力,可遇邪而不受,或受邪而不病。倘若正气不足或邪气过强,超过了人体自我调节限度,则会导致疾病的发生。人的生理功能会受到不同季节的影响。因此,善养生者,既应"依时而摄养"增强体质、保护正气,亦应适时"避其毒气",使机体"得免其夭枉"之灾。《灵枢·四时气》说:"夫四时之气,各不同形,百病之起,皆有所生。"春、夏、秋、冬四季皆有当令的时邪,应主动加以防护。如冬春季节人体肺卫功能低下,风寒、风热之邪易乘虚而入,应尽量避免或减少去公共场所,外出可戴口罩,以防邪侵;江南梅雨季节或长夏季节脾胃功能呆滞,湿热之邪尤易侵入,应特别注意饮食卫生,不可过食生冷瓜果,防患于未然。对不同季节的瘟疫病患者要加强隔离,阻断邪气的传播。我国早在秦代就有集中收治麻风患者的"疠所"。在晋代,对大臣家中有传染病嫌疑时,有百日之内不得入宫的规定。同时,可用各种消毒避邪的方法祛除病邪,如药物烧熏、佩戴药囊、药液洗浴或预服药物等。五月端午时节,天气渐热,南方各地更是湿热渐盛,自古就有插艾叶、菖蒲辟秽逐邪、驱蚊蝇虫蚁的方法。此外,尚有许多生活细节,亦是养生避邪以防病的经验。

如《养老寿亲书》告诫:"夏日天暑地热,若檐下过道,穿隙破窗,皆不可乘凉,以防贼风中人。"《老老恒言·防疾》说:"酷热之候,俄然大雨时行,院中热气逼入于室,鼻观中并觉有腥气者,此暑之郁毒,最易伤人……须速闭窗牖,毋使得入……再如冷水泼地,亦有暑气上腾,勿近之。""石上日色晒热,不可坐,恐发臀疮。"均强调了避邪防病的重要性。

中医病因学不仅认为四时外邪是患病的原因,还提出七情不遂、饮食不节、劳作不当、房室失度、药补失宜等内因皆可致病。所以,四时养生防病也包括避内因所伤。如春夏木火之属,易见心肝火旺,或见眩晕、情绪激动,或精神及心理疾病发作,或见失眠、焦虑,养生宜注重舒缓情志,宁心安神,可选择听轻柔音乐、饮花茶绿茶、郊游等方法;秋冬金水之属,若遇寒冷阴雨持续,日照偏少,易见心情抑郁,养生宜注重加强运动,鼓励多参加群体活动,或可选择听交响乐、饮红茶等方法。再如,夏季过食寒凉易伤脾胃阳气,秋冬则易患腹泻;冬季过食酒肉及厚味,易致热毒或湿热内生,春夏易患疔疮肿毒,所以养生亦应注意时令饮食的合理变化。此外,劳作、房室、进补四季皆有不同要求,应按时按规律进行调整。如男女之欢,古人谓其为"阴阳自然之道"。春夏季万物生长繁茂,交合可略多;秋冬万物收敛闭藏,交合则应减少。若不循所常纵欲、强作,则必损其正气,导致疾病发生。至于药食进补,则应注意春秋"平补"、夏季"清补"、冬季"温补",不可妄补而致病。

学习小结

1. 学习内容

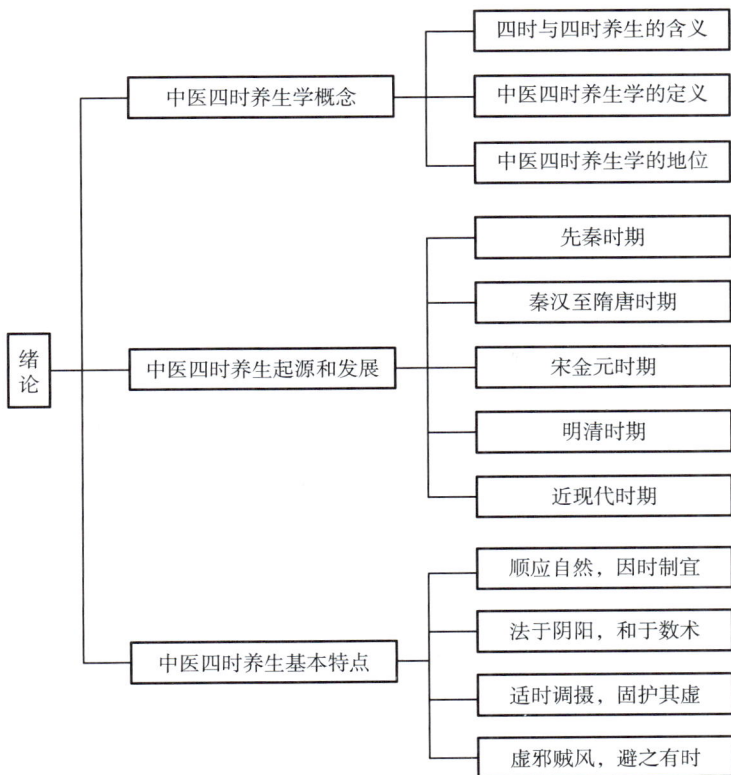

2. 学习方法 在回顾中医养生基本知识的基础上,了解中医四时养生学的起源和历代发展,掌握中医四时养生学的概念。通过归纳分析,掌握中医四时养生的基本特点。

(龚婕宁 梁尚华)

复习思考题

1. 如何理解"四时养生"与中医四时养生学?
2. 试述《黄帝内经》对中医四时养生的贡献。
3. 中医四时养生有何特点?

气候变化的一个细化和补充。

二十四节气是指:立春、雨水、惊蛰、春分、清明、谷雨、立夏、小满、芒种、夏至、小暑、大暑、立秋、处暑、白露、秋分、寒露、霜降、立冬、小雪、大雪、冬至、小寒和大寒。为了方便记忆人们编了二十四节气歌:"春雨惊春清谷天,夏满芒夏暑相连。秋处露秋寒霜降,冬雪雪冬小大寒"。

(二)来源

关于二十四节气的来源,《素问·六节藏象论》:"岐伯曰:五日谓之候,三候谓之气,六气谓之时,四时谓之岁,而各从其主治焉。"从中可知一年有二十四节气。

(三)含义

1. 春季六节气

立春:立春是春季开始的节气,表示严冬已经过去,气温开始回升。

雨水:雨水标志着我国大部分地区先后冰消雪化,气温回升,湿度增大,雨水渐多。

惊蛰:蛰,藏的意思。动物入土冬眠叫入蛰,至第二年过了雨水节气后爬出,因为这个时节多雷雨,故叫惊蛰。这时天气转暖,我国大部分地区进入春耕季节。华中农谚说:"过了惊蛰节,春耕不停歇"。

春分:分者,半也。这一天为春季的一半,故叫春分。春分日也是太阳光直射在赤道上,昼夜各半的一天。在天文学上,划定春分为北半球春季的开始。我国大部分地区越冬作物进入春季生长阶段。

清明:清明时节天气渐暖,黄河流域大部分地区均气温上升到10℃以上,长江流域气温更高。北方草木发芽返青,南方大地已披上绿装。我国农谚说:"种树造林,莫过清明""清明前后,种瓜种豆"。

谷雨:谷雨时气温、地温均已稳定升高,雨水增多,有利于五谷生长,故有"雨生百谷"之说。

2. 夏季六节气

立夏:立夏表示春去夏来,行将进入火热的夏天。此时万物生长愈加旺盛,欣欣向荣。田间治理日益繁忙。农谚曰:"立夏三朝遍地锄"。

小满:小满其含义是夏熟作物的籽粒开始灌浆饱满,但还未成熟,只是小满,还未大满。

芒种:芒种指有芒的麦类和蚕豌豆等夏收作物,在这个节气里即将成熟,也到了采收留种时。我国南方也将进入多雨的"黄梅"时节。

夏至:这一天北半球白昼最长,夜最短,又叫日北至日,即太阳运行到最北的一天。天文学上划定夏至为北半球夏季的开始。

小暑:这时正值"三伏"的"初伏",气候炎热、蒸闷。在农业生产上,多忙于夏秋作物的田间治理。

大暑:这时正值"中伏",我国大部分地区进入一年中最炎热时期。

3. 秋季六节气

立秋:立秋是秋季的开始,预示着天气转凉,植物结子,秋收季节即将来临。但立秋后暑气并未散尽,还有气温较热的"秋老虎"紧接其后,立秋后的第一个庚日为"末伏"。

处暑：此后我国大部分地区气温逐渐下降。《月令七十二候集解》曰："处，止也。暑气这时而止矣"。

白露：天气转为凉爽，昼夜温差加大，地面上的水汽晚上容易在草木上结成白色露珠，故得名白露。

秋分：秋分与春分这一天一样，太阳又直射赤道，昼夜几乎等长。秋分这天处于整个秋天的中间，可以说是名副其实的秋天。

寒露：气温继续下降，天气明显转凉，早晨和夜间地冷露凝。我国大部分地区开始进行秋收秋种。

霜降：霜降表示中原地区开始有霜。《月令七十二候集解》曰："九月中，气肃而凝，露结为霜矣"。

4. 冬季六节气

立冬：立冬为冬季开始的节气，这时黄河中下游地区即将结冰。

小雪：这时黄河流域一般开始下雪。《月令七十二候集解》曰："十月中，雨下而为冷气薄，故凝而为雪，小者未盛之辞"。

大雪：此时的天气较前更冷，降雪的次数和量也将增多。《月令七十二候集解》曰："大者盛也，这时而雪盛矣"。

冬至：与夏至相反，北半球冬至时白昼最短，日照物影最长，黑夜时间最长。过了冬至白昼就一天天地增长了。北方民间有"吃了冬至面，一天长一线"的说法。

小寒：小寒是一年中温度已到严冬的节气，这时正值"三九"前后，我国大部分地区天寒地冻，进入严冬时期。

大寒：大寒是一年中最冷的一段时期，相对于小寒来说，标志着严寒的持续和加剧。《三礼义宗》曰："冷气之逆极，故谓大寒"。

三、气象物候对人体的影响

人的生长离不开天地之气。人每时每刻都生活在天地之间，所以天地的气象物候必然会对人体的各方面产生影响。《素问·宝命全形论》云："天覆地载，万物悉备，莫贵于人。人以天地之气生，四时之法成……天地合气，命之曰人"。

（一）正常气象物候人体的反应

四季具有不同的特性，对人体的影响也各有不同，而人体又有生理和病理之分，四季对人体生理和病理的影响也不同。

《黄帝内经》将一年四季概括为春温、夏热、秋凉、冬寒，因此对人体的各种生理活动也会产生不同的影响。如四季对人体的津液输布运行有不同影响，《灵枢·五癃津液别》云："水谷入于口，输于肠胃，其液别为五。天寒衣薄则为溺与气，天热衣厚则为汗……天暑衣厚则腠理开，故汗出；寒留于分肉之间，聚沫则为痛。天寒则腠理闭，气涩不行，水下流于膀胱，则为溺与气。"以气候的不同分析说明了为什么夏多汗、冬多溺等生理现象。四季对人体的脉象也有不同的影响，《素问·脉要精微论》云："万物之外，六合之内，天地之变，阴阳之应，彼春之暖，为夏之暑，彼秋之忿，为冬之怒，四变之动，脉与之上下，以春应中规，夏应中矩，秋应中衡，冬应中权……春日浮，如鱼之游在波；夏日在肤，泛泛乎万物有余；秋日下肤，蛰虫将去；冬日在骨，蛰虫周密，君子居室。"说明了四季的常脉也是随四季的气候不同而变化的。

四季对人的病理也有不同的影响,如《素问·金匮真言论》云:"东风生于春,病在肝,俞在颈项;南风生于夏,病在心,俞在胸胁;西风生于秋,病在肺,俞在肩背;北风生于冬,病在肾,俞在腰股;中央为土,病在脾,俞在脊。故春气者病在头;夏气者病在脏;秋气者病在肩背;冬气者病在四肢。故春善病鼽衄,仲夏善病胸胁,长夏善病洞泄寒中,秋善病风疟,冬善病痹厥。"说明了四季不同病变易发生的部位和种类也不相同。

(二)特殊极端气象物候人体的反应

极端气象物候是指一定地区在一定时间内出现的历史上罕见的气象事件,极端气象物候总体可以分为极端高温、极端低温、极端干旱、极端降水等几类,其特点是发生概率小、社会影响大。

随着全球气候变暖,极端天气发生的频率和强度增加,且有着巨大的不确定性,不仅对公共卫生基础设施造成极大的破坏,而且直接导致人群的伤残率和各类疾病的发病率增加,干旱和洪水被证实与汉坦病毒肺综合征、副球孢子菌病等暴发有关,并导致营养不良以及加重食源性、水源性传播疾病的风险,洪涝灾害可引起某些虫媒病以及水传播疾病,如霍乱、伤寒、甲型肝炎等的暴发和流行,气温的骤降或暴风雪将增加心肌梗死或脑出血的发病率。受气候变化影响的地区还可能因健康损害、心理压力而致社会动乱因素增加。

第二节　月盈亏、昼夜、时辰与运气

天时除了包括一年四季气候的变化外,还包括六气、二十四节气、昼夜时辰以及月之盈亏的变化。因此自然界除了季节节律外,还存在着月节律、昼夜节律和运气节律。

一、月的盈亏节律

关于月的盈亏,周易学说认为:从初一至十五,阳气始生而长,直到鼎盛;从十六到三十,阴气始生而渐强,直至最旺。如《周易三极图贯》说:"初三日一阳初明,其象阳生,至初八日后,阳升即为兑;十五日交望,其象阳满。十六初亏,其象阴生,至二十三日后,阴升即为艮;三十日全亏,其象阴满。"月亮按盈亏变化可分为朔、上弦、望、下弦和晦。朔即新月,常出现在农历初一前后,此时段月缺无光。上弦即农历初七前后,上弦月只能在前半夜看到,半夜时分便没入西方,上弦过后,月亮一天天变得丰满起来。望即圆月,常出现在农历十五前后,此时段月圆光亮。下弦即农历二十三前后,下弦月出现在下半夜的东面天空,从圆月到下弦,月亮逐渐由圆到缺、月光由亮到暗。晦月,常出现在农历最后一天,此时光线晦暗,不易被发现。

中医对于月盈亏对人的影响很早就有了认识。《素问·八正神明论》云:"月始生,则血气始精,卫气始行;月郭满,则血气实,肌肉坚;月郭空,则肌肉减,经络虚,卫气去,形独居。"意思是说月亮开始出现时,人的气血也随之生长,卫气开始敷布运行。当月充盈之时,人的血气盛满,肌肉坚实。当月逐渐亏虚之时,人的肌肉、气血、经络之气会随之减少,卫气也减少。当然,这里的虚实是相对而言。人的生理会随着月亮的盈亏而变,因此可以根据月亮的变化对人影响的规律来进行养生和治疗,正如《素问·八正神明论》所说:"月生无泻,月满无补,月郭空无治,是谓得时而调之。"

二、昼夜节律

关于昼夜,《素问·生气通天论》云:"平旦人气生,日中而阳气隆,日西而阳气已虚,气门乃闭"。《灵枢·营卫生会》云:"卫气行于阴二十五度,行于阳二十五度,分为昼夜,故气至阳而起,至阴而止。故曰:日中而阳陇为重阳,夜半而阴陇为重阴。故太阴主内,太阳主外,各行二十五度,分为昼夜。夜半为阴陇,夜半后而为阴衰,平旦阴尽而阳受气矣。日中为阳陇,日西而阳衰,日入阳尽而阴受气矣。夜半而大会,万民皆卧,命曰合阴,平旦阴尽而阳受气,如是无已,与天地同纪。"主要从阴阳之气的多少和营卫的运行来阐述昼夜的特点,昼则阳气盛,夜则阴气隆,昼则卫行于阳,夜则卫入于阴。

《灵枢·顺气一日分为四时》类比一年分为四季,将一日也分为四时,"以一日分为四时,朝则为春,日中为夏,日入为秋,夜半为冬"。说明了一天之中不同的时段也有不同的特性,并以此来解释人的疾病的发展规律"朝则人气始生,病气衰,故旦慧;日中人气长,长则胜邪,故安;夕则人气始衰,邪气始生,故加,夜半人气入脏,邪气独居于身,故甚也"。

三、时辰节律

中国人将一天分为十二时辰,用十二地支来表示,分别为子、丑、寅、卯、辰、巳、午、未、申、酉、戌、亥。每个时辰代表现在的两个小时,分别为子(23时—次日1时)、丑(1—3时)、寅(3—5时)、卯(5—7时)、辰(7—9时)、巳(9—11时)、午(11—13时)、未(13—15时)、申(15—17时)、酉(17—19时)、戌(19—21时)、亥(21—23时)。将十二时辰对应脏腑分别为子为胆、丑为肝、寅为肺、卯为大肠、辰为胃、巳为脾、午为心、未为小肠、申为膀胱、酉为肾、戌为心包、亥为三焦。不同的时辰对应不同的脏腑,当其脏腑发生异常时也会在其对应时辰有所表现。

四、运气节律

运气是五运六气的简称,运气学说是古人探讨自然变化的周期性规律及其对人体影响的学问。五运是指木运、火运、土运、金运、水运。六气是指厥阴风木之气,少阴君火之气,太阴湿土之气,少阳相火之气,阳明燥金之气,太阳寒水之气。五运六气因其运气格局的不同而形成了六十年的运气周期。无论五运还是六气都与每一年的季节气候变化密切相关。

(一)五运

五运是指木运、火运、土运、金运、水运,具体指木、火、土、金、水五行之气在天地之间的运行变化规律。因为五行与四季气候的关系是春温属木、夏热属火、长夏属湿、秋燥属金、冬寒属水,所以五运实际上概括了一年四季的气候变化特征。同时五运还可以表示不同年份和不同节令的气候变化。五运包括岁运、主运和客运。

1. 岁运　岁运,又称中运、大运,指统管全年的五运之气。由于它能反映全年的气候特征及物化特点等情况,所以称为岁运。岁运是五运的基础。

五运变化具有规律,岁运是根据当年的年干来确定的。《素问·天元纪大论》云:

"甲已之岁,土运统之;乙庚之岁,金运统之;丙辛之岁,水运统之;丁壬之岁,木运统之;戊癸之岁,火运统之。"这就是所谓的天干化五运,也叫"十干统运"或"十干纪运"。即:年干是甲已,岁运则为土运;年干是乙庚,岁运则为金运;年干是丙辛,岁运则为水运;年干是丁壬,岁运则为木运;年干是戊癸,岁运则为火运。

岁运有太过与不及之分,可以反映该年的气候特点。在六十年中逢阳干的甲、丙、戊、庚、壬则为岁运太过之年,逢阴干的乙、丁、己、辛、癸则为岁运不及之年。对于太过、不及之年的气候变化,《素问·气交变大论》云:"岁木太过,风气流行,脾土受邪……岁火太过,炎暑流行,肺金受邪……岁土太过,雨湿流行,肾水受邪……岁金太过,燥气流行,肝木受邪……岁水太过,寒气流行,邪害心火……岁木不及,燥乃大行……岁火不及,寒乃大行……岁土不及,风乃大行……岁金不及,炎火乃行……岁水不及,湿乃大行"。

岁运的交运时间是指上一年与下一年的岁运相交接的时间,其具体时间受岁运的太过与不及的影响而发生变化。一般认为,太过之年在立春节前十三日交运,不及之年在立春节后十三日交运。这是因为太过之年时未至而气先到,即"未至而至";不及之年,时已至而气未到,即"至而未至"。

2. 主运　主运就是主持一年的五季之运,即指季节运。五运之气分别主管一年五时的运,表示每年气候的一般常规变化。每运分主一时(即一个季节),依五行相生之序始于木运,终于水运,年年不变。五运主五时,每运主七十三日零五刻,合计三百六十五零二十五刻,正合周天之数。即木为初运应春,火为二运应夏,土为三运应长夏,金为四运应秋,水为终运应冬。

主运属各时令的正常气候变化,初运属木多风,二运属火多热,三运属土多湿,四运属金多燥,终运属水多寒。

3. 客运　客运指一年五个时间段(五季)由于年干的不同而出现的气候异常变化规律。客运与主运是相对而言,也是主时之运。由于五步各时段气候的异常变化因年份不同而有变更,如客之往来,故称客运。客运也是主时之运,每运主一时,分主一年五时,每运各主七十三天零五刻,合计三百六十五日零二十五刻,也是按五行相生之序,太少相生。但各年客运的五步之运是随着各年岁运的五行属性不同而发生变化的。

(二)六气

六气指厥阴风木之气,少阴君火之气,太阴湿土之气,少阳相火之气,阳明燥金之气,太阳寒水之气。六气包括主气、客气和客主加临。

风、热、火、湿、燥、寒六气之气化,可用三阴三阳来代表。六气是气化之本,三阴三阳是标。标本相合,即风化厥阴,热化少阴,湿化太阴,火化少阳,燥化阳明,寒化太阳。

干支运用到中医运气学中,天干纪运,地支纪气。十二支纪六气,不能离开三阴三阳即一阴为厥阴、二阴为少阴、三阴为太阴、一阳为少阳、二阳为阳明、三阳为太阳。《素问·五运行大论》指出了年支与三阴三阳之气的所属规律,即:"子午之上,少阴主之;丑未之上,太阴主之;寅申之上,少阳主之;卯酉之上,阳明主之;辰戌之上,太阳主之;巳亥之上,厥阴主之。"上,即指位于上的天气,亦即运气图中司天之气所在的位置。其指年支逢子午,则为少阴君火之气所主;年支逢丑未,则为太阴湿土之气所主;

年支逢寅申,则为少阳相火之气所主;年支逢卯酉,则为阳明燥金之气所主;年支逢辰戌,则为太阳寒水之气所主;年支逢巳亥,则为厥阴风木之气所主。

1. 主气 主气指主管一年六个时段的正常变化之气,故又称主时之气。主气即风木、君火、相火、湿土、燥金、寒水,分主于春、夏、秋、冬的二十四节气,显示着一年各时段中的不同气候变化特点,所以它的次序仍是按着木、火、土、金、水五行相生之序排列的。主气恒居不变,静而守位,年年如此。

主气六步运行规律:主气分主一年二十四节气,即把一年分为六个时段,六步,每步主四个节气,每气所主时间为六十天零八十七刻半。初之气从立春算起。主气六步起于初之气厥阴风木,终于终之气太阳寒水。按五行相生之序运行,即木、火、土、金、水,年年如此。主气六步气候变化的顺序是:初之气,厥阴风木之气所主;二之气,少阴君火之气所主;三之气,少阳相火之气所主;四之气,太阴湿土之气所主;五之气,阳明燥金之气所主;终之气,太阳寒水之气所主。其中火有君相之分,君火在前,相火在后。

2. 客气 客气指一年六个时段随年支的不同而呈现的气候异常变化规律。由于其随年支的不同而发生相应变化,犹如客之往来,故称客气。客气同主气一样,均将一年分六步运行,每气一步也主六十日零八十七刻半,但两者在六步的次序上完全不同,客气六步随各年年支不同,各气所主之位也发生相应变化。客气六步的次序是先三阴、后三阳。即一阴厥阴风木,二阴少阴君火,三阴太阴湿土,一阳少阳相火,二阳阳明燥金,三阳太阳寒水。

知识拓展

立春为五运、六气的始点

关于五运、六气的始点历代就有争论。相应的说法有:立春说、正月朔日说和大寒说。但是由于五运、六气的始点均应以年首始春为原则,加之遵从《黄帝内经》经旨,因此立春说或正月朔日说更具说服力。

《素问·六节藏象论》云:"岐伯曰:求其至也,皆归始春,未至而至,此谓太过……至而不至,此谓不及……所谓求其至者,气至之时也。"《素问·六元正纪大论》曰:"夫六气者,行有次,止有位,故常以正月朔日平旦视之,睹其位而知其所在矣。运有余其至先,运不及其至后,此天之道也,气之常也。运非有余非不足,是谓正岁,其至当其时也。"这两篇《黄帝内经》原文明确指出了运气的开始时间是立春或正月朔日。按照古代历法的解释,太阳历的年首在立春,颛顼历(阴阳合历)的年首正月朔日合于立春,即历元年以立春为年首,正月朔日在立春前后游动。基于颛顼历的历法解释,正月朔日说与立春说常被视为同一观点。

而大寒说是源于唐代王冰注解《素问·六微旨大论》曰:"天之六气也,初之气,起于立春前十五日,余二、三、四、五、终气次至,而分治六十余八十七刻半。"立春前十五天为大寒节,天之六气起始于大寒,此说始自于王冰注文。后世众多医书以此为据,将大寒立为六气推步起始时刻。

总之,从遵从《内经》经旨的角度,本教材以立春为五运、六气的始点。

五、天时运气对人体的影响

（一）昼夜对人的影响

一日分为昼夜，昼夜不同，阴阳之气不同，对人的影响也不同。

对人体生理的影响，《素问·生气通天论》云："平旦人气生，日中而阳气隆，日西而阳气已虚，气门乃闭。"《灵枢·营卫生会》云："卫气行于阴二十五度，行于阳二十五度，分为昼夜，故气至阳而起，至阴而止。故曰：日中而阳陇为重阳，夜半而阴陇为重阴。故太阴主内，太阳主外，各行二十五度，分为昼夜。夜半为阴陇，夜半后而为阴衰，平旦阴尽而阳受气矣。日中而阳陇，日西而阳衰，日入阳尽而阴受气矣。夜半而大会，万民皆卧，命曰合阴，平旦阴尽而阳受气，如是无已，与天地同纪。"说明昼夜主要影响人体的阴阳之气。

对人体病理的影响，《灵枢·顺气一日分为四时》云："夫百病者，多以旦慧、昼安、夕加、夜甚，何也？……朝则人气始生，病气衰，故旦慧；日中人气长，长则胜邪，故安；夕则人气始衰，邪气始生，故加，夜半人气入脏，邪气独居于身，故甚也。"阐述了昼夜通过影响人体的正气来影响病理变化。

（二）时辰对人的影响

一天的不同时辰对应不同的脏腑，因此每个时辰对人体的影响也不同。

子时（23时—次日1时），别名"夜半"，为胆主时。此时为阳气初生之时，人体的阳气也从此时开始升发。同时子时也是阴气盛极之时，重阴转阳，阴阳交接，因此危重患者应该特别注意，病情容易发生恶化。

丑时（1—3时），别名"鸡鸣"，是肝主时。这个时候的阳气渐长。肝藏血，人卧则血归于肝，这时肝要藏血从而为白天做准备。

寅时（3—5时），别名"平旦"，是肺主时。此时肺经主令，人体的经脉之气也是从肺经开始的，所以此时是新的一天经气运行的开端。"肺朝百脉"，寅时也是人体气血从静到动的开始。

卯时（5—7时），别名"日出"，为大肠主时，此时大肠蠕动加快，有利于大便的排泄。

辰时（7—9时），别名"食时"，为胃主时，此时胃的受纳腐熟功能旺盛。

巳时（9—11时），别名"隅中"，为脾主时，脾主运化，水谷精微得以输布，人体的精力充沛。

午时（11—13时），别名"日中"，为心主时，心为君主之官，此时阳气最旺，阳虚的人可以在此时小憩来补充阳气。

未时（13—15时），别名"日昳"，为小肠主时。小肠主受盛化物、泌别清浊，此时正值午饭后，小肠功能旺盛。

申时（15—17时），别名"晡时"，为膀胱主时。膀胱为决渎之官，此时是身体水液代谢的旺盛之时。

酉时（17—19时），别名"日入"，为肾主时。此时太阳开始西落，也是肾中精气开始封藏。

戌时（19—21时），别名"黄昏"，为心包主时。此时太阳已经落山，天将黑未黑。天地昏黄，万物朦胧，故称黄昏。心包是保护心脏的，在此阳气减少之时，亦是心气需

笔记

要内敛之际。

亥时（21—23时），别名"人定"，为三焦主时。三焦者，州都之官，水道出焉。三焦可以通行元气，运行水液。因此亥时是人体元气和水液敷布全身的重要时间，因此人体需要减少活动，休息睡眠。

（三）五运六气对人的影响

每年的五运六气不同，气候变化各异，因此对人的影响也不同。可以根据五运六气的变化来推求当年气候的变化，并以此来推测对人体的影响。

岁运太过之年，其发病的规律是本气之脏偏胜而病，所胜之脏受损而病。如《素问·气交变大论》说："岁木太过，风气流行，脾土受邪。民病飧泄食减，体重烦冤，肠鸣腹支满，上应岁星。甚则忽忽善怒，眩冒巅疾。化气不政，生气独治，云物飞动，草木不宁，甚而摇落，反胁痛而吐甚，冲阳绝者死不治，上应太白星。"木运太过之年人体发病的规律是肝木本身及其所胜之脏脾土的病变。

岁运不及之年，其发病规律是本气之脏表现不及而病，所不胜之脏偏盛又遭复气所克而病。如《素问·气交变大论》云："岁木不及，燥乃大行，生气失应，草木晚荣，肃杀而甚，则刚木辟著，柔萎苍干，上应太白星……复则炎暑流火。"木运不及之年人体发病的规律是肝及所不胜之肺发生病变。

主运对人体的影响，可以用来推测每年疾病流行的一般情况。初运为木运，肝属木，故春季人体肝气变化较大，肝病较多；二运为火运，心属火，故夏季人体易患心病；三运为土运，脾属土，故长夏人体易患脾胃疾病；四运为金运，肺属金，故秋季人体易患肺及呼吸道疾病；五运为水运，肾属水，故冬季人体易患肾、骨等方面疾病。

主气推测疾病流行情况与主运基本相同。主气分六步：初之气为厥阴风木，从立春到春分，疾病流行以多肝病为其特点；二之气为少阴君火，从清明到小满，疾病流行以心病较多为其特点；三之气为少阳相火，从芒种到大暑，疾病流行以心病、暑病较多为其特点；四之气为太阴湿土，从立秋到秋分，疾病流行以脾胃病较多为其特点；五之气为阳明燥金，从寒露到小雪，发病情况以肺病较多为其特点；终之气为太阳寒水，从大雪到大寒，发病情况以肾、关节疾病较多，容易受寒为其特点。

客气与每年的疾病特点也有很大关系，因为各年气候和疾病的特殊变化与客气的司天在泉之气密切相关，一般来说，司天之气主管上半年，在泉之气主管下半年。所谓司天在泉胜气发病，就是指司天在泉之气淫胜时，除引起与之相应的内脏发病外，同时还会出现胜气的所胜之脏也为之病。如《素问·至真要大论》云："厥阴司天，风淫所胜，则太虚埃昏，云物以扰，寒生春气，流水不冰。民病胃脘当心而痛，上支两胁，膈咽不通，饮食不下，舌本强，食则呕，冷泄腹胀，溏泄瘕，水闭，蛰虫不去，病本于脾。冲阳绝，死不治。"又云："岁少阳在泉，火淫所胜，则焰明郊野，寒热更至。民病注泄赤白，少腹痛，溺赤，甚则血便。少阴同候。"即是巳亥之岁，司天之气为厥阴风木，在泉之气为少阳相火，上半年的胜气为风气，下半年的胜气为火气。在上半年风气亢盛，所以人体肝气也相应偏胜，由于风能胜湿，肝胜必然乘脾，所以上半年除了肝病外，脾胃病也较多。而下半年火气较胜，由于火能克金，所以火热证、心病、肺病和大肠病会比较多。由于司天之气除主管上半年之外，还可通过影响在泉之气和左右间气而主管全年，因此下半年的疾病也会受到司天之气的影响，故不可忽视。

第三节 季节、天时、运气与四时养生

一、季节调养

对于季节养生,《素问·四气调神大论》云:"夫四时阴阳者,万物之根本也。所以圣人春夏养阳,秋冬养阴,以从其根,故与万物沉浮于生长之门。逆其根,则伐其本,坏其真矣。"这里给出了四时养生的原则:"春夏养阳,秋冬养阴"。

除此之外,四时养生在《黄帝内经》中还有许多论述,《灵枢·顺气一日分为四时》云:"春生、夏长、秋收、冬藏,是气之常也,人亦应之。"因此强调养生要顺应自然界的运动变化,与天地阴阳保持协调平衡,以使人体内外环境和谐,即要顺四时、适环境、调阴阳,以增强适应自然气候变化的能力。另有《灵枢·本神》篇云:"智者之养生也,必顺四时而适寒暑,和喜怒而安居处,节阴阳而调刚柔,如是则僻邪不至,长生久视。"说明人体要认识和掌握自然界的规律,顺应四时的变化,根据四时变化规律以避害趋利,才能达到延年益寿的目的。

二、天时调养

(一)按月盈亏养生

《黄帝内经》说:月圆时人体气血比较旺盛、充实,月缺时人体气血比较衰弱、虚少。满月时节,由于人体气血充实、肌肉皮肤致密、腠理汗孔闭合,因此这时人体即使遇到外界病邪的侵袭,也较为表浅而患病轻微。月亏时节,因为人体气血衰弱、肌肤松弛、腠理开泄,所以此时遇到贼风邪气的侵袭,亦多是深在而患病急重。如《灵枢·岁露论》即说:"月满……当是之时,虽遇贼风,其入浅不深。至其月郭空……当是之时,遇贼风则其入深。"正因为月亮的盈亏影响着人体诸多生理病理变化,因此在治疗疾病、养生保健方面就应该根据月亮的盈亏变化等时间节律"因时制宜"。

朔日和晦日人体阳气弱、阴气虚,人们精神、体力相对较差,可适当减少工作、学习时间,适度增加睡眠时间。普通人群宜注意补气养血、扶正固本。心脑血管疾病患者此时要注意及时添加衣服,避免风寒等邪气的侵袭。

上弦即农历初七前后。从上弦到圆月,月亮逐渐由缺到圆、月光由暗到亮,人体阳气、阴气也逐渐旺盛、充盈,人们精神良好、体力充沛,同时机体抗病能力较强。上弦到圆月,普通人群可适当增加工作、学习时间,适度减少睡眠时间。高血压、心脑血管病、出血性疾病等患者,此时段应忌食辛辣刺激或过食温补食物,稳定情绪,调节恼怒、郁闷等不良情志,以免加重病情。

望日即农历十五左右,此时段月圆光亮,人体白天阳气旺盛、夜间阴气充盈,人们精神亢奋、体力较强,同时机体抗病能力增强,但是由于血气上浮,一方面头痛、头昏、失眠、多梦等病症高发,另一方面高血压、上消化道出血、脑出血、肺结核、支气管扩张咯血等病症易于在此时发作和加重。望日可适当增加工作、学习时间,适度减少睡眠时间。普通人群,此时段可加强运动锻炼,不宜服用补药。对于在望日前后易于发作和加重疾病的患者,在望日前应注意静养,稳定情绪,保持良好心态。

下弦即农历二十三前后。从圆月到下弦,月亮逐渐由圆到缺、月光由亮到暗,人体阳气、阴气亦逐渐虚弱、衰减,人们精神、体力相对较差,同时机体抵抗力较弱。圆月到下弦,普通人群可适当减少工作、学习时间,适度增加睡眠时间。贫血、低血压,以及气血不足、脾肾虚弱等患者,此时段可进行食补或药补。

弦日即农历初六、初七、初八和二十二、二十三、二十四共6天。此时支气管炎、肺炎等感染性疾病易于发病或是病情加重。所以,对于体质虚弱尤其是经常罹患呼吸系统疾病的中老年人和儿童,在弦日前后要注意气候冷热变化,适时防寒保暖,尽量不与呼吸系统疾病的患者接触。

（二）按月份养生

逐月养生法源于《素问·四气调神大论》,隋唐后有所发展,由逐季而至逐月养生涉及衣、食、住、行等生活的方方面面,内容大多切实可行,总以顺应春生、夏长、秋收、冬藏四时当旺之正气,随四时阴阳变化为法。唐代孙思邈的《孙真人摄养论》对此有详尽的论述。

如《孙真人摄养论》云:"正月肾气受病,肺脏气微。宜减咸酸增辛味,助肾补肺,安养胃气。勿冒冰冻,勿极温暖,早起夜卧,以缓形神。勿食生葱,损人津血。勿食生蓼,必为癥瘕,面起游风。勿食蛰藏之物,减折人寿。勿食虎豹狸肉,令人神魂不安。此月四日,宜拔白发,七日宜静念思真,斋戒增福,八日宜沐浴,其日忌远行。"正月之时,肾气受病,肺气微弱,这时候饮食上应该注意减少咸酸味食物,增加辛味食物。因为《素问·脏气法时论》曰:"肾欲坚,急食苦以坚之,用苦补之,咸泻之。"冬季肾气需要封藏,而咸味具有软坚之功效,因此肾气受病要少咸味。酸主收敛,辛则发散,正月肺气微弱,易受风寒,因此要减酸增辛。

（三）按节气养生

二十四节气反应气候的变化,同时自然界的气象、物候的变化在二十四节气中亦可以直接反映出来。根据中医理论,人与自然界是天人相应"天人合一"的整体,人类机体的生理变化、疾病的发生与二十四节气同样紧密相连。二十四节气养生是根据不同节气阐释养生观点,通过养精神、调饮食、练形体等达到强身益寿的目的。

（四）按时辰养生

十二时辰养生法是中国传统延寿方法的一个重要方面。不同的时辰对应着不同的主时脏腑。

子时(23时—次日1时)胆经当令,《素问·六节藏象论》云:"凡十一脏取决于胆"。胆气生发起来了,五脏六腑都会正常运行。子时是阴阳交汇之时,阳气初生,而睡眠就是养阳气。人的睡眠与人的寿命有很大关系,所以,子时把睡眠养足了,对人至关重要。丑时(1—3时)肝经当令,此时为人体精气生发的时候。人卧则血归于肝,所以要想养好肝血,1—3时要睡好。寅时(3—5时)肺经当令,肺朝百脉,主治节。肺气推动经脉气血敷布全身。人睡得最深的时候就是寅时,所以这个时候更需要有一个深度的睡眠以助肺气。卯时(5—7时)大肠经当令,大肠者,传导之官,变化出焉。大肠经主管将人体内的垃圾及时清理出去。所以起床后第一件宜做之事就是排便。辰时(7—9时)胃经当令,因此早餐宜吃好、吃得舒服、吃得轻松舒畅。巳时(9—11时)脾经当令,脾主运化,所以为了协助运化,就要多运动、饮水,才能让脾更好地输送气血。午时（11—13时）心经当令，此时阳气达到顶点，阴气将慢慢增加，此时小睡有助养阴气。午餐要吃饱，但不要吃过饱，吃完走上百步更佳。未时（13—15时）小肠经当令，小肠主泌别清浊，能把水液归于膀胱，糟粕送入大肠，精华上输于脾。此时多喝点水，或吃点水果，有利于小肠功能的发挥。申时（15—17时）膀胱经当令，膀胱是太阳经，此时适当运动能促进体内水液循环，有助于把人体的代谢废物经尿液排出体外。酉时（17—19时）肾经当令，晚餐不宜迟，吃得不宜多。肾主藏精，这时候要藏，养精蓄锐，要休息，不宜过劳。戌时（19—21时）心包经当令，这个时间段是"阴气正盛，阳气将尽"的时候，心包为臣使之官，所以此时敲打心包经，对保护心脏有好处。亥时（21—23时）三焦当令，三焦是气和津液运行的通道，若长期不按时睡觉，三焦则易瘀堵不通，导致各种疾病。而调养三焦最简单、最自然、最有效的方法就是亥时入睡。

养生应当做到按时养生、择时养生。只要每天按照人体脏腑的作息规律，在正确的时间做正确的事，掌握了人体自身的时间节律，也就掌握了长寿的秘密。

三、五运六气调养

根据中医天人相应理论，人与自然界是个有机的整体，自然界异常的节气变化，可直接或间接地导致机体阴阳失调，进而致病。《素问·六节藏象论》云："五日谓之候，三候谓之气，六气谓之时，四时谓之岁。"天以六为节，以二十四气六分分之，则为六气之六步，六气分主二十四节气。"圣人不治已病治未病，不治已乱治未乱。"故从天人相应角度，基于五运六气理论可以探讨如何从饮食起居调理防治疾病。

（一）从五运而养

1. 从岁运养生　岁运又分太过与不及之分，在六十年中逢阳干的甲、丙、戊、庚、壬则为岁运太过，逢阴干的乙、丁、己、辛、癸则为岁运不及之年。对于太过、不及之年的气候变化《素问·气交变大论》云："岁木太过，风气流行，脾土受邪……岁火太过，炎暑流行，肺金受邪……岁土太过，雨湿流行，肾水受邪……岁金太过，燥气流行，肝木受邪……岁水太过，寒气流行，邪害心火……岁木不及，燥乃大行……岁火不及，寒乃大行……岁土不及，风乃大行……岁金不及，炎火乃行……岁水不及，湿乃大行"。

岁运木运太过，这年风气流行多风，要注意躲避风邪，以免造成对身体的损伤。风为百病之长，可以兼寒、湿、热等邪气致病，所以木运太过之年要注意防风。从五行来说，木克土，所以说脾土受邪。中医治未病有"见肝之病，知肝传脾，当先实脾"之说，所以应该注意养护脾胃，可以在平时吃一些健脾胃的食物如山药、扁豆等。

岁运火运太过，这年火热流行、暑热严重，所以要注意防止火热之邪的损伤，不要过度暴露在炎热的环境中，要特别注意防暑。炎暑流行，肺金受邪，所以这年也应该注意对肺的养护，肺为娇脏，火热之邪易伤肺阴，所以要注意肺阴的保护。在这年肺病也易发，所以要提前预防。

岁运土运太过，这年雨湿较多，所以要注意防止湿邪的侵害，由于湿性黏滞，所以本年的疾病多有病程较长，缠绵难愈特点。所以在本年应注意湿邪的祛除。雨湿流行，肾水受邪，湿多困脾，土不能制水下流于肾，因而肾水受邪。所以要注意肾的养

护,要注意保护肾阳,因为阳气能推动津液的运行。

岁运金运太过,这年燥气流行,所以要注意防止燥邪的伤害。燥易伤津液,多见皮肤干燥、头发枯黄等津液损伤的疾病,燥又易伤肺,所以这年肺病也会较多,可以用一些滋养津液之品来润燥。金运太过克木,所以肝的疾病也会多发,肝主生发,所以要顺应肝的特性,防止肝气郁结,平常可用一些疏肝理气之品。

岁运水运太过,这年寒气流行,气候比较寒冷,所以应当注意寒邪的侵袭,寒性凝滞,易伤阳气,所以这年的疾病应注意驱散寒邪,温补阳气。水克火,所以寒邪害心火,这年原来有心脏病的人应该注意调养。

岁木不及,金克木,燥属金,所以燥乃大行。这年燥气流行,所以要注意防止燥邪的伤害。燥易伤津液,多见皮肤干燥、头发枯黄等津液损伤的疾病,燥又易伤肺,所以这年肺病也会较多。

岁火不及,水克火,寒属水,所以寒乃大行。这年寒气流行,气候比较寒冷,所以应当注意寒邪的侵袭,寒性凝滞,易伤阳气,所以这年的疾病应注意驱散寒邪,温补阳气。

岁土不及,木克土,风属木,所以风乃大行。这年风气流行多风,要注意躲避风邪,以免造成对身体的损伤。风为百病之长,可以兼寒、湿、热等邪气致病,所以土运不及之年要注意防风。

岁金不及,火克金,热属火,所以炎火乃行。这年火热流行、暑热严重,所以要注意防止火热之邪的损伤,不要过度暴露在炎热的环境中,要特别注意防暑。

岁水不及,土克水,湿属土,所以湿乃大行。这年雨湿较多,所以要注意防止湿邪的侵害,由于湿性黏滞,所以本年的疾病多有病程较长,缠绵难愈特点。所以在本年应注意湿邪的祛除。

2. 从主运养生 主运指主管一年五时之气的常规气候变化。它是根据各季节的气候变化及其五行属性而确定的。每运分主一时(即一个季节),依五行相生之序始于木运,终于水运,年年不变。五运主五时,即木为初运应春,火为二运应夏,土为三运应长夏,金为四运应秋,水为终运应冬。

初运风木运气当令,风化主春,春阳生发,万物发生。自然界敷布着温和的阳气,阳舒阴布,东风解冻,大地充满了生气,草木之类布叶吐华,欣欣向荣。内合人体肝脏,肝气应之加强疏泄阳气,条达气机,以滋养于筋,营润于目。所以初运应注意防风护肝。

二运热火运气当令,正是炎热的夏季。火热炎暑是谓正常。草木应之蕃茂盛长,日新月异,人体应之,血液流动较快。所以要注意防止火热之邪的损伤,不要过度暴露在炎热的环境中,要特别注意防暑。

三运湿土运气当令,六月长夏,土旺而行雨湿之令。气候闷热如焚,溽暑湿润,盛热蒸蒸,此乃湿从土化,热从天降,湿热相交万物盛长,是因土有具备化生万物的作用。主长夏而多湿,草木之类应之盛长,人体应之脾气当旺,肌肉滋润丰满,湿伤于脾,或外中于湿者。所以,三运要注意健脾祛湿。

四运燥金运气当令,阳明燥金的气化,运行清燥的化令,人体应之则有清爽凉快之感。秋风肃杀,万物应之收敛干燥。物体坚硬干枯,人体应之,肺气当令,有滋养皮毛清利口鼻的作用。燥易伤肺,因此四运应注意清燥润肺。

　　五运寒水运气当令,气候凄冷寒极,水液凝聚不化而结冰。寒性凝滞,易伤阳气,所以五运应注意驱散寒邪,温补阳气。

(二)从六气而养

　　初之气为厥阴风木,从立春节气至春分时令,风从东方来,天气逐渐变暖,万物生发,与肝相应。《素问·至真要大论》论述厥阴风木胜时,言:"风气大来,木之胜也,土湿受邪,脾病生焉。"可见,厥阴风木之气太过,易导致肝旺乘脾土,脾土受病。故初之气应注意顾护脾胃。此外,《遵生八笺·四时调摄笺春卷》中有对早春的记载:"春阳初升,万物发萌,正二月间,乍寒乍热……天气寒暄不一……风冷易伤腠理。"亦曰:"不可顿去棉衣,老人气弱,骨疏体怯,风寒易伤腠理,时备夹衣,温暖易之,一重减一复,不可暴去。"指出此时期厥阴风木之气正值阴退阳长,寒去热来的转折期,不宜过早脱掉棉衣,以防风寒之邪侵袭。

　　二之气为少阴君火,始于清明节气,历经谷雨、立夏、小满。此时期万物生长,人体内阳气渐旺,与心相应。清明过后南方雨水渐多,气温升高;而北方则主要以温热干燥为主。饮食上应注意不宜食用性味过于温热的食物,容易引发疮毒热病。此外火气下临于地,肺气受到克制,火易伤肺,故二之气要注意清热润肺。

　　三之气为少阳相火,始于芒种,历经夏至、小暑、大暑。此时天气炎热多雨。在南方芒种节气前后,多发梅雨,《本草纲目·水部》曰:"梅雨或作霉雨,言其沾衣物,皆出黑霉也。"梅雨时节,由于阴雨连绵,湿度大,衣物等容易生出霉菌,人体同样也会受到节气潮湿的影响。正如《千金要方·道林养性》所言:"湿衣与汗衣皆不可久着,令人发疮及风瘙。"另外,炎热也是三之气的主要特点。《帝京岁时纪胜·五月》记载:"夏至,京师于是日家家俱食冷淘面,即俗说过水面是也,乃都门之美品。"食凉面可开胃消暑。故在三之气应注意饮食清淡,勿食肥甘厚味,同时注意防止中暑。

　　四之气为太阴湿土,时至立秋到秋分,相当于每年暮夏初秋,其气候以湿气较重为主要特点,与脾相应。《素问·至真要大论》曰:"诸湿肿满,皆属于脾。"湿为阴邪,易耗伤人体阳气,导致气机不畅,故水湿停聚,产生水肿或腹泻等病。此阶段因机体外热内寒,冷食不宜多吃,否则会寒伤脾胃,令人吐泻。西瓜、绿豆汤、乌梅小豆汤,虽为解渴消暑佳品,不宜冰镇食之。保护脾胃是四之气的养生重点。

　　五之气为阳明燥金,时至寒露至小雪四个节气,相当于每年秋冬之间,气候以燥气为主,与肺相应。其特点为"燥胜则干",此时期气温降低,天气干燥,昼夜温差加大,最易导致肺系疾患。因此养生应以滋阴润肺为主,同时要注意适时添加衣服。多发喘息、呕逆、咳嗽等病。食疗可选梨、百合、莲藕等滋阴润肺之品。

　　终之气为太阳寒水,包括大雪、冬至、小寒、大寒四个节气,天气寒冷,则以寒水当令,此时期天气极寒,与肾相通应。终之气天气以寒冷为主,因此要注意防寒保暖,顾护阳气。食物应选择甘温且具有温补脾胃、滋养气血、驱寒强身功效之品。另外,在此期间在生活起居上不宜做剧烈的运动,尤其不能过多出汗,因为"汗为心之液",汗出过多会气随津泄,进而损伤心阳。

　　以上仅根据运气理论中主气的特点分析了六气的基本养生原则,其实每年主气还会受到流年客气的影响,因此在对具体年份运气养生的探讨中,还需考虑客气与主气加临的情况。由于客气的变化非常复杂,所以相关的养生调养在此不一一赘述。

学习小结

1. 学习内容

```
┌──────┐   ┌──────────────┐   ┌─────────────────────────────┐
│四季  │   │中国四时气候   │───│四季、二十四节气的来源、特点及其对人体生理病理的│
│气候  │───│              │   │影响                         │
│与    │   └──────────────┘   └─────────────────────────────┘
│天    │   ┌──────────────────┐   ┌─────────────────────────────┐
│时    │───│月盈亏、昼夜、时辰与运气│───│月的盈亏、昼夜节律、时辰节律、五运六│
│运    │   └──────────────────┘   │气的特点及其对人的生理病理的影响    │
│气    │                          └─────────────────────────────┘
│      │   ┌──────────────────┐   ┌─────────────────────────────┐
│      │───│季节、天时、运气与四时养生│───│季节调养、天时调养（月盈亏养生、月份│
│      │   └──────────────────┘   │养生、时辰养生）、五运六气调养（五运│
└──────┘                          │调养、六气调养）                 │
                                   └─────────────────────────────┘
```

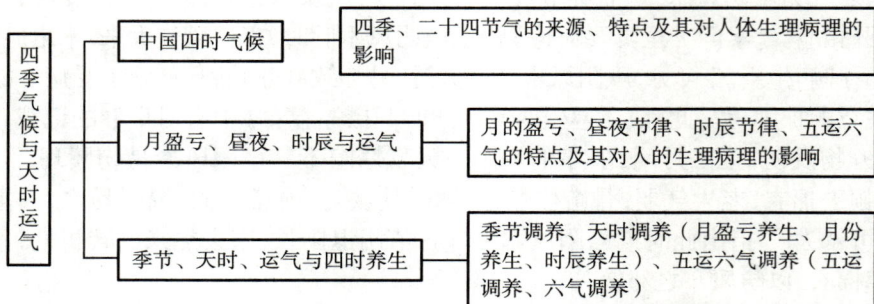

2. 学习方法　本章是对四季气候与天时运气养生的基本概述。首先要学习我国的四季气候特点以及我国特有的二十四节气的特点，了解正常和特殊、极端气象物候对人体的影响。然后学习月的盈亏、昼夜节律、时辰节律和运气节律的特点以及它们对人体所产生的影响。最后在掌握以上知识的基础上了解季节养生、天时养生、五运六气养生的基本特点。

（刘晓燕）

复习思考题

1. 中国四季气候有何特点？试举例说明气候对人体生理、病理的影响。
2. 天时调养有哪些方法？
3. 何谓运气学说？从岁运养生，在木运太过之年应如何调养？

笔记

第三章

四时养生纲要

学习目的

掌握以自然之道养自然之身的要点、四时养生的原则,熟悉按时养护、随时防治的大法。

学习要点

因四时而变的人的作息、运动、饮食,"春夏养阳,秋冬养阴"的具体内涵,按时养护与疾病防治的关系。

第一节　以自然之道,养自然之身

　　人的生命形成与万物一样本源于天地精气,由天之阳气和地之阴气相合相感而成。如《素问·宝命全形论》说:"人生于地,悬命于天,天地合气,命之曰人。"因此,人的生理功能必然随着四时阴阳的变化规律而改变。如《素问·宝命全形论》又说:"人以天地之气生,四时之法成。"自然界的四时阴阳变化、昼夜交替、月盈亏节律等会对人体的气血、津液、脏腑经络等各个方面产生影响。人体内环境和自然界的协调统一,是人健康生存的基础。现代研究也认为,人体的生理和病理活动与自然界的时间周期变动是相统一的。正常情况下,人体内部的调节可使内环境与外界自然环境的变化相适应,保持生理功能正常。如果人的活动违反自然规律,或自然环境变化过于剧烈,以致人体内部调节不能适应自然时,则会导致疾病的发生。因此养生要顺从自然四时阴阳变化规律,才能健康长寿。如《灵枢·本神》说:"智者之养生也,必顺四时而适寒暑……如是则僻邪不至,长生久视。"汉代董仲舒《春秋繁露》也主张"循天之道,以养其身。"宋代欧阳修更明确指出:"以自然之道,养自然之身"。

　　《医经原旨》进一步阐述说:"人之气数固有定期,而长短不齐者,有出于禀受,有因于人为,故惟智者不以人欲害其天真,以自然之道养自然之寿而善终其天年"。

一、作息有常,因时而变

　　作息有常,指合理安排生活作息,妥善处理日常生活中的细节,使作息符合自然界阴阳消长的规律和人体生理常度。自然界的四季呈现春生、夏长、秋收、冬藏以及春温、夏热、秋凉、冬寒的物候气候规律,这些规律会影响人体生理功能,因此人应当在保证作息有常的同时,根据四时规律进行调整,以合于天地之道,则能保持健康,延年益寿。如《素问·上古天真论》云:"起居有常,不妄作劳,故能形与神俱,而尽终其天年,度百岁乃去。"《备急千金要方》曰:"善摄生者,卧起有四时之早晚,兴居有致和之常制。"作息失于常度或不能顺应四时节律则会损伤人体,导致疾病的发生乃至影响寿命。如《老老恒言》说:"春宜夜卧早起,逆之则伤肝。夏同于春,逆之则伤心。秋宜早卧早起,逆之则伤肺。冬宜早卧晏起,逆之则伤肾"。

1. 春季作息　春季是万物生发推陈出新的季节,此时阳气生发,人们对于春季所赋予的生发之气,不要随意损害。肝气通于春,以升发为顺,主人体一身阳气的升腾,因此春季要注意肝的养护。此时生活作息上应晚睡早起,情志上应保持心情愉悦,以顺应春季阳气生发的规律。同时春季气候变化较大,容易忽冷忽热,因此要注意防寒保暖。如《混俗颐生录》说:"春深稍宜和平将息,绵衣稍宜晚脱,不可令背寒,寒即伤肺,令鼻塞咳嗽;似热即去之,稍冷即加之,甚妙。"

2. 夏季作息　夏季是万物盛长繁荣的季节,阳气旺盛。心气通于夏,具有温通血脉,推动机体功能活动的作用,因此夏季要注意心的养护。生活作息上应当晚睡早起,情志上保持心情愉悦,以顺应夏季长养的规律,否则会损伤心。夏季气候炎热,应防暑降温,以免暑热之邪伤损伤心,但也要注意"盛暑不可露卧"(《保生要录·论居处门》)以及"勿当风卧湿"(《混俗颐生录·夏时消息》),以免受到风寒湿邪侵袭而导致秋季疟疾的发生。

3. 秋季作息　秋季是万物状态平定的季节,此时天高气爽,草木凋零,阳气开始收敛。肺气通于秋,肺主一身之气,是维持和调节全身气机正常出入的重要因素,因此秋季应当注意肺的养护。生活作息上应当早睡早起,情志上使情志安宁,收敛神气以防止秋天肃杀之气对人体健康的影响。还要减少对外界的兴趣,以顺应秋季收敛的规律,否则会损伤肺。秋季燥气当令,肺为娇脏,应注意预防燥邪伤肺。

4. 冬季作息　冬季是万物闭藏的时节,呈现出冰冷地裂的景象,这时整个大自然阳气都藏于地下。肾气通于冬,肾主藏精,贮藏五脏六腑之精,因此冬季应注意肾的养护。人们要适应阳气闭藏的特点,不要扰动阳气,生活作息上要早睡晚起、避免劳累,注意保暖但不要出汗,以免损伤阳气,情志上要收敛情志,以此顺应冬季收藏的规律,否则会损伤肾。冬季天气寒冷,应去寒就温,注意防寒保暖。

总之,作息规律要遵循四时阴阳变化的规律,按照各个时节的自然特点对作息进行调整,以保持健康远离疾病,达到延年益寿的目的。

二、动静有度,因时而变

中医认为人是形与神的统一体,动与静是相互对立统一的养生法,不能截然分开。故陶弘景说:"能动能静,所以长生。"养生不可过动也不可过静,这两者皆不利于身体健康。对此《素问·宣明五气》说:"久卧伤气,久坐伤肉,久立伤骨,久行伤筋。"指出过劳过逸都会损害人体健康。正确地协调动与静,对人身体乃至心理健康都有好处。关于静,《庄子·在宥》说:"必静必清,无劳汝形,无摇汝精,乃可以长生。"关于动,《经济类编》说:"日月以日行故明,水以日流故不竭,人之四肢以日动故无疾。"协调动与静的关键在于动静适度和动静合宜。对此《二程粹言·论学》说:"动静节宜,所以养生也。"《医学入门·保养》说:"盖人之精神极欲静,气血极欲动。"指出了人的形体不能过劳也不能过逸,但精神修养是以静为主。由此动静结合,动静适度才能保证身心健康。

在保证运动适度的同时,还须因时令的不同而做出相应调整。

1. 春季运动　应当顺应春季阳气生发。可以选择适合自己的运动项目在合适的环境进中进行锻炼,有助于阳气生发。春季运动微微汗出即可,要注意避免大汗淋漓,损伤阳气。此外还可以练习一些古代功法,如《灵剑子》中记载了补肝脏的春季功法。

2. 夏季运动　应当顺应夏季阳气长养。夏季天气炎热,湿度大,因此运动要注意防暑降温,最好在清晨或傍晚天气清凉的时候进行运动锻炼。可以选择一些运动不太激烈的项目在空气清新的环境中进行锻炼。夏季由于天气炎热,运动后容易口渴,因此特别要注意不宜饮冷、暴饮,以免引起消化系统疾病。此外,还可以选择适宜夏季的功法进行练习。

3. 秋季运动　应当顺应秋季阳气收敛。秋季天气凉爽,气候十分适宜。选择的运动项目应当遵循人体阳气内收的规律,因此,应选择不太激烈的运动项目进行锻炼,以防汗液流失,损伤阳气。此外还可以选择适宜秋季的功法进行练习。

4. 冬季运动　应当顺应冬季阳气内藏。"冬天动一动,少生一场病;冬天懒一懒,多喝药一碗。"这句俗语告诉我们,在冬季进行锻炼有助于身体健康。冬季运动不宜激烈,应避免汗出,损伤阳气。冬季锻炼要避免在大风、大寒、大雪等不良天气情况中进行。此外冬季的早晨,由于冷高压的影响,常常会发生逆温现象,即地表温度低,上层温度高,以致大气停止上下对流,工业、家庭废气停留在低层,使得户外空气污浊有害健康。因此冬季晨练最好等待太阳升起后再进行户外运动。正如《素问·四气调神大论》曰:"冬三月……早卧晚起,必待日光"。

三、饮食宜忌,因时而变

"民以食为天",饮食与人类的生存息息相关。饮食物是供给机体营养物质的源泉,是维持人体生长、发育,保证生理功能正常和完成各种生命活动所必需的条件。饮食适宜,机体营养充沛,则精神充沛,身体健康。如《寿亲养老新书·食治方》所说:"安身之本,必资于食。不知食宜,不足以存生。"饮食要注意宜忌,饮食适宜指饮食要五味合宜、结构均衡、饮食习惯良好等。饮食禁忌则指五味偏嗜、结构失衡、饮食习惯不良等。

饮食注意宜忌的同时也应当顺应四时规律,按时调整。

(一)食能以时

不同的季节所适宜食用的饮食物种类不同。饮食物的分类有多种方式,首先饮食物有阴阳之分别,如《素问·阴阳应象大论》说:"辛甘发散为阳,酸苦涌泄为阴。"还有按食物的四气分类,分别为寒、热、温、凉四类。再有按照五味分类,分为酸、苦、甘、辛、咸五类。不同的季节气候和阴阳变化情况不同,在饮食物的选择上应根据顺时养生的原则,按照不同时令的气候和阴阳变化特点选用不同种类的饮食物,并注意宜忌以养生。选用饮食物时,尤其选用果蔬时,应做到"不时不食"(《论语·乡党》),即要按季节、时令,选择相应食物,不要吃不当令、不应季的食物。当今社会有先进的栽培技术,使得一些食物不管当令与否,一年四季都能吃得到,虽然如此,还是提倡食用应季食物,才能"食能以时,身必无灾"(《吕氏春秋》)。

1. 春季饮食　春季主阳气生发,肝脏主令,肝主疏泄喜条达,因此,春季应增辛减

酸，以助肝之条达。如《素问·脏气法时论》说："肝欲散，急食辛以散之，用辛补之，酸泻之。"春季肝气升发，可适当增加辛味食物的摄入，然而往往容易升发太过，从而影响脾土。因此，春季"宜减酸益甘以养脾气"（《养老奉亲书·春时摄养》）。另有《修龄要指》曰："少饮酒以防上逆之火"，这也是指饮食避免过度辛散，防止肝阳过亢。

2. 夏季饮食　夏季主长养，心脏主令，心气旺盛亦克伐肺金，因此夏季"宜减苦增辛以养肺气"（《养老奉亲书·夏时摄养》）。夏季气候炎热，心火容易亢盛，可以适度食用一些清凉解暑，泻火解毒的食物如绿豆等。就如《饮膳正要·四时所宜》云："夏气热，宜食菽以寒之。"饮食物应当保持温暖，切忌贪凉，暴食冷饮，否则会损伤脾胃，以致疾病的发生。因此，《陶真人卫生歌》说："故夏月不问老少悉吃暖物，至秋即不患霍乱吐泻。腹中常暖者，诸疾自然不生，盖元气壮盛也。"夏季天气炎热，细菌容易繁殖，饮食物极易腐败变质，因此还要注意饮食卫生。此外，夏季应避免选择损伤阳气、不利于阳气长养的食物。另外，长夏季节的饮食，丘处机主张"饮食温暖，不令大饱，常常进之……其于肥腻当戒"。即饮食物要稍微热一点，不要太寒凉，不可吃的过饱，可少食多餐，并戒除肥腻容易阻碍脾胃功能的食物。

3. 秋季饮食　秋季主收，肺脏主令。秋季饮食上应当减辛增酸以顺应肺之收敛。对此《素问·脏气法时论》说："肺欲收，急食酸以收之，用酸补之，辛泻之。"又《养老奉亲书·秋时摄养》说："秋，肺气旺，肺属金，味属辛，金能克木。木属肝，肝主酸。"秋季气候干燥凉爽，因此应当多吃一些养阴润燥的食物和避免食物寒冷。对此《饮膳正要·四时所宜》说："秋气燥，宜食麻以润其燥，禁寒饮食。"此外，秋季应避免选择易使阳气发散的食物，不利于阳气收敛。

4. 冬季饮食　冬季主藏，肾脏当令。冬季饮食应当减咸增苦以补心肾。对此《素问·脏气法时论》说："肾欲坚，急食苦以坚之，用苦补之，咸泻之。"又《养老奉亲书·冬时摄养》说："冬，肾气旺，肾属水，味属咸，水克火，火属心，心主苦。"冬季饮食养生应当遵循"无扰乎阳"的原则，冬季阳气潜藏体内可适当进补，但不可摄入生冷和燥热之物，应当以滋阴潜阳、温补的饮食物为主。

（二）饮食习惯

饮食养生除了要按照不同的季节选取不同种类的饮食物外，饮食的习惯也须因时间的不同而相应调整。中国自古以来，就有"早饭宜好，午饭宜饱，晚饭宜少"的养生之说。早晨胃经当令，此时摄入饮食物最容易消化，应当吃多、吃好以为一天的生活、工作提供所必需的营养和能量。中午应当吃得饱一些，以为下午的工作提供能量；晚餐应少吃一些，以能在睡前充分消化吸收，以免食积。还有几点值得注意，虽然早晨、中午都要吃饱，但也不可过饱，"凡食过则结积聚，饮过则成痰癖"（《抱朴子·极言》）。晚饭则应少，以免宿食影响睡眠，损害脾胃功能，所谓"胃不和则卧不安"。饭后切不可立刻睡下，"饱食即卧，乃生百病"（《备急千金要方》）。饭后应当漱口、摩腹、慢步等，有利于人体将饮食物转化为人体所必需的水谷精微，以维持人体正常生理功能；而饭后即卧，不仅不能帮助饮食物的吸收，甚至会阻碍水谷的转化，损害脏腑，导致疾病的发生。饮食物本对人体有益，若饮食不节，则不仅不能补益机体，还会导致疾病的发生。对此《卫生宝鉴·无病服药辨》说："至于五谷为养，五果为助，五畜为益，五菜为充，气味合而食之，补精益气，倘用之不时，食之不节，犹或生疾。"因此，饮食如能根据时间的不同而养成良好的习惯可以保持身体健康。

第二节　春夏养阳,秋冬养阴

"春夏养阳,秋冬养阴"出自《素问·四气调神大论》。现今关于"春夏养阳,秋冬养阴"内涵的通行观点是:养生要顺应生、长、收、藏的四时规律,春夏养生养长,秋冬养收养藏。春夏之时当注意保养阳气,使阳气生而勿伐,长而勿亢;秋冬之时当注意保养阴精,使精气内聚以增强潜藏阳气的能力,为春夏季节阳气生发做好储备。

一、春夏养阳

春季养阳,养生发之气,在起居、饮食、情志、运动等方面要顺应阳气生发的特点。春季气候变化较大,容易出现乍寒乍暖的情况,因此还要注意保暖防寒,以顾护阳气。春属木,与肝相应,肝在志为怒,恶抑郁而喜条达,故要避免抑郁、愤怒等不良情绪以免伤肝。

夏季养阳,养长气,在起居、饮食、情志、运动等方面要顺应阳气长养的特点。夏季天气炎热,长夏天气潮湿,因此要注意预防暑湿之邪,以及避免过度食用寒凉食物,以免损伤脾胃功能。

二、秋冬养阴

秋季养阴,养收敛之气,在起居、饮食、情志、运动等方面要顺应阳气收敛的特点。立秋至处暑,天气炎热,雨多湿重,故此阶段依然要注意预防暑湿之邪。白露过后,天气逐渐干燥,昼夜温差较大,要注意保暖以及对饮食做出调整以免燥邪损伤。

冬季养阴,养藏气,在起居、饮食、情志、运动等方面要顺应阳气潜藏的特点。冬季天气寒冷,要注意防寒保暖,避免被寒邪所伤。冬主藏,是进补的好时机,但应慎食生冷、燥热,宜以滋阴潜阳的食物为主。

📖 知识拓展

对"春夏养阳,秋冬养阴"的不同见解

古人关于"春夏养阳,秋冬养阴"的内涵有多种见解。隋代杨上善《黄帝内经太素·顺养》说:"圣人与万物俱浮,即春夏养阳也;与万物俱沉,即秋冬养阴也。"唐代王冰《增广补注黄帝内经素问》:"春食凉,夏食寒,以养于阳,秋食温,冬食热,以养于阴,滋苗者必固其根,伐下者必枯其上,故以斯调节,从顺其根。"明代马莳《黄帝内经素问注证发微》:"圣人于春夏而有养生养长之道者,养阳气也;秋冬而有养收养藏之道者,养阴气也。"明代张景岳《类经》:"夫阴根于阳,阳根于阴,阴以阳生,阳以阴长。所以圣人春夏则养阳,以为秋冬之地,秋冬则养阴,以为春夏之地,皆所以从其根也。"清代张志聪《黄帝内经素问集注》:"春夏之时,阳盛于外而虚于内;秋冬之时,阴盛于外而虚于内。故圣人春夏养阳,秋冬养阴,以从其根而培养也。"清代高士宗《黄帝素问直解》:"圣人春夏养阳,使少阳之气生,太阳之气长;秋冬养阴,使太阴之气收,少阴之气藏。"观点各不相同,总结有以下四种:①以王冰为代表的"以制为养"的观点,认为养即抑制削弱之义,春夏之际内外相

笔记

应,处于阳盛而易伤阴的状况;秋冬阴盛而阳气易损的状况。因此春夏宜食凉以制阳亢,秋冬食温热以抑阴盛。②以明代马莳、清代高士宗为代表的应时养生观点,认为春夏应顺应其生长之气即养阳,秋冬应顺应其收藏之气即养阴。③以张景岳为代表的阴阳互根观点,认为春夏养阳以为秋冬之阴,秋冬养阴以为春夏之阳。④以张志聪为代表的内虚而养观点,认为春夏阳盛于外而虚于内,当养其内虚之阳;秋冬阴盛于外而虚于内,当养其内虚之阴。

第三节　按时养护,随时防治

　　四时养生的重要意义和目的之一就是预防疾病的发生。中医将预防疾病的发生、演变和复发作为养生的核心内容,并将中医养生预防疾病的思想总结为"治未病"。对此《素问·四气调神大论》说:"圣人不治已病治未病,不治已乱治未乱。"四时养生作为中医养生的重要组成部分,在预防疾病方面同样具有重要作用。

　　不同的时令气候不同易发病也不同,春风、夏热、秋燥、冬寒是四时气候变化的一般规律,这种规律对易发病的影响是:春季多肝病,夏季多心病,秋季多肺病,冬季多肾病。因此应当顺应四时进行养护,以防止疾病的发生、发展。对此《素问·四气调神大论》说:"阴阳四时者,万物之终始也,死生之本也,逆之则灾害生,从之则苛疾不起。"《素问·生气通天论》说:"顺之则阳气固,虽有贼邪,弗能害也,此因时之序。"正常情况下一年之中六气风、寒、暑、湿、燥、火,合于四时,则能促进生物的生长。若出现异常情况,六气太过或不及则变成六淫邪气,成为致病因素。当气候顺逆失常,气候异常的情况出现,人不能随着气候进行摄生,就会引起疾病。因此《素问·六微旨大论》云:"应则顺,否则逆,逆则变生,变生则病"。

一、顺时养生

　　顺时养生,包括顺应四季阴阳变化而养;顺应昼夜规律而养;顺应月节律而养;顺应十二时辰而养。自然节律,对人的生理和病理都会产生影响。只有顺时、按时养生,才能防止疾病的发生。

(一)顺应四季阴阳变化而养

　　四时阴阳变化会影响人体气血津液运行。春夏阳气发泄,皮肤腠理疏松,气血津液运行趋向于体表,故汗多;秋冬阳气收敛,皮肤腠理致密,气血津液运行趋向于体内,故出汗少而尿多。对此《素问·八正神明论》说:"天温日明,则人血淖液而卫气浮,故血易泻,气易行;天寒日阴,则人血凝泣而卫气沉。"《灵枢·五癃津液别》说:"天暑衣厚则腠理开,故汗出……天寒则腠理闭,气涩不行,水下流于膀胱,则为溺与气。"经气的运行也随季节变动而发生变化。对此《素问·四时刺逆从论》说:"春气在经脉,夏气在孙络,长夏气在肌肉,秋气在皮肤,冬气在骨髓中。"五脏与五时、五行相对应,如肝主于春属木,心主于夏属火,脾主于长夏属土,肺主于秋属金,肾主于冬属水。五脏的脏气分别在所主的五时相对旺盛。总之,四时阴阳的变化会对人体的气血、津液、脏腑、经络等各方面产生影响。因此要顺四时以养生防病,如不顺应四时,则会引起疾病的发生。对此《素问·四气调神大论》说:"春三月……逆之则伤肝,夏为寒变……夏三月……逆之则伤心,秋为痎疟……秋三月……逆之则伤肺,冬为飧泄……冬三月……逆之则伤肾,春为痿厥"。

(二)顺应十二月而养

一年有十二个月,每个月的气候物候各不相同,脏腑气血盛衰情况亦不相同,因此按十二月养生应综合考虑每月气候物候情况和脏腑气血盛衰情况提出相对应的养生原则和方法,以对每月的重点脏腑进行养护,对易发疾病进行预防等。

(三)顺应二十四节气而养

一年有二十四节气,每个节气的气候特点不同,人与自然是天人相应的统一体,人体的生理、病理会随着节气的变化而发生改变。因此应当根据各节气气候的特点,制定相应的养生原则和方法,以保持身体健康延年益寿。如立春、雨水节气养生应注意防寒护阳、养肝怡情、健脾祛湿、增甘辛少酸等。

(四)顺应昼夜节律而养

一天之内的昼夜变化规律也会影响人体阴阳的变化。一天之中,早晨,人体阳气开始生发;中午,阳气最为隆盛;日落时,阳气渐渐潜藏于里,汗孔随之关闭。对此《素问·生气通天论》说:"故阳气者,一日而主外,平旦人气生,日中而阳气隆,日西而阳气已虚,气门乃闭。"昼夜还有类似于四季变化的规律,即一日当中朝为春,正午为夏,日落为秋,夜为冬的规律。这种规律会影响人体阳气运行,白天阳气运行趋于体表,夜晚阳气趋于体内,并且大部分疾病由于阳气的这种昼夜规律而出现旦慧、昼安、夕加、夜甚的变化规律。对此《灵枢·顺气一日分为四时》说:"以一日分为四时,朝则为春,日中为夏,日入为秋,夜半为冬。朝则人气始生,病气衰,故旦慧;日中人气长,长则胜邪,故安;夕则人气始衰,邪气始生,故加,夜半人气入脏,邪气独居于身,故甚也。"因此要根据昼夜节律安排好饮食、起居等,以养生防病。

(五)顺应月盈亏而养

人体还受到月亮运行的影响,月亮的盈亏变化,对人的气血盛衰有直接影响。新月初生时,人的血气开始充盈,卫气开始运行;月圆时人的气血充实,肌肉丰满;月缺时,肌肉衰减,经络气血空虚。对此《素问·八正神明论》说:"月始生,则血气始精,卫气始行;月郭满,则血气实,肌肉坚;月郭空,则肌肉减,经络虚,卫气去,形独居。"因此,养生时要注意月相变化情况,根据人体气血变化情况选择正确的养生方法。《素问·八正神明论》提出的"月生无泻,月满无补,月郭空无治",虽是针刺治疗的原则,其也可为养生所参考。

(六)顺应十二时辰而养

一年有十二个月,一天有十二个时辰。中医学认为人体中的十二条脏腑经脉分别与一天十二个时辰相对应,分别在十二个时辰当令,时辰在变,经脉中气血的盛衰也随之改变,人的生命活动也随时辰的变化而呈一定规律性。如卯时大肠经当令,大肠为传导之官,所以排便是卯时的正常生理活动。因此,应顺应十二时辰养生,在对应的时辰对当令的脏腑经脉进行养护并调整生活起居的规律。

顺时养生还应在不同时令,按性别、年龄、体质、地域的不同而做出相应调整。比如中医认为,男人属阳,禀赋了自然界的阳气,女性禀赋自然界的阴气,因此生理上男人处于阳气较阴气偏盛,而女人处于阴气较阳气偏盛的一种动态平衡中。男人以精

笔记

为本,女子以血为本。因此男子在四时养生中要注重阳气和精的养护,女性要注重阴气和血的养护。此外女性在性格上较男性容易抑郁,因此在四时养生中较男性更要注意情志的调养,避免气郁而导致月经不调等疾病的发生。青壮年人大都身体壮实,气血充盛,老年人大都五脏不足,气血虚衰,因此在四时养生中,老年人较青壮年更以补五脏,益气血为主。对此《寿亲养老新书》说:"其高年之人,真气耗竭,五脏衰弱,全仰饮食以资气血。"体质不同在四时养生中也有区别,阴虚之人在四时养生中应当注意身体阴气的养护,饮食上应当以滋阴清热为主;阳虚之人应当注意身体阳气的养护,饮食上应当以补阳为主。

二、重点防护

时令不同,不仅气候变化,易受伤的脏器和易发病也有差异。因此要分别对不同时令的易发病重点预防,对于易受损伤的脏器要重点养护,保证人体健康。

(一)注意各季节不同脏器的养护

中医学认为,每年四时气候的变化规律是,春风、夏热、长夏湿、秋燥、冬寒。五脏分属五时的规律是,肝主春属木,心主夏属火,脾主长夏属土,肺主秋属金,肾主冬属水。春季容易发生肝病,夏季容易发生心病,长夏容易发生脾病,秋季容易发生肺病,冬季容易发生肾病。对此《素问·金匮真言论》说:"东风生于春,病在肝……南风生于夏,病在心……西风生于秋,病在肺……北风生于冬,病在肾……中央为土,病在脾。"春、夏、秋、冬四时分别对应的肝、心、肺、肾四脏的脏气旺盛,因而会克制其所胜之脏使该脏气衰。对此《修龄要指·四时调摄》说:"春三月……肝旺脾衰……;夏三月……心旺肺衰……;秋三月……肺旺肝衰……;冬三月……肾旺心衰。"因此春、夏、秋、冬分别注意调护肝、心、肺、肾外,还应注意分别调养脾、肺、肝、心。月份不同重点调护的脏器不同,对此《修龄要指·四时调摄》说:"正月,肾气受病,肺脏气微。减咸酸,增辛辣,助肾补肺,安养胃气。……二月,肾气微,肝正旺。戒酸增辛,助肾补肝。……三月,肾气已息,心气渐临,木气正旺。减甘增辛,补精益气。……四月,肝脏已病,心脏渐壮,增酸减苦,补肾助肝,调养胃气。……五月,肝气休,心正旺。减酸增苦,益肝补肾……六月,肝弱脾旺。节约饮食,远避声色。……七月,肝心少气,肺脏独旺。增咸减辛,助气补筋,以养脾胃。……八月,心脏气微,肺金用事。减苦增辛,助筋补血,以养心肝脾胃。……九月,阳气已衰,阴气太盛。减苦增甘,补肝益肾助脾胃。……十月,心肺气弱,肾气强盛。减辛、苦,以养肾气。……十一月,肾脏正旺,心肺衰微。增苦减咸,补理肺胃。……十二月,土旺,水气不行。减甘增苦,补心助肺,调理肾气"。

(二)注意各季节易发病的防护

季节不同,气候不同,易发病也不相同。中医认为春季多发生头部疾病,夏季病多发生在脏,秋季病多发于肩背,冬季病多发于四肢;春季易发流鼻涕和鼻血的病症,夏季多发病于胸胁,长夏多发洞泄寒中的疾病,秋季多发风疟疾病,冬季多发痹证和厥证。对此《素问·金匮真言论》说:"故春气者病在头,夏气者病在脏,秋气者病在肩背,冬气者病在四肢。故春善病鼽衄,仲夏善病胸胁,长夏善病洞泄寒中,秋善病风疟,冬善病痹厥。"除上述外,春季,因气候由寒转暖,万物生发,病毒和微生物也随之生长繁殖,要注意预防流感、流脑、病毒性肝炎等传染性疾病的发生。夏季天气炎热,要注意中暑的发生,以及因暑热邪气侵袭人体而导致的小儿夏季热、泌尿系统感染等疾病的发生。秋季气候干燥,容易伤及肺脏和人体津液,需要注意预防慢性咽炎、口干、唇干、鼻干、便秘、口唇皲裂等情况的出现。秋季还是腹泻、感冒、手足口病的高发季节,也应特别注意防护。冬季气候寒冷,寒冷是引起高血压、脑卒中、肺病、关节炎、便秘等疾病发作的重要因素,因此要重点防护。

三、提前调养,防治未病

在疾病发生之前进行干预,提前调养,保持身体健康,是预防疾病的有效措施。许多疾病的发生与人们在发病之前的生活、饮食、起居等失于调护有关。如《素问·阴阳应象大论》曰:"冬伤于寒,春必温病;春伤于风,夏生飧泄;夏伤于暑,秋必痎疟;秋伤于湿,冬生咳嗽。"即指出冬季受伤于寒邪,则春季会发为温病;春季受伤于风邪,则夏季发为泄泻的疾病;夏季因受伤于暑邪,秋季则发生疟疾;秋季被湿邪所伤,则冬季发为咳嗽。因此春、夏、秋、冬四季若能注意身体调护,保证身体健康,则能避免在之后的季节发病。

"冬病夏养"是中医四时养生的重要内容之一,是中医"冬病夏治"理论的延伸。它是根据《黄帝内经》"春夏养阳""长夏胜冬"理论提出的养生治未病指导思想。冬病夏养是指对某些冬季容易发生的疾病,在夏季通过针对性的调护,以提高机体抗病能力,从而达到避免或减轻疾病在冬季发生的目的。

"夏病冬养"是根据《黄帝内经》"春夏养阳,秋冬养阴"理论提出的养生思想。夏病冬养是指对某些夏季容易发生的疾病,在冬季通过针对性调护,提高机体抗病能力,以避免或减轻疾病在来年夏季发作。

此外,尚有"冬病秋养"等方法。总之,在疾病发生之前,进行有针对性的养生调护,对预防疾病的发生,保持身体健康具有重要意义。但需要注意的是,在运用调治方法中,亦要根据体质、性别、年龄等人群的不同而做出相应的调整,辨证施养才能达到最好的养生防病效果。

学习小结

1. 学习内容

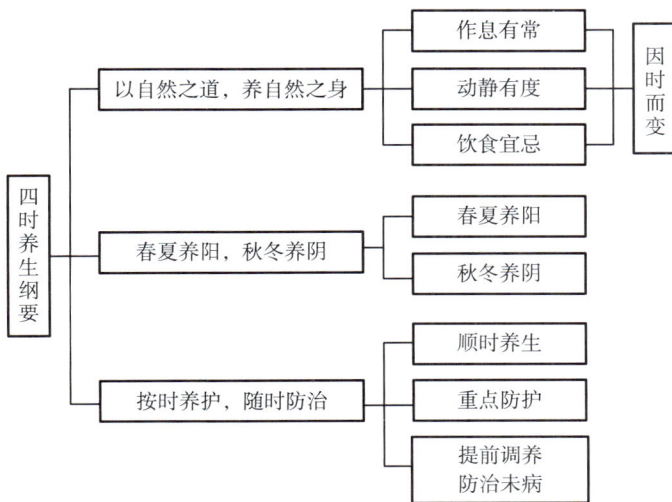

2. 学习方法 根据人体随着自然四时阴阳的变化规律而变化,掌握人的作息、运动、饮食要顺应四时规律,正确理解"春夏养阳,秋冬养阴"这一养生原则,掌握在不同的时令对不同的脏器进行调护,对易发病进行重点预防,同时要在疾病发生之前进行干预,提前调养。

（章德林）

复习思考题

1. "以自然之道,养自然之身"包括哪些内容?
2. 如何理解"春夏养阳,秋冬养阴"?
3. 中医四时养生为什么强调根据季节重点防护?

第四章

四时养生基本方法

学习目的

　　掌握四时生活起居养生方法、五脏六腑养生方法,熟悉四时养生常用腧穴、时辰按摩法,了解调神怡情养生方法、四时针灸方法、干支时日按摩法、四时导引法。

学习要点

　　四时生活起居养生方法,五脏六腑养生方法,四时养生常用腧穴,时辰按摩法。

第一节　生活起居养生

　　四时养生的核心是顺时调养,其中顺应自然的阴阳变化,调整日常生活起居以保养生命、强身健体是基本方法之一。

一、起居养护

　　春季,自然界的气温慢慢回升,人体的阳气开始趋向于体表,肌肤腠理逐渐舒展,宜晚睡早起以应天时。此时机体因春气所感而腠理疏松,人体对外邪的抵抗能力有所减弱,易被各种邪气入侵;并且,随着春季气温的回升,病原体开始大量繁殖,传染病多发,故应注意防护。初春时节不宜过早脱去棉衣,特别是年老体弱者或儿童。另外,居处应注意通风,应多开窗户,保持室内空气流通,并加强体育锻炼,提高机体的防御能力。

　　夏季,人体阳气外发,气血运行旺盛并活跃于机体表面,作息宜晚睡早起。由于夏季气候炎热,皮肤汗孔开泄,使汗液排出,以通过排汗达到调节体温的目的,此时应注意补充水分,同时,由于气温较高,注意避免日光直射,防暑降温。在盛夏,除注意防暑外,长夏时节还应注意防湿邪。长夏多湿,气候炎热,易变生湿热,湿热蕴蒸,阻滞气机,气机不畅,人体会感觉到四肢困倦、头身困重,纳呆,精神萎靡不振,故应适当运动,保持气机的通畅。

　　秋季,自然界的阳气由疏泄趋向收敛,起居作息要相应调整。秋风劲急,肃杀将至,人们要早卧早起以缓和秋季的肃杀之气对人体产生的不良影响。秋季主气为燥,人容易出现清窍干涩的表现,要注意防燥。同时,随着气温降低,人们应注意保暖,及时添加衣物,以防寒邪入侵。

冬季,日照时间开始变短,地面蓄积的热量开始减少,天气寒冷,宜早睡晚起。在北方地区,室内有取暖设备,容易出现口干舌燥、皮肤干燥的症状,要注意增加室内空气湿度。外出时,体质偏弱者要多穿高领的服装,并注意脚部的保暖。老年人在雪天应减少户外活动,以免受寒而伤阳气。

二、衣饰养护

中国大部分地区四季分明,气温相差很大,从养生要求而言,各季节的衣饰也应符合天时、气候的变化,因时加以调整。

春季,气候变化较大,早晚或一日之内温差很大,加之人体腠理渐趋疏松,对外邪的抵抗能力有所减弱,容易引发各种疾病。所以,春天不宜早去棉衣。特别是年老体弱者,减脱冬装尤宜审慎。民间常说"春捂秋冻",有一定的科学依据。穿衣服要随气候的变化及时增减,以感觉不过热为宜。人体下半身的血液循环相对比较差,对风寒的抵御能力弱,要适当穿厚一点。

夏季,气候多炎热,或湿热较重,出汗较多,选择衣物时,应多穿具有较好吸湿和散湿性面料的衣服。透气性好、热吸收率低的服饰,让人感觉凉快。另外,夏季太阳的辐射较强,温度亦很高,衣着的色调应以浅淡色为主,素雅大方为宜,避免色彩过于强烈。

秋季,天气转凉,衣物应根据气温酌情增减。不宜着衣过多,削弱机体对气候转冷的适应能力,反而容易受凉感冒。深秋时节,风大转凉,要及时增加衣物,尤其体弱的老人和儿童。

冬季,要注意防寒保暖,尤其是老年人和儿童,外出时应戴上手套和帽子。由于冬季气候干燥,化纤衣物保暖性欠佳,且常因摩擦而产生静电,不利于人体健康,故应选择棉、毛织物为好。心脑血管病、关节炎、消化系统等疾病的患者更要注意防寒保暖。

三、饮食养护

四季饮食养生各有不同要求。

春季由寒转暖,宜食辛甘发散之品以养肝,如葱、姜、蒜、韭菜等。并且,养肝护肝,还应多吃一些蔬菜,以补充维生素、无机盐和一些必需的微量元素。同时,春季还须食用一些甘味食物补脾以助运化,如麦、枣等,防止肝气太过而克伐脾土。生冷黏杂之物则应少食,以免伤及脾胃阳气。

夏季天气炎热,人们大多贪凉喜冷,很容易摄取过多寒凉食物,损伤脾胃阳气,令人吐泻,或是产生内湿,或是消化不良。因此,进食生冷瓜果应有限度,不可过食而导致脾胃阳气受损。夏季气温较高,食物容易变质,尤应注意饮食卫生,腐败变质的食物禁止食用。夏季阳光强烈,容易导致皮肤灼伤,不妨多吃些富含维生素C的水果、黄绿色蔬菜及深绿色叶菜。另外,夏季出汗多,体内水分容易流失,因此对蛋白质、维生素、无机盐、水等需求增加,必须及时补充水、电解质。对于高血压、高血脂、糖尿病等慢性病患者,饮食更应根据时令特点加以调整。

入秋以后气候逐渐转凉,同时秋高气爽,空气容易干燥,常被称为"秋燥"。燥邪容易伤肺,容易出现鼻、咽、唇、口等清窍津液干燥,出现干咳少痰、皮肤瘙痒不适等症状。同时,由于在酷热的夏季人们易贪食生冷,会导致初秋出现脾胃功能减弱的现象,所以可先补食一些富含营养又容易消化的食物,如鱼、豆类、新鲜蔬菜及水果等。随着秋季气候逐渐凉爽,空气变得越来越干燥,所以仲秋之后应以滋补润肺为主,可多食百合、梨、木耳、蜂蜜等食物。

　　冬季是进补的好时机,因天气寒冷,饮食应以增加热能为主,可适当多吃一些富含碳水化合物和脂肪、蛋白质的食物。另外,冬天可适当增加些"肥甘厚味"的食物,但不宜过多。冬季容易出现皮肤干燥,饮食中补充各种维生素也十分重要,特别应注意维生素 C 的含量。减少食盐摄入量,可以减轻肾脏的负担,增加苦味可以坚肾养心。

小贴士

最佳防晒食物——西红柿

　　德国和荷兰两国科学家的研究结果表明,多吃西红柿可防晒。如果每天食用 40g 西红柿酱,被太阳晒伤的风险将减少 40%。科学家认为,这可能是番茄红素在起着主要的作用。

四、房室养护

　　房室生活又称为房帏之事,简称房事,是人类正常的生理需求。古代医家认为,男女房事,乃交换阴阳之气,固本还元,只要行之有度,对双方都有益处。所以,顺应四季的寒温变化,保持健康的房事活动,也是四时养生的重要内容之一。在不同的季节,房室养护应随时令变化有"度"而行,对其房室频率虽然古人认为应当遵循"春二、夏三、秋一、冬无"的原则,但要灵活理解,即房室不宜过多,以和谐适度为原则,才能顾护肾中精气。

五、运动养护

　　运动是机体保持气血流畅的常用方法,也是养生的基本措施之一。由于四季气候不同,所以运动的宜忌也有差异。

　　春季是每年的第一个季节,承接去年的冬季而来。冬季人体藏精多于化气,各脏腑器官的阳气都有不同程度的收敛,因而入春后应加强锻炼,以利阳气的宣发。应多去空气清新之处活动,跑步、打拳,形式不拘,取己所好,尽量多活动,促进春气升发,阳气增长,方符合"春夏养阳"的要求。年老行动不便之人,可在春光明媚之时,于园林亭阁虚敞之处,沐浴阳光,凭栏远眺,以畅生气。

　　夏季气候炎热,运动锻炼最好在清晨或傍晚较凉爽时进行,场地宜选择公园、河湖水边等空旷阴凉处,锻炼项目以散步、慢跑、太极拳为好,有条件最好能到高山森林、海滨地区去疗养。夏天不宜做过分剧烈的运动,以免大汗淋漓,汗泄太多,不仅伤阴,也伤损阳气。如出汗过多时,可适当饮用盐开水或绿豆盐汤,切不可饮用大量凉水;也不能立即用冷水洗头、淋浴。

秋季气候凉爽,是运动锻炼的好时期。适当的体育锻炼,可增强身体的适应能力,还可以弥补夏季汗多的消耗,并为迎接严寒冬季做准备。散步、爬山等户外活动都是很好的选择。可根据个人具体情况选择不同的锻炼项目,如《道藏·玉轴经》所载秋季养生功法等。

冬季寒冷,但仍要持之以恒进行运动锻炼,但应避免在大风、大寒、大雪、雾露中锻炼。并且,冬天早晨,在冷高压的作用下常有逆温现象,导致户外空气污浊而能见度降低,空气质量较差,此时应避免在室外进行长时间锻炼,以免引起呼吸系统疾病。

六、中药养护

由于春、夏、秋、冬四时气候不同,存在阴阳消长的差异,因此根据自身的状态酌情以中药养护,也要遵循一定的原则有所选择。总体而言,应在"春夏养阳,秋冬养阴"基本理论指导下,选择适宜的中药以调节机体的阴阳平衡。一般春季宜于升养,多用甘淡发散之品;夏季宜清养,多用甘寒、酸寒之品;秋季宜于润养,多用甘润之品;冬季宜于温养,多用甘温之品填补。

中药养护宜选药食两用之品。如春季调养宜用甘草、蜂蜜、山药、大枣、扁豆、薏苡仁、茯苓、蒲公英、马齿苋、鱼腥草、莴苣、荠菜、佛手、香橼、玫瑰花、梅花、桑椹等;夏季调养宜用西洋参、五味子、酸枣仁、山楂等;秋季调养宜用南沙参、百合、麦冬、玉竹、黄精等;冬季调养宜用丁香、小茴香、龙眼肉、肉豆蔻、芡实、花椒、砂仁、莲子、高良姜、覆盆子、女贞子、山茱萸、杜仲、韭菜子等。

第二节　调神怡情养生

一、按时令时辰调神

(一)按时令调神

春季属木,与肝相应。肝主疏泄,在志为怒,恶抑郁而喜调达。故春季养生,既要力戒暴怒,更忌情怀忧郁,要心胸开阔,乐观愉快,要"生而勿杀,予而勿夺,赏而勿罚"(《素问·四气调神大论》)。在春光明媚,风和日丽,鸟语花香的春天,应踏青赏花,临溪戏水,陶冶性情,使自己的精神情志与春季大自然的升发之气相适应,充满勃勃生气。

夏属火,与心相应,所以夏季要重视心神的调养。要神清气和,快乐欢畅,胸怀宽阔,精神饱满,对外界事物要有浓厚兴趣,培养乐观外向的性格。与此相反,懈怠厌倦,恼怒忧郁,则有碍气机,皆非所宜。

秋内应于肺。肺在志为忧,悲忧过度易伤肺。秋天是宜人的季节,但气候干燥,气温渐降;草枯叶落,花木凋零,容易引起凄凉、垂暮之感,产生忧郁、哀伤等情绪,所以秋季养生首先要培养乐观情绪。保持神志安宁,以避肃杀之气;收敛神气,以适应秋天容平之气。

在冬季,为了不干扰冬令阳气伏藏的生理状态,首先要求精神内守,安静,即"藏神"。使情绪做到含蓄而不外发,保持精神的内守。养精蓄锐,有利于来年春季的阳气萌生。冬季精神调养除要做到"藏神"外,还要防止因季节气候刺激导致的情感失调。现代医学气象学家的研究表明,人的心理、生理与外界自然环境的变化息息相关,可通过体育锻炼调整机体的自主神经功能,减轻因自主神经功能失调而引起的紧张、激惹、焦虑、抑制等状态。

> **知识拓展**
>
> **季节性情感失调症**
>
> 季节性情感失调症,又称为"冬季抑郁症",是因为秋末、冬季寒冷气候作用于人体所致的季节性情感障碍。其发生机制为:寒冷使机体的新陈代谢和生理功能处于抑制和降低状态,体内调节物质代谢的环磷酸腺苷、环磷酸鸟苷的含量减少,核糖核酸和脱氧核糖核酸的合成代谢减慢,脑垂体、肾上腺皮质功能亦受到一定抑制,使得血液循环变慢,脑部供血不足,自主神经功能发生紊乱;同时,由于光照时间缩短,大脑松果体的褪黑激素分泌增强,因而出现情绪抑郁、精神萎靡、注意力不集中等一系列表现。预防措施:①延长光照时间。通过增加日晒或人工全光谱照射,减少褪黑素的过多分泌。②加强运动锻炼。通过适当运动可调整机体的自主神经功能,减轻因自主神经功能失调而引起的紧张、激惹、焦虑、抑制等状态。③增加维生素 C 和维生素 B 族的摄入。多食新鲜蔬菜和水果,改善因维生素缺乏对情绪的不良影响。

（二）按时辰调神

中医理论认为,"一日分为四时",朝为春,日中为夏,暮为秋,夜为冬,故人体亦应之。一日之中也有阴阳之气消长变化的规律,所以调节精神情志,也应该结合脏腑气血虚实状况,在一日之中随时辰来调节,其具体方法,可参照四季调神的原则。一般来说,肾应于半夜,故肾病宜养神于夜,应尽量避免夜间疲劳或者熬夜。肝应于晨,故肝病宜养神于早晨,情绪要和缓,防止朝怒。心应于午,故心病宜养神于中午,在午时应尽量保持心情愉悦,避免疲劳紧张情绪。肺应于晚,故肺病患者应养神于暮。肺阴虚患者易于午后烦躁,应保持情绪安宁以养肺阴。

具体而言,早晨是少阳之气初生的时候,应避免愤怒的情绪;日中,随着自然界阳气的上升,人的情绪也出现高涨,这时候要避免情绪的激动,避免急躁;下午,太阳西落,自然界的阳气开始收敛衰退,应保持心境的平和;夜晚,自然界的阳气开始内守而封藏,人的精神状态逐渐转为抑制,当保持安静,避免引起情绪激动的各种因素,如观看情节跌宕起伏的电视节目,聆听节奏激昂的音乐等,做好入睡前的准备工作。

二、按五音五色调神

（一）五音调神

五音为我国古代五声音阶中的五个音或是其对应的调式,宫、商、角、徵、羽,相当于是西乐中的 1（Do）、2（Re）、3（Mi）、5（Sol）、6（La）。五音通过五情相应调节五脏,《素问·阴阳应象大论》曰:"人有五脏化五气,以生喜怒悲忧恐。""怒伤肝,……喜伤心,……思伤脾,……忧伤肺,……恐伤肾。"正声雅乐使喜怒忧思恐归于和平,调和身心,可达到治病保健的作用。

1. 春季角音调神　角音,等于西乐中 Mi 音,有朝气蓬勃,生机盎然之意,具有"木"之特性。角音调式深远悠扬,错落有韵,低而不臃,连绵不断,寓意着苍木逢春的浓浓生机。角音入肝胆之经,可调神、振奋情绪,亦可调和肝胆的疏泄。角音调式代表曲目有《列子御风》《庄周梦蝶》《江南好》《春风得意》《江南竹丝乐》等。

2. 夏季徵音调神　徵音,等于是西乐中的 Sol 音,属火,婉愉流利,欢快活泼,如火之升腾,具有炎上的特性。徵调入心,对心血管的功能具有促进作用。徵音代表曲目有《紫竹调》《金蛇狂舞》《步步高》《狂欢》等。

3. 长夏宫乐调神　宫音,等于西乐中的 Do 音,属土,为长夏音,主化。宫乐能促进全身气机的稳定,调节脾胃,兼能保肺气、利肾水。宫音代表曲目有《梅花三弄》《阳春》《春江花月夜》《月儿高》等。

4. 秋季商音调神　商音,等于西乐中的 Re 音,属金,主收,有吐故纳新作用,入肺经与大肠经。商音能促进肺气的宣发和肃降,兼能保肾抑肝。商音代表曲目有《慨古吟》《长清》《鹤鸣九皋》《白雪》等。

5. 冬季羽音调神　羽音,等于西乐中的 La 音,属水。羽音高洁澄净,淡荡清邈,有如天垂晶幕,行云流水。羽音可促进全身气机的下降,调节肾与膀胱的功能,有滋补肾精、益智健脑之功用。羽音代表曲目有《二泉映月》《梁祝》《汉宫秋月》《乌夜啼》《稚朝飞》等。

(二)五色调神

在人类认知事物过程中,最先引起视觉注意的是色彩。色彩可以直接影响人的情绪和心理活动,与健康和养生密切相关。中医学对色彩的医疗保健作用早有认识,《黄帝内经》提出五色配五脏的理论,认为不同颜色对人体脏腑的影响存在差异,"白色入肺""赤色入心""青色入肝""黑色入肾"。张介宾《传忠录》强调:"以五色分五脏其理颇通"。李时珍《本草纲目·十剂》中说:"故天地赋形,不离阴阳,形色自然,皆有法象……空青法木,色青而主肝;丹砂法火,色赤而主心;云母法金,色白而主肺;慈石法水,色黑而主肾;黄石脂法土,色黄而主脾。故触类而长之,莫不有自然之理。"例如,从中药归经效用来看,几乎所有红色的中药均入心、入血分,可用于心和血脉诸候的治疗和养护。应用各种颜色作为摄生之法养性调神,古籍有较多内容。《理瀹骈文》中有应用红色以养心的记载:"养心戴红布抹其胸",其《原注》中说:"今人以红布抹脑,云可养心血即是。"宋代江少虞《宋朝事实类苑·皂罗屏风》载:"李氏有江南曰,中书皆用皂罗糊屏风",说明皂罗色有爽目宁心的功效。

中医五色调神养生的理论基础是五色入五脏、配五志。自然界四时阴阳变更、明暗冷暖转换,带来五彩缤纷的色彩。古人已有赤橙黄绿青蓝紫及黑白之分,现代还将不同颜色细分其色相、明度、纯度、色温等。四时养生可有目的地选择不同颜色以调节人的情志。以冷暖区分颜色,青、蓝、紫、绿为冷色,红、黄色为暖色。一般冷色调使人感到清凉、宁静、舒缓,暖色调使人感到温暖、快乐。黑白两色亦属冷色范畴,但因视觉上反差较大,多用于一些特定的调神需要。白色有镇静、空灵之感,黑色则多较沉闷、压抑。

将色彩用于四时调神,应在"天人合一"基础上正确选色,并根据具体情况合理调配,以愉悦情志、减轻心理压力为目标。如春光明媚,万物葱茏,百花盛开,衣饰及居室宜选浅色的冷、暖色调搭配,可怡情悦志,有助于肝之条达;夏月烈日炽盛,阳光曝晒,宜选冷色调以宁心安神;秋天遍野金黄,草木凋零,宜选柔和的暖色与冷色,可抚慰悲情,调畅思绪;冬季肃杀寒冷,宜选较鲜艳的暖色以振奋精神,鼓舞阳气。此外,居室饰物的使用也应以此为原则合理选择。健康须神形兼备,心境平和、心态稳定是必不可少的要素。随时令变化以五色调神,也是四时养生的具体措施。

第三节 五脏六腑养生

一、五脏养生

五脏,即肝、心、脾、肺、肾的合称。以五脏为中心的整体观,是中医藏象学说的主要特点。一方面,五脏在人体生理与病理上相互联系、相互影响,存在着复杂的生克关系;另一方面,五脏又与自然环境保持着统一性。藏象学说运用五行学说,将自然界的五时、五方、五气等与人体的五大脏器功能系统相联系,把人体的脏腑功能与自然环境置于同一体系下观察研究。五脏对应自然界中的五时,五脏的阴阳属性与五时之气的阴阳消长相互通应,五脏之气的虚实强弱受到季节变化的影响,肝气通于春,心气通于夏,脾气通于长夏,肺气通于秋,肾气通于冬。四时养生,应重视五脏功能的调生,尤其在不同季节须按照不同脏腑的功能特征重点养护。

(一)调肝

在四时养生中,调肝的关键时期是春季。肝的生理功能主要是主疏泄和主藏血。肝脏条畅全身气机,是气机升降出入的枢纽,又是贮藏血液,调节血量的重要器官。因此,养肝护肝,使其能够发挥正常的生理功能,是养生保健、脏腑调摄的重要内容之一。从四时养生而言,春季五脏养生尤当调肝。肝在五行属木,为"阴中之少阳",肝就如同春季的草木,舒展畅达,生发生长,其生理上主生发,喜条达恶抑郁,故而与自然界春气相通应。古人认为,春季养生在精神、饮食、起居等诸方面都应该顺应春季的阳气升发以助肝气的疏泄。春季气温升高,人体肝气旺盛,倘若不注意调摄,或是素体肝阳亢盛,容易引起肝木太过,甚则乘犯脾土,出现眩晕、脘痞等症状。因此在春天,应当注意保持情志的舒畅,并在饮食上多摄入性味甘平的食物,以养脾气。

(二)清心

在四时养生中,清心的关键时期是夏季。心为"五脏六腑之大主",心的生理功能主要有心主血脉,心主神志两个方面,是生命的关键环节。在脏腑调摄养生中,顾护心之功能有多种方法,清心是夏季养心的重点。心在五行属火,为阳中之太阳,故被喻为阳脏、火脏。心位于膈上,心火必须下降于肾,以滋肾水之寒。自然界中夏季火热,故而与阳气旺盛的心气同气相求。在夏季,心阳振奋,某些因为阳气虚衰导致的疾病往往有所缓解,但如果是素体阴虚阳盛,或是在炎热高温之时未加调护,也会引起系列疾病,尤其是夏季容易汗出过多,汗为心之液,汗出过多会耗伤心阴心阳。在夏季,一方面要利用好较长的白天时间进行工作和活动,同时当注意清暑宁心,可适当进食苦味清凉之品,并保持情绪清淡平和,以防心火内生。

（三）健脾

在四时养生中，健脾的关键时期是长夏季。脾主运化，主统血，是人体对食物进行消化吸收、输布精微的主要脏器，被称为"后天之本""气血生化之源"，在养生和防病方面有着重要意义。健运脾气并无季节之分，但长夏尤当重视。因脾在五行属土，为阴中之至阴，与长夏之气相通应。长夏通常是指夏秋之交，此时气候温暖且雨水较多，酝酿着自然界的果实生化成熟，而脾主运化，生化气血，为至阴湿土之脏，故而通于长夏之气。脾脏又有喜燥恶湿的生理特性，倘若湿之太过，反而会困遏脾气，使脾气不升，脾阳不振，故而长夏季节，也容易出现湿邪困脾的症状，症见纳呆、泄泻等。因此，在长夏时节要特别注重脾胃消化功能的保养，饮食有节，常服健脾利湿的食物。

（四）润肺

在四时养生中，润肺的关键时期是秋季。肺的主要生理功能是主气司呼吸、主行水、朝百脉、主治节。肺在五行中属金，为阳中之阴。肺为清虚之脏，主宣发肃降。秋季气候凉爽干燥，草木凋亡，一派肃杀之象，故而人体肺脏与此干燥之秋气相合，制约和收敛的功能强盛。但如果燥气太过，则易伤脏腑之津液，肺喜润恶燥，秋季常见肺燥之证，症见干咳、皮肤干燥等。古代养生家认为秋天应顺应天气渐收，不可过分发散肺气。同时，可食用一些养阴生津、润肺清燥的食物，以顾护津液为重。

（五）补肾

在四时养生中，补肾的关键时期是冬季。肾藏精，主水，主纳气，中医认为肾脏主宰着人体的生长、发育和生殖，故称肾为"先天之本"。肾脏具有贮存、封藏精气的功能，秉受父母先天之精，吸收脾胃输送之水谷之精，以此充养机体生机。肾脏的功能都与其封藏的特性息息相关。一年四季均应保养肾脏，以固其根本，而冬季更应强调补肾。冬季气候寒冷，万物蛰藏，故而肾气与其相感应。此时人体肾的阴气渐旺，冬之寒气易伤阳气，容易出现肾阳不足的症状，症见形寒肢冷、小便清长等。冬季养生应以补养肾中精气为先，与自然界动物一样休养生息，保证充足的睡眠时间。同时可适量服用温补的食物以补充肾阳，滋养精气的食物补充肾阴，利于阳气潜藏，阴精积蓄。

需要指出的是，强调五脏养生应注意春季调肝、夏季清心、长夏健脾、秋季润肺、冬季补肾，是基于中医五行学说，以五季（四）季对应五脏理论而言的。在实际应用中，应当明确人体的五脏六腑、四肢百骸、官窍、气血津液是一个有机的整体，在四时脏腑养生时，既要注意养护每一季对应的脏腑，又要从中医的整体观出发，注意养护相关的脏腑，尤其是素体不足的脏腑，做到"阴平阳秘"，才能培固正气，健康长寿。同时，五脏的养生方法也不限于饮食、起居、情志与运动，凡是能养护五脏，保持和维护五脏正常生理功能的措施，皆可视作五脏养生的方法。

二、六腑养生

六腑的主要功能是"传"，是传而不藏，就是传化水谷、传化饮食物，六腑养生最重要的方法就是保持六腑的通畅。《素问·五脏别论》说："六腑者，传化物而不藏，故实而不能满也。"说明六腑一定要保持通畅，水谷在体内不能久留。所以六腑一定是"以通为用""以降为顺"。养生方法举例如下：

大肠养生：多吃苹果、香蕉等水果，喝点蜂蜜，主食不要过于精细，多吃粗粮；每天适量运动,保持好心情;或者饭后摩腹。

　　胃腑养生:少熬夜,保持好心情。此外,要少吃过甜、咸、辣、酸、冷、烫的食物。

　　胆腑养生:胆囊具有储存胆汁的作用。应多吃高纤维的食物,如芹菜、谷物、红薯等。少吃动物内脏、蛋黄等富含胆固醇的食物;少坐多活动。

🌐 小贴士

摩　腹

　　腹部按摩能保健养生,古已有之,《备急千金要方》中说:"食毕当散步,数里来回行。摩腹数百遍,可以无百病。"《诸病源候论》中说:"两手相摩令热,然后摩腹,以令气下","着摩脐上下并气海,不限次数,以多为佳"。腹部是气血生化之所,摩腹既可健脾助运而直接防治脾胃诸疾,又可培植元气,使气血生化功能旺盛,而起到防治全身疾患的作用。宋代诗人陆游也常作"摩腹功",在他的诗《早饭后戏作》中曾描述:"汤饼满盂肥羜香,更留余地著黄粱。解衣摩腹西窗下,莫怪人嘲作饭囊"。

第四节　针灸养生

　　针灸疗法应用于养生是在中医理论尤其是经络腧穴理论的指导下,采用针刺、艾灸等具体方法,通过刺激人体的经络腧穴,从而达到强壮身体、益寿延年、预防疾病发生等目的的重要方法。《素问·刺法论》云:"是故刺法有全神养真之旨,亦法有修真之道,非治疾也",说明古人在两千多年前就已经认识并且将针刺法应用于养生保健中。针灸疗法作为中医外治疗法的主要方法,属于非药物疗法,简便验廉以及无药物毒副作用是其突出特点与优势。

📖 知识拓展

"逆针灸"与养生

　　"逆针灸"一词首见明代高武的《针灸聚英》,即"无病而先针灸曰逆。逆,未至而迎之也。"是指在机体无病或疾病发生之前,预先应用针灸方法,激发经络之气,增强机体的抗病与应变能力,从而防止疾病的发生、减轻随后疾病的损害程度或促进健康保健的传统方法。

一、四时常用腧穴

　　人体不仅本身是一个有机整体,而且与自然环境保持着统一性。人依赖自然环境以生存,人的生命活动必然受自然环境的制约和影响;机体对自然环境的变化,也必然要作出相应的反应。如春季多发肝病,春季多风又多发外感疾病;冬季多发肾病,冬季天气寒冷,又易感寒邪而发痹证。从养生的角度来说,当顺应四时选取腧穴,如春天应有利于肝气之疏泄,多选用肝经、胆经腧穴,以及有祛风作用的腧穴;冬季应有利于肾精之闭藏,多选用肾经、膀胱经腧穴,以及有温阳作用的腧穴。此外,四时各有主脏,除春季、冬季相应肝、肾外,夏季应心、长夏应脾、秋季应肺,四时随季节变化养生各有常用腧穴,但脾又不独主一季,古人称其寄旺于四季,故脾经腧穴不仅在长夏时常用,一年四时均可结合其余四脏的腧穴酌情选用。

1. 春季常用腧穴

(1)肝俞

定位:在脊柱区,第9胸椎棘突下,后正中线旁开1.5寸。

功效:为肝之背俞穴。具有调理肝胆、疏肝理气的作用。

(2)胆俞

定位:在脊柱区,第10胸椎棘突下,后正中线旁开1.5寸。

功效:为胆之背俞穴。具有疏肝利胆、清热化湿的作用。

(3)风池

定位:在颈后区,枕骨之下,胸锁乳突肌上端与斜方肌上端之间的凹陷中。

功效:是祛内、外风之要穴,具有祛风解表、醒脑开窍、镇静安神的作用。

(4)肩井

定位:在肩胛区,第7颈椎棘突与肩峰最外侧点连线的中点。

功效:具有强壮补益、通经活络的作用。

(5)期门

定位:在胸部,第6肋间隙,前正中线旁开4寸。

功效:为肝之募穴,具有疏肝利胆、理气止痛的作用。

(6)日月

定位:在胸部,第7肋间隙,前正中线旁开4寸。

功效:为胆之募穴,具有疏肝利胆、和中降逆的作用。

(7)环跳

定位:在臀区,股骨大转子最凸点与骶管裂孔连线的外1/3与内2/3交点处。

功效:具有舒筋活络、通利关节的作用。

(8)阳陵泉

定位:在小腿外侧,腓骨头前下方凹陷中。

功效:为胆经合穴、筋会穴。具有清利肝胆、舒筋活络的作用。

(9)悬钟

定位:在小腿外侧,外踝尖上3寸,腓骨前缘。

功效:具有益肾填髓、通经活络的作用。

(10)太冲

定位:在足背,第1、2跖骨间,跖骨底结合部前方凹陷中,或触及动脉搏动。

功效:具有疏肝理气、调补肝血、镇静息风的作用。

2. 夏季常用腧穴

(1)厥阴俞

定位:在脊柱区,第4胸椎棘突下,后正中线旁开1.5寸。

功效:为心包之背俞穴,具有调理心脉、宽胸理气、活血止痛的作用。

（2）心俞

定位：在脊柱区，第5胸椎棘突下，后正中线旁开1.5寸。

功效：为心之背俞穴，具有调理心脉、宁心安神、通经活络的作用。

（3）膻中

定位：在胸部，横平第4肋间隙，前正中线上。

功效：为心包之募穴，具有宽胸理气、清肺止喘、舒畅心胸的作用。

（4）巨阙

定位：在上腹部，脐中上6寸，前正中线上。

功效：为心之募穴，具有安神宁心、宽胸止痛的作用。

（5）少海

定位：屈肘成直角，当肘横纹内侧端与肱骨内上髁连线的中点处。

功效：为心经合穴。具有益心宁神、理气通络的作用。

（6）内关

定位：在前臂前区，腕掌侧远端横纹上2寸，掌长肌腱与桡侧腕屈肌腱之间。

功效：具有通调心脉、醒脑开窍、调理三焦气机的作用。

（7）神门

定位：在腕前区，腕掌侧远端横纹尺侧端，尺侧腕屈肌腱的桡侧缘。

功效：具有益心安神、通经活络的作用。

（8）后溪

定位：在手第5掌指关节尺侧近端赤白肉际凹陷中。

功效：具有通经活络止痛的作用。

（9）少冲

定位：在手小指的末节桡侧，指甲根角侧上方0.1寸。

功效：为心之募穴，具有清心安神、开窍泄热的作用。

（10）少泽

定位：在手小指末节尺侧，指甲根角侧上方0.1寸。

功效：具有清热利咽、通乳开窍的作用。

3. 长夏常用腧穴

（1）脾俞

定位：在脊柱区，第11胸椎棘突下，后正中线旁开1.5寸。

功效：为脾之背俞穴。具有调脾胃、补气血的作用。

（2）胃俞

定位：在脊柱区，第12胸椎棘突下，后正中线旁开1.5寸。

功效：为胃之背俞穴。具有健脾、和胃、降逆的作用。

（3）章门

定位：在侧腹部，在第11肋游离端的下际。

功效：为脾之募穴。具有疏肝健脾，理气散结，清利湿热的作用。

（4）中脘

定位：在上腹部，脐中上4寸，前正中线上。

功效：为胃之募穴。具有调理脾胃，补益中气之功。

（5）髀关

定位：在股前区，股直肌近端、缝匠肌与阔筋膜张肌3条肌肉之间的凹陷中。

功效：具有舒筋活络、通经止痛的作用。

（6）血海

定位：在股前区，髌底内侧端上2寸，当股内侧肌隆起处。

功效：具有健脾除湿、调理营血、通利小便的作用。

（7）足三里

定位：在小腿外侧，犊鼻下3寸，胫骨前嵴外1横指处，犊鼻与解溪的连线上。

功效：具有调理脾胃、补益气血、通经活络等作用；灸三里可使元气充盈不衰，延年益寿。

（8）丰隆

定位：小腿外侧，外踝尖上8寸，胫骨前肌外缘，条口旁开1寸。

功效：具有调理脾胃功能，运化水湿的作用，为祛痰要穴。

（9）解溪

定位：在踝区，踝关节前面中央凹陷，姆长伸肌腱与趾长伸肌腱之间。

功效：具有和胃降逆，舒筋活络的作用。

（10）公孙

定位：在跖区，第1跖骨底的前下缘赤白肉际处。

功效：具有健脾化食，和中消积、通经活络的作用。

4. 秋季常用腧穴

（1）肺俞

定位：在脊柱区，第3胸椎棘突下，后正中线旁开1.5寸。

功效：为肺之背俞穴，具有调理肺气、泻热止痛的作用。

（2）大肠俞

定位：在脊柱区，第4腰椎棘突下，后正中线旁开1.5寸。

功效：为大肠之背俞穴，具有理气降逆、调和肠胃的作用。

（3）中府

定位：在胸部，横平第1肋间隙，锁骨下窝外侧，前正中线旁开6寸。

功效：为肺之募穴，具有止咳平喘、清泻肺热、健脾补气的作用。

（4）天枢

定位：在腹部，横平脐中，前正中线旁开2寸。

功效：为大肠之募穴，具有通调大肠腑气、调理气血的作用。

（5）尺泽

定位：在肘区，肘横纹上，肱二头肌腱桡侧凹陷中。

功效：具有清肺泻火、调理肠腑的作用。

（6）曲池

定位：在肘区，屈肘成直角，在肘横纹外侧端与肱骨外上髁连线中点处。

功效：具有祛风清热、通经活络的作用。

（7）列缺

定位：在前臂，腕掌侧远端横纹上1.5寸，拇短伸肌腱与拇长展肌腱之间，拇长展肌腱沟的凹陷中。

功效：具有宣肺祛风、止咳平喘、疏经通络的作用。

（8）合谷

定位：在手背，第1、2掌骨间，第2掌骨桡侧的中点处。

功效：具有调理大肠经气，通经活络、镇静安神、泻热止痛、祛风消疹等作用。

（9）少商

定位：在手指，拇指末节桡侧，指甲根角侧上方0.1寸。

功效：具有清肺利咽、苏厥救逆的作用。

（10）商阳

定位：在手指，食指末节桡侧，指甲根角侧上方0.1寸。

功效：具有清阳明之热、醒脑苏厥的作用。

5. 冬季常用腧穴

（1）肾俞

定位：在脊柱区，第2腰椎棘突下，后正中线旁开1.5寸。

功效：为肾之背俞穴。具有补肾益精、强腰健肾、通经活络的作用。

（2）膀胱俞

定位：在骶部，横平第2骶后孔，骶正中嵴旁开1.5寸。

功效：为膀胱之背俞穴。具有清热利湿、通经活络的作用。

（3）京门

定位：在上腹部，当第12肋骨游离端的下方。

功效：为肾之募穴。具有健脾温肾、化气利水的作用。

（4）中极

定位：在下腹部，脐中下4寸，前正中线上。

功效：为膀胱之募穴。具有益肾兴阳、通经止带的作用。

（5）委中

定位：在膝后区，腘横纹中点。

功效：为膀胱之下合穴。具有清热凉血、舒筋通络、祛除风湿的作用。

（6）承山

定位：在小腿后区，腓肠肌两肌腹与肌腱交角处，当伸直小腿或足跟上提时，腓肠肌肌腹下出现尖角凹陷处。

功效：具有通经活络、理气止痛、通便消痔的作用。

（7）三阴交

定位：在小腿内侧，内踝尖上3寸，胫骨内侧缘后际。

功效：为肝、脾、肾三经交会穴。可调理足三阴经经气，具有健脾除湿、调理冲任、补肝益肾、调和营血的作用。

（8）太溪

定位：在踝区，内踝尖与跟腱之间的凹陷中。

功效：具有补肾气、清虚热、调经血之功。

（9）照海

定位：在踝区，内踝尖下1寸，内踝下缘边际凹陷中。

功效：具有养阴液、利咽喉、清神志、调下焦的作用。

（10）涌泉

定位：在足底，屈足卷趾时足心最凹陷中（当足底 2、3 趾蹼缘与足跟连线的前 1/3 与后 2/3 交点处）。

功效：具有补肾填精、回阳救逆、泻热开窍的作用。

二、四时针灸方法

（一）常用针刺方法

1. 毫针刺法　一般选用 1~1.5 寸长 32 号的毫针，根据施术部位，采用基本进针方法或针管进针法进针，进针后行提插捻转基本手法或辅助手法，根据体质行补法、泻法或平补平泻手法。一般留针时间 20~30min。

2. 皮肤针刺法　皮肤针又叫梅花针、七星针。叩刺时速度要均匀，采用垂直操作，注意无菌操作，轻度叩可补气活血，中度叩可调理经络气血，重度叩可清热解毒、活血化瘀。

3. 耳针法　选用耳廓穴位作为针刺部位的方法，此法通常与其他方法配合用于养生康复，具有延缓衰老、养生保健和美容的作用。

（二）常用艾灸方法

1. 隔盐灸　取干燥纯净的食盐适量，填满脐窝，上置艾炷施灸。若患者感到灼痛时即用镊子移去艾炷，另换一炷再灸。

2. 隔姜灸　取 0.2~0.4cm 厚的鲜姜一片，用针穿刺数孔，置于脐上，然后将艾炷放于姜片上点燃施灸。若感觉灼热不可忍耐时，可将姜片向上提起片刻，旋即放下再灸，反复进行。一般每穴灸 5~7 壮。

3. 隔附子饼灸　可将附子用水浸透后，切成 0.3~0.5cm 厚的薄片，用针穿刺数孔，放于施灸部位施灸（灸法同隔姜灸）或将附子研碎后用酒调成药饼，直径 1~2cm，厚 0.3~0.5cm，用针穿刺数孔，上面再放艾炷点燃施灸。若感到灼痛时另换一炷再灸，附子饼干焦后再换新饼。一般每穴灸 5~10 壮，以肌肤温热、局部潮红为度。

（三）常用拔罐方法

临床常用的是竹罐、玻璃罐和抽气罐，常用的吸拔方式可分为火罐法、水罐法和抽气法 3 种。

1. 火罐法　借燃烧火力排出罐内空气形成负压，将罐吸附于体表的吸拔法。具体操作有闪火法、投火法、贴棉法和架火法，可根据具体需要灵活选择，临床应用较多的是闪火法。闪火法的操作：用镊子或止血钳夹住 95% 乙醇棉球，点燃后在火罐内壁中段绕 1~2 圈，或稍作短暂停留后，迅速退出并及时将罐扣在施术部位上。留罐时间一般 5~10min，根据具体情况，可适当延长或缩短。

2. 水罐法　水罐法常用竹罐。将竹罐放入水中或药液中煮沸 2~3min，然后用摄子将罐倒置（罐口朝下）夹起，迅速用多层干毛巾捂住罐口片刻，以吸去罐内的水液，降低罐口温度（保持罐内热气），趁热将罐拔于应拔部。

3. 抽气罐法　先将抽气罐紧扣在应拔部位，用抽气装置将罐内的部分空气抽出，使其吸拔于皮肤上。常用有注射器抽气罐法、按压抽气罐法、橡皮排气球抽气罐法及电动抽气罐法等种类。

（四）常用刮痧法

刮痧部位,多选取背腰部的两侧,手持刮痧板,向刮拭方向倾斜45°左右,利用腕力多次向同一方向刮拭,由上而下,由前而后,由远及近,要有一定刮拭长度。头面部也是刮痧调摄法的常用部位,头面部刮痧有显著的醒脑与抗疲劳等保健作用,还有面部美容功效。面部刮痧时不要求"出痧"。

（五）四时取穴法

1. 子午流注法 子午流注是从时间角度研究、认识人体的生命现象,即研究人体脏腑、经脉气血流注盛衰规律的一种理论,是子午流注针法的理论基础。其养生和临床运用包括"纳干法"和"纳支法"两大类,下面主要介绍"纳支法"的临床应用。

子午流注纳支法又称"纳子法",其运用方法是按每日气血输注十二经脉的地支时辰及身体状况的虚实,配合五行生克取穴的方法。

（1）按时循经取穴法:将一天分为十二时辰,每个时辰分属一经,即寅时属肺;卯时属大肠;辰时属胃;巳时属脾;午时属心;未时属小肠;申时属膀胱;酉时属肾;戌时属心包;亥时属三焦;子时属胆;丑时属肝。这种配属关系是固定不变的。例如:清晨5—7时可选取大肠经的任一腧穴选择合适的调摄方法。

（2）补母泻子取穴法:根据五输穴的五行属性,以"虚则补其母、实则泻其子"为调养原则。

本经补母泻子取穴法:在气血流注本经的时辰,实证取本经所属"五行"之子穴泻之;虚证取本经所属"五行"之母穴补之。例如,肺经实证,取肺经的子穴尺泽（水）;虚证,取肺经的母穴太渊（土）。其余各经依此类推。

异经补母泻子取穴法:取与病经有相生关系的异经五输穴,例如肺经实证,肺属金,金生水,肾经为肺经的"子经",取肾经属水的阴谷穴;虚证,肺属金,脾属土,脾经为肺经的"母经",取脾经属土的太白穴。其余各经依此类推。

2. 灵龟八法 灵龟八法是运用古代哲学的八卦九宫学说,结合人体奇经八脉气血的会合,取其与奇经八脉相通的8个穴位,按照日时干支的推演数字变化,采用相加、相除的方法,作出按时取穴的一种方法。

（1）开穴法:将日、时干支的数字共同相加,得出四个数字的和数,然后按照阳日除以9、阴日除以6的公式,所得商之外的余数,就是八卦分配某穴的数字,也就是当时应开的腧穴。

公式（表4-1）:（日干 + 日支 + 时干 + 时支）÷9（阳）或6（阴）＝商…（余数）

例如:某患者2011年11月22日16时30分治疗,已知2011年11月22日16时30分日干支为辛巳,时干支为丙申。

代入公式为:（7+7+7+7）÷6=4……4,对应为临泣,即应取足临泣穴。

表4-1 八卦、九宫、八穴关系表

八卦	乾	坎	艮	震	巽	离	坤	兑
九宫	六	一	八	三	四	九	二、五	七
八脉交会穴	公孙	申脉	内关	外关	临泣	列缺	照海	后溪

（2）定时取穴、配穴治疗:选取与病情相适应的八法开穴的穴位,再配以适当的经穴进行治疗。例如,头面疾患可选后溪、列缺、临泣、照海适应证的开穴时间;胃、

心、胸等疾患可选公孙、内关适应证的开穴时间。本法适用于慢性疾病调养及治疗。

3. 飞腾八法　飞腾八法是以八脉交会穴为基础,按时开穴的一种方法。它的运用与灵龟八法略有不同,它不论日干支和时干支均以时干支为主(表4-2),不用零余方法。

例如,本日天干是甲或是己,按"五虎建元"法推算,既是"甲己之日起丙寅"。丙寅应取内关穴,因丙配艮卦内关(其他如丙申、丙戌、丙辰、丙午皆同)。又如戊辰时取临泣,己巳时取列缺等均同此例。

表4-2　天干八穴八卦配合表

天干	壬甲	丙	戊	庚	辛	乙癸	己	丁
八穴	公孙	内关	足临泣	外关	后溪	申脉	列缺	照海
八卦	乾	艮	坎	震	巽	坤	离	兑

第五节　按摩养生

一、时辰按摩法

古人将一天分为十二个时辰(子、丑、寅、卯、辰、巳、午、未、申、酉、戌、亥)。每一个时辰都对应着时间和不同的脏腑经络,因此在按摩时就有着不同的方法。按摩应当在清醒还未入睡时或苏醒后进行,如果已经入睡,当保持睡眠为主。

1. 卯时　对应的时间:5—7点。按摩方法:此时为手阳明大肠经当令。此时段太阳初升,可叩齿300次左右,以强牙固齿;转动两肩,舒展筋骨,以伸展阳气;双手搓热熨摩两目,以养目;揉搓两耳,以护肾强身;双手抱后脑,手心掩耳,用食指放中指上,用中指叩击头枕部各24次,此名为"鸣天鼓",以醒脑提神明目。随后可室外走动或导引。

2. 辰时　对应的时间:7—9点。按摩方法:此时为足阳明胃经当令。胃主受纳储藏水谷,这段时间应在室外走动或导引结束后,可饮白开水或茶1杯以助人体排泄体内浊气;饮水后可以指代梳,从前向后梳发百余遍,以醒脑明目,固发益智;早餐宜吃好,饭后徐徐行走百步,边走边按摩腹部,以健脾助运化。

3. 巳时　对应的时间:9—11点。按摩方法:此时为足太阴脾经当令,可敲打下肢内侧的足太阴脾经。脾主四肢,这段时间可做一些事情来充实自己的生活,享受生活的乐趣,可以读书、工作、养花等。感到疲倦时可停下来静坐养神,做到形与神俱。

4. 午时　对应的时间:11—13点。按摩方法:此时为手少阴心经当令,可以敲打上肢内侧后缘的心经。这段时间应吃午餐,要享受饮食带来的快乐,即美其食,吃饭到六七分饱即可,不可过饱,《素问·生气通天论》载有:"因而饱食,筋脉横解,肠澼为痔。"饭后休息片刻,即可午休,以养心神。

5. 未时　对应的时间:13—15点。按摩方法:此时为手太阳小肠经当令,可以敲打上肢外侧后缘的小肠经。应多饮水,以助小肠传化营养精微。

6. 申时　对应的时间:15—17点。按摩方法:此时为足太阳膀胱经当令。可多饮水以助膀胱排尿,排除人体的代谢产物,可以敲打背部足太阳膀胱经,以振奋阳气,缓解疲劳,强壮身体。

7. 酉时　对应的时间:17—19点。按摩方法:此时为足少阴肾经当令。肾为先天之本,可练习五趾抓地,既可刺激涌泉穴以补肾,又可锻炼足三阳经、足三阴经,此外也可以自我按摩涌泉穴,可用双手将涌泉穴擦热,以补肾滋阴,以助睡眠。

8. 戌时　对应的时间:19—21点。按摩方法:此时手厥阴心包经当令。这段时间可适当散步和适度锻炼,以保持心情的愉快,切勿剧烈运动;可以自我拍打双手,舒张双臂,以调理心包经。

9. 亥时　对应的时间:21—23点。按摩方法:此时为手少阳三焦经当令。这段时间可用温热水泡脚,以助三焦气机的舒畅;可敲击手臂外侧的手少阳三焦经,以有酸麻为度;可用中指按摩瞳子髎穴、四白穴、丝竹空等穴,可养精明目,缓解疲劳。

10. 子时　对应的时间:23—1点。此时为足少阳胆经当令。这段时间应保持睡眠以养元气,睡时可屈膝卧,醒时则伸脚舒体,变换姿势,以流通气血。

11. 丑时　对应的时间:1—3点。此时为足厥阴肝经当令。肝者,将军之官,谋略出焉,这段时间应睡眠,以助于养护肝精。

12. 寅时　对应的时间:3—5点。此时为手太阴肺经当令。肺者,相傅之官,治节出焉,这段时间应睡眠,以助养肺。

小贴士

古代按摩医政

魏、晋、隋、唐时期,设有按摩科,又相应建立了按摩医政。《隋书·五官志》中有按摩博士2人的记载,这说明隋代已设有按摩博士的官职。《旧唐书·职官志》载有按摩博士1人,保健按摩师4人,按摩工16人,按摩生15人。按摩博士在保健按摩师和按摩工的协助下,指导按摩生学习按摩导引之法,开始了在官府重视下有组织地开展按摩教学活动。

二、干支时日按摩法

(一)十天干按摩法

天干地支,简称为干支,源自中国远古时代对天象的观测。"甲、乙、丙、丁、戊、己、庚、辛、壬、癸"称为十天干。

《灵枢·阴阳系日月》:"甲主左手之少阳,己主右手之少阳。乙主左手之太阳,戊主右手之太阳。丙主左手之阳明,丁主右手之阳明,此两火并合,故为阳明。庚主右手之少阴,癸主左手之少阴。辛主右手之太阴,壬主左手之太阴。"十天干对应人体的相应经脉,按摩时可根据天干主时的不同来按摩相应的经脉。

甲时,按摩左手少阳三焦经;己时,按摩右手少阳三焦经;乙时,按摩左手太阳小肠经;戊时,按摩右手太阳小肠经;丙时,按摩左手阳明大肠经;丁时,按摩右手阳明大肠经;庚时,按摩右手少阴心经;癸时,按摩左手少阴心经;辛时,按摩右手太阴肺经;壬时,按摩左手太阴肺经。

在十天干按摩时,要注意一些部位不可轻易地按摩。因为在《灵枢·五禁》载有:

"甲乙日自乘,无刺头,无发蒙于耳内。丙丁日自乘,无振埃于肩喉廉泉。戊己日自乘四季,无刺腹去爪泻水。庚辛日自乘,无刺关节于股膝。壬癸日自乘,无刺足胫。是谓五禁。"强调针刺治疗的一些禁忌,即甲乙日不可针刺头、耳内;丙丁日不针刺肩、喉、廉泉;戊己日不刺腹,去爪泻水;庚辛日不刺关节于股膝;壬癸日不刺足胫。在按摩时应加以注意,防止出现不良状况。

（二）十二地支按摩法

十二地支又称十二支,是"子、丑、寅、卯、辰、巳、午、未、申、酉、戌、亥"的总称。

在《灵枢·阴阳系日月》载:"寅者正月之生阳也,主左足之少阳;未者六月,主右足之少阳。卯者二月,主左足之太阳;午者五月,主右足之太阳。辰者三月,主左足之阳明;巳者四月,主右足之阳明,此两阳合于前,故曰阳明。申者七月之生阴也,主右足之少阴;丑者,十二月,主左足之少阴;酉者八月,主右足之太阴;子者十一月,主左足之太阴;戌者,九月,主右足之厥阴;亥者十月,主左足之厥阴,此两阴交尽,故曰厥阳。"十二地支对应人体的经脉,按摩时可根据地支主时的不同来按摩相应的经脉。

寅者正月,对应左足少阳胆经;未者六月,对应右足少阳胆经;卯者二月,对应左足太阳膀胱经;午者五月,对应右足太阳膀胱经;辰者三月,对应左足阳明胃经;巳者四月,对应右足阳明胃经;申者七月,对应右足少阴肾经;丑者十二月,对应左足少阴肾经;酉者八月,对应右足太阴脾经;子者十一月,对应左足太阴脾经;戌者九月,对应右足肝经厥阴;亥者十月,对应左足肝经厥阴。

知识拓展

捏脊法简介

捏脊法又被称为捏背,是小儿推拿常用的保健按摩方法,主要通过对人体的膀胱经以及督脉进行按摩,达到平衡阴阳、疏通经络、调节脏腑功能、促进气血运行等作用,从而能够促进大脑发育,改善体质,提高抗病能力。西医研究表明,捏脊法可以促进胃液的分泌、加强胃肠蠕动、提高消化能力;捏脊可以刺激神经末梢和改善血液循环,提高运动能力,促进脑部发育;通过手法刺激使感觉神经纤维传至下丘脑,使下丘脑分泌和释放各种激素,调节内分泌系统,从而调节人体免疫功能,提高人体防御功能。同时,捏脊法操作简单、无不良反应,易被儿童和家长所接受,广泛应用于临床和养生。

第六节　导引养生

一、季节导引法

1. 春季　肝气通于春,可选择有疏发肝气,理筋养血的术式重点练习,以遂肝喜条达之性。如五禽戏之虎戏、八段锦之"攒拳怒目增气力"、六字诀之"嘘"字诀等。

2. 夏季　心气通于夏,可选择有宁心安神的术式重点练习,如五禽戏之猿戏、八段锦之"摇头摆尾去心火"、六字诀之"呵"字诀等。

3. 长夏　脾气通于长夏,可选择有健脾和胃,祛湿化痰作用的术式重点练习,如五禽戏之熊戏、八段锦之"调理脾胃须单举"、六字诀之"呼"字诀等。

4. 秋季　肺气通于秋,可选择具有养护肺系、宣肺理气作用的术式重点练习,如五禽戏之鸟戏、八段锦之"左右开弓似射雕"、六字诀之"呬"字诀等。

5. 冬季　肾气通于冬,可选择有壮腰强肾、纳气固精功能的术式进行重点练习,如五禽戏之鹿戏、八段锦之"两手攀足固肾腰"、六字诀之"吹"字诀等。

二、二十四节气导引法

"二十四气导引法"相传源自陈接,此法以坐姿为主,故又称"陈希夷二十四气导引坐功法"。此导引法是根据二十四节气阳升阴降规律而设的二十四势导引法。

1. 立春　时配:手少阳三焦经。导引:叠手按髀,转身拗颈,左右耸引各 15 次（图 4-1）。叩齿 36 次,吐故纳新,漱咽 3 次。

2. 雨水　时配:手少阳三焦经。导引:叠手按髀,拗颈转身,左右偏引各 15 次（图 4-2）。叩齿 36 次,吐故纳新,漱咽 3 次。

图 4-1　立春正月节坐功图

图 4-2　雨水正月中坐功图

3. 惊蛰　时配:手阳明大肠经。导引:握固转颈,反肘后向,顿掣 30 次（图 4-3）。叩齿 36 次,吐故纳新,漱咽 3 次。

4. 春分　时配:手阳明大肠经。导引:伸手回头,左右挽引各 42 次（图 4-4）。叩齿 36 次,吐故纳新,漱咽 3 次。

图 4-3　惊蛰二月节坐功图

图 4-4　春分二月中坐功图

59

5. 清明　时配:手太阳小肠经。导引:正坐定,左右换手,如引硬弓各56次(图4-5)。叩齿36次,吐故纳新,漱咽3次。

6. 谷雨　时配:手太阳小肠经。导引:平坐,换手左右举托,移臂左右掩乳,各35次(图4-6)。叩齿36次,吐故纳新,漱咽3次。

图式五·清明三月节坐功图

图式六·谷雨三月中坐功图

图4-5　清明三月节坐功图

图4-6　谷雨三月中坐功图

7. 立夏　时配:手厥阴心包经。导引:闭息瞑目,反换两手,抑掣两膝各35次(图4-7)。叩齿36次,吐故纳新,漱咽3次。

8. 小满　时配:手厥阴心包经。导引:正坐,一手举托,一手拄按,左右各15次(图4-8)。叩齿36次,吐故纳新,漱咽3次。

图式七·立夏四月节坐功图

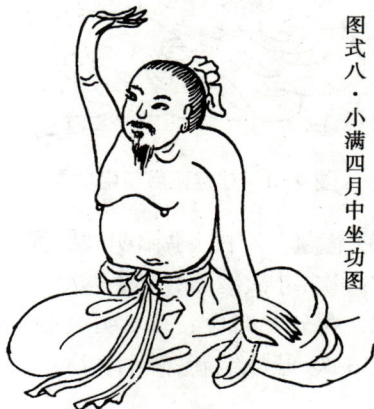

图式八·小满四月中坐功图

图4-7　立夏四月节坐功图

图4-8　小满四月中坐功图

9. 芒种　时配:手少阴心经。导引:正立仰身,两手上托,左右力举,各35次(图4-9)。定息凝神,叩齿36次,吐故纳新,漱咽3次。

10. 夏至　时配:手少阴心经。导引:跪坐,伸手,十指交叉,左右脚换踏,各35次(图4-10)。叩齿36次,吐故纳新,漱咽3次。

11. 小暑　时配:手太阴肺经。导引:两手踞地,屈压一足,直伸一足,用力掣15次(图4-11)。叩齿36次,吐故纳新,漱咽3次。

12. 大暑　时配:手太阴肺经。导引:双拳踞地,返首向肩,引作虎视,左右各15次(图4-12)。叩齿36次,吐故纳新,漱咽3次。

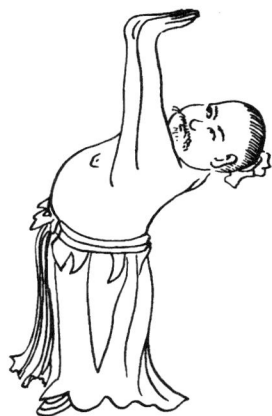

图式九·芒种五月节坐功图

图 4-9　芒种五月节坐功图

图式十·夏至五月中坐功图

图 4-10　夏至五月中坐功图

图式十一·小暑六月节坐功图

图 4-11　小暑六月节坐功图

图式十二·大暑六月中坐功图

图 4-12　大暑六月中坐功图

13. 立秋　时配：足少阳胆经。导引：正坐，两手托地，缩体闭息，耸身上踊，凡 56 次（图 4-13）。叩齿 36 次，吐故纳新，漱咽 3 次。

14. 处暑　时配：足少阳胆经。导引：正坐转头，左右举引，反两手捶背，各 35 次（图 4-14）。叩齿 36 次，吐故纳新，漱咽 3 次。

图式十三·立秋七月节坐功图

图 4-13　立秋七月节坐功图

图式十四·处暑七月中坐功图

图 4-14　处暑七月中坐功图

15. 白露　时配：足阳明胃经。导引：正坐，两手按膝，转头推引，各 15 次（图 4-15）。叩齿 36 次，吐故纳新，漱咽 3 次。

16. 秋分　时配：足阳明胃经。导引：盘足而坐，两手掩耳，左右反侧，各15次（图4-16）。叩齿36次，吐故纳新，漱咽3次。

图4-15　白露八月节坐功图

图4-16　秋分八月中坐功图

17. 寒露　时配：足太阳膀胱经。导引：正坐，举两臂，踊身上托，左右各15次（图4-17）。叩齿36次，吐故纳新，漱咽3次。

18. 霜降　时配：足太阳膀胱经。导引：平坐，纾两手，攀两足，以足间力纵而复收35次（图4-18）。叩齿36次，吐故纳新，漱咽3次。

图4-17　寒露九月节坐功图

图4-18　霜降九月中坐功图

19. 立冬　时配：足厥阴肝经。导引：正坐，一手按膝，一手挽肘，左右顾。两手左右托15次（图4-19）。叩齿36次，吐故纳新，漱咽3次。

20. 小雪　时配：足厥阴肝经。导引：正坐，一手按膝，一手挽肘，左右争力各15次（图4-20）。叩齿36次，吐故纳新，漱咽3次。

21. 大雪　时配：足少阴肾经。导引：两手左右托，两足左右踏，各35次（图4-21）。叩齿36次，吐故纳新，漱咽3次。

22. 冬至　时配：足少阴肾经。导引：平坐，伸两足，拳两手，按两膝，左右极力15次（图4-22）。叩齿36次，吐故纳新，漱咽3次。

笔记

62

图式十九·立冬十月节坐功图

图 4-19　立冬十月节坐功图

图式廿·小雪十月中坐功图

图 4-20　小雪十月中坐功图

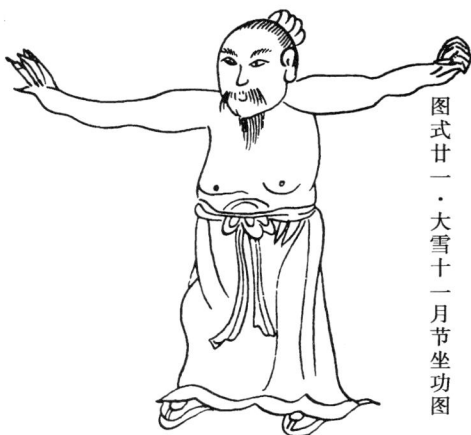

图式廿一·大雪十一月节坐功图

图 4-21　大雪十一月节坐功图

图式廿二·冬至十一月中坐功图

图 4-22　冬至十一月中坐功图

23. 小寒　时配：足太阴脾经。导引：正坐，一手按足，一手上托，挽首互换，极力15次（图 4-23）。叩齿 36 次，吐故纳新，漱咽 3 次。

24. 大寒　时配：足太阴脾经。导引：两手向后，踞床跪坐，一足直伸，一足用力，左右各 15 次（图 4-24）。叩齿 36 次，吐故纳新，漱咽 3 次。

图式廿三·小寒十二月节坐功图

图 4-23　小寒十二月节坐功图

图式廿四·大寒十二月中坐功图

图 4-24　大寒十二月中坐功图

笔记

学习小结

1. 学习内容

```
                        ┌── 生活起居养生 ──── 起居、衣饰、饮食
                        │                    房室、运动、中药
                        │
                        │                   ┌── 按时令时辰调神
                        ├── 调神怡情养生 ────┤
                        │                   └── 按五音五色调神
                        │
  四                    │                   ┌── 五脏养生
  时                    ├── 五脏六腑养生 ────┤
  养                    │                   └── 六腑养生
  生                    │
  基 ───────────────────┤
  本                    │                   ┌── 四时常用腧穴
  方                    ├── 针灸养生 ────────┤
  法                    │                   └── 四时针灸方法
                        │
                        │                   ┌── 时辰按摩法
                        ├── 按摩养生 ────────┤
                        │                   └── 干支时日按摩法
                        │
                        │                   ┌── 季节导引
                        └── 导引养生 ────────┤
                                            └── 二十四节气导引
```

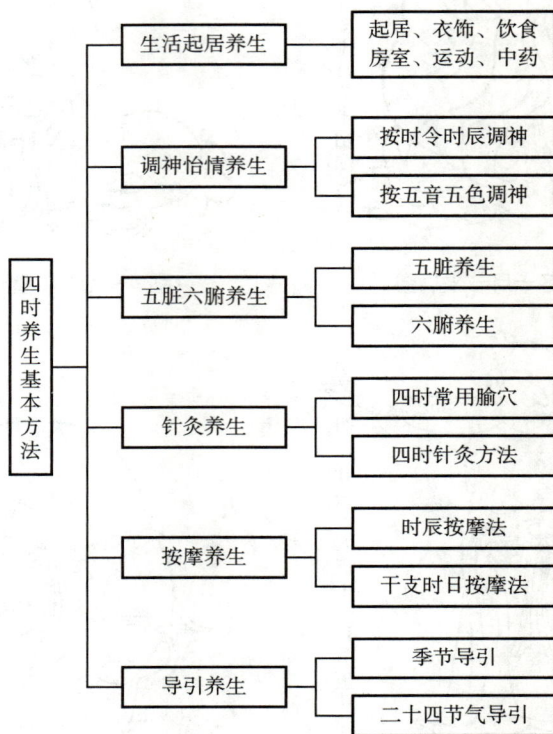

2. 学习方法　根据生活起居的一般要素,如衣饰、饮食、房室、运动等,学习生活起居的养生方法;根据中医五行学说五音、五色等与五脏六腑的对应关系,学习调神怡情养生;根据脏腑的生理特点,掌握脏腑的养生方法;按照相应腧穴的特点与时辰的关系,学习针灸按摩养生;根据季节、二十四节气的特点,学习导引养生的方法。

（田　辉　马玉侠）

复习思考题

1. 生活起居养生主要包括哪些方法?
2. 试述五脏养生的要点。
3. 针灸养生应如何顺应四时选取腧穴?

第五章

四时节气养生

知识拓展

二十四节气的含义

　　中国古人根据太阳在黄道上的位置变化而制定了二十四节气,全年分为24个时段,每个时段约15天,每一段叫做"节"或"气"。居于月首称为"节气",月中的称为"中气",二十四节气就是十二个节气和十二个中气的总称,也是中国农历中表示季节变迁的24个特定节令。节气可以说是中国人生存的背景和时间,生产和生活的指南,是中国传统文化的重要组成部分。

　　2016年11月30日,"二十四节气"被列入联合国教科文组织人类非物质文化遗产名录。远在春秋时代,就定出仲春、仲夏、仲秋和仲冬等四个节气。以后不断地改进与完善,到秦汉年间,二十四节气已完全确立。二十四节气深刻影响了中华民族的生产生活方式,并先后传入周边国家,对人类文明作出了重要贡献。

第一节　春季六节气养生

　　春三月,起于立春,止于立夏之前,大致在农历一至三月间,包括了立春、雨水、惊蛰、春分、清明、谷雨6个节气。在四时交替周期中为四时之首,万象更新之始,在五行中属木,是阳气初生且逐渐转旺的季节。此时阳气虽能生发万物,但尚未隆盛壮大,故称为少阳。

笔记

春归大地,阳气升发,冰雪消融,蛰虫苏醒,自然界生机勃发,一派欣欣向荣的景象。因此,春季与人体相应变化的特征包括了"发陈""生风""应肝"等,春季养生应顺应阳气升发、万物始生的特点,因时、因地、因人进行调养,注意保护阳气,达到增强体质、预防疾病的效果,同时为夏季养生打下基础。

一、立春、雨水

立春,为二十四节气的首个节气,喻意春季的开始,时间大约在公历2月5日前后。《月令七十二候集解》说:"立春,正月节。立始建也。"雨水,是春季的第二个节气,一般从公历2月20日左右开始。《月令七十二候集解》说:"正月中,天一生水,春始属木,然生木必生水也,故立春后继之雨水。且东风既解冻,则散而为雨矣。"

(一)气候特点和人体反应特点

立春、雨水时节,"于此而春木之气始至"。古人概括立春的标志性气候和物候为:"一候东风解冻,二候蛰虫始振,三候鱼陟负冰。"东风送暖,大地开始解冻。五日后,蛰居的虫类慢慢在洞中开始苏醒,再过五日,河里的冰开始融化,鱼开始到水面上游动,水面上还有没完全溶解的冰片,如同被鱼负着似的漂浮在水面上。雨水含有两层含义,一是象征天气回暖,降水量逐渐增多;二是在降水形式上,雪减少,雨渐多。雨水的标志性气候和物候为:"一候獭祭鱼,二候鸿雁来,三候草木萌动"。

立春、雨水为初春时节,虽然气温变暖,但是仍多风寒,阴阳二气交汇频繁,气温波动大,乍暖还寒,而且风为春季的主气,风邪较多。尤其北方,冷空气还是占据着主导地位。雨水气温回升,温暖的气流自南向北开始活动,而冷空气又不甘示弱,与暖空气频繁地进行着较量,所以气温常有寒热的不断变化,同时雨水逐渐增多。

人体与自然相应,人体气血开始从内脏向上向外运动,气血流动增强而外显,脉象多现弦象。是人体腠理开始从冬季的闭合状态向夏季的开泄状态转变的过渡过程,以帮助气血通畅的向外升发。

(二)养生原则和方法

根据立春、雨水节气自然界气候特点,养生应注意防寒护阳、养肝怡情、健脾祛湿、增甘辛少酸等。

1. 起居、饮食养生　立春后乍暖还寒,昼夜温差大,而且易出现乍暖乍寒的天气,日常应注意保暖,坚持"春捂"的原则,保护好体内的阳气,不受外界寒邪侵袭。《备急千金要方》主张春季的着装应该"下厚上薄",《老老恒言》亦云:"春冻未泮,下体宁过于暖,上体无妨略减,所以养阳之生气"。顺应自然界日照时间逐渐增加和气温的逐渐增高,起居尽量"夜卧早起"。运动令阳气生发、气血畅通,可加快身体排出湿气和代谢产物。由于身体阳气提升有一个逐渐适应的过程,所以运动应循序渐进,开始可从慢跑、散步、太极等较温和的运动开始,待身体较为适应再逐渐增大运动量。

《金匮要略》有"春不食肝"之说,防肝木太过,克伐脾土。饮食方面宜多食辛甘发散之品,如豆芽等芽类的食物,以及香菜、韭菜、香椿等有助阳气升发的食物;甘养脾胃,可多吃蜂蜜等清润味甘的食物,忌酸收之味。另外,此时进补要适度,适当减少厚味补品,饮食以清淡为宜。

2. 脏腑、情志养生　春气通肝,养肝正当时;春季易使肝旺,肝喜条达而恶抑郁。因此,立春、雨水养肝宜顺应阳气自然升发舒畅的特点,以舒肝为重点,"广步于庭,被发缓行",保持愉悦的心情,忌"怒",并多到户外散步,与大自然生发的春气相呼应。

3. 中药、经络养生　药物调养也应顺应节气,进补要适度,选择顺应春气生发之气、适度辅助肝气升发与疏泄的中药,并于疏发之中佐以理气。如枸杞、白菊花、郁金、丹参、延胡索等。

穴位按摩可以选用疏肝、升阳相关穴位。此节气可以经常按摩肝经的原穴太冲、肝俞,起到疏肝、养肝的作用,也可选择敲击胆经进行保健,起到促进疏泄的作用。或通过按摩阳池、中渚、天井等穴位,干梳头等方式,激发阳气、调畅肝气。

二、惊蛰、春分

惊蛰,古时也称"启蛰",是二十四节气中的第三个节气。时间通常为每年的公历3月5日前后。《月令七十二候集解》说:"二月节……万物出乎震,震为雷,故曰惊蛰,是蛰虫惊而出走矣。""蛰"就是藏的意思,惊蛰的意思是指天气回暖,春雷始鸣,惊醒了蛰伏于地下冬眠的昆虫,万物复苏。

春分,在每年的公历3月21日前后开始,太阳的位置在赤道上方。"春分者,阴阳相半也。故昼夜均而寒暑平",春分是一年四季中阴阳平衡,昼夜均等、寒温各半的时期,是春季的中分点。

(一)气候特点和人体反应特点

春季的惊蛰时节,是全年气温回升最快的时期。惊蛰分为三候:"一候桃始华,二候仓庚鸣,三候鹰化为鸠。"一派生机勃发的景象。时至春分,阴阳各半,虽然日照时数明显增加,但是因为冷暖空气交替的原因,天气变化依然频繁,气温波动往往较大,外邪容易入侵人体而致病。

惊蛰、春分时节,人体的阳气尤其肝阳上升,阴血则常偏于不足,同时气血向外运行的过程又易引动故疾,如心脑血管疾病、肝病、皮肤病、精神类疾病均易复发。因此,这一时期常是以上疾病的高发期。

(二)养生原则和方法

根据惊蛰、春分节气自然界气候特点,养生应注意平衡阴阳、益肺健脾疏肝、适度运动。

1. 起居、饮食养生　仍应坚持"夜卧早起"的起居原则,但作息时间宜大致相当,以顺应自然界阴阳各半的变化。防寒保暖,减少出入公共场所,加强室内卫生和通风,尤其应做好呼吸道感染性疾病的预防。运动可选踏青、慢跑、放风筝等较和缓的类型,或可选择易筋经和太极拳等动静结合的传统运动养生法,起到调和阴阳的作用。

调节饮食,保阴潜阳,食物忌偏热偏寒,宜选清淡之品合理搭配,培阴以固阳。如春笋、大蒜、大葱、菠菜、芦荟、水萝卜、芹菜、马兰头、荠菜等。若温风过暖,亦可少量食梨。

2. 脏腑、情志养生　惊蛰、春分时节脏腑养生的关键在于平衡阴阳。春阳升发，肝阳易亢，应保持精神愉悦，使肝气顺达。日常生活应时时忌怒，避免肝气太盛，有利于避免高血压、精神疾病、肝病等故疾复发；肝气旺易克脾土，故须注重健脾助运。此外，尽管此时自然界雨量渐增，但大部分地区气候仍较为干燥，所以调养脏腑还应兼顾润肺。

3. 中药、经络养生　此时可选用健脾润肺、清火解毒功效的中药，如常用黄芪、党参、山药、白扁豆、石斛、麦冬、沙参、天冬、野菊花、金银花等用于烹制药膳或代茶饮用。

春季易疲惫犯困，适当的头部按摩可以醒脑、舒缓情绪，按揉合谷、太冲等穴位，可以缓解情绪压力。

三、清明、谷雨

清明在公历4月5日前后到来，按农历则是在三月上半月。清明，乃天清地明之意。《历书》："春分后十五日，斗指丁，为清明，时万物皆洁齐而清明，盖时当，因此得名。"我国民间有"清明断雪，谷雨断霜"之说。此时气温已经明显上升，一派桃花绽放，杨柳泛青，春风拂面的景致。

谷雨是二十四节气的第六个节气，一般在每年的公历4月20日前后。谷雨也是春季最后一个节气，谷雨节气的到来意味着寒潮天气基本结束，气温回升加快，大大有利于谷类农作物的生长。

（一）气候特点和人体反应特点

清明、谷雨时节的气象物候各分为三候：清明"一候桐始华，二候田鼠化为鴽，三候虹始见"。雨水增多，气候温暖，万物欣欣向荣。谷雨"一候萍始生，二候鸣鸠拂其羽，三候戴胜降于桑。"谷雨节气气温回升速度加快，我国大部分地区气温已达12℃以上，谷类及草木茁壮成长。此时气候变化以气温升高、雨量增多为主要特点。

这一时期阳气生发仍然旺盛，人的情绪受其影响极易波动。另外，人们纷纷参加踏青等户外活动，曝露阳光时间增多，阳气易于升发外越，如平素阴虚，可能会加重阴虚阳亢的表现。春日阳气萌动，人之脉象多浮滑，如《素问·脉要精微论》云："春日浮，如鱼之游在波"。并且，百花盛开，花粉等致敏物质增多，又会增加过敏性疾病的发生。随着雨量增多，各种痹症易发。

（二）养生原则和方法

根据清明、谷雨节气自然界气候特点，养生主要应调畅情志、疏肝健脾养心、防旧病复发等。

1. 起居、饮食养生　起居仍应夜卧早起，由于昼夜温差依然较大，故须注意防寒防湿，早晚及时加衣，睡前浴足可以温经散寒改善睡眠。《素问·阴阳应象大论》云："春伤于风，夏生飧泄"，同时注意预防风邪的入侵。过敏体质的人应尽量减少外出，或外出时减少与花粉、干草、灰尘等过敏原的接触。此时非常适合春游踏青等活动，既能强健身体，又可放松情绪。可做一些温和的运动，如散步、太极拳，这种柔缓慢行、通畅天地的肢体运动，最能使人舒缓有度，精神焕发。

注意饮食适度,保护脾胃的正常功能,慎食发物,避免诱发旧病宿疾。饮食可逐渐向清凉转变,如此节气野菜正当时,可以选择蒲公英、荠菜、马兰头等具有清热解毒作用的山野菜。香椿在谷雨时节食用尤佳,具有祛风、清热解毒、止血等作用,但慢性疾病患者应少食或不食。

清明、谷雨宜品新茶,此时气温适中,雨量充沛,明前、雨前茶均为一年之中的佳品。《本草纲目》有云:"茶苦而寒,阴中之阴,沉也,降也,最能降火。火为百病,火降则上清矣。"以绿茶、花茶较适宜,也可尝试喝一些中药茶,如枸杞茶、菊花茶、金银花茶等。

> ### 知识拓展
>
> #### 中　国　茶
>
> 茶不但是我国的传统饮料,也是养生治病的良药。《本草纲目》总结茶的功效:"茶苦而寒,阴中之阴,沉也,降也,最能降火。火为百病,火降则上清矣。然火有五次,有虚实。若少壮胃健之人,心肺脾胃之火多盛,故与茶相宜。"
>
> 《新修本草》《本草拾遗》《汤液本草》《饮膳正要》《老老恒言》等医籍,对于茶的功效均有论述。如《新修本草》有云:"茗,苦茶。茗,味甘、苦、微寒、无毒。主瘘疮,利小便,去痰、热、渴,令人少睡,秋(据《证类本草》与《植物名实图考》应作春)采之。苦茶,主下气,消宿食,作饮加茱萸、葱、姜等良。"
>
> 茶内含有丰富的维生素类、蛋白质、氨基酸、类脂类、糖类、多酚类、生物碱及矿物质元素等数百种化合物,具有防癌、抗氧化、抗菌、抗过敏、降低胆固醇等多重功效。中国茶主要分为六种,绿茶、红茶、乌龙茶(青茶)、白茶、黄茶、黑茶,不同茶类功效不同,适用于不同人群,在养生保健中,还要根据功效不同,参考体质、病证、节气不同来进行选择。

2. 脏腑、情志养生　清明是中国的传统节日,也是重要的祭祀节日之一,应注意平心静气,疏肝护肝。清明扫墓之时寄托哀思要有度,思念过度易伤脾肺之气,可通过以哭解郁,适度宣泄。通过寄情于山水美景,或者琴棋书画、花鸟虫鱼等雅趣保持肝气条达,摆脱焦虑抑郁。清明、谷雨依然是养肝的好时节,养肝宜清补,可食用作用柔和、药食两用的养肝护肝之品,如银耳、香菇、灵芝等。同时注意疏肝养肝与健脾养胃兼顾,健脾以护肝。

3. 中药、经络养生　适当选用补血、行气和清肝之品以养肝,如当归、白芍、阿胶、柴胡、香附、菊花、决明子等,逍遥丸、柴胡疏肝散等中成药也较为常用,药膳可选用银耳莲子粥、枸杞加鱼羹、芝麻桃仁粥等。健脾以辅助护肝,可选用党参、茯苓、白术、薏仁、扁豆等。

经常点按大敦穴、太冲穴、行间穴、太溪穴、肝俞穴。肝经循行于胁肋部,还可配合推搓两肋法以疏肝解郁。一些功法如太极拳、八段锦、五禽戏、易筋经等都可习练,配合呼吸吐纳,使意、气、行协调统一,形神兼养。

第二节 夏季六节气养生

夏三月,始于立夏,止于立秋前,约在农历四至六月,包括立夏、小满、芒种、夏至、小暑、大暑6个节气。自春季之后,阳气经春三月萌发以来,由弱转强,盛大于夏至之时。此时,夏日阳气较春日少阳之气更为壮大,故称为太阳。

夏季为四季之盛,日长夜短,阳气盛大,气候炎热,雨量充沛,万物繁华而秀丽。夏季属火,为太阳,主生长、壮大;五脏应于心,心属火而喜温,两者同气相求。因此,夏季养生应与自然界阳气的盛大相一致,适当的活动使气血活跃,玄府开泄,新旧更迭,同时须养护心阳,并为秋季养生做好准备。

一、立夏、小满

立夏,夏季的第一个节气,大约在每年公历5月5日前后开始。《月令七十二候集解》中说:"立,建始也;夏,假也,物至此时皆假大也。"是农作物进入生长旺季的重要节气,标志着春天结束,夏日开始。

小满是夏季的第二个节气,每年公历5月21日前后到来。《月令七十二候集解》:"四月中,小满者,物致于此小得盈满。"其含义是夏熟作物的籽粒开始灌浆饱满,但还未成熟,只是小满,还未大满。对于我国而言,小满时节是夏熟作物结果的时节,是农业繁忙的时节。

(一)气候特点和人体反应特点

立夏三候:"一候蝼蝈鸣,二候蚯蚓出,三候王瓜生。"此时温度明显升高,降雨增多。小满三候:"一候苦菜秀,二候靡草死,三候麦秋至。"此为初夏向仲夏过渡的时间,预示着炎热夏季正式开始,是农作物生长旺盛的时期。

天气逐渐炎热,新陈代谢加快,人体津气易于外泄,可出现疲倦乏力、食欲减退、多汗、体重减轻等表现,俗称"疰夏"。夏之暑气通于心,随着气温升高,可导致心火上炎,出现心烦气躁、夜寐不实、口舌生疮等表现。此外,降水增多,湿度加大,若恰逢起居不当,则可引起湿疹、风疹、脚癣等疾病发作。

(二)养生原则和方法

根据立夏、小满节气自然界的气候特点,养生应注重祛暑养阳、护心健脾、宁心静气、使志无怒。

1. 起居、饮食养生 夏季阳气充盛,生机勃发,阳气不宜过早入阴而使阴气用事,故入睡可略晚,天明即起,以助阳护阳,所谓"夜卧早起,无厌于日"。但亦不可过晚,应保证在子时之前入眠。多运动、多晒太阳,使阳气向外舒展、涌发,借助盛大的天地阳气养护人体阳气。在午时阳气最盛之时,可稍事休息恢复体力。子午之时,阴阳交变,此时入睡有利于养护阳气、化生阴气,使阴阳调和,促进健康。

立夏后天气渐热,人体阳气充斥于外,内则相对空虚,饮食反宜温不宜寒,温则养护脾胃,寒则克伐阳气,此为"春夏养阳"之道,宜食热餐,少食生冷。饮食以清淡为主,多选养心健脾利湿之品,如粳米、莲子、赤小豆、薏苡仁、绿豆、冬瓜、荸荠、黑木耳等。小满时节气温更高,天气已较炎热,但空气湿度加大,人体汗液排泄往往不畅,因此运动量应适度,应选择吸汗性好的纯棉、麻、蚕丝等材质的衣袜。

2. 脏腑、情志养生 夏季养脏重在养心,"使志无怒"为其养神的关键。此时人体气血因自然界阳热之气的推动而趋向于体表,人的情志也因之外泄。所以,使机体气机宣畅、通泄自如、情绪得以宣泄,才能与"夏长"之气相应。心神保养,应注重心之清净澄明的本性,注意寡欲、少思虑等。

3. 中药、经络养生 入夏药饵养生宜选用补养心阳心血,安心神,兼顾健脾利湿的中药,如补血养心可选柏子仁、酸枣仁、龙眼肉、红枣等,以及当归乌鸡汤、黄芪鳝鱼汤等药膳;养心神可选用核桃、百合、灵芝、茯神等,以及龙眼肉粥、枣仁粥等药膳。还可以根据需要选用清热利湿的白茅根、蒲公英、茯苓等药物。

内关穴、郄门穴、劳宫、中冲、心俞等心经穴位,都是保护心脏的养生要穴。另外,还可按摩膻中穴、按揉心前区、疏通气血、增强心肺功能。除一些传统运动养生方法外,还可以通过古籍中所载导引法进行养心,如《遵生八笺》的"养心坐功法"。

二、芒种、夏至

芒种是夏季的第三个节气,每年公历6月5日左右到来,《月令七十二候集解》中说:"五月节,谓有芒之种谷可稼种矣"。意思是有芒作物的种子已经成熟,须抓紧抢收。意味着初夏结束,仲夏开始,此时长江中下游平原将进入多雨的黄梅时节。

夏至是二十四节气中最早被确定的一个节气。公元前七世纪,古人采用土圭测日影,就确定了夏至。每年的夏至是公历6月22日前后,《恪遵宪度抄本》:"日北至,日长之至,日影短至,故曰夏至。至者,极也。""至"是极致的意思,一年中夏至时节阳气最旺。

(一)气候特点和人体反应特点

芒种三候:"一候螳螂生,二候鵙始鸣,三候反舌无声。"此时雨量增多,气温升高,空气十分潮湿。夏至三候:"一候鹿角解,二候蜩始鸣,三候半夏生。"此时太阳照射已经越来越猛烈,是白昼最长的一段时间,地表不断积蓄热量。

随着气温升高,人体新陈代谢更加旺盛,大量汗液外泄,导致津气耗伤,常见疲劳之症。俗语有:"芒种夏至天,走路要人牵;牵的要人拉,拉的要人推",反映了一种疲劳懒散的人体状态。

(二)养生原则和方法

根据芒种、夏至节气自然界气候特点,养生主要应平衡阴阳、调神养心、调整作息、防暑祛湿。

1. 起居、饮食养生 日常起居可与"日长夜短"的自然规律同步,做到"无厌于日",不可因日晒炎热而足不出户,要多进行户外活动、晒太阳,适当汗出,使津液流通、气机宣畅,促进阳气壮大。但运动不可太过,避免津液大量损失;运动要尽量避开烈日炽盛之时,避免日光直射,并做好防护。避免冷水洗浴,以温水为宜,既能清洁皮肤,又可消暑防病、改善疲劳。

《遵生八笺·四时调摄笺》中云:"夏季心旺肾衰,虽大热,不宜吃冷淘冰雪蜜水、凉粉、冷粥,饱腹受寒,必起霍乱。"烈日炎炎,应注意多饮水,但应冷热适宜,不能过度贪食冷饮,损伤脾胃。祛暑清热的食物可适度选择,如西瓜、黄瓜、绿豆等,

荔枝、龙眼、榴莲等偏温热性质食物则应适度。饮食以清淡为宜，"冬至饺子夏至面"就是指夏至时选清淡食物为最佳。绿豆汤、赤豆汤均为祛暑佳品，可经常代茶饮用。

2. 脏腑、情志养生　仲夏之时，人体阳气外泄，若过食生冷导致脾胃受损，轻则便溏、腹泻、体倦乏力，重则清阳不升、生湿化痰。因此，应注重保养脾阳、固护胃气，忌过食生冷伤阳，忌膏粱厚味、烧烤熏制化热生湿。"更宜调息静心，常如冰雪在心，炎热亦于吾心少减，不可以热为热，更生热矣。"所谓"心静自然凉"，调整心态，神清气和，安然度过炎热。

3. 中药、经络养生　夏至一阴生，阴气已经开始生长，此时阴阳之气相交，药物养生应保护阳气，兼顾滋阴。除可选用补养心血，安心神，兼顾健脾利湿的中药外，还可选择太子参、黄芪、金银花、菊花、扁豆、荷叶等补气滋阴、清暑利湿。

天气炎热难以入眠时，可揉按神门、少府等穴位，以安神宁心，清心除烦。还可用艾灸的方法进行养生，以顺应阴阳的交替，预防慢性疾病的复发，可选择灸关元、足三里、神阙等穴位。

三、小暑、大暑

小暑是二十四节气中的第十一个节气，一般时间为每年公历7月7日前后。暑，即炎热的意思，小暑为小热，指天气开始炎热，但尚未至大热。大暑，时间是每年公历7月23日前后。《通纬·孝经援神契》曰："小暑后十五日斗指未为大暑，六月中。小大者，就极热之中，分为大小，初后为小，望后为大也。"大暑即大热之意，标志着夏季最酷热时期的到来。

（一）气候特点和人体反应特点

小暑三候为："一候温风至，二候蟋蟀居壁，三候鹰始击。"小暑节气正是入伏之际，从小暑至立秋这段时间，又称为"伏夏"，即"三伏天"。大暑三候："一候腐草为萤，二候土润溽，三候大雨时行。"俗语说："小暑大暑，上蒸下煮"，是全年气温最高的时期。此时天气炎热，降雨丰沛，水气上腾，湿气充斥，易感受湿热之邪。

炎夏盛暑，人体排汗量多，容易伤津耗气。大量饮水，多食生冷，易导致脾胃失健而食欲下降；气温过高，食物容易变质，误食则易出现胃肠道疾病；高温频发也容易引起中暑。

（二）养生原则和方法

根据小暑、大暑节气自然界气候特点，养生应注意防暑邪湿邪，调神静心，此时还是冬病夏防的好时机。

1. 起居、饮食养生　日常作息仍应"夜卧早起"，午休时间可适当延长，以1小时左右最佳，不仅能够恢复精力、保护阳气，还可躲避暑热预防中暑。祛暑可采取多种方法，如风扇、空调、沐浴等，由于高温环境腠理开泄，故应避免汗出当风，空调温度不可过低，纳凉不宜在疾风之处，避免虚邪贼风乘虚而入。《寿亲养老新书》有云："若檐下、过道、穿隙、破窗，皆不可纳凉，此为贼风"。

气温过高，人体消耗较大，夜间睡眠时间减少，均可导致倦怠乏力，此时静养为最佳，运动则应选择散步、静坐等方式。多吃新鲜的水果蔬菜，忌贪凉饮冷。多食用燥湿健脾或清热利湿、益气养阴等食物，如陈皮茶饮、薏米扁豆粥、绿豆百合粥等。

2. 脏腑、情志养生 夏气通于心,暑热避之不及,易扰乱心神,使人烦躁不安,可以通过调息静守,戒躁戒怒,使心神安宁。

夏至到处暑为长夏,小暑、大暑属长夏时段,脾与长夏相通,气候炎热,雨量较大,天气下迫,地气上腾,湿为热蒸,脾运易被湿热所困,应多食淡渗利湿、健脾和胃而不温燥的食物,如冬瓜、红豆、薏苡仁等。

3. 中药、经络养生 暑热大汗会导致气阴损伤,可服用补气养阴、补而不热的中药进行调养,如西洋参、太子参、沙参、党参、山药、扁豆、白芍、麦冬、五味子等。可常备藿香正气水祛暑化湿。

晨起可先在床上做一些保健气功,如熨眼、叩齿、鸣天鼓等,再下床活动。三伏天是全年气温最高,阳气最盛的时期,对一些冬季易发作的慢性阻塞性肺疾病、哮喘、痹证等疾病,是最佳的先期预防时机。可选择内服中药,也可采用"三伏贴"外敷穴位。一般选用白芥子、元胡、甘遂、细辛、干姜等为基本方,常用穴位有肺俞、心俞、膻中、膏肓、定喘等,一般在初伏、中伏、末伏的第一天,共贴敷 3 次。如果出现闰伏可间隔 10 天加贴 1 次。

第三节　秋季六节气养生

秋三月,起于立秋,止于立冬前,约在农历七至九月,包括了立秋、处暑、白露、秋分、寒露、霜降 6 个节气。自夏季之后,阳气盛极转衰,阴气从夏至之时由生而渐长,因此秋季属少阴。

秋季为肃杀之始,万物盛极而收敛。秋季属金,主肃杀、收敛,五脏应于肺。因此秋季养生应注意滋阴润肺、收敛阳气、养护阴气,为冬季养生做好准备。

一、立秋、处暑

立秋是二十四节气中的第十三个节气,约在公历 8 月 7 日前后,是秋季开始的节气。"一场秋雨一场凉",立秋一般预示着炎热的夏天即将过去,秋天即将来临。自然界由"生长"转向"收藏"。

处暑节气的时间一般在公历 8 月 23 日前后,"处"含有躲藏、终止的意思,表示炎热暑天结束了。《月令七十二候集解》说:"处,去也,暑气至此而止矣。"炎热即将过去,暑气逐渐消退。

（一）气候特点和人体反应特点

"立秋处暑天气凉"。立秋分为三候:"一候凉风至,二候白露降,三候寒蝉鸣。"立秋后虽然一时暑气难消,还有"秋老虎"的余威,但总的趋势是天气逐渐凉爽。处暑分为三候:"一候鹰乃祭鸟,二候天地始肃,三候禾乃登。"意为农作物开始成熟。至处暑节气,自然界阳气渐收、阴气渐长,气温逐日下降,已不再暑热难耐,昼夜温差加大,降水减少,气候变得干燥。

肺主皮毛,司卫外。秋燥渐起,肺气受扰,人体呼吸道抵抗力下降,感冒、支气管炎、哮喘、鼻炎的发病会增多;秋应于肺,肺气不足者此时易产生悲秋情绪;气候干燥,又易导致肺燥,出现口干舌燥、鼻干、毛发及皮肤干燥、便秘等症状。

（二）养生原则和方法

根据立秋、处暑节气自然界气候特点,此时养生应益肺气滋肾阴,养肝血润肠燥。

1. 起居、饮食养生　秋高气爽宜"早卧早起,与鸡俱兴",顺应由"生发"向"收藏"的转变。早睡增加睡眠弥补夏季睡眠的不足以利收藏,早起使肺气舒展防止收敛太过。服饰方面,不急于添加衣物,过早加衣不利于收敛阳气,但昼夜温差加大,夜间外出又不宜穿衣过于单薄,可适当加衣保护阳气。处暑节气由热转凉,外界阴气增强,阳气减弱,人体阳气也随之内收,易出现"秋乏"。运动可有效减轻"秋乏",宜选择散步、太极拳、慢速爬山等轻松柔缓的项目,运动量与夏季相比可适当增大,运动时间可加长,但强度不宜过大,防止出汗过多阳气耗损。

饮食应少辛多酸,谨慎进补。肺金当令,少吃葱、辣椒等辛味食物,适当多吃生津润燥食物滋阴润肺,如白梨、芝麻、枸杞子、百合、糯米、蜂蜜等柔润食物。《遵生八笺》中提出:"秋气燥,易食麻以润其燥。"秋季食用芝麻可以养肺润燥。

2. 脏腑、情志养生　古诗有"春伤秋悲皆自惹,花开花落岂由人",秋气通于肺,自然界由繁茂荣华渐现凋零之象,易勾起人的悲伤情绪。此时要注意收敛神志,心境平和,情绪安宁,切忌情绪大起大落,过于激动或悲哀。平时可通过听音乐、练习书法、钓鱼等雅趣以怡情悦志。

3. 中药、经络养生　此季节宜用滋阴润燥药物,如沙参、麦冬、生地黄、玄参、黑芝麻等,养阴润肺汤、麦冬汤、增液汤等方亦可酌情使用。西洋参补气而不燥热,适合秋季补气养阴抗"秋乏"。

可揉按迎香穴、合谷穴,有散风热、宣肺气、通鼻窍的作用,预防外邪侵袭。

二、白露、秋分

白露,二十四节气中的第十五个节气,时间是公历9月7日前后。《月令七十二候集解》中说:"八月节……阴气渐重,露凝而白也。"顾名思义,白露即气温渐凉夜来草木之上可见到白色露水的意思。

秋分,二十四节气中的第十六个节气,时间一般为公历9月22日前后。"分"为"半"之意,《春秋繁露·阴阳出入上下篇》云:"秋分者,阴阳相半也,故昼夜均而寒暑平"。

（一）气候特点和人体反应特点

"白露秋分夜,一夜冷一夜。"白露是典型的秋天节气,从这一天起,露水一天比一天凝重成露而名,气温逐渐降低,且偶尔阴雨连绵。白露三候分为:"一候鸿雁来,二候元鸟归,三候群鸟养羞。"秋分三候分为:"一候雷始收声,二候蛰虫坏,三候水始涸。"气温逐日下降,昼夜均等而温差大,逐步进入深秋时节。

此时,凉燥之邪常犯肺伤人,易耗人津液而出现口干、唇干、鼻干、咽干及大便干结、皮肤干裂等症状,甚至引起燥咳经久不愈。

（二）养生原则和方法

根据白露、秋分节气自然界气候特点,养生应注意保暖、平衡阴阳、养肺润燥。

1. 起居、饮食养生　民间有"白露身不露,寒露脚不露"说法,由于早晚温差大,容易诱发感冒或促使旧病复发,因此"秋冻"要适度,早晚应注意保暖。尤其阳气不足之人,须及早添衣。秋分是运动的好时节,顺应秋分阴阳各半的特点,选择轻松的运动,如太极拳、五禽戏等。

此时阳气逐渐收敛,阴气逐渐增长,饮食宜少辛多酸,多食滋阴润肺的食物,如梨、百合、甘蔗、芋头、萝卜、银耳等,而少食寒凉瓜果。螃蟹美味勿多食,螃蟹性寒,可佐姜末、紫苏、黄酒等,不与柿子、梨同食。

2. 脏腑、情志养生　秋季肺主用事,保养肺气法重在避邪、少言和无忧,以保持肺气充足、清轻,运行顺畅。肺为娇脏,易被燥邪侵袭,宜食甘润之品调和,如久咳不止,痰多,可选金橘、橘皮、白萝卜、薏苡仁、百合、川贝等。

3. 中药、经络养生　"秋梨膏""润肺汤"均为古籍中记载的秋季适用方药,清代《本草求原》中就有"秋梨蜜膏"的记载,由雪花梨、白茯苓、川贝、麦冬、红枣、冰糖、蜂蜜等制成。穴位按摩可参照上一节气。

三、寒露、霜降

寒露是二十四节气之第十七节气,每年公历 10 月 8 日前后到来。《月令七十二候集解》说:"九月节,露气寒冷,将凝结也。"寒露的意思是气温下降,露水更凉。

霜降,是秋季的最后一个节气,在公历 10 月 23 日前后。《月令七十二候集解》云:"九月中,气肃而凝,露结为霜矣。"气温骤降,露水凝结成霜。

(一)气候特点和人体反应特点

寒露后雨水渐少,天气更加干燥,昼热夜凉,露水更冷,即将凝结成霜,寒露三候为:"一候鸿雁来宾,二候雀入大水为蛤,三候菊有黄华。"一派金秋肃杀景象。"气肃而霜降,阴始凝也",霜降之后,气温骤然寒冷,三候为"一候豺乃祭兽,二候草木黄落,三候蜇虫咸俯。"一派寒气凛冽,向冬季过渡的景象。

人体阳气逐渐收敛,阴精开始潜藏于内,气温降低较快容易引起感冒和旧病复发。空气寒冷干燥,人体水分散失较快,常见皮肤干燥、口干咽燥、干咳少痰、大便秘结等。

(二)养生原则和方法

根据寒露、霜降节气自然界气候特点,养生应保暖防寒、养阴润肺、甘淡滋润益脾胃。

1. 起居、饮食养生　适当防寒,以免受凉感冒或引发其他疾病。防寒应注重足、肩、颈、腹部的保暖,尤其不可赤足,可每天热水泡脚,以防"寒从足生"。饮食养生仍应以滋阴润燥为首要,多食燕窝、银耳、蜂蜜、芝麻、糯米、粳米、栗子、乳制品等柔润食物,同时增加鸡、鸭、牛肉、猪肝、鱼、虾、山药等以增强体质。不吃或少吃易伤人体阴精的辛辣烧烤食品。

2. 脏腑、情志养生　此时宜甘淡滋润益脾胃,为冬有所养,可选用如莲子、薏苡仁、莲藕、山药等食物。养阴润肺药物参考上一节气。

万物凋零,易使人顿生凄凉伤感之情,若悲哀太甚,可致心肺郁结,意志消沉。"悲则气消",可通过运动、散步、练功、书画琴棋等各种方式适当排解。

3. 中药、经络养生　霜降是秋季中最寒凉的节气,应适当进补,为迎接寒冷冬季做准备。俗语"补冬不如补霜降",此时"冬藏"以保暖润燥、健脾养胃为主,百合、蜂蜜、大枣、芝麻等药食同源之品均可选用,也可以多吃点性温热而又不偏燥的食物,如核桃仁、黑豆、山药,或是服用一些滋补粥汤,如三七、胡椒、黄芪、当归、生地黄、生姜

笔记

炖鸡等。应注意补益须因人而异,选择合适的药物。

素有咳嗽者,可选膻中、气海、关元、足三里、丰隆、风池、血海、肺俞等穴位进行保健按摩。

第四节　冬季六节气养生

冬三月,始于立冬,消于立春之前,经立冬、小雪、大雪、冬至、小寒、大寒6个节气。秋季之后,阳气逐渐消尽而藏于地下,阴气由此增长而主权当令。此时阴气较少阴更为壮大,故称为太阴。

在寒气笼罩的冬季,阴气极盛,阳气潜藏,大地冰封,万物闭藏。冬季属水,水为太阴主收引、闭藏、蛰伏;五脏应于肾,肾主水藏精,冬与肾相通相应。因此,冬季养生应当遵从自然界闭藏的特点,保养阴精,潜藏阳气,为春季养生做好准备。

一、立冬、小雪

立冬节气在每年公历11月7日前后,是冬季的第一个节气,也是冬季的开始。《月令七十二候集解》说:"立,建始也",又说:"冬,终也,万物收藏也。"立冬不仅标志着冬天来临,而且表示冬季开始万物收藏,归避寒冷的意思。

小雪节气在每年公历11月23日前后。明代古籍《群芳谱》云:"小雪气寒而将雪矣,地寒未甚而雪未大也。"气温逐渐降低到冰点,开始降雪,但雪量不大,故称小雪。

(一)气候特点和人体反应特点

立冬分三候:"一候水始冰,二候地始冻,三候雉入大水为蜃。"此节气水已结冰,土地也开始冻结,自然界阴盛阳衰。此后气温继续降低,寒气袭人,阳气潜藏。小雪三候为:"一候虹藏不见,二候天气上升,三候地气下降。"阴气下降,阳气上升,导致天地不通,阴阳不能交合,天地闭塞进入严冬。

立冬、小雪之时气温较秋季已明显下降,人体阳气开始潜藏,身体的各器官系统代谢逐渐降低,因此冠心病、高血压、慢性阻塞性肺疾病、关节炎等容易复发。

(二)养生原则和方法

根据立冬、小雪节气自然界气候特点,此时养生应适当进补、益肾填精,安神养志。

1. 起居、饮食养生　冬季为太阴闭藏之气,起居应多收藏阳气、养护阴气,"早卧晚起,必待日光",使睡眠充足,可养护阳气,避开严寒。如入睡过晚,则易耗损阳气,使阳气潜藏不足,致使春日生发不利。此时人体代谢处于相对缓慢的时期,需坚持适度的运动才能畅通气血。应以静态运动为主,养护阳气的同时促进阳气潜藏,可选太极拳、八段锦、站桩、打坐等,以"形劳而不倦"为宜。

立冬之后,为抵御寒冷身体消耗较大,应适当进补。养精蓄锐,为第二年做准备。我国多地均习惯从"立冬"开始进补,因此也是一年中进补的最佳时期。《饮膳正要》云:"冬气寒,宜食黍,以热性治其寒",因此食物宜选甘温、辛温之品,如羊肉、牛肉、鸽子肉、花椒、胡椒、小茴香、板栗等,为防温补太过,可同时食用白萝卜顺气消食化痰、清热生津,以助脾胃运化。

2. 脏腑、情志养生 "冬藏"的一个主要方面是保养肾精、肾气,也包含在冬季要保持精神安静、心态平和,避免发生不良情绪损伤机体。清代医学家吴尚说:"七情之病,看花解闷,听曲消愁,有胜于服药者也。"在这个万物失去生机、天气时常阴冷晦暗的时节,为了减轻焦虑和忧郁,可通过一些"闲情逸致"的活动保持心情愉快。

3. 中药、经络养生 中药进补应在辨体质和健康状况的基础上合理选择药物。滋补肾阴可选山萸肉、女贞子、熟地黄、枸杞子等,温补肾阳可选肉苁蓉、锁阳、补骨脂、鹿茸等,补气可选用人参、黄芪、党参、白术等,养阴可选用麦冬、百合、沙参等,养血可选阿胶、当归等。另外,金匮肾气丸、右归丸、龟苓集、左归丸、大补阴丸、六味地黄丸、五子衍宗丸、河车大造丸等亦可酌情选用。经络养生可按摩肾经穴位。

二、大雪、冬至

大雪,冬季的第三个节气,在每年公历 12 月 7 日或 8 日前后。"大雪"从字面上理解是降雪渐盛之意。《月令七十二候集解》云:"十一月节,大者盛也,至此而雪盛也。"

冬至,俗称"冬节",在每年公历 12 月 22 日前后,这一天是北半球全年中白天最短、夜晚最长的一天。

(一)气候特点和人体反应特点

农谚有"大雪冬至雪花飞,搞好副业多积肥",期盼"瑞雪兆丰年"。大雪三候分为:"一候鹖鸥不鸣,二候虎始交,三候荔挺出。"此时我国黄河流域一带渐有积雪,北方则呈现万里雪飘的迷人景象。"冬至一阳生",《月令七十二候集解》中描述冬至"十一月中,终藏之气,至此而极也"。冬至三候分为:"一候蚯蚓结,二候麋角解,三候水泉动。"此时日照时间最短,天气越来越寒冷"数九寒天"正式开始,阴气强盛,但阳气已开始悄悄萌生。

受自然界影响,人体处于阴气极盛、阳气最虚之时,气血、各脏腑的生理功能相对较弱,生命活动开始由盛转衰,阳气易为寒邪损伤。脑卒中、心肌梗死等心脑血管疾病发病率增高。

(二)养生原则和方法

根据大雪、冬至节气自然界气候特点,养生应及时进补、温补肾阳、护肾固本。

1. 起居、饮食养生 "冬至一阳生",此时阳气初生,需悉心呵护,使其逐渐壮大,无论从起居、饮食、运动各方面都应以"补"为主,应抓住这个进补的好时机,因此,民间也有"三九补一冬,来年无病痛"的俗语。起居方面仍应遵循"早卧晚起,必待日光",不能太过劳累,并做好防寒保暖。饮食应多选温性食物,但宜清淡,不宜肥甘厚味、过咸,也不可过食辛辣刺激食物。"五谷""五畜""五果""五菜"均衡食用,羊肉、牛肉、花生、核桃、栗子、榛子、甘蔗、柚子、大枣、桂圆等均可选择。羊肉炖萝卜、赤豆糯米饭、黑豆粥等均可此时选用。

2. 脏腑、情志养生 继续保养肾精、肾气,减少房事次数以利藏精。养神"使志若伏若匿"为关键,主要在"藏",达到神藏于内,保持安定、伏匿、少欲与满足的情绪。如出现心情低落或抑郁,应首先通行阳气,避开阴冷潮湿的地方,远寒就温,多晒太阳,使阳气通达,阴霾自消;其次调畅情志,可哭可诉,使气机通畅则郁闷

自消。

3. 中药、经络养生 中药调补养生可参上一节气。须注意补益应有度,防止过多服用补品滋腻碍胃,导致脾运失健。

冬至后可选用艾灸"补阳"的方法养生。选取具有强身保健作用的神阙、关元、气海等穴位施行艾灸,将节气、艾灸和穴位三者结合,可起到温阳补气,温经散寒的作用,从而提高机体的抗寒和抗病能力。

三、小寒、大寒

小寒,一般为每年公历 1 月 6 日前后。《月令七十二候集解》说:"十二月节,月初寒尚小,故云,月半则大矣。"小寒标志着一年中最寒冷日子的开始。

大寒,在每年公历 1 月 20 日前后。大寒是二十四节气中最后一个节气,因天气寒冷已极,故名大寒,过了大寒,将迎来新的节气轮回。大寒是冬季即将结束的时候,蕴含着大地回春的迹象。

(一)气候特点和人体反应特点

小寒的特点是天气寒冷,但相对大寒而言低温尚未致极。"三九天"中的"二九"和"三九"也有一部分处于小寒节气内,小寒分为三候,即"一候雁北乡,二候鹊始巢,三候雉雊",说明此时阳气已动。到了大寒节气,"一候鸡乳育也,二候征鸟厉疾,三候水泽腹坚",很多地方冰天雪地、天寒地冻,往往是一年中的最冷时期,也是冰冻、大雪等灾害性天气高发的时段。

此时气温寒冷,人体脏腑、气血、阴阳都偏衰,卫外功能减弱,较易被寒邪侵袭,感冒、哮喘、冠心病、心肌梗死、心绞痛等疾病均易发作。

(二)养生原则和方法

根据小寒、大寒节气自然界气候特点,养生仍应以防寒补肾为主题。

1. 起居、饮食养生 此时应继续保持防寒保暖、早睡晚起的规律。尽量增加日晒时间,既可促进血液循环和新陈代谢,又能使人心情愉快。此时空气湿度低,尤其北方地区非常干燥,室内应做好保湿,避免燥邪伤人,主动多饮水补充体内水分。食物除注意健脾补肾外,还要重视润燥,蜂蜜、核桃、百合、花生、大枣等食物能够养阴补虚,改善干燥症状,此时宜适量选用。熬夜会暗耗阴血、加重阴虚,应尽量早睡晚起保存体内阴津。

> **小贴士**
>
> #### 腊 八 粥
>
> 农历十二月初八是腊八节,是民间重要的传统节日,古人有祭祀祖先和神灵、祈求丰收吉祥的传统,一些地区有喝腊八粥的习俗。各种粗粮、豆类、坚果、水果干等都可以入粥,可选用红枣、莲子、核桃、栗子、杏仁、松仁、桂圆、榛子等多种材料,一碗热气腾腾的腊八粥既带来了浓浓的节日气氛,也能够补中益气、养脾胃,养生祛病。
>
> 许多文人墨客争相咏诵腊八节,留下不少脍炙人口的名篇佳作。如陆游

的《十二月八日步至西村》,描述了腊月里互赠腊八粥,以及节日接近的愉快心情和清新气息。"腊月风和意已春,时因散策过吾邻。草烟漠漠柴门里,牛迹重重野水滨。多病所须唯药物,差科未动是闲人。今朝佛粥更相馈,更觉江村节物新。"

2. 脏腑、情志养生　脏腑养生方面仍以补肾养好先天之本为主。大寒节气正处于岁尾的"腊月",民俗中腊月里的讲究不少,北方有"二十四,扫房子",南方有"年廿八,扫邋遢"的说法,"尘"同"陈"谐音,除陈迎新能让人心情愉快,充满希望迎接新春的到来。可根据自身情况积极参与,也是调养情志养生的简单方法。

3. 中药、经络养生　除了服用上述节气已详述的常用补养中药外,尚可选择按摩穴位等方法,如每晚睡前按摩涌泉穴,按摩直至感觉足心发热。此外,尚有按摩肾俞、搓揉耳廓、叩齿、鸣天鼓等方法,均为经络养肾良法。

学习小结

1. 学习内容

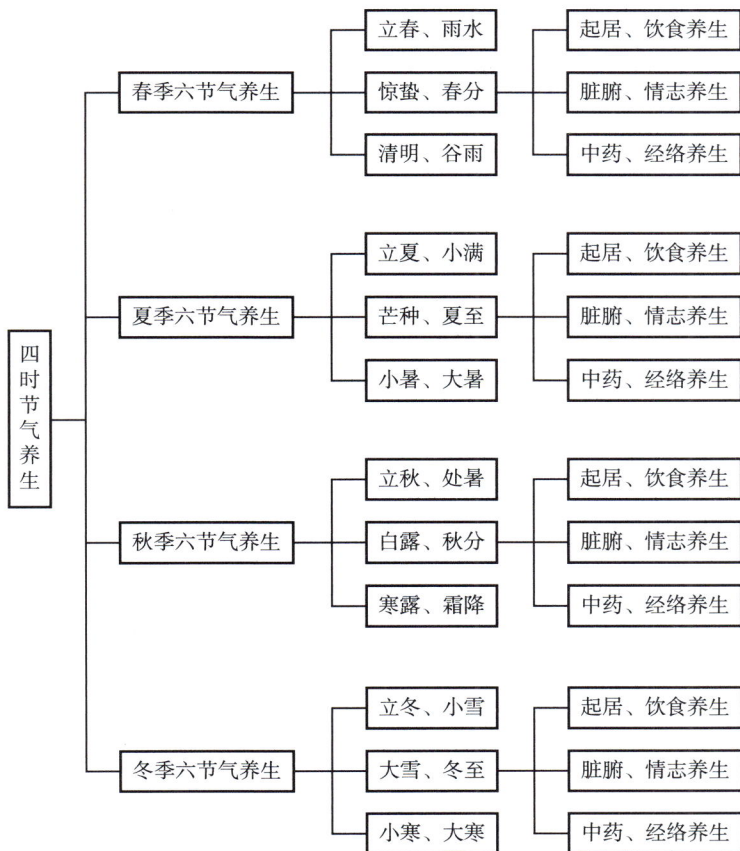

2. 学习方法　二十四节气是中国传统文化的重要组成部分,节气养生符合中医天人合一、整体观念的核心养生理念,学习本章时应熟记二十四节气的时间,

善于结合气候特点和人体反应特点,运用养生知识来掌握各个节气的养生原则和方法。

（隋　华）

复习思考题

1. 春夏秋冬四季各包括哪些节气?
2. 试述四时节气养生的意义。
3. "立春、雨水""立夏、小满""立秋、处暑""立冬、小雪"的养生原则是什么?

第六章

季节交替养生

📖 **学习目的**

掌握季节交替时期的养生法则,熟悉季节交替的时令特点。

学习要点

季节交替时期的养生法则,季节交替的时令特点。

◀ **知识拓展**

季节交替的含义

地球有两种基本的运动:一是不断地绕着地轴自西向东自转,形成了昼夜交替现象;二是沿着椭圆的轨道绕太阳公转,太阳位于椭圆轨道的焦点上。当地球在近日点时,北半球为冬季,南半球为夏季,在远日点时,北半球为夏季,南半球为冬季。地球以一定的倾斜角度绕太阳旋转,太阳光的直射以赤道为中心,以南北回归线为界限南北扫动,每年一次,循环不断,从而形成了一年四季周而复始,依次交替的现象。

第一节 春 夏 之 交

春夏之交,气温逐渐升高,降水明显增多,万物进入生长旺季,空气中的湿度逐渐加大,湿气氤氲,阳气较春日少阳之气更为壮大,人们养生应遵循自然界阴阳变化的规律,围绕春夏交替阳气渐盛的特点,遵循"春夏养阳"的原则,顾护阳气,达到增强体质、预防疾病的效果,避免过度寒凉刺激,因时、因地、因人进行调养。

一、时令特点

春夏交替,历经"谷雨""立夏"两个节气,即农历三月上旬至四月上旬前后,春天结束走向初夏的阶段,太阳在黄经 30~46° 之间。春季属木,为少阳,阳气始生,气候渐渐回暖。汉代《孝经纬》曰:"后十五日,斗指辰,为谷雨,言雨生百谷,物生清净明洁也。律姑洗,姑者,故也;洗者,先也,言万物去故而从新,莫不鲜明之谓也。"夏季属

笔记

火,为太阳,阳盛而极,气候炎热。"谷雨后十五日,斗指巽,为立夏。物至此时,皆假大也。"春夏交替之时,阳气迅速充盈,万物进入生长旺季。

春夏交替,时令之气由温煦向炎热转变,气候逐渐转热,易感受风、热、湿邪。

二、养生法则

春夏交替之际,人体五脏之气的变化为"肾气已息,心气渐临,木气正旺";起居需"勿处淫地,勿露体三光下";食饮需"减甘增辛,补精益气";运动需"抒发伸展,顾护阳气";情志需"安心静志,忌大喜大怒";预防需"养肺健脾,防暑除湿"。

(一)起居调养

春夏交替之际,日照时间延长,应该做到晚睡早起,注意不要贪凉,不要在风口处睡觉,以免受风着凉而患病。唐代医家孙思邈在《千金月令》云:"四月节内……此月宜晚卧早起,感受天地之精气,令人寿长。"三国时期嵇康《养生论》曰:"夏谓蕃秀,天地气交,万物华实,夜卧早起,无厌与日"。

睡眠重在睡"心"。睡前养生的重点是心神调节,即精神调摄。首先在睡前半小时应抛弃一切杂念,使心志平稳,心思宁静,达到勿欲忘我的境界;第二要稍事活动筋骨,使身体发热;第三睡前要洗面、洗脚,按摩面部和搓揉脚心。用比体温稍高的热水泡脚,水温宜在40~45℃之间,如此能推动血气运行,温补脏腑,加速循环,消除一天的疲劳,利于入睡。每日早晨起床前利用几分钟的时间,做几个简单易行的动作,如搓脸、弹脑、挺腹、拍身等,这样不仅可使全天精力充沛,工作效率提高,而且还有益于增强身体素质,促进身心健康和延年益寿。

(二)饮食调养

春夏交替,空气湿度加大,食饮可适当多吃一些有祛风湿、舒筋骨、补血益气功效的食物,如赤豆、黑豆、薏仁、山药、鲫鱼、鳝鱼等。唐代孙思邈《养生铭》曰:"是月肝脏已病,心脏渐壮,宜增酸减苦,以补肾助肝,调养胃气。"饮食方面还应调补心肝,考虑低盐、低脂、低胆固醇以及低刺激,可选择吃些低脂肪、高维生素、高矿物质的食物,如菠菜、香椿芽等新鲜蔬菜,有醒脾开胃、清热解毒、通利二便的功效。少吃酸性食物和辛辣刺激的食物,以免导致肝火旺盛,伤及脾胃。宋代《万花谷》有云:"春尽,采松花和白糖或蜜作饼,不惟香味清甘,自有所益于人。"魏晋时期魏华存所著《内景经》云:"是月食莼菜鲫鱼作羹,开胃。"北宋张君房《云笈七签》曰:"是月望后,宜食桑椹酒,治风热之疾。亦可造膏,用桑椹取汁三斗,白蜜四两,酥油一两,生姜汁二两,以罐先盛椹汁,重汤煮汁到三升,方入蜜、酥、姜汁,再加盐三钱,又煮如膏,磁器收贮。每服一小杯,酒服。大治百种风疾"。

春夏交替养生食谱:

1. 三色汤

配料:黄豆芽100g,姜丝20g,红大椒1个,植物油、白醋、湿淀粉、鸡汤、食盐、麻油、味精各适量。

做法:将油锅烧热,下黄豆芽煸炒几下,放入白醋炒至八分熟,出锅备用。将锅内放入鸡汤、姜丝,烧开后把红大椒入锅,再次滚开后,将黄豆芽、盐、味精入锅,再用湿淀粉勾芡,淋上麻油出锅即成。

功效:祛风除湿,活血通络。

2. 山药内金鳝鱼汤

配料：黄鳝 250g，鸡内金 10g，怀山药 10g，生姜 4 片，黄酒、精盐各适量。

做法：黄鳝洗净，切段，开水去血腥黏液。鸡内金、怀山药洗净。起油锅，用生姜2 片炒鳝段，加黄酒少许，再加适量清水，转入砂锅内，加鸡内金、怀山药和 2 片生姜，先用大火煮沸，再用小火煮 1 小时，加精盐后再煮沸即可食用。

功效：健脾消食，调和肝脾。

（三）运动调养

春夏交替之际，每天锻炼的最佳时间是辰时和酉时。锻炼内容包括散步、跑步、体操、打太极等锻炼项目。每次锻炼都要达到发汗的目的，以提高机体的散热功能。锻炼时，运动量要由小到大，逐渐达到预定要求，且运动时间不要过长。当出现发热、头昏、头痛等身体不适时，要立即停止运动，并到凉爽处进行休息。运动中要注意补充水分和维生素。

宋代《万花谷》曰："二十七日沐浴，令人神气清爽。"春夏交替之际随着气温升高，容易出汗。"汗"为心之液，要注意不可过度出汗，运动后要适当饮温水，补充体液。同时，运动不要过于剧烈，选择相对平和的运动，如练习太极拳、太极剑及散步、慢跑等。运动刚结束时，人体阳气升发，这时如果立即洗澡，皮肤毛孔腠理受到刺激，反而会使阴阳失调，寒邪内闭。因此，在运动后应适当休息并饮水，过一段时间再洗澡，洗澡时最好选用温水，不要用凉水。

功法调养：

1. 谷雨三月中坐功（图 6-1）

运：主少阴二气。

坐功：每日丑寅时平坐，换手左右举托，移臂左右掩乳各五七度，叩齿，吐纳，漱咽。

调养：脾胃结瘕瘀血，目黄，鼻衄鼽，颊肿，颌肿，肘臂外后廉肿痛，臂外痛，掌中热。

2. 立夏四月节坐功（图 6-2）

运：主少阴二气。

图 6-1 谷雨三月中坐功图   图 6-2 立夏四月节坐功图

坐功:每日寅卯时闭息瞑目,反换两手抑掣两膝各五七度,叩齿,吐纳,咽液。

调养:风湿留滞,经络肿痛,肘臂挛急,腋肿,手心热,喜笑不休。

(四)情志调养

春夏交替,随着气温的逐渐升高,情绪易躁易怒。因此,情志调养忌大喜大怒,应保持精神安静,情志开怀,心情舒畅,安闲自乐。生活重视"静养",可多做偏静的文体活动,如绘画、写字、钓鱼、下棋、种花等。正如战国《礼记·月令》曰:"君子斋戒,处必掩身,毋躁,止声色,毋进御,薄滋味,毋违和,节嗜欲,定心气。"

(五)防病保健

春夏交替之时寒潮天气基本结束,气温由回升加快转为明显升高,炎暑将临,降水明显增多,空气中的湿度逐渐加大,湿气氤氲,困扰人体。气候的变化导致该阶段成为痛风、痹证、头痛等疾病的易发时期。孙思邈在《千金翼方》中指出:"春夏之交,阴雨卑湿,或饮汤水过多,令患风湿,自汗体重,转侧不能,小便不利。作他治不救,惟服五苓散效甚。"由此可知,该时期应注意健脾利湿,适当运动,有沉疴旧疾者宜早期预防。另春夏交替之时,气候转温,百花盛开,杨絮、柳絮四处飞扬。过敏体质的人应注意防止花粉引起皮肤瘙痒、鼻渊、哮喘等症。

第二节 夏秋之交

夏秋交替之际,气候炎热,降雨量大,天气下迫,地气上腾,湿为热蒸,气候常常为暑、湿、燥相互夹杂,阳气盛极而转衰,阴气由生而渐长。此时阴阳交替,人们应通过起居、饮食、运动调养与自然界阴阳变化规律相一致,适当地活动使气血活跃,玄府开泄,新旧更迭;同时应注意敛护阳气,兼顾滋阴,阴阳并养,为秋季养生做好准备。

一、时令特点

夏秋交替,历经"大暑""立秋"两个节气,即农历六月中旬至七月初。大暑节气处于"三伏天"的"中伏"前后、季夏之时,历经长夏。夏季属火,为太阳,主生长、壮大,日长夜短,气候炎热。此时节暑热隆盛,雨水时行,水气蒸腾,湿气充斥,其时令之气以暑热夹湿为主。《月令七十二候集解》曰:"六月中,……暑,热也,就热之中分为大小,月初为小,月中为大,今则热气犹大也。"《礼记·月令》对于季夏的记载:"腐草为萤,土润溽暑,大雨时行。"立秋节气处于"三伏天"的"末伏"前后、孟秋之时,秋季属金,为少阴,主肃杀、收敛,阳消阴长,万物萧条,气候干燥。此时节虽有凉意,但盛夏之余热未消,气候仍然十分炎热。其时令之气以温燥为主。汉代《孝经纬》曰:"大暑后十五日,斗指坤,为立秋。秋者,揫也,物于此而揫敛也。"

夏秋交替,时令之气由暑热、暑湿向温燥转变,气候逐渐转凉,易感受暑、湿、燥邪。

二、养生法则

夏秋交替之际,人体五脏之气变化为"肝心少气,肺脾旺盛",起居需"安静性情,毋冒极热,须要爽气,足与脑宜微凉";食饮需"增咸减辛,助气补筋,以养脾胃";运动需"收藏阳气,动作宜缓";情志需"心平气和,少思少虑";预防需"清暑除湿,滋阴润燥"。

（一）起居调养

夏秋交替，阳气渐收，阴气始生而渐长，万物聚形而成熟，人也应该收敛神气，心气平和，精神内守，此时要逐渐过渡到早睡早起，通过合理起居，适当增加睡眠，使人体气机与自然一致，以调养神气、减缓肃杀之气。《素问·四气调神大论》曰："夏三月……夜卧早起，无厌于日。""秋三月……早卧早起，与鸡俱兴。"夏秋交替之际应减少运动量，不使身体出汗过多，而导致津气耗散，正如《素问·四气调神大论》所云："使志安宁，以缓秋刑"。

夏末秋初，热气不退，早晚温差大，正处于三伏，天气极热，阴气内伏，暑毒外蒸，不宜洗冷水澡，不可露卧受凉，不可赤背脱衣，吹风使扇，贪取风凉，也不可内穿湿冷衣服，以防后背受风，伤及内脏，如因此患病，可服用中药调治。要有充足的睡眠，每天于子时（夜间 23 时至 1 时）和午时（白天 11 时至 13 时）入睡，日寝夜寐，一昼夜间寐分为二，每日时至午后，阳气渐消，少息以养阳；子时之后，阴气渐消，熟睡以养阴，阴阳并养。

（二）饮食调养

夏秋交替之时，气候炎热，且雨水多，此时段天暑仍盛，地湿蒸腾，湿热交蒸，合而为湿热邪气。中医认为"湿气通于脾"，因脾喜燥恶湿，湿邪留滞，最易困脾，湿为阴邪，易阻遏气机，损伤阳气，致脾阳不振，运化无权，水湿停聚，发为水肿或腹泻。加之人们喜食生冷瓜果、冷饮，更助湿邪，损伤脾阳。由于脾阳不振，不能运化水湿，水湿停聚而生痰，所以有"脾为生痰之源，肺为贮痰之器"之说。

唐代孙思邈《养生铭》曰："肝心少气，肺脏独旺，宜安静性情，增咸减辛，助气补筋，以养脾胃。毋冒极热，勿恣凉冷，毋发大汗，保全元气。"夏秋交替之际涵盖了季夏。六月季夏，别名建未。未者，味也，万物向成，咸有味也。在卦为遁，遁者，避退也。二阴之卦，阴气渐长，阳气渐退。生气在巳，坐卧宜向南方。夏秋交替，肝气微，脾旺，土亢侮木，土亢乘水，肾气受克，宜增咸减甘，滋肾以扶肝；宜节饮食，不贪冷饮。少食生瓜果，应进食温软，不宜太饱。

夏秋交替养生食谱：

1. 绿豆南瓜汤

材料：绿豆 50g，老南瓜 500g，食盐少许。

做法：绿豆清水洗净，趁水气未干时加入食盐少许（3g 左右）搅拌均匀，腌制几分钟后，用清水冲洗干净。南瓜去皮、瓤，用清水洗净，切成 2cm 见方的块待用。锅内加水 500ml，烧开后，先下绿豆煮沸 2min，淋入少许凉水，再煮沸，将南瓜入锅，盖上锅盖，用文火煮沸约 30min，至绿豆开花，加入少许食盐调味即可。

功效：绿豆甘凉，清暑、解毒、利尿；配以南瓜生津益气。

2. 薏米红豆汤

材料：薏苡仁 100g，赤小豆 50g。

做法：准备好材料，先用温水泡 1 个小时。泡好后，清洗干净，放进煮锅里，加入材料 5 倍的水，煮 40min 即可。

功效：红豆具有祛湿作用，且性温热，可以减轻寒湿体质湿邪程度，或脾失健运所致水湿贮留；薏苡仁具有健脾利湿的功效，且能美白祛斑，其性平和而不增加脾胃负担。

笔记

（三）运动调养

夏秋交替之际，阳气渐消，阴气渐长。运动调养应注重收藏阳气，宜选择趋静的运动，逐渐与秋季肃杀之气相调和。运动过程中，动作宜缓慢、内收，运动应减缓进行。可选如太极拳、站桩、健身球、散步等运动，切莫大汗而损伤阳气。

功法调养：

1. 大暑六月中坐功（图6-3）

运：主太阴四气。

坐功：每日丑寅时，双拳踞地，返首引肩作虎视，左右各三五度，叩齿，吐纳，咽液。

调养：头项胸背风毒，咳嗽上气，胸闷烦心，胸膈满，臑臂痛，掌中热，脐上或肩背痛，风寒汗出，中风，小便数欠，淹泄，皮肤痛及麻，大哭，洒淅寒热。

2. 立秋七月节坐功（图6-4）

图6-3 大暑六月中坐功图　　　　图6-4 立秋七月节坐功图

运：主太阴四气。

坐功：每日丑寅时打坐，两手拖地，缩体闭眼，耸身上眼，凡七八度，叩齿，吐纳咽液。

调养：补虚益损，去腰肾积气，口苦，善太息，心胁痛，不能反侧，面尘体无泽，足外热，头痛，颔痛，目锐眦痛，缺盆肿痛，腋下肿，汗出振寒。

（四）情志调养

夏秋交替之际，脾气旺盛。《灵枢·本神》曰："因志而存变谓之思。"《素问·举痛论》曰："思则心有所存。""脾在志为思"，过度思虑则伤脾，气结于中，脾气不能升清，胃气不能降浊，可出现不思饮食，脘腹胀满，眩晕健忘等症状。《素问·四气调神大论》云："秋三月……使志安宁，以缓秋刑，收敛神气，使秋气平，无外其志，使肺气清，此秋气之应，养收之道也。"逐渐进入秋季，秋日主肃杀，花残木朽，草枯叶落，万物萧条，使人不禁惆怅。这一阶段一定要心平气和、乐观开朗，不要过度思虑，不要满怀忧郁，多与人沟通，登高望远，使神智安宁，切勿忧思伤脾。

（五）防病保健

夏秋交替之际，气候炎热，雨水较多，天阳下迫，地气上蒸，湿为热蒸，湿与热兼，交相为病,使脾运不展,出现身热不扬,肢体困重,脘闷不舒,纳呆泄泻等湿热交结不解的症状。调养应因时制宜,除湿而热自退,即所谓"湿去热孤"。同时,应注意季节由湿转燥的变化,化湿不宜太温燥,以化湿不伤阴、除湿不耗津为原则。清代《重订通俗伤寒论·秋燥伤寒》中记载:"久晴无雨,秋阳以曝,感之者多病温燥。"燥为秋季的主气,初秋夏之余热尚存,暑热与燥邪易相兼侵犯人体,所以病多温燥,出现身热头痛,干咳无痰,咽喉干痛,鼻唇干燥等症状。故夏秋交替防病保健应遵守"清暑化湿,滋阴润燥"的法则。

第三节　秋　冬　之　交

秋冬交替之际,天寒地冻,草木凋零,昆虫蛰伏,一片萧条零落的景象,是自然界万物闭藏的季节。阴气下降,阳气上升,天地不通,阴阳不能交合,天地闭塞进入严冬。阴气渐长较少阴更为壮大,人体阳气逐渐收敛,阴精开始潜藏于内,养生应遵循"天人相应"的整体观念,顺应自然界四时之气的变化规律而避寒就温,敛阴护阳,因时制宜选取适当的养生方法。

一、时令特点

秋冬交替为立冬前后十五天的时间,历经霜降、立冬两个节气,即农历九月末至十月初。秋属金,为少阴,主肃杀、收敛。霜降节气处于季秋之时,此时节是秋季到冬季过渡的开始,俗言道"寒露不算冷,霜降变了天",霜降之后,天气渐冷,花残木朽,万物凋零。冬属水,为太阴,主收引、闭藏、蛰伏。立冬处于孟冬之时,秋冬气始交,朔风起,寒禽衰草,素木凋零,万物蛰伏。金生水,土克水,秋冬交替,金气渐收,水气渐旺,少阴之气,润燥流津,销金亦为水,闪石而从润,火气渐衰。阳气逐渐消尽而藏于地下,阴气由此增长而主权当令。此时节虽已有寒意,然则气温时有反复,出现"小阳春",气候晴朗干燥。其时令之气以凉燥为主。《孝经纬》曰:"霜降后十五日,斗指乾,为立冬。冬者,终也。万物皆收藏也"。

秋冬交替,时令之气由温燥向凉燥转变,气候日渐转冷,易感受风、寒、燥邪。

二、养生法则

秋冬交替之际,人体五脏之气变化为"心肺气弱,肾气强盛";起居需"纯阴之月,一岁发育之功,实胚胎于此,大忌入房";食饮需"减辛苦,以养肾气";运动需"顾护阳气,动作宜缓";情志需"神清意平,不悲不恐";预防需"养阴润燥,敛阴护阳。"

(一)起居调养

冬为封藏之时,阳气消尽,阴气盛极,阴气较少阴更为壮大,为太阴。秋冬为阴令,秋时阴收,冬时阴藏,因此人们应由秋季的早卧早起逐渐向早卧晚起过渡,避开严寒,待天明日出,方可起床,使之温畅,无泄大汗,勿犯冰冻雪积,温养神气,无令邪气外入。使人体气机与自然界一致,保护阴精,潜藏阳气,遵循"秋冬养阴"的原则。《素问·四气调神大论》曰:"秋三月……早卧早起,与鸡俱兴。"秋为少阴,阳气渐收,阴气渐长,故宜早入睡,使阳气收敛,养护阴气,鸡鸣即起,使阳气舒张。《素问·四气调神大论》又言:"冬三月,此谓闭藏,水冰地坼,无扰乎阳,早卧晚起,必待日光,使志若伏

若匿,若有私意,若已有得,去寒就温,无泄皮肤,使气亟夺,此冬气之应,养藏之道也。逆之则伤肾,春为痿厥,奉生者少。"

(二)饮食调养

秋冬交替,时值季秋孟冬,天地之气日渐闭藏,阴气攻杀万物,在卦为坤,坤者,顺也,以服健为正,故君子当安于正,以顺其时。金生水,肺气渐衰,肾气强盛,水旺克火,心脏属火,心受治,心肺俱弱,宜减辛苦以养肾气,毋伤筋骨,勿泄皮肤,勿妄针灸,以其血涩,津液不行秋冬气交,燥邪当令,此时食饮仍需养阴润燥,不宜燥热。宜进枣汤,其方:取大枣去皮核,于文武火上反复焙香,然后泡作汤服。饮钟乳酒、枸杞膏、地黄煎等物,以调和中气。十月夜长内热,少食温软之物,不然令人生脚气。勿多食葱,令人不适;勿食獐肉,动气;勿以梨搅热酒饮之,令人头晕。《备急千金要方》曰:"十月勿食椒,伤血脉。勿食韭,令人多涕唾。勿食霜打蔬菜,令人面上无光。"

秋冬交替养生食谱:

1. 红枣花生山药粥

材料:红枣 10 枚,花生 45g,山药 1 段,大米 100g。

做法:山药洗净去皮切块,花生、红枣洗净。加水适量,先把山药、花生、红枣煮开,然后把大米放进去,用勺子搅拌一下,防止粘锅。煮 10min 左右。

功效:健脾和胃,补中益气。

2. 银耳白果粥

材料:香糯米 150g,银耳 20g,白果 50g,枸杞、精盐少许。

做法:将银耳洗净,用冷水浸泡去根,撕成小朵,白果用热水烫过切成两半。文火熬煮成粥后,再放入银耳和白果,煮开即成。

功效:养阴润燥,益肺止咳。

(三)运动调养

秋冬交替,阴气较盛,天气寒冷,上午 9—10 时,阳气初升,空气清新,采收宇宙清阳之气,配合适当活动,调节精神。觉醒之时,先醒神,后醒眼,不急于起床睁眼。叩齿三十六通,咽津三口。之后擦热双手,干梳头,干洗脸,自上而下干浴全身,使气血通畅。洗漱之后,方可进行户外活动。选取缓慢柔和的运动,如太极拳、八段锦等,使人体与自然界之气变化相一致。

秋冬交替,虽逐渐进入深秋孟冬之候,但我国大部分地区仍会时有风和日丽、温暖舒适的"小阳春"天气,人们可以选择在此时进行晒太阳活动,古时称为"晒疗"。可采取坐位或卧位,不断改变体位,时间不宜过长,意识活动保持虚静,达到无思、无念的状态。正如《素问·上古天真论》所言:"恬惔虚无,真气从之,精神内守,病安从来。"

功法调养:

1. 霜降九月中坐功图(图 6-5)

运:主阳明五气。

坐功:每日丑寅时,平坐,舒两手,攀两足,随用足间力纵而复收五七度,叩齿吐纳咽液。

调养:风湿痹入腰脚,髀不可曲,腘结痛,腨裂痛,项背腰尻阴股膝髀痛,脐反出,肌肉痿,下肿,便脓血,小腹胀痛,欲小便不得,脏毒,筋寒脚气,久痔脱肛。

2. 立冬十月节坐功图（图6-6）。

运：主阳明五气。

图6-5　霜降九月中坐功图　　　　图6-6　立冬十月节坐功图

坐功：每日丑寅时，正坐，一手按膝，一手拗肘，左右顾，两手左右托三五度，吐纳叩齿咽液。

调养：胸胁积滞虚劳邪毒，腰痛不可俛仰，嗌干，面尘脱色，胸满呕逆，飧泄，头痛，耳无闻，颊肿，肝逆面青，目赤肿痛，两胁下痛引小腹，四肢满闷，眩冒，目瞳痛。

（四）情志调养

我国古代将霜降分为三候："一候豺乃祭兽，二候从草木黄落，三候蛰虫咸俯。"霜降之后，万物蛰伏，阳气内守，阴气当令。宋代《内丹秘要》曰："玄阴之月，万物至此归根复命，喻我身中阴符穷极，寂然不动，反本复静。"秋冬交替之际，万物潜藏，归于静的状态，人亦应摒除杂念，使心神处于清静的状态。秋在脏为肺，肺藏魄主忧，冬在脏为肾，肾藏志主恐，过悲则伤肺，过恐则肾气不固。人们宜通过登高望远，漫步赏花，弈棋品茗，以使"郁者发之""结者散之，"养成积极乐观的生活态度，乐而忘悲，喜而忘忧，不以物喜，不以己悲，所谓神清意平，百节皆宁，养生之本也。

（五）防病保健

时值秋冬交替之际，露结为霜，草木枯黄，阳气由收到藏，气温稳步下降，此时气候干燥，天气多变，气温骤升骤降，燥与寒合而为患，正如清代《重订通俗伤寒论·秋燥伤寒》中记载："秋深初凉，西风肃杀，感之者多病风燥，此燥属凉，较严冬风寒较轻。"寒与燥邪一并侵袭人体，病多为凉燥，出现恶寒无汗，微有发热，咽干唇燥，咳嗽少痰或无痰等症状，易致咳喘、痹证等病的发作，此时宜进食一些温润的食物，如杏仁、红薯、芝麻等，以达到"温润止咳，养阴生津"的目的。另寒凝则血瘀，人体内气血遇寒停滞不畅，无法温煦人体，则见人的手脚冰凉，后背易冷，因此人们要在此之际注意添加衣物，以顾护阳气。阳气若收藏不及时，也会受到自然界燥气相搏，导致郁火内盛，邪气侵袭脏腑，百病由生，容易引发脾胃疾病，故宜遵守平补的原则，避免进食辛辣过热、生冷及刺激性的食物。

第四节　冬春之交

冬春之交,冰雪消融,蛰虫苏醒,自然界生机勃发,一派欣欣向荣的景象。阳气初生,虽能生发万物,但尚未隆盛壮大,气温变暖,但是仍多风寒,阴阳二气交汇频繁,气温波动大,乍暖还寒。人体与自然相应,气血开始从内脏向上向外运动,气血开始外显,脉象为弦象。人体的腠理开始从闭合状态向腠理开泄转变,帮助气血通畅的向外生发。养生应注意防寒、养肝怡情护阳、健脾祛湿、增甘辛少酸等。

一、时令特点

冬春交替历经"大寒""立春"两个节气,即农历腊月至正月,与八卦中艮卦相应。大寒节气处于"数九天"的"四九"前后、季冬之时。冬季属水,为寒水,主潜藏、蛰伏,夜长日短。此时节天寒地冻、水冰地坼,气候寒冷,是一年中最寒冷的时段,其时令之气以寒为主。《三礼义宗》曰:"大寒为中者,上形于小寒,故谓之大……寒气之逆极,故谓大寒。"《礼记·月令》道:"季冬之月,日在婺女,昏娄中,旦氐中。"立春节气处于"数九天"的"六九"前后、孟春之时。《群芳谱》曰:"立,始建也。春气始而建立也。"春季属木,为少阳,主升发、萌动,阳长阴消,阳气升发萌动,冰融雪化,万物始生。此时节虽有温意,但寒冬之寒气未消,气候仍然十分寒冷。其时令之气以风寒为主。

冬春交替,时令之气由寒向温转变,气候逐渐转温,易感受风、寒邪气。

二、养生法则

冬春交替之际,水之气渐休,木之气渐旺,木旺克土,土之气渐衰,人体五脏变化为肾气渐休,肝气渐长,脾胃相对虚弱。《周易》曰:"寒水不生木",养生以"扶阳""补土"为原则,顺应冬春阴消阳长的特点。起居需"衣宜下浓而上薄,勿骤脱衣,勿令犯风,防夏餐雪";食饮需"减咸酸,增辛辣,助肾补肺,安养胃气";运动需"升发阳气,动作宜舒展";情志需"心平气和、乐观开朗";预防需"祛风御寒,清温护胃"。

(一)起居调养

冬春交替,阴气渐收,阳气渐长,万物萌动而升发,人与天地万物相参,当改变冬季早睡晚起的作息,养成晚睡早起的习惯,以养升发之气。冬春交替,气温变化较大,寒温无常,人体皮肤腠理由固密变得疏松,对于外邪的抵抗能力有所下降,着装宜"春捂",不可以骤减衣物,气温较高时,可"下厚上薄",方便随时增减衣物,固护阳气,以防病邪。唐代孙思邈《养生铭》曰:"冬三月,此谓闭藏,水冰地坼,无扰乎阳,早卧晚起,必待日光""春三月,此谓发陈,天地俱生,万物以荣,夜卧早起,广步于庭,被发缓形,以使志生"。

"日光浴"是自古以来一种非常重要的健身防病方法,清代画家高桐轩总结的"养生十乐"法中就有"曝背之乐"。冬春交替,时有暖阳晴天,此时阳光温暖柔和,适当曝晒,可以振发补充体内阳气,增强机体免疫力。如《诸病源候论》记载:"凡天和暖无风之时,令母将儿于日中嬉戏,数见风日,则血盈气刚,肌肉牢密。"进行日光浴的时间以午时为宜,每次 15~30min,在进行日光浴时,也应当注意避风防寒,以防感冒。

（二）饮食调养

《素问·脏气法时论》说："肾主冬，……肾苦燥，急食辛以润之，……肾欲坚，急食苦以坚之，用苦补之，咸泻之""肝主春，……肝苦急，急食甘以缓之，……肝欲散，急食辛以散之，用辛补之，酸泻之。"饮食调养要投其脏腑所好，在五脏与五味五色的关系中，黑色咸味入肾，青色酸味入肝，冬春交替之际，在饮食调养时既要考虑到冬末进补，也要结合春季升发特性，即"违其性故苦，遂其性故欲。欲者，是本脏之神所好也，即补也。苦者是本脏之神所恶也，即泻也。"冬春之交食饮中温补进量当逐渐减少，避免牛、羊、狗肉、人参、鹿茸等大温大热之品，可以选择微温的阿胶、大枣等，并适当增加养肝柔肝、疏肝理气的药食；食物口味上宜增辛甘味少咸酸味，食材颜色上当逐步从黑色向绿色过渡，以顺应季节变化。冬春天气寒冷干燥，易诱发加重眼结膜炎、唇炎及口角炎等疾病，因此饮食中可多吃一些含维生素 B_2 的食物，如动物内脏、奶和豆制品以预防疾病。

冬春交替养生食谱：

1. 八宝饭

来源：《方氏脉症正宗》

组成：芡实、山药、莲子、茯苓、党参、白术、薏苡仁、白扁豆各 6g，糯米 150g，冰糖适量。

制法用法：先将党参、白术、茯苓煎煮取汁。糯米淘洗干净，将芡实、山药、莲子、薏苡仁、白扁豆被打成粗末，与糯米混合。加入党参、白术、茯苓煎液和冰糖上笼蒸熟。

功效：益气健脾、养生延年。

2. 养颜乌鸡汤

材料：乌鸡、鹿茸、后尖肉、西洋参、甲鱼、枸杞子。

做法：将乌鸡、甲鱼洗净切块，鹿茸、后尖肉洗净出水备用。加入各种药材，煲6 小时即可。不必添加任何调料。

功效：乌鸡含有丰富的黑色素、蛋白质、铁质及其他营养素，是益气滋阴的佳品，与药材及其他滋补原料一同熬制，能很好地养阴和胃，益气补血，特别适合女性滋补。

（三）运动调养

冬春交替，季冬之月向孟春之月过度，季冬之月，天地闭塞，阳潜阴施，万物伏藏。孟春之月，天地资始，万物化生。此时应适当顺应天地。逐渐增加运动，动作宜柔和舒缓，不宜强烈，使阳气得到固护，机体吐故纳新，筋骨舒展，以助阳气春生。冬春气候无常，晨起容易有雾霾笼罩，空气质量差，所以运动时间以已时和申时为宜。运功方式上可采用慢跑、散步、体操、传统功法太极拳、八段锦、六字诀等。

功法调养：

1. 大寒十二月中坐功图（图 6-7）。

运：主厥阴初气。

坐功：每日子、丑时，两手向后，踞床跪坐，一足直伸，一足用力，左右各三五度，叩齿，漱咽，吐纳。

调养：经络蕴积诸气，舌根强痛、体不能动摇或不能卧、强立、股膝内肿、尻阴臑胻足皆痛、腹胀肠鸣、飧泄不化、足不收行、九窍不通、足胕肿若水胀。

　　2. 立春正月节坐功图（图6-8）。

　　运：主厥阴初气。

図6-7　大寒十二月中坐功图　　　　　　　图6-8　立春正月节坐功图

　　坐功：宜每日子、丑时，叠手按髀，转身拗颈，左右耸引各三五度，叩齿，吐纳漱咽三次。

　　调养：风气积滞，顶痛、耳后痛、肩臑痛、背痛、肘臂痛，诸痛悉治。

（四）情志调养

　　冬春天气多变，容易导致人的情绪波动，是精神心理疾病易发的时段。春属肝，肝属木，主疏泄，喜条达而恶抑郁。情志不畅会伤及脏腑，《灵枢·邪气脏腑病形》云："若有所大怒，气上而不下，积于胁下，则伤肝。"若情志抑郁，肝之疏泄不及，可致肝气郁结，出现嗳气叹息、胸胁胀痛等症状；若暴怒急躁，肝之疏泄太过，可致肝气亢逆，出现失眠多梦、头晕头痛等症状。故冬春交替时一定要心平气和、乐观开朗，不能暴怒和忧郁。若有情志抑郁的情况，可以运用疏泄法，将积聚、抑郁在心中的不良情绪，通过适当的方式发泄出去，尽快恢复心理平衡。

　　《遵生八笺》引《活人心书》中有导引功法疏导情志，如："肝主龙兮位号心，病来自觉好酸辛，眼中赤色时多泪，嘘之病去效如神"，记载了用六字诀中嘘字诀治疗初春肝火上炎扰心出现的目赤多泪，情志抑郁的病症。

（五）防病保健

　　"大寒大寒，防风御寒"，大寒时节冷空气相对频繁，昼夜温差大，会导致心脑血管疾病、呼吸系统疾病的高发，尤其老年人需提高警惕，要时刻注意防寒保暖。大寒"寒气逆极"后就是立春，在此期间，一方面是西北风气流控制，加上不断有冷空气南下，因而时常寒风凛冽；另一方面是北半球地表接收和蓄积的太阳光和热徐徐增加，尤其南方地区日照热量增多，阳气升发趋势渐显，因而时常暖风吹送，于是寒温交替，天气多变，是呼吸道传染病的高发季节，腮腺炎、水痘、风疹时常流行。应加强自我保护意识，养成良好卫生习惯，避免去商场、电影院等人多密闭的地方，必要时佩戴口罩；家中应注意经常开门窗通风换气，以保持空气流通；日常注意勤洗手、勤洗澡、勤换衣、勤晒衣服和被褥，定期消毒玩具、餐具、毛巾、便器等。同时冬春之交正是春节所在时段，应注意荤素搭配、注意卫生，不可暴饮暴食，避免肠炎、肝炎、胰腺炎的发病。

学习小结

1. 学习内容

```
                              ┌─ 时令特点
              ┌─ 春夏交替养生 ─┤
              │                └─ 养生法则 ──┐ 起居需"勿处湿地，勿露体三光下"
              │                              │ 食饮需"减甘增辛，补精益气"
              │                              │ 运动需"抒发伸展，顾护阳气"
              │                              │ 情志需"安心静志，忌大喜大怒"
              │                              └ 预防需"养肺健脾，防暑除湿"
              │
              │               ┌─ 时令特点
              ├─ 夏秋交替养生 ─┤
              │                └─ 养生法则 ──┐ 起居需"安静性情，毋冒极热"
  季                            │ 食饮需"增咸减辛，助气补筋，以养脾胃"
  节                            │ 运动需"收藏阳气，动作宜缓"
  交                            │ 情志需"心平气和，少思少虑"
  替                            └ 预防需"清暑除湿，滋阴润燥"
  养
  生           ┌─ 时令特点
              ├─ 秋冬交替养生 ─┤
              │                └─ 养生法则 ──┐ 起居需"大忌入房"
              │                              │ 食饮需"减辛苦，以养肾气"
              │                              │ 运动需"顾护阳气，动作宜缓"
              │                              │ 情志需"神清意平，不悲不恐"
              │                              └ 预防需"养阴润燥，敛阴护阳"
              │
              │               ┌─ 时令特点
              └─ 冬春交替养生 ─┤
                               └─ 养生法则 ──┐ 起居需"衣宜下浓而上薄，勿骤脱衣"
                                             │ 食饮需"减咸酸，增辛辣，助肾补肺，安养胃气"
                                             │ 运动需"升发阳气，动作宜舒展"
                                             │ 情志需"心平气和、乐观开朗"
                                             └ 预防需"祛风御寒，清温护胃"
```

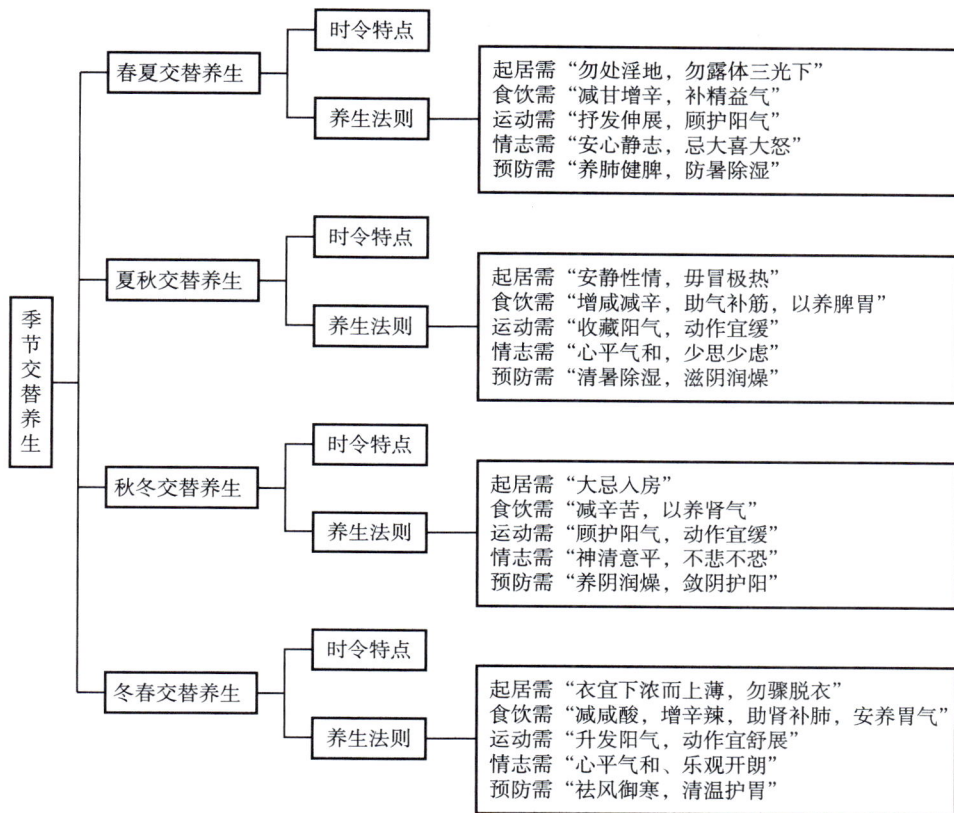

2. 学习方法　在回顾中医基础理论和中医养生基本知识的基础上，熟悉各季节交替的时令特点。通过归纳分析，掌握各季节交替时期的养生法则。

（夏丽娜）

复习思考题

1. 季节交替对养生有何影响？
2. 春夏之交与夏秋之交的养生法则是什么？
3. 秋冬之交与冬春之交的养生法则是什么？

第七章

不同人群四时养生

学习目的

掌握不同性别人群四时养生要点、不同年龄人群四时养生要点,熟悉不同地域人群四时养生要点、机体阴阳偏颇基本类型及四时养生要点。

学习要点

男性、女性、青少年、中年、老年体质特点及四时养生要点,东部、西部、南部、北部、中部地区地域特点及四时养生要点,机体阴阳偏颇基本类型及四时辨证施养要点。

第一节 性 别 养 生

一、男性四时养生

(一)体质特点

1. 男性为阳刚之质 男性禀赋以父母之阳为主,呈现出一派"阳刚之气",生理表现为身材高大、肌肉强健、运动敏捷、声音洪亮;心理表现为争强好胜、果敢正直、自信独立。较女性而言,男性勇敢好斗,心胸较为开阔,感情奔放且不拘细节,豪放潇洒而处事果断。男性有较强的进取心,在事业、人际交往和家庭生活上都表现出较强的好胜心和自尊心。

2. 男子以精为本 精血是人体生长发育和各种功能活动不可缺少的基本物质。相对而言,男子以精为基础,女子以血为基础。宋代许叔微《普济本事方》指出:"盖男子以精为主,妇人以血为主",认为男性的生理特点主要是生精、排精。男子在性生活中通过排精来满足心理和生理上的需求,若性生活过度,则会大量消耗肾之精气和精微物质,出现精亏、精少。另一方面,男性在社会上承担的工作强度一般超过女性,压力过大也易消耗过多的肾精,从而决定了男性精气易亏的体质特点,故孙思邈在《备急千金要方》中告诫"男子贵在清心寡欲以养其精"。临床发现房事不节的男子,常常出现健忘乏力、两目无光、思维迟钝、头晕耳鸣、腰膝酸软、遗精滑精、阳痿早泄等症状。

(二)养生要点

1. 春季 自然界阳气生发,气候变化较大,易乍寒乍暖。男性为阳刚之质,男性

笔记

的强健与否在很大程度上取决于阳气的盛衰。此时,男性应适当"春捂",不可顿减衣物,以免寒气伤阳。春天,万物始生,男性在精神上应当顺应生发之气,力戒动怒,乐观恬愉,使情志"生"发舒畅。春天新陈代谢旺盛,营养消耗增加,饮食以健脾扶阳为食养原则,宜甘而温,富含营养。男性由于工作和交际上的需要,会遇到较多的饮酒应酬,春应于肝,春天是最应保护肝脏的季节,不可因贪杯而伤肝。且现代研究证实,乙醇可以使精子发生畸变或活力减弱,说明酒对男性生殖有不利影响,因此饮酒应适量,尤忌酒后行房。春天空气清新,有利于吐故纳新,充养脏腑。在运动上,为适应春季之生气,动作宜舒展、畅达、缓慢,运动量不宜过大。我国古代著名长寿医学家孙思邈指出:"养生之道,常欲小劳。"故运动切忌过分活动,以免大汗淋漓而伤阳气,有悖于"春夏养阳"之旨。

2. 夏季　自然界阳气隆盛,气候炎热,人体消耗能量过大,容易疲劳。对于男性而言,应早睡早起,保持充足的睡眠可以提高工作、学习效率。男性在夏季不可贪食寒凉,乘风露宿,以免损伤阳气。夏季与心相应,此时气候炎热,汗液外泄,易耗伤心气,男性在情志上要清心寡欲以养心。夏季养生饮食应注重健脾益气、清热利湿以及消暑生津,选择较为清淡的饮食最佳。夏季高温少雨时,容易蒸发出汗,要注意补充水分。对于喜爱运动的男性来说,夏季气温过高时可以酌情选择在室内健身。

3. 秋季　自然界阳气收敛,气候渐凉。此时,男性在着装上可以"冻一冻",尤其在仲秋气温开始下降,虽凉却不甚寒,无需急忙加衣。应早睡早起,避免熬夜。要保持乐观情绪,多想收获丰硕的喜悦,维持神志安宁。秋季饮食应以温、软、淡、素为宜,定时定量,少食多餐,要有的放矢。秋燥伤肺少吃辛,肺燥伤肝要吃酸。入秋后气候宜人,适合进行锻炼,男性可以根据自身的身体条件选择运动项目。

4. 冬季　自然界阳气闭藏,气候寒冷。男性为阳气所主,此时尤应注重保护阳气,避免过劳伤阳。日常起居应早睡晚起,以利阳气潜藏,阴精蓄积。同时防寒保暖,不可穿着过少,以防阳气过耗。睡前可用热水泡脚并按揉肾经起始穴涌泉,以养肾固精。《医学心悟·求嗣》指出:"葆精之道,莫如寡欲"。男性应节欲以保精,少年男子应晚近女色,不可过早婚育;成年男子应节制房事,切忌纵欲。在精神上要正确对待顺境逆境,不多思多忧,学会调节各种情绪,保持稳定的平常心。在冬季男性应该多食用一些偏于温热性特别是温补肾阳的食物,以助养阳气;适当摄入温肾填精、营养丰富、易于消化的食物;同时也要多吃新鲜蔬菜,以避免维生素的缺乏。冬季锻炼在太阳升起后比较合适,强度控制在微微出汗即可。由于立冬后天气渐冷,四肢较为僵硬,所以,锻炼之前一定要注意热身。

二、女性四时养生

(一)体质特点

1. 女性为阴柔之质　女性在解剖上有胞宫,在生理功能上有经、带、胎、产、乳等特点,体质特点表现为身形娇小、力小柔弱、声音尖细等特征,在心理上表现为情感丰富、细腻温柔、喜静恶动、多疑多虑等特性。

2. 女子以血为本　《灵枢·五音五味》在概括女子体质特点时指出:"妇人之生,有余于气,不足于血,以其数脱血也。"陈自明提出"妇人以血为本"的学术观点,《妇人大全良方·调经门·产宝方序论》曰:"大率治病,先论其所主。男子调其气,女子调其血。气血,人之神也,不可不谨调护。然妇人以血为基本,气血宣行,其神自清。"明代张介宾的《景岳全书·妇人规》也指出:"女子以血为主"。可见血对于女子来说是非常重要的。女子经、带、胎、产、乳的生理功能与血的盛衰、盈亏、通闭息息相关,营血充盈,气机调畅,肝所藏之血下注冲任,应时而下为月经,若其孕育,则亦赖肝血聚而养胎。产后泌乳,乳汁也为精血所化。

肝藏血主疏泄,性喜条达,肝的疏泄藏血功能对于人体情志的条达,气血的平和起到重要的调节作用。而妇女以血为本,肝气平和,气机条畅,则血脉流通;血海宁静,则妇女的经、孕、胎、产、乳正常发生,情绪也可保持平和。若肝失条达,气机郁滞,从而影响气血的正常运行,引发一系列妇科病变。正如叶桂所说:"女子以肝为先天"。其疾病与衰老的产生也多与此有关,在治疗及调养上多重补血、养肝疏肝。

（二）养生要点

1. 春季　中医学认为"春气通于肝"。此时,女性"养肝"尤为重要。首先要保证良好的睡眠,不要经常熬夜,食饮需"减甘增辛,补精益气",可多食理气、行气的食物,如玫瑰花、佛手、小麦等。女性因为其生理特点,心思缜密,再加上社会竞争和来自各个方面的压力,易因小事而陷入焦虑不安、抑郁等不良情绪之中,对于精神上的调养,应该培养乐观的心境,保持精神愉快,心情舒畅,调整心态,知足常乐,不过分计较得失。春季阳气逐渐回升,适宜进行野外登山、郊游等户外体育运动,有利于采纳自然界的阳气,激发自身的生命活力,缓解精神压力,调畅情志。此外,春季气候多变,不宜过早脱下冬衣换上夏裙,要适当地"捂一捂",防止风寒侵袭引起气血不畅而致病。

2. 夏季　此时女性起居宜晚睡早起,顺应自然界阳盛阴虚的变化。注重午睡,消除疲劳,补充精力。夏季服装以轻、薄、柔软、透气吸汗为好。切勿光脚穿凉鞋,或长时间处于空调房间,尤其是经期不可贪凉,以防寒凝血瘀影响月事来潮。夏季外出时需做好防晒措施,以免紫外线损伤皮肤,产生色斑。暑热易致心烦,应尽量减少发怒,避免损伤心气。女性夏季宜多吃鱼类、鸡蛋、牛奶、谷物、豆类等营养丰富的食物补充营养、增强免疫力。同时,新鲜水果和蔬菜也不能少,不可为了维持身材而过度节食。因为夏季气候炎热,宜在早晨或傍晚时分进行运动,可选择慢跑、快走、散步、健身操、瑜伽等运动。

3. 秋季　女性在秋季养生应早卧早起,"秋冻"适度。秋季养生以"养收"为原则,早卧可顺应阳气收敛,早起可使肺气得以舒展,同时防止收敛过度。良好的睡眠还有利于女性皮肤保养,为"神志安宁、心情舒畅"打下良好基础。秋季天气变化无常,着衣不宜太多,否则会影响机体对气候转冷的适应能力,易受邪感冒。但应随着气温的变化逐渐添加衣物,不可因追求时尚而忽略健康,女性对寒冷的敏感度高,极易受寒,所以"秋冻"不应太过。秋季,万物开始凋零,"悲秋"情绪易生,易烦躁多虑、多愁善感。此时,女性应条达情志、培养乐观情绪,使内心宁静,避免悲伤情绪。秋多燥,燥伤津伤肺。女性常出现口干、咽干、皮肤干、大便干等情况。此时,可多食用滋阴润肺的食物,如芝麻、银耳、糯米、莲子、百合、葡萄、梨等。秋季秋高气爽,比较适合运动,女性可适时有规律地做室外运动,如跑步、打羽毛球等。

4. 冬季　自古就有"秋防燥、冬防寒"的说法,冬季天气寒冷,对女性而言一定要注意防寒保暖。冬季夜长,女性更不可过分熬夜,早睡早起,无论是对于皮肤的保养还是身体的健康都是有利的。每天睡前坚持用热水泡脚,同时按摩和刺激双脚穴位。女性的感情往往比较细腻,冬季气候干燥,温度降低,很容易使人产生焦虑情绪。因此,冬季要注意情绪调节,保持情志安静平和,适应冬天的藏气。

冬季是人体进补的最佳时机,此时脾胃的吸收消化功能也较好,饮食中可以适当加入高热、高营养、味浓色重、补益作用强的食物,如羊肉、牛肉、鸡肉等动物类食品,对于阴柔之质的女性尤为有益。经典药食汤方"当归生姜羊肉汤"正是食饮之时,能够起到温肾助阳、补气养血之效。

女性在冬季提倡多外出晒太阳,适度运动,如散步、跳绳等,既可呼吸清新空气,又能活动筋骨、改善血液循环、调节机体新陈代谢,更有利于提高机体免疫力,祛除身体内的寒气。

> **知识拓展**
>
> **女性保健要穴——三阴交**
>
> 　　三阴交为足太阴脾经、足少阴肾经、足厥阴肝经的交会穴,脾为气血生化之源,肝藏血,肾藏精。三阴交穴可以治疗与肝、脾、肾三脏相关疾病,可健脾胃、补肝血、益肾精,精血同源,故三阴交穴可使机体气血充足,气血足则冲任二脉自调。因此,对女性而言三阴交是养生保健、调经美容之要穴。多项研究表明,经常按摩该穴,有使女性祛除色斑、调节月经、推迟更年期、延缓衰老等功效。

第二节　年 龄 养 生

一、青少年四时养生

(一)体质特点

按世界卫生组织对年龄段的划分,15~44 岁为青年,而青少年是指个体由儿童向成人的过渡期,年龄段为 12~24 岁,其中 12~17 岁年龄段称为青春发育期;18~24 年龄段称为青年初期。

青春发育期是人生中生长发育的高峰期。机体精气充实,气血调和。其特点是身高突增,体重迅速增加,第二性征明显发育,男女两性形态差异明显,生殖系统逐渐成熟具备生育能力,其他脏器功能日臻成熟。在生理发育成熟的过程中,心理和精神上也发生广泛而多样的变化。这些变化主要表现在认识活动的提高、自我意识的发展和性意识的觉醒。他们精神饱满,思想活跃,记忆力强,抽象逻辑思维得到了进一步发展;个体独立化倾向产生与发展,感情易激动,逆反心理强,在乎别人对自己的看法和评价;对异性充满好奇,渴望并想象去接近异性。到了青年初期,身体各方面的发育与功能都达到更加完善和完全成熟的状态。青春期是人体发育最旺盛的阶段,是体格、体质、心理和智力发育的关键时期,是形成稳定人生观、价值观、世界观的关键期,同时也是充满了矛盾的阶段,还处于"染于苍则苍,染于黄则黄"的阶段。如果能按照身心发育的自然规律,注意思想品德的教育和体格的保健锻炼,可为一生的身

笔记

心健康打下良好的基础。

（二）养生要点

1. 春季　春天万物复苏，气候冷热变化较大，要根据天气的变化更换适宜的衣物。此外春季天气开始转暖，气候湿润温暖，各种病毒和细菌也会变得活跃，青少年要注意预防各种传染病。注意环境卫生，平时多开门窗保持室内通风透气，勤洗手，勤打扫房间。

青少年学习任务重，家长不可过度施压，应鼓励他们培养一些业余爱好。要教其慎重择友，并向他们推荐优秀书刊，使他们逐渐树立正确的世界观和人生观，具有远大的理想与追求，能够集中精力长知识、长身体，以求德智体美全面发展。

春季是万物生长的季节，天地自然都在生发，欣欣向荣。此时青少年的生长发育也处于旺盛期，其身高增长在春季达到最大值，故要为青少年提供营养丰富的膳食，保证蛋白质的供应；春季气候干燥，一定要补充足够的水分，并多吃蔬菜、水果。青少年学业较重，使用电子产品频繁，要注意多摄取富含钙、锌和维生素 A 的食物以保护眼睛。

在乍暖还寒的春季，受气温和人体自身因素的影响，身体的肌肉和韧带尚较僵硬，需要逐渐调整才能适应较大的运动量。因此，对好动的青少年来说，春季进行体育运动不能盲目追求运动量，应以恢复人体的功能水平为目的，以动作和缓的慢运动为主，注意适度。春暖花开的时节正是出门游玩的好时候，不仅可以增进家人朋友的感情，还有利于身心健康。

小贴士

放　风　筝

对于青少年特别推荐放风筝。风筝放飞时，人不停地跑动、牵线、控制，通过手、眼的配合和四肢的活动，可达到疏通经络、调和气血、强身健体的目的。看风筝高飞，眼睛一直盯着风筝远眺，眼肌得到调节，消除眼睛疲劳，达到保护和增强视力的目的。放风筝最好以 2~3 人为宜，选择平坦、空旷的非交通场地，不要选择湖泊、河边以及有高压电线的地方，以免发生意外。

2. 夏季　夏季天气炎热，草木茂盛，养生要相对地晚睡早起，保持阳气旺盛，但由于青少年正处于生长发育高峰期，也不宜睡得过晚，要保证每天八小时的睡眠时间。中午可适当小睡，以保证下午的学习效率。对于怕热的青少年来说，夏天要格外注意合理使用空调和风扇。衣着应宽松，女青年不可束胸紧腰，以免影响乳房发育和肾脏功能；男青年不要穿紧身裤，以免影响睾丸的正常生理功能。

青少年要正确认识自我，不断提高自己的意识水平，既要看到自己的优点，又要善于发现自己的缺点。对他人的批评教育和指导帮助要虚心接受。

炎夏酷暑青少年出汗较多，此时要注意补充水分、无机盐及维生素，多饮水，多吃蔬菜水果。在饮食上不可过度寒凉，少食冷饮和冰镇食物，以免伤及脾胃之阳气。夏季蛋白质补充以鱼、蛋、奶及豆制品为好，不油腻、易吸收。另外，湿热的气候容易使病菌滋生，在夏季要特别注意饮食卫生，以防消化道传染病的发生。

夏季是游泳的最佳季节,既可锻炼耐力,又可锻炼速度和力量,是青少年最适宜的运动项目。在炎热的天气里,青少年尤其适合户外游泳。

3. 秋季　秋天到了,此时阳气开始收敛,阴气逐渐上升。初秋暑热未消,气温仍高,无须过早加衣。仲秋气温开始下降,虽凉却不甚寒,这时是"秋冻"的较佳时期,尤其青年穿衣要有所控制,有意识地让机体"冻一冻",以免身热汗出,伤阴耗气,顺应了秋天阴精内蓄、阴气内守的养生需要。此外,微寒的刺激,可提高大脑的兴奋,增加皮肤的血流量,使皮肤代谢加快,机体耐寒能力增强,有利于避免伤风等病症的发生。晚秋气候变化较大,早晚温差增加,特别是秋冬交接之时,常有强冷空气侵袭,以致气温骤降,此时若再一味强求"秋冻",就会适得其反。

青少年要经常参加集体活动,把个人融于集体之中,培养自己的集体主义精神,克服"自我为中心"的个体意识,促进自己的心理健康,和周围的人建立起良好的关系。

秋天中后期气候偏凉、偏燥,此时饮食要注意温、润。不可再食夏天的冷饮、西瓜,宜选当季的苹果、梨、橘子、甘蔗等,以润养肺胃之阴。要多补充些蛋白质丰富的食物,以补充夏季消耗的能量及营养物质。尤其是青少年,在炎热的夏季里胃口大多不好,往往消瘦,因此增加营养更为重要。但需注意,秋季是"收"的季节,青少年的体重在秋季增长值最大,要注意避免营养过度,预防肥胖。

在秋高气爽的日子,鼓励青少年多作户外运动,既可锻炼身体,又可放松心情、陶冶情操。

4. 冬季　冬季天气寒冷,阴寒之气最盛,要早睡晚起,避免使体内阳气过多耗散。要经常开窗,保持室内空气流通。

贯穿于青春期的最大特征是性发育的开始与完成。男女青年,肾气初盛,天癸始至,具有了生育能力。《素问·上古天真论》云:"丈夫……二八,肾气盛,天癸至,精气溢泻""女子……二七而天癸至,任脉通,太冲脉盛,月事以时下。"其心理方面的最大变化也反映在性心理领域,性意识萌发,处于朦胧状态。青春期的性教育,不仅给予知识,还应进行性道德教育。要帮助青少年正确理解正常的生理变化,以解除性成熟造成的好奇、困惑、羞涩、焦虑、紧张的心理。要注意改善不良的外界环境,合理安排业余生活,把注意力引导到正当的活动中去,培养正当的生活情趣。另外,帮助他们充分了解两性关系中的行为规范,破除性神秘感。正确区别和重视友谊、恋爱、婚育的关系。提倡晚婚,宣传预防性病(包括艾滋病)的知识。

冬季宜于进补,对青少年要求以食补为主,在保证膳食平衡的基础上,注意摄入多种优质蛋白质和必需的无机盐,为春季储备生长发育的原材料。对于先天不足体质较弱者,更应抓紧发育时期的饮食调摄,培补后天以补其先天不足。另外,青少年时期学习压力大,用脑强度大,应适当进食一些有益大脑发育的食物,如鱼类(尤其是深海鱼)、蛋类、核桃仁等。但要注意,青少年应慎用补品,防止拔苗助长,打乱其自身发育的固有进程,从而影响正常发育。

冬季运动对于增强体质、预防疾病有益,特别是这个季节坚持体育锻炼还可锻炼自身顽强的意志力。但冬天空气干燥寒冷,对人的呼吸道刺激较大,不适合剧烈的运动。

二、中年人四时养生

（一）体质特点

世界卫生组织把45~60岁这一年龄段划分为中年,这一时期是生命历程的高峰期和转折点。在生理上,由生命活动的巅峰转向稳定,逐渐出现阴阳气血功能失调,脏腑功能减退。《灵枢·天年》云:"人生……三十岁,五脏大定,肌肉坚固,血脉盛满,故好步。四十岁,五脏六腑、十二经脉皆大盛以平定,腠理始疏,荣华颓落,发颇斑白,平盛不摇,故好坐。五十岁,肝气始衰,肝叶始薄,胆汁始减,目始不明。"在心理上处于成熟阶段,情绪多趋于稳定状态。但随着脏腑生理功能由盛到衰的变化,心理也发生相应的变化,如不能很好地认识和理解脏腑生理功能的衰退,从而出现不同程度的疑病倾向。中年人在社会和家庭中,都处于一个承上启下、继往开来的中坚地位,既要承担工作和事业上的重担,又要肩负赡养老人、抚育儿女的重任,从而成为负荷最大的人群,心理负担也相应沉重。思虑过多、作息失宜、饮食不节、劳役过度、起居不慎等情况是许多老年慢性病的起因,也是促使早衰的重要原因。因此,中年的养生保健至关重要,《景岳全书·中兴论》强调:"故人于中年左右,当大为修理一番,则再振根基,尚余强半",说明如果中年调理得当,就可以保持旺盛的精力而预防老年病、防止早衰,从而延年益寿。

（二）养生要点

1. 春季　春天中年人养生宜夜卧早起,适度春捂。由于中年人肩负社会和家庭的重担,加上现实生活中的诸多矛盾,春天更须强调避免不良情绪刺激,遇事戒怒、开朗乐观。在饮食上少酸多甘,以养脾胃。多做户外有氧运动。

2. 夏季　中年人年富力强,往往被委以重任,要防止过度劳累,积劳成疾。尤其在夏季,酷暑难耐,要善于科学合理地安排工作,适度休息,保证充足的睡眠。在情志上要养心敛神,保养心神,排除杂念,保持思想清静。在饮食上宜用清心泻火消暑之物,但不可过度贪凉,也可选用一些辛辣香气的食物以开胃助消化。不宜长时间处于空调房间,要适当地进行户外运动,适度出汗。

3. 秋季　中年人在秋季应早睡早起,有意识地进行寒冷锻炼。中年人要不断增强自身修养,要宽宏、豁达、大度地对待生活中出现的各种问题,努力克服不良情绪的影响,对生活充满信心,保持精神愉悦。在饮食上要多食具有生津润燥之功的新鲜蔬菜和水果,以防燥气耗伤人体阴津。金秋季节是开展锻炼的好季节,可适当增加运动量。

4. 冬季　在冬季中年人应"早睡晚起",注意防寒保暖,精神上应畅达乐观,不要为琐事过分劳神,不要强求名利,做到知足常乐。在饮食上要注意五味不偏嗜,注意控制总热量,控制体重增长,避免肥胖。人到中年体力下降,加之工作紧张,家务繁忙,故应节制房事。

三、老年人四时养生

（一）体质特点

世界卫生组织把60岁以后划分为老年期。老年人机体会出现生理功能和形态学方面的退行性变化。在生理上表现为,五脏六腑的功能日益衰退,气血渐衰,阴阳失调。《灵枢·天年》曰"六十岁,心气始衰,苦忧悲,血气懈惰,故好卧。七十岁,脾气虚,皮肤枯。八十岁,肺气衰,魄离,故言善误……",《素问病机气宜保命集》亦曰:老年人"精耗血衰,血气凝泣","形体伤惫……百骸疏漏,风邪易乘",朱震亨在《格致余论》中提到:"人生至六十七十以后,精血俱耗"。在心理上,由于退休和体弱多病限制老人的社会活动,再加上社会地位、社会角色的改变带来心理上的变化。常产生孤独垂暮、失落悲观、急躁易怒、焦虑多疑等心理状态,自我调控及适应环境能力减低,若遇不良刺激因素,易于诱发多种疾病,较难恢复。老年保健应注意这些特点,有益于祛病延年。

(二)养生要点

1. 春季　春天气候多变,乍暖还寒,加之春阳萌动,人体阳气升浮腠理疏松,对外邪抵抗能力减弱,所以老年人春天到来之时穿着宜"春捂",衣服宜渐减,穿衣时要注意"下厚上薄"。气温逐渐回升,"宜夜卧早起,广步于庭"。患有高血压、心脏病的中老年人,更应注意防寒保暖,以预防脑卒中、心肌梗死等病的发生。

春在五行中属木,与肝相应,喜条畅而恶抑郁。故而在春天老年人要尽量避免动怒,更不要心情抑郁,要做到心胸宽阔,豁达乐观,从容冷静地处理各种矛盾,从而保持家庭和睦、社会关系的协调。《寿世保元·延年良箴》说:"谦和辞让,敬人持己,可以延年"。《遵生八笺·延年却病笺》强调:"知足不辱,知止不殆"。

春季养肝在饮食上,要清淡可口,选甘、辛、温之品,尽量不要吃油腻、生冷、黏硬、过咸食物。多吃瘦肉、新鲜蔬菜水果、鱼和豆类食品,宜食植物油,限制动物脂肪。现代营养学提出老年人的饮食应是"三多三少",即蛋白质多、维生素多、纤维素多;糖类少、脂肪少、盐少,正符合"清淡"这一原则。春季风大,气候干燥,水分缺乏,老年人应多喝白开水补充体液,增强血液循环,促进新陈代谢。

在春光明媚、柳绿桃红、万物复苏的时刻,老年人更应该多进行户外活动,以利春阳萌生。同时也要注意运动"宜少汗",春季人体阳气易发泄,要保护体内阳气,若运动量过大,出汗多会耗心血,损阳气,对身体不利。

2. 夏季　夏季天气炎热、酷暑难耐,是中暑、胃肠道疾病的高发季节,特别是老年人因五脏六腑的功能日益衰退,机体的耐受力弱,适应性差,生活活动与外界环境的平衡易遭破坏,如不能保证充足的睡眠、合理膳食并及时补充体液,容易诱发多种疾病。

生活宜"有序",起居宜"有常",应夜卧早起,不久居室内,适当进行户外活动,晒晒太阳,借天地阳气来养护自身阳气。睡眠宜"充足、防风",老年人应保证充足的睡眠,午间可适当小睡,不宜贪凉,尤其不可在堂风口和电扇旁及空调出风口处睡觉。着装"宜宽松舒爽",老年人夏日服装在款式上应宽松舒适,在质地上能吸汗透气散热,色彩要素雅大方以浅色和冷色系为主,内衣裤要一日一换。

夏季在五行中属火,与心相应,夏季高温的天气,容易令人情绪上的起伏波动较大,可能会出现精神烦躁,紧张等不良情绪。在养生上"宜防躁戒怒",躁能生火,应息其怒,静其心,安其神,使人处于宁静状态。《万寿丹书·养老》中提出:"养老之法,凡人平生为性,各有好嗜之事,见即喜之。"老年人应根据自己的性格和情趣怡情悦志,如澄心静坐、益友清谈、临池观鱼、披林听鸟等,使生活自得其乐,有利康寿。

老年人阳气日衰，而脾又喜暖恶冷，故宜食用温热之品护持脾肾，不可过食寒凉冷饮及生冷瓜果，以免损伤脾胃，但亦不宜温热过甚，以"热不灸唇，冷不振齿"为宜。饮食宜清淡、营养，老年人在夏季可适当食用生姜、大蒜等辛辣食品，不仅能增强人体的阳气，还能增强食欲、抗菌杀毒。

在炎热的夏季，老年人应避热就凉。一般不宜进行大量运动，尤其是赤日当空的中午不应外出。适当运动之后应及时补充水分和营养物质。

3. 秋季　秋天是寒暑交替的季节，昼夜温差增大，从防病保健的角度出发，衣着宜"秋冻"不宜早加衣，使机体逐渐适应寒冷气候，增强抗病能力，但对老年人来说，脏腑功能减退，气血衰弱，不应过分强调"秋冻"，秋凉来袭仍应及早添衣以防受凉。

秋季气候逐渐干燥，日照减少，天气越来越凉，尤其到了深秋，草叶枯落，花木凋零，在老年人心中最易引起衰落、颓废等伤感情绪，因此，要注意解郁散结，保持欢乐情绪，以减缓秋季肃杀之气对人体的影响。宋代陈直《寿亲养老新书·戒忌保护》提出："凡丧葬凶祸不可令吊，疾病危困不可令惊，悲哀忧愁不可令人预报""暗昧之室不可令孤，凶祸远报不可令知，轻薄婢使不可令亲"，使老年人回避各种不良环境、精神因素的刺激，子女亲朋也需对其多加劝说和陪伴，孙辈儿童朝气蓬勃，老人多与之相处则能喜而忘忧、乐而忘悲。

秋季老人饮食保健当以润肺生津、养阴润燥为主。秋季是大量瓜果上市的季节，要尽可能少食椒、葱韭、蒜等辛燥之品，适当多食一些酸味甘润的果蔬。但大部分水果性偏寒凉，老年人应有节制的食用，以防损伤阳气影响消化功能。老年人可多食粥，明代医家李梴于《医学入门》中提倡老人食粥，曰："盖晨起食粥，推陈致新，利膈养胃，生津液，令人一日清爽，所补不小"。粥不仅容易消化，且益胃生津，对老年人的脏腑尤为适宜。

秋天宜登高远足，是户外活动和旅游的黄金季节，老年人可在户外游玩中饱览景色，不仅运动周身，还可修身养性。

4. 冬季　冬季气温骤降，对老年人是一种不良刺激，容易造成各种生理功能紊乱，促使疾病发生或使疾病加重，因此老人的冬季养生就尤为重要。

老年人体质较弱，为了营养体内元气，应提倡早睡晚起，以保证充足睡眠，一则潜藏阳气，二则避开严寒以待阳光。临睡前最好用热水洗脚，使脚部血管舒张，血液循环流畅，利于入睡。衣服要和暖贴身，以防寒气袭人，损伤阳气，引起腰背寒痛，做到室暖、身暖、脚暖、背暖、头暖。

严寒的冬季，朔风凛冽，草木凋零，阳气潜藏，阴气旺盛，人体的阴阳消长代谢也处于相对缓慢的水平，所以，冬季精神调养也要着眼于"藏"，即要保持精神安静，神藏于内。

在冬季老年人的日常膳食应以温、补为主，宜吃一些高热量、高蛋白的食品，合理安排一日三餐，做到稀干搭配、荤素夹杂，要避免或少吃凉食、刺激性食物和一些油性大不易消化的食物。冬季是进补强身的好时机，饮食上可适当多食温补食物，如羊肉、牛肉等食品。老年人由于生理功能减退，容易发生钙代谢的负平衡，出现骨质疏松症及缺钙现象，也极易造成骨折，雪天路滑尤甚。同时，老人胃酸分泌相对减少，也会影响钙的吸收和利用。在饮食中选用含钙高的食品，适当多补充钙质，对老年人具有特殊意义。乳类及乳制品、大豆及豆制品是理想的食物钙来源。针对老年人体弱多病的特点，可经常食用莲子、山药、藕粉、菱角、核桃、黑豆等补脾肾益康寿之食品，或辅食长寿药膳进行食疗。

要适当参加体育锻炼。冬季虽然寒冷，但也不要终日蛰居室内。应该根据自己的身体健康状况，常到室外进行一些力所能及的锻炼。冬季冰天雪地，天冷路滑，外出锻炼，要注意防寒保暖，防止跌倒。如果运动，一定要在日出后、日落前。

第三节 五方地域养生

人和自然是一个有机的整体，地理环境对人类的健康具有很大影响。我国自古以五方定位，即东、南、西、北、中；与五行相对应，则东方属木、南方属火、西方属金、北方属水、中央属土。在不同地域中，气候寒热、地势高低的长期影响，导致居民的生活方式和体质有所差异。所以，养生须区分五方地域选择相宜的方法。只有做到因地制宜，"人与天地相应"，才能健康长寿。

> **知识拓展**
>
> ### 地域与人体肠道菌群
>
> 国外研究团队纳入来自 6 个不同地域超过两千名志愿者捐赠的粪便样本，通过对 *16S rRNA* 基因 V4 区域进行测序检测不同地域人群的肠道菌群多样性，发现来自同一地域的个体具有相似的肠道菌群构成。不同地域人群肠道菌群丰度与特异性均存在差异，而且这一影响远远超出后天饮食的作用。地域可能是未来检测肠道菌群特征与养生相关性的一个重要因素。

一、中部地区

（一）地域特点

古称中央生湿。中部地区指在中国广阔的疆土中，遍布海拔在 200m 以下的平原或盆地，如华北、中部及长江中下游平原等。该地区地面平坦，土地肥沃，物产丰富，经济开放，交通发达，历史文化悠久，饮食谱广。正如《素问·异法方宜论》指出："中央者，其地平以湿，天地所以生万物也众，其民食杂而不劳。"平原盆地等地区形成多源自高山、河流泥沙的长期冲击，导致了多种矿物质元素聚集，一方面有利于进行养生保健，另一方面也增加了如氟中毒等地方病的发病几率。

（二）养生要点

中部地区四季分明，适宜的气候与地理环境造就了居民平和的体质和性格。中医药发源于中原地区，人们对养生很早就有认识。

1. 春季 中部地区春季或日光明媚、气候温和，万物阳气生发，生机勃勃；或春雨绵绵，寒气袭人，令人感觉湿冷。早春冬寒未消，阳气初升，此时人体的腠理逐渐开放以适应阳气生发，但大自然阳气未盛，常有冷空气回潮，甚至出现"倒春寒"的气候现象，机体较难适应。故此时应注意"春捂"以养阳，若过早脱去冬装，残余之冬寒便乘虚而入,极易导致流行性感冒、流行性腮腺炎、病毒性肝炎、猩红热等传染性疾病的发生。此外,春与肝相对应,故春宜养肝。肝主疏泄,喜条达,故宜早起进行户外活动。可选择风和日丽之时踏青,衣饰保持宽松,头发不可过于紧束,以使筋骨舒展。同时保持乐观、舒畅的心境,适度宣泄不良情绪,可减少"春困"等现象的发生。饮食应与自然界蓬勃生发的状态相应,以平补为主,注意扶助人体生发之阳气,"减酸益甘",以柔肝补脾,不可过食酸味,反不利于肝气的升发和疏泄,而影响中焦运化。

2. 夏季 中部地区夏季阳气亢盛,常见天暑下迫,地热上蒸,万物繁茂。暑气通于心,《素问·脏气法时论》云:"心主夏,手少阴太阳主治。"养生要以清心泄火、调畅神志为主。心主神明,暑热扰心易致心烦,应注意防暑降温,并尽量保持心情愉快,避免发怒以伤心神。夏季炎热,易于迫津外泄,损伤阴液,故夏季作息应当与自然界同步,晚睡早起,避免过汗,做到"无厌于日"。户外活动选择早晚天气清爽时进行,以散步、游泳、日光浴等为宜,促进机体排出体内毒素。但注意不要在正午烈日之下露天工作过久,以防盛夏高温中暑。夏日腠理开泄,易受风寒湿等外邪侵袭,提倡饮温水、沐热水浴或温水毛巾擦浴,使腠理不致闭郁。不宜久吹风扇或空调,冷水洗浴,更不宜夜间露宿纳凉,致使身体内虚,风寒暑湿诸邪乘虚而入。夏季万物盛长,各种病原微生物也易于生长繁殖,多有消化道或虫媒传染病发生,应注意防护蚊虫叮咬,切断传染途径。饮食以清淡为主,避免过食苦味生冷之物,可适当食酸以生津。天气炎热,食物极易腐败变质,应注意饮食卫生,把好"病从口入"关。

3. 秋季 中部地区秋季多燥,损伤津液,出现口唇、鼻咽、皮肤等部位干燥、脱发、大便干燥等失于柔润之象。早秋多见秋高气爽、气候干燥,此时阳气渐收,阴气渐长,初起仍为阳气用事,燥与近夏之暑气相合,故有燥热之气肆虐。秋渐深则阴渐盛,由热转凉,与近冬之寒气相合,表现为凉燥状态。故调摄时应注意温润和凉润的不同。秋季应特别注意皮肤和头发的保湿,不用碱性太强的清洁产品,洗浴后立即以护肤霜濡养皮肤。四季养生提倡"春捂秋冻",此时秋冻以辅佐阳气,提高防寒能力,增强体质,不可速增衣服,以免因衣厚多汗而伤津耗气。应顺应阳气收敛的阴阳变化,使肺气得以宣发肃降。秋季易出现悲秋现象,故养神的关键是保持神志安宁。培养乐观心态,避免悲忧之情影响机体气机运行,以此顺应自然收敛之气。应适当增加文娱或户外运动,多晒太阳。饮食应以养阴润肺的食物为主,如银耳(又称白木耳)、梨、莲藕、蜂蜜、糯米等均具有良好的滋润效果,另如果仁或乳脂类食物亦是常用润燥之品。此外,肺为秋脏,易受秋气所伤,咽喉炎、支气管哮喘等呼吸系统疾病多在此季节发生,此时宜多吃甘味培土生金,佐少量辛辣以通肺气。肺主白,也可多食色白的食品。但任何单一食物都可导致脏腑之气偏颇,应当综合平衡,搭配不同食物以养肺,才能调养好秋季的收敛之气。

4. 冬季 中部地区冬季较为寒冷,温差相对较大。自然界天寒地冻,万物闭藏。此时要顺应其规律,以敛阴护阳为本。冬季寒气逼人,最易伤人阳气,日常活动的重要原则就是防寒护阳,注意头颈部和足部保暖,可选择适宜的衣帽和鞋袜,应保证充足睡眠时间,早睡晚起,以天之阳气保护自身阳气,睡前用热水洗脚,以避免夜里阴寒侵扰,防止寒冷诱发冻疮等皮肤病;感冒、哮喘等呼吸系统疾病;高血压、心脑血管等循环系统疾病。保持室内温暖,多晒太阳,但不可过暖,以防止耗散阳气;适度运动增加身体抵抗力,但应避免过多的户外活动。精神上内守以养神,情绪含蓄而不露,避免不良情绪;克制欲望,减少房事以养肾。饮食当注重补益肾之元阴元阳,色黑食物可入肾,如黑豆、黑芝麻、黑米等。此外,冬季饮食应该增加热量,温以补阳,辛甘能够化阳,应适当补充辛甘温热食品,以温养阳气,可选择羊肉、鸡肉、辣椒、草果、胡椒、枸杞子等。

二、东部地区

(一)地域特点

古称东方生风。东部地区地势平缓,滨海傍水,视野开阔,日照充足,气候温和潮湿且多风。冬暖夏凉,阳光充沛,景色怡人,空气清新,负离子含量高,雾霾及有害气体极少,有利于当地人民的养生。但台风等灾害性天气也常常侵袭东部沿海地区,严重威胁当地居民的安全,应随时做好防灾准备。在东部,水网、陆地交通便利,水产丰富,故多食鱼虾及海产品,《素问·异法方宜论》有云:"故东方之域,天地之所始生也,鱼盐之地,海滨傍水,其民食鱼而嗜咸,皆安其处,美其食。"但因饮食水中富含碘盐,当地居民应减少碘的摄入,以预防瘿病(地方性甲状腺肿)的发生。

(二)养生要点

东部较中部地区气候温暖湿润,夏季阳光充足,应合理安排游泳、海上航行、捕捞等活动,减少日光性皮炎、中暑等常见病的发生。对于慢性呼吸系统疾病如支气管炎、哮喘等,心血管、免疫系统疾患及各种皮肤病的患者可选择在沙滩上进行日光浴等活动。在夏秋之际,起居应注意避开狂风、暴雨等极端天气,避免惊恐、焦虑等情绪损伤机体。因渔产丰富,盐业发达,有些区域居民饮食口味偏重,宜食用清淡化湿的食品,尤其在湿热偏盛的长夏季节,可多食如薏苡仁、绿豆、扁豆、豆腐、甘蔗、金银花,以及冬瓜、丝瓜等新鲜蔬菜。尽量避免吃"鱼生"和其他半熟或生肉食,以防止寒凉、难消化而伤脾胃,甚至导致食物中毒或患寄生虫感染等。

三、西部地区

(一)地域特点

古称西方生燥。我国的西部地区多高山荒漠,面积极为广阔,如新疆山地、青藏高原等。多风砂石,冷暖无常而干燥,昼夜温差大,天寒地冻,易出现极端天气。西部人群身材高大,肌肉致密、筋骨强悍,性格质朴。"西方者,金玉之域,沙石之处,天地之所收引也,其民陵居而多风,水土刚强,其民不衣而褐荐,其民华食而脂肥"。其他地区居民初来此地,易发生高原反应,引起呼吸、循环系统疾病复发。因紫外线辐射较为强烈,空气中氧含量略低,故当地居民两颧多呈紫红色,失于防护则可引起皮肤、眼及全身损害。为适应气候,当地饮食以牛羊肉和各种乳制品为主。因食物中缺少碘等化学元素,易引发地方病。

(二)养生要点

西部较中部地区气候干燥寒冷,寒盛则易伤阳气,使得气血凝滞、筋脉收引,干燥则易伤阴津。尤其在秋冬季节,起居上应注意室内尽量保持温暖湿润,外出时应注意

保暖。作好防晒措施,减少紫外线辐射。运动时应注意高山反应,应逐步渐进,使人体获得较好的适应性。在低温寒冷的冬季,尤其要注意防寒保暖,避免疲劳和感冒。精神上宜安神定志,调达情绪,使气血和畅,营卫流通。宜食用育阴潜阳、活血化瘀的食物,如芝麻、糯米、牛奶、鸭肉、豆腐、黄酒、葡萄酒等。可酌情食用含碘的海产品如海带、紫菜、鱼、虾等。不可过食辛辣燥热、温补食物。当地中药材丰富,可根据需要选用具有益气、养阴、通络作用的中药,如肉苁蓉、枸杞、红花等,或单独煎水,或与肉类同煮,或浸泡代茶饮等,可增强体质,预防疾病。

四、南部地区

(一)地域特点

古称南方生热。南部地区地势低洼,以盆地、丘陵地形为主,四周均为高山峻岭,又处于我国气候南北分界线附近,该地区长期处于冷空气与暖湿气流交汇状态,夏季闷热潮湿,冬季阴冷多雨,春秋季多云多雾,日照时间及光照强度较低。当地居民身材瘦小,皮肤较细腻,性格精细,喜欢吃酸类和发酵、腐熟食物。如《素问·异法方宜论》所言:"南方者,天地所长养,阳之所盛处也,其地下,水土弱,雾露之所聚也,其民嗜酸而食胕。"

(二)养生要点

南部较中部地区气候潮湿多雨,故居室应注意环境清洁通风,清爽干燥,防止湿邪伤人。因该地区气候湿热、地势低洼、水网稠密、水流缓慢,易滋生钉螺,故注意不要在疫水中劳作或饮水。如有接触应立即在暴露的皮肤上涂抹驱虫剂,衣物则用消毒杀虫剂浸泡,避免感染血吸虫。湿热偏盛易致情绪郁闷烦燥,应合理安排休闲活动,以舒畅情志、宣通气机,化解不良情绪,达到心境平和。运动时应避开暑热环境,以免内伤津气,助阳生热。若出现头晕乏力等症状时,还应注意是否为氟含量超标,可适当补钙并多进食富含维生素 A、维生素 C 的蔬菜水果等。同时,应戒烟、限酒,少食肥甘厚味,因烟为辛热之物,酒为熟谷之液,肥腻甘甜等均易助长湿热之邪。宜食用清利化湿的食品,如薏苡仁、莲子、绿豆、冬瓜、丝瓜、苦瓜、黄瓜、西瓜、莲藕、萝卜、豆角、绿豆芽等。少食辛辣燥烈及腌制食物,避免长期过量食用损伤正气。

五、北部地区

(一)地域特点

古称北方生寒。北部地区地势陡峭,四季分明。夏季暖热多雨而短暂,南北气温差别小;冬季漫长,昼短夜长。因纬度较高,处于北冰洋寒冷气流南下的通道,地势西高东低,西伯利亚寒冷气流从高而下,加剧寒冷。冷暖气流碰撞而多雪,南北气温差别大。当地居民体质强壮,性格开朗,喜食乳制品,正如《素问·异法方宜论》指出:"北方者,天地所闭藏之域也。其地高陵居,风寒冰冽,其民乐野处而乳食"。

(二)养生要点

北部地区较中部气候更为寒冷,尤其在秋冬季节,日照时间短,适宜早睡晚起以收敛阳气。冬季常出现极低气温,可使感冒、哮喘等呼吸系统疾病发病率升高。若手足等部位保暖不及,局部皮肤易皲裂或发生冻疮,因此应注意防寒保暖,外出时应增添保暖性好的衣物避免冻伤。尤其老年人更应做好防护,以免受寒而致病或使原有疾病加重。出行时应注意积雪结冰,以防滑倒摔伤,在雪地中活动时,注意佩戴防护镜,避免发生"雪光性眼炎"。在关闭门窗保暖时,也应注意室内空气流通,保持空气清新,以减少流行性感冒或其他上呼吸道感染等疾病发生的几率。若采用煤炭等取暖,应避免一氧化碳中毒。电热毯的使用不宜过久过频,防止引起过敏性皮炎。冬季易情绪低落,应注意控制不良情绪。可通过适当延长光照时间、增强体育锻炼的方式,保持精神静谧。运动健身尽量选择在室内,应注意"养藏",内守神气。饮食上以养肾为原则,根据不同的体质,阳虚者应多食韭菜、羊肉等温阳食物;阴虚者应多食银耳、百合、鸭肉等滋阴之品;气虚者应多食山药、藕、大枣等补气之物。并根据五行相生相克的原理,宜食辛以宣肺。辛入肺,金实则水充,肺气宣畅则肾气亦实。可少量进食苦味食物,以防心火过亢而下劫肾水,达到水火互济的平衡状态。

第四节　体质、慢病养生

　　体质,指人体在自然环境、社会环境及个人先后天的综合影响下所形成的生理和心理等相对稳定的人体个性特质。不同的体质有着不同的生理、心理及发病倾向。自然、社会和先天因素虽然导致了体质的相对稳定性,但后天疾病特别是慢性消耗性疾病,对于体质改变发挥了重要的作用,使脏腑失和,气血阴阳失调,从而影响体质状态。通过中医体质辨识的方法,辨别不同的体质类型,在不同季节采取适宜的调养措施,改善机体状态,可以强身健体、减少疾病的发生。

一、机体阴阳偏颇基本类型

(一)阴平阳秘型

　　阴平阳秘型体质是指先天禀赋良好,后天施养得当,体态匀称适中,面色红润,肤色毛发润泽,睡眠质量高,精力充沛,饮食物受纳运化良好,二便正常,舌色淡红,苔薄白,脉象从容和缓有神。心理素质良好,性格乐观,对自然和社会环境较为适应。平素患病较少。

(二)阳气不足型

　　多由于孕育时父母年长、体弱或早产等先天不足,或后天失养,或大病日久、年老阳衰等。脏腑功能低下,阳气不足,出现形寒肢冷等虚寒现象为主要特征的体质状态。

　　表现为形体多白胖,肌肉松软,易疲倦,口唇色淡,平素畏寒喜温,毛发较少,易出汗,大便多稀溏。舌质偏淡、舌体胖多有齿痕,脉象较沉细。心理特征多为性格内向胆小。发病多为寒证,或易从寒化,易病痰饮、肿胀、泄泻、阳痿等。对外界环境适应能力较差,不耐受外界风寒暑湿邪气,耐夏不耐冬。

(三)阴血亏损型

　　多由于孕育时父母年长、体弱、或早产导致先天不足,或后天失养,或纵欲耗精,或久病之后过食辛辣温补食物,或吸烟太过、或忧思、积劳阴亏,或曾长期服用利尿药、清热利湿药，或患出血性疾病等，致体内津液精血不足，出现阴虚内热为主要特征的体质状态。

表现多为形体多消瘦，面色潮红，双目视力欠佳，易眩晕，口、鼻、皮肤等多干燥，喜冷饮，眠差，易大便干燥，舌红少苔，脉象弦细数。性格急躁。对外界环境适应能力较差，不耐热邪、燥邪，耐冬不耐夏。

（四）痰浊内阻型

多由于先天遗传，或后天嗜食肥甘厚腻，或过度安逸，缺乏劳作运动，或久居湿地导致出现痰湿凝聚为主要特征的体质状态。

表现为体形肥胖，腹部肥满松软。面部皮肤油脂较多，汗多而黏，身重不爽，易晕眩，记忆力不佳，口黏腻或甜，饭后易满闷，大便稀溏，舌体胖大，苔腻，脉滑。性格温和内向恭谦。对外界环境适应能力差，对梅雨及潮湿环境适应能力较差。

（五）湿热蕴结型

由于先天禀赋，或久居湿地，喜食肥甘厚味，或长期嗜烟酒辛辣，或劳倦过度导致脾胃运化失常，水湿滞留体内，再遇外界的湿热之邪加临而致湿热内蕴，导致以湿热内蕴为特征的体质。

表现为形体偏胖，面垢如油，易生痤疮，口苦，身重，性格急躁易怒，易疲倦，大便黏腻，小便色黄，舌红苔黄腻，脉滑数。对外界环境适应能力差，对湿热环境尤其长夏季节较难适应。

（六）气机郁滞型

由于精神刺激，七情过度等长期情志不畅导致的以性格内向、忧郁，敏感为特征的体质。

表现为形体偏瘦，神情忧郁，多闷闷不乐。常叹息，眠差健忘，大便偏干，小便正常，舌淡红，苔薄白，脉弦细。性格稳定性差，变化不定，脆弱多疑。精神刺激后或急躁易怒，易嗳气，食欲不振，或自觉咽中有异物，或胸胁胀满，或月经失调。对外界环境适应能力较差，不喜欢阴雨天气，不喜深秋万物凋零。

（七）血络不畅型

因先天禀赋，或后天跌扑损伤，或气滞，或久病入络导致血液运行不畅而出现的以血瘀表现为主要特征的体质状态。

表现为形体消瘦，面色偏黯，皮肤干燥或有色素沉着，口唇色较深，容易出现四肢关节疼痛，遇事健忘，舌黯红有瘀点或瘀斑，舌下络脉曲张，脉沉细涩或结代等。性格忧郁，易烦躁。对外界环境适应能力较差，不耐风寒之邪。

（八）阳热内盛型

多由于先天父母禀赋，或后天嗜烟酒，或喜食辛辣，或五志过极郁而化热形成的体质状态。

表现为形体强壮，精神饱满，面赤时烦，声音洪亮，气息粗，喜凉怕热，易出汗，口干，体臭较重，小便色黄而热，大便味重，舌红苔黄，脉数。性格暴躁易发怒。对外界环境适应能力较差，不耐燥热之邪。耐冬不耐夏。

（九）过敏易感型

由于先天禀赋不足和父母遗传，或后天环境、药物因素等形成的一种特殊体质。

形体特征或有先天生理性不足,表现为对药物、花粉、食物、动物皮毛、病原微生物等过敏,皮肤反复出现荨麻疹,或不明原因的鼻塞流涕、喷嚏,甚至出现哮喘等。心理状态不稳定,并因禀赋情况不同而各异。对外界环境适应能力较差,尤其在易过敏季节和天气变化时适应能力差,易引发宿疾和新感。

二、四时辨证施养

顺应四时自然规律,首先应顺应自然界阴阳的变化规律,这是四时养生最基本的原则。在"天人合一"的中医整体观思想指导下,为了达到养生的目的,人类所从事的一切活动都必须顺应四时阴阳变化的客观规律,以达到阴平阳秘的平衡状态,避免疾病的发生。《素问·四气调神大论》指出:"故阴阳四时者,万物之终始也,死生之本也,逆之则灾害生,从之则苛疾不起,是谓得道。道者,圣人行之,愚者佩之"。辨证施养作为四时养生的具体环节,必须遵循阴阳四时这一自然界的根本规律,违背这一规律,则会引发疾病。

四时辨证施养的关键在于"春夏养阳,秋冬养阴,以从其根"。此"根"即是阴阳在一年四季中,"发陈""蕃秀""容平""闭藏"的自然规律和"春夏养阳,秋冬养阴"的原则。张志聪在《黄帝内经素问集注》中注解:"春夏阳盛于外而虚于内,故当养其内虚之阳;秋冬阴盛于外而虚于内,故当养其内虚之阴。"春夏时节,万物从冬季的封藏中苏醒,继而生长,以致枝繁叶茂,是大自然春夏阳气变化的体现。在此阶段人类活动,也必须顺应自然界阴阳的变化,天人相应以养阳。春生,以顺应自然界阳气的升发,着重养肝;夏长,应顺应自然界万物繁茂,以护人体阳气,着重养心;长夏自然界高温高湿,应着重养脾;秋冬时节,万物结实、继而肃杀,终至闭藏,以阴气为主政,人体也应适应自然以潜藏阳气,顾护阴精。秋收,在收获季节要保护阴气,着重养肺;冬藏,自然界万物封藏,以保护阴精,着重养肾。

"春夏养阳,秋冬养阴",阴阳和则人体之气亦平和,切不可过于偏胜,所以"春夏养阳",也需要考虑顾护阴液;"秋冬养阴",也需要考虑巩固阳气。对于阴平阳秘体质之人,由于先天禀赋良好,后天调养得当,其脏腑气血阴阳趋于平和。

(一)顺时而养,调补气血阴阳

人体表现出不同脏腑气血阴阳的功能低下,则容易导致疾病的发生,所谓"邪之所凑,其气必虚",如木腐而蠹生,堤穴而水入。如果此时不顺时而养,以身之虚,再感于邪,即使病邪轻微者也会加重。阳气不足型及阴血亏损型体质的四时调养应注重调补气血阴阳。

1. 阳气不足型

(1)起居调理:应遵循"温阳护阳"原则,阳虚之人对四季气候变化的适应力较差,耐春夏不耐秋冬,不宜在阴暗潮湿寒冷的自然或居住环境中生活。在春夏之季,居住房屋应坐北朝南,并常进行日光浴,或在充沛的阳光下适当进行户外活动,借自然界力量以培补阳气。夏季既不可贪凉而露宿或在空调房间中休息,也不可在室外久留,导致大汗出而阳气外泄。在秋冬季节,易受风寒侵袭,应避寒保暖以护阳气,尤其要注意腰部以下的保暖。

(2)精神调摄:阳气不足体质者易于情绪低落,应培养乐观态度,保持平和心态,

109

避免过度悲忧、劳神或惊恐。在春生夏长、阳气发泄之时，歌咏以养其性情，舞蹈以养其血脉，养阳之道也。也可选择太极拳、散步、游泳，或适当的体力劳动，或登高远眺，消除精神紧张。有条件的最好去游山玩水，临水使人开朗，游山使人幽静，或以琴棋书画怡情。

（3）饮食调养：阳气不足者四时均不宜多食生冷苦寒、黏腻难于消化的食品，即使夏季也不可过食寒凉。如螃蟹、西瓜、苦瓜、绿豆、绿茶、冷饮、冷食等。脾主运化，为气血生化之源，饮食调养可选用具有健脾益气作用的食物，如小米、粳米、扁豆、牛肉、猪肚、鸡蛋、鱼类、蘑菇等。尤其在春季阳气初生之时，所谓"宜食麦与羊"，宜多吃温补阳气的食物。肾阳为根，可适当食用甘温补益脾肾的食物，如羊肉、狗肉、鹿肉、黄鳝、荔枝、龙眼、樱桃、韭菜、茴香、洋葱、香菜、山药等，但为避免"虚不受补"，上述类型的食物均不可过食。

2. 阴血亏损型

（1）起居调理：应遵循"滋阴护阴"原则。阴虚之人对四季气候变化的适应力较差，畏热喜凉，耐秋冬不耐春夏。居住房屋宜安静，不宜在干燥炎热的自然或居住环境中生活。长时间紧张的学习、高温下工作或剧烈运动等会加重阴血亏虚倾向，应尽量避免过劳，保证充足的休息和睡眠时间。阴血亏损型体质者还应节欲保精，戒烟限酒，防止加重体质的偏颇。

（2）精神调摄：阴血亏损型体质者，性格较急躁易怒，容易心烦不安，失眠健忘，注意力不集中。应学会情绪的自我调节，特别是在秋冬收藏、阴气收敛之时，可通过琴棋书画等方式，看书解闷，听曲消愁以使生活闲适，使心神宁静，个人修养得到提高，释放不良情绪。

（3）饮食调养：人体之血源于水谷精微，而肝血肾精乙癸同源，对于此种体质的人可进行适度的食疗。可选用性味甘寒，滋补阴液的食物，如芝麻、糯米、牛奶、猪肝、猪血、猪皮、乌骨鸡、鸭蛋、桑椹、枸杞子、黑木耳、银耳、蔬菜、水果等。配合血肉有情之品，如甲鱼、海参、鲍鱼、乌贼、牡蛎等，效果更佳。阴血亏损型体质者四时均不宜多食辛辣香燥、热性食物，忌吃煎炸炒爆等脂肪含量过高的食物，易动火耗血，不利阴血调养。

（二）顺时而养，祛除痰浊湿热

由于人体脾胃运化水湿功能失健，加之受气候、地域等影响，内外合邪，可产生水湿夹风，化寒、化火等病理变化。痰浊内阻型及湿热内蕴型体质的四时调养应注重祛除痰浊湿热。

1. 痰浊内阻型

（1）起居调理：遵循"气化则湿亦化"的原则，平时应在阳光充足的时候进行户外活动，以宣通阳气，通达气机，促进脾的运化。因痰湿体质之人对四季气候变化的适应力较差，不耐潮湿气候，所居之处应保持干燥。不宜在阴暗潮湿寒冷的自然或居住环境中生活。衣着应透气吸潮，汗后及时更衣，"虚邪贼风，避之有时"，在湿冷的气候下，要尽量避免外出，减少受寒雨淋。

（2）精神调摄：痰浊内阻型体质者性格多温和，稳重恭谦，善于忍耐。可扩展社会交往活动和兴趣爱好范围，广交朋友，开阔眼界，合理安排工作和休假，以调畅气机，改善体质。

（3）饮食调养：肺为水之上源，脾主运化水液，肾为主水之脏，三焦作为决渎之官，水道出焉，又主持诸气，推动水液代谢。津液的正常运行和代谢需要依靠肺、脾、肾三脏和三焦腑。故痰浊内阻型体质之人在饮食上宜清淡，应适当多摄取能够宣通肺气、健运脾胃、淡渗利湿、通利三焦的食物。常可选用薏苡仁、赤小豆、扁豆、鲫鱼、鲤鱼、萝卜、山药、豆角、冬瓜、竹笋等食物、辣椒、咖喱等。应限制食盐的摄入，少吃凉性酸涩、肥甘厚味的食物。

2. 湿热蕴结型

（1）起居调理：此类人群对四季气候变化的适应力较差，畏热喜凉，耐秋冬不耐春夏，尤其是天暑下迫，地湿蒸腾的长夏季节。居室环境宜干燥清爽。不宜过劳或长期熬夜。保持二便通畅，排泄湿热。应戒烟酒等不良嗜好，避免生阳热助痰湿。可在气候适宜时，增加户外运动，以清热排湿。

（2）精神调摄：湿热蕴结型体质性格外向，但急躁易怒，应保持心态平和，凡事多为他人着想，或通过疏泄、转移等方法化解冲动。应培养广泛的兴趣爱好，以移情易性。

（3）饮食调养：饮食以清淡为原则，宜食用清利化湿的食品，如薏苡仁、红小豆、绿豆、鸭肉、鲫鱼、鲤鱼、海带、冬瓜、丝瓜、苦瓜、西瓜、白菜、芹菜、荠菜、卷心菜、莴笋、莲藕、空心菜、萝卜、豆角、绿豆芽等。不宜暴饮暴食，禁忌辛温燥烈、肥甘厚腻的食物，如辣椒、姜、葱、蒜、荔枝、芒果等温热果蔬不可过食，酒、奶油、动物内脏、狗肉、鹿肉、羊肉等更要少食。

（三）顺时而养，清泻阳热内火

对于阳热内盛型体质而言，四时调养应注重清泻阳热内火以促进阴阳平衡。

（1）起居调理：此类人群对四季气候变化的适应力较差，畏热喜凉，不耐春夏。居室环境宜干燥清爽，室温不宜过高。在炎热的夏季虽应注意防暑降温，但忌日夜不停风扇、空调，使得室内外温差过大，或室外露天洗冷水澡，导致腠理闭塞而患病。应保持二便通畅，戒烟酒，防止助热生火。阳盛之人精力充沛，可以选择活动量较大的运动，这样既能强壮身体，又能消耗多余热量。

（2）精神调摄：阳热内盛型体质者性格活泼外向，多动少静，但火性炎上，尤以夏季炎热，暑气通于心，易扰心神而使人急躁易怒，故应节制情绪，修身养性，避免过度随性渲泄。"使志无怒，使华英成秀，使气得泄，此夏气之应，养长之道也。"通过养心气，宁心安神，使精神充沛、情绪饱满，欢乐畅快，积极进取，遇事戒怒，遇挫折坚韧不拔，以利于气机的通泄。

（3）饮食调养：饮食应以清淡、易消化为主，可食用清心泻火之品，如西瓜、苦瓜、黄瓜、赤小豆等。多饮水补充阴液，切勿多食冰冻寒凉之品，伤脾胃则后天之本衰弱，伤及冲任则血脉不通，从而导致百病丛生。

（四）顺时而养，调畅气机血络

人体中气血关系密切，气为血帅，气行则血行，气滞则血瘀。气机逆乱则血随气而逆乱。故气机郁滞与血络不畅状态常常同时出现。

1. 气机郁滞型

（1）起居调理：由于此类人群对四季气候等外界变化的适应力较差，故居室应宽敞明亮，干燥温暖。衣着舒适，在缺少阳光的阴冷季节要注意保暖，起居生活规律应顺应四时变化。适当增加社交、休闲等户外活动,借山水陶冶性情,开阔视野。通过与他人的交流,使性格开朗活泼,借运动以鼓动气血,舒畅情志,促进郁滞的消除。

（2）精神调摄:气机郁滞型之人性格内向忧郁,敏感多疑,应以喜胜忧,常观看喜剧、小品、相声等文艺节目,避免观看悲剧恐怖类影视节目;多欣赏轻松欢快的轻音乐,以舒畅情志;阅读积极向上的书籍,以培养积极进取的意识,并学会淡泊名利。古人有"伤春""悲秋"之说,春季气机由降转升,秋冬季节万物凋零,季节变化对情绪有直接的影响,故需要注意顺时而养,如在春天空气清新、春光明媚之时,通过散步、郊游、登山、放风筝等方式踏青,既锻炼了身体,又陶冶了性情,使精神情志与春季的大自然相适应,养肝气以调畅情志,疏导不良情绪。此外,夏季临水垂钓,秋天登高远眺,冬季沐浴日光,均是较好的调摄方法。

（3）饮食调养:气机郁滞型体质之人肝主疏泄功能不佳,张机谓:"见肝之病,知肝传脾,当先实脾"。故应选用具有疏肝理气、调和脾胃功能的食物,如荞麦、蘑菇、豆豉、萝卜、洋葱、苦瓜、丝瓜、菊花、玫瑰花等。应少食收敛酸涩之物,如乌梅、石榴、杨桃、酸枣、李子、柠檬等,以免加重气机的郁滞,甚至因气滞而血瘀。由于人体气血津液得温则行,遇寒则凝,故不可多食生冷。

2. 血络不畅型

（1）起居调理:血得温则行,得寒则凝。此类人群要避免寒冷刺激,居室及衣着要保持温暖舒适。起居作息有规律,不宜熬夜。久视伤血,伏案学习工作或看电视时间不宜过久,春秋季节可多做室外运动,以促进气血运行,防止气血瘀滞。夏季不可贪凉,冬季则尤应注意保暖。

（2）精神调摄:气滞与血瘀常常相互影响,故应培养乐观开朗的性格,精神愉悦则气血通畅,营卫调和,有利于气机郁滞与血络不畅症状的改善。

（3）饮食调养:应选用具有健胃、理气、活血功效的食物,促进机体血液循环。如鸡内金、山楂、黑木耳、洋葱、香菇、茄子、玫瑰花、红糖、醋、黄酒、葡萄酒等。不宜多食寒凉收敛的食物,如乌梅、柿子、李子、石榴、蛋黄、虾、奶酪等,以免因饮食不当而加重血络的瘀滞。

（五）顺时而养,稳固机体藩篱

过敏易感型体质,常表现为鼻塞流涕、容易对花粉、食物等过敏。"邪之所凑,其气必虚",故应益气固表顺时养护,稳固机体藩篱。

（1）起居调理:由于此类人群对四季气候等外界变化的适应力较差,应顺应四时变化,做到"起居有常""不妄劳作",顺从人体千百年来形成的自身生物钟,合理规律地安排生活、学习、工作、休息,养成良好的习惯,使人体保持健康、充沛的状态。可适当运动以改善体质。在季节更替尤其是春秋季节、异常气候或新环境中,更需要谨慎调摄,根据自然界的变化及时增减衣物,避免接触花粉等易致敏的物质,增强机体对环境的适应能力。

（2）精神调摄:过敏易感型体质因不同的特异情况精神状态各有不同,但均会表现为适应能力差,常出现敏感多疑、焦虑抑郁等心理,应培养积极向上的心态,酌情采取相应的保健措施。

（3）饮食调养:过敏易感型体质者,应做到清淡饮食而有节,适其寒温,懂得饮食调理。《素问·脏气法时论》明言:"五谷为养,五果为助,五畜为益,五菜为充,气味合而服之,以补精益气",以四时之食,各有所宜。忌生冷、辛辣、肥甘油腻及各种"发物",如酒、鱼、虾、蟹、辣椒、肥肉、浓茶、咖啡等,且避免食用各种致敏物,以免引起疾病发作。

学习小结

1. 学习内容

```
                    ┌─ 性别养生 ─┬─ 男性四时养生 ── 体质特点
                    │            └─ 女性四时养生 ── 养生要点
                    │
                    │            ┌─ 青少年四时养生 ─┐
                    ├─ 年龄养生 ─┼─ 中年人四时养生 ─┼─ 体质特点
  不                │            └─ 老年人四时养生 ─┴─ 养生要点
  同                │
  人                │            ┌─ 中部 ─┐
  群                │            ├─ 东部 ─┤
  四 ───────────────┼─ 五方地域养生 ┼─ 南部 ─┼─ 地域特点
  时                │            ├─ 西部 ─┤
  养                │            └─ 北部 ─┴─ 养生要点
  生                │
                    │            ┌─ 阴平阳秘/阳气不足/阴血亏损型 ── 调补气血阴阳
                    │            ├─ 痰浊内阻/湿热蕴结型 ── 祛除痰浊湿热
                    └─ 体质、慢病养生 ┼─ 阳热内盛型 ── 清泻阳热内火
                                 ├─ 气机郁滞/血络不畅型 ── 调畅气机血络
                                 └─ 过敏易感型 ── 稳固机体藩篱
```

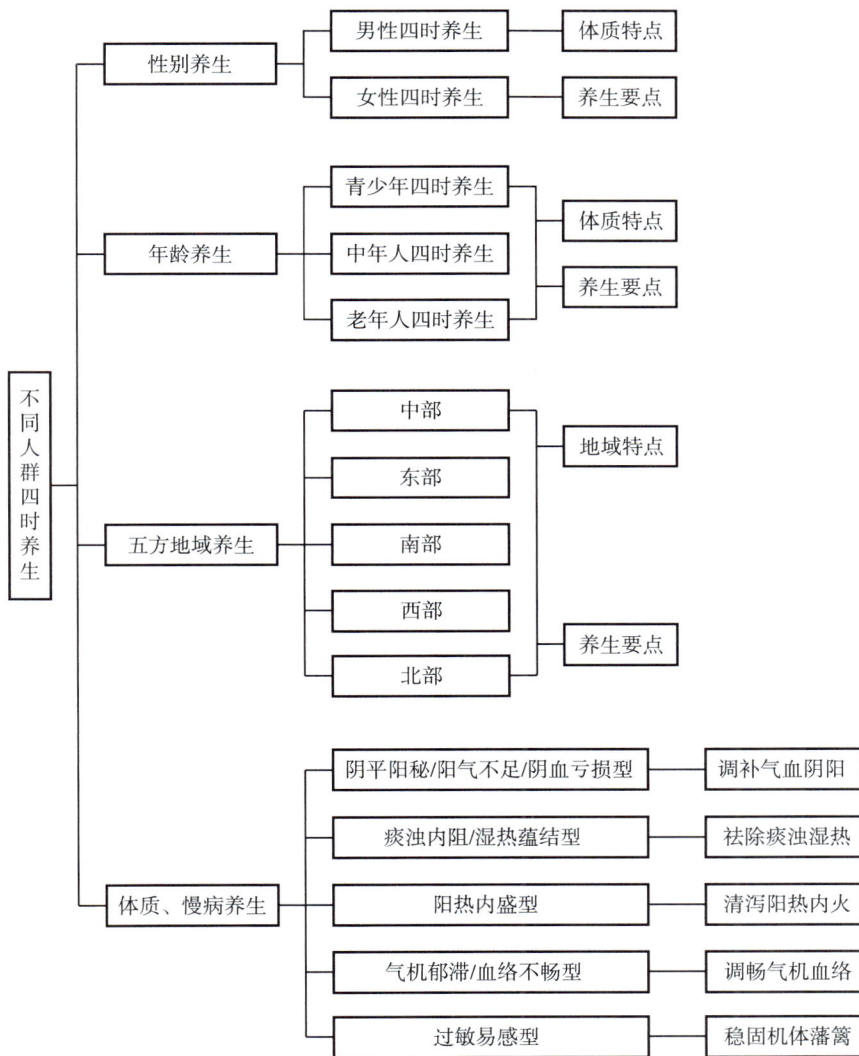

2. 学习方法　根据男性与女性生理特点的不同,掌握不同性别的养生方法;根据不同年龄人群气血津液、脏腑盛衰的差异,掌握不同年龄人群的养生要点;根据不同地域的特点,掌握五方地域的人群养生要点;根据不同体质特点、慢性病的病机特点,掌握四时辩证施养的方法。

(何　璐　尚懿纯)

笔记

113

复习思考题

1. 四时养生为什么强调区分性别调养？
2. 试述青少年、中年人、老年人四时养生要点。
3. 如何根据体质、慢病辨证施养？

笔记

第八章

中医四时养生与现代养生理论

第一节　四时养生与生物气象学

生命体的活动与气象息息相关。人体的许多器官和功能是在不断适应气候环境并与大气进行能量交换的过程中发展完善的，而人体的生理、心理变化与调适，也会随着气象条件发生变化并改变。中医学历来强调"天人合一"的养生理念，因此四时养生也与生物气象学密切相关。

一、生物气象学的概念

生物气象学是研究自然与人为导致的大气环境因素对生物体的影响，生物体包括单细胞生物、植物、动物及人类。在人类生物气象学研究领域，一方面研究各种气象因素对人体生理功能的影响，包括不同天气条件下人的内分泌、血液理化状态、大脑皮层活动、心血管、电解质平衡、生殖及肝、脾等生理功能的变化，气候对机体免疫状态的影响，气候变迁对老年特定人群的影响等。另一方面，研究气象与疾病的关系，已有的研究涉及呼吸、消化、心血管、内分泌等系统疾病，如哮喘、感冒、糖尿病、胃溃疡、冠心病等，尚有传染病、老年病、风湿免疫病及骨关节病、地方病、眼病、牙病等。由于气象应激反应与人的生理病理密切相关，又直接影响着人类的健康，因此在国内有些文献中又将其称为"气象医学"或"医疗气象"，也有人将某些发生发展与气候、季节变化有明显关联性的疾病称为"气象病""季节病"。所以，以人类与气候为对象，以气候变化与人的适应为主题，这是生物气象学中的重要研究分支。

（一）主要气象因素

1. 气温　即空气的温度，是空气冷热程度的物理量。气温昼夜之间各时点的变化为日变化；春夏秋冬时令季节转换中的气温变化为年变化。一般四时各季节有相

笔记

对稳定的平均气温,但也会出现极端气温,如极端最低气温和极端最高气温。在影响人体的诸多气候因素中,气温是最为重要的因素。尤其反季节的气温升降和极端气温的出现,往往是疾病发生或加重的诱因,甚至会导致疾病死亡率增高。研究表明,人体对冷、热变化敏感,老年人、儿童则更为明显。全球变暖、热浪频发,或者持续低温、寒潮来袭,都是疾病发作甚至恶化的直接原因。在某些情况下,热效应的危害更加严重。

2. 气湿 指空气湿度,表示空气中水蒸气的含量和湿润程度。水汽主要来自天空、水面、潮湿的土壤以及植物水分的蒸发。在任何气温条件下,潮湿的空气对人体都是不利的,常会产生胸闷、头晕、头重等症状。空气潮湿的程度不仅影响气候变化,对人体健康有重要作用。湿度上升,人会变得烦躁不安,尤其夏季三伏天,由于高温、低压、高湿度的作用,人体的汗液不易排出,出汗后汗液不易蒸发,因而使人烦躁、疲倦、食欲不振等。湿度降低,空气干燥,可以使人抵抗力下降,引起上呼吸道感染,甚至导致皮肤干燥、口干、咽干、唇干等失水症状。

3. 大气压 包围在地球表面的大气层,因为本身的重量,会对地球表面产生一定的压力,称作大气压。气压与人体的健康关系很大。低气压对人体健康的影响主要是氧气的供给,气压越低,空气的密度越小,人由于缺氧,会感到胸闷、憋气、难受,机体为补偿氧气不足,会加快呼吸和血循环,出现呼吸急促、心率加快的现象,出现我们常说的"高原反应"的症状。气压的突然减低,会诱发或加重某些疾病,甚至导致死亡。而当气压过高时,由于外耳道受到压力,可使鼓膜内陷,耳朵有明显的充塞感,耳鸣、头晕等。加压过快,可使鼓膜破裂。在大气压增大时,氧分压增加,可使心跳节律变慢,血流减缓;氮气可溶解在体内组织和血液中。大于 7 个大气压时,溶解在血液中的氮气会发生麻醉作用,使意识模糊,直至死亡。

4. 气流 即流动的空气。气流的生成原因十分复杂,也会影响到人体健康。一般向上流动的空气叫做上升气流,向下流动的空气叫做下降气流,空气呈水平方向流动时,称为"风"。在自然界中,随着四季的气候变化,不同的风会使人产生不同的感受。温和的风使人精神焕发、轻松舒适,过热的风则会使人烦躁或抑郁,强劲的冷风使人不适,持续强风可引起精神紧张。

除以上气象因素外,灾害性天气如风、雷、雨、雪、雹等太过,不但对农业生产、交通、人民生活构成灾害性损害,对人体健康的影响也十分显著。日照、太阳黑子活动对气候也有影响,亦与人类健康有关。

(二)气象对人体疾病的影响

气象要素作用于人体,机体在正常情况下,能够在一般波动范围内维持机体功能的相对稳定,仅引起代偿性生理变化;当气象变化超过人体调节的能力和范围时,机体平衡被破坏则会引起相应的病理反应,从而导致疾病的发生。研究发现,气象或季节对疾病发生发展的影响主要表现在以下几方面:

1. 呼吸系统 对呼吸系统的影响主要以感染性肺疾病为主,感染因素包括病毒、细菌、支原体、衣原体等致病微生物。高温、高湿的环境,可为致病原的繁殖和传播提供适宜的条件,使人体免疫力降低,细菌、病毒、寄生虫、真菌、媒介物等直接或间接进入人体致病,导致疾病的发生或传播。寒冷可使支气管黏膜纤毛的活动水平降低,呼吸系统屏障功能减弱,引起呼吸系统疾病加重。气压降低影响人体动脉血氧含量,导致机体处于缺氧状态,增加呼吸系统疾病和心脑血管疾病患病概率。湿度过低可致黏膜干燥而弹性减小,纤毛活动减弱使皮肤排泄和屏障功能减退,抵抗力下降。湿度能影响病原体的繁殖,如流感病毒和手足口病毒在湿热的条件下繁殖较快,故而,温度和湿度与呼吸系统疾病有明显的关系。而某些慢性疾病,比如支气管哮喘和慢性支气管炎,对气象的变化也非常敏感。

2. 循环系统　气温变化的寒热刺激、高压和强气流,能增加心脏病及脑血管意外的发病率。气温较高时,机体周围血管扩张,循环系统负荷加重;气温较低时,体内儿茶酚胺分泌增加,交感神经兴奋,血压升高,血管脆性增加,心肌缺氧,冠状动脉痉挛;脑血管舒缩功能障碍,脑供血异常或出血,使心脑血管疾病发生率增加,发生如心肌梗死性疾病和脑卒中等。尤其冷空气活动对血管、心肌和心脏等心血管系统的影响是多层次、多途径和综合性的。现已明确,寒冷、高温及气温骤变等是心血管疾病发生的重要危险因素。

3. 消化系统　气象对消化系统的影响主要表现在气温和气压的变化方面。急性胃肠炎多在夏秋季高发;胃肠急性穿孔、消化道出血在冬季发病率明显上升。有研究显示,消化性溃疡的发病时间主要集中于寒冷季节,而克罗恩病发病的高峰期主要集中于春夏两季,急性胰腺炎的发病则在夏季出现峰值。

4. 运动系统　气候中的季节和温度变化与类风湿关节炎等骨关节疾病有明显相关性。天气变化对类风湿关节炎患者关节的肿胀、晨僵及睡眠、情绪等均有影响。中老年患者对天气变化更为敏感,其关节疼痛程度更重。低温、低压、高湿度以及风速可使风湿病患者病情加重。

此外,许多过敏性疾病也表现出明显的季节特点,气温、气湿对致敏原的产生与播散、人体的反应性均有很大影响。

(三)生物气象学对疾病防治的作用

生物气象学可以运用医疗气象预报和气象治疗的方法,制定有效的预防和治疗措施,为人类健康提供保障。

1. 医疗气象预报　运用医疗气象预报模型,对某一区域未来一段时期内可能导致疾病发生或加重的气象要素和环境状况作出定性或定量预测,为敏感人群预防疾病和卫生诊疗提供决策依据,指导其及时采取预防保健措施。

2. 气象治疗　指运用海滨、森林、温泉等利于人体健康的气象或环境条件,恢复人体内稳态的协调能力,以达到预防或治疗疾病的目的。这些区域空气洁净,富含氧气及对人体有益的微量元素和离子,可以促进机体新陈代谢,增强机体免疫力。另外,可根据机体健康所需的最佳气象条件,人为地制造能够改善体内环境稳定性的环境条件(如人工气候室),从而达到治病或保健的目的。

二、四时养生以季节气候为依据

四时养生以四季气候为依据,研究四时气候变化对人体的影响及其相应的养生方法,与现代生物气象学有很高的相似性。中医理论认为,春、夏、秋、冬四季是自然界四时气候变化的征象,又是阴阳消长、寒暑变化的表现,对自然界万物的影响尤其重要,正如《易经·系辞》中说:"变通莫大乎四时。"四季的气候特点是春温春生,夏热夏长,秋凉秋收、冬寒冬藏。它们又是一个不可分割、连续变化的整体。没有生长,

就无所谓收藏,也就没有第二年的再生长。正因为有了寒热温凉、生长收藏的消长进退过程,才有了各种生命的正常发育和成长。人体脏腑的生理活动和病理变化,不可避免地受到自然界四时寒暑阴阳消长的影响。在正常情况下,人与自然界季节时辰变化具有同步的相应性变化,人体生理功能随着天地四时之气的运动变化而进行着自然调节。只有能动地适应四时变化的规律,才能保持机体内环境的稳定,有效避免不适和疾病的发生。此外,四时养生还重视随各年度五运六气的特点调摄养生。每年的运气不同,气候也会出现很大的差异,依五运六气养生防病也是四时养生的重要方法。《遵生八笺》说:"人能顺时调摄,神药频餐,勤以导引之功,慎以宜忌之要,无竞无营,与时消息,则疾病可远,寿命可延。"所以,四时养生强调顺应自然保养生命,其鲜明的特点就是重视季节气候的变化。

第二节　四时养生与时间生物学

一、时间生物学与时间医学

(一)时间生物学

时间生物学是研究生物节律现象及其机制的一门学科,充分体现了生命的时间特性。周期性是宇宙中的重要现象,周期性振动被称为节律或节律性,具有时间和空间的特点。节律性是生命的基本特征之一。从单细胞生物到人类的各种功能活动、生长繁殖,乃至某些微细的形态结构,随着时间的推移,都可能呈现某种有规律的反复改变,称之为生物节律。

时间生物学认为,生物节律调节着生物体的一切生命进程和功能。生物节律是内源性的,它是生物体在进化过程中为适应自然环境的影响,逐渐形成的机体内在节律。这种节律往往与自然环境的周期性变化相似。人和动物的生物节律按其频率的高低,可分为高频(如心动周期、呼吸周期等)、中频(24小时日节律或称日节律)和低频(如月经周期等)三种节律,其中周期约为24小时的日节律是最重要的生物节律,是一种基本生命现象。日节律又称为近日节律和昼夜节律,尚有超日节律、亚日节律、月节律、潮汐节律及年节律等。生物节律对人的身体功能、精神活动和生理反应发挥着重要的调节作用。

生物节律对人体生理的影响主要表现在体温、行为模式等方面。人的体温、脉搏、呼吸、血压、激素、酶、血液和组织细胞内的生化反应等均有节律性变化,基因功能活动也大多呈节律性。生理状态下的日节律调控机制、月节律生理变化、季节性生理变化,病理状态下的日节律变化机制(如心血管疾病、精神疾病)等,这些研究内容对养生保健方法的研究具有重要价值。

(二)时间医学

生物节律的平衡稳定能够保证人体健康的生命活动,生物节律发生紊乱时则会导致人体各种生理及心理功能的异常。

1. 稳态与健康　稳态是生命科学中的重要概念,它是指机体内环境受扰动后自动发生的校正反应。通常依赖负反馈调节机制,机体可以对以秒、分以及小时计的时间范围内随机发生、无周期性、不可预言的环境刺激作出反应,以维持内环境的稳定。

机体内环境的稳态机制是保持健康的内在关键,也是养生保健追求的最佳效果。时间生物学与医学结合,将稳态的概念引入到医学中,就形成了时间医学。20世纪末以来,时间医学的理论已被广泛应用于医学的各个学科,对于去除疾病的病因和诱因,防止疾病的发生和发展具有重要意义。

时间医学研究的是人体生理活动、病理变化过程的周期节律性及其相互关系,即一方面研究时间与人体生理变化的关系,另一方面研究时间与人体病理变化的关系。也就是说,时间医学专门研究时间结构中人体生理、病理变化和物理、化学、生物因素的影响,以及对疾病的诊断、治疗、预防提供对策。

2. 失衡与疾病　人体内环境失衡与许多疾病的发生有着密切关系。健康的稳态机制被打破,或病理状态下的相对稳态被破坏,主要表现为生物节律的紊乱。中枢生物节律及外周生物节律的表达异常,可引起循环、神经、免疫、内分泌系统等多种疾病的发生、发展。有研究证实,在慢性肾衰竭患者中,异常生理节律的发生率较高,发生率越高者,肾功能水平越差。生物节律与抑郁症患者的自杀意念也有一定关系,晨间型抑郁症患者产生自杀念头明显少于夜间型患者。另有研究表明,生物节律紊乱会引起免疫功能低下、失眠、癌症、消化性溃疡、糖耐量降低、月经失调等疾病。并且,脑出血、冠状动脉粥样硬化性心脏病、哮喘、脑血栓等疾病的发作时间也表现出生物节律的特点。

随着时间医学的发展,人体从系统、器官、组织到细胞、亚显微结构及其生理功能随昼夜、季节周期性改变的机制,已经在分子、蛋白质水平被逐渐阐明。一年四季在日照时间、大气压力、气温、射线等方面均有变化,而这些因素对人体的影响非常广泛,如体温、血压、情绪、内分泌、免疫功能、行为功能、识别功能等。在不同季节,外周血白细胞及分类计数有波动,体内许多激素的脉冲节律也会受到干扰,如生长激素、褪黑素、肾上腺素、促甲状腺激素等。

时间生物学与时间医学揭示了人类顺应自然规律以保持健康的内在机制。如果在人体生理节律处于低谷期时,能够采取措施避免致病因素的侵扰,同时主动地维系人与自然和谐统一的节律,对维护自身健康将大为有益。

知识拓展

中医时间医学

中医古籍中虽然没有明确提出时间医学的概念,但在内容上却富含着时间医学的思想。《黄帝内经》很早就认识到人体存在着时辰、昼夜、四季这样的时间节律性及与自然环境相适应,并提出了"天人相应"的整体观。"人与天地相参也,与日月相应也",是天人相应思想的集中体现,指出人体要适应天地日月的变化规律,所谓"顺天之时,而病可与期"。指出人体生理病理应与自然界的"天时"规律相适应,这同现代时间医学思想是一致的。

中医时间医学是在中医理论指导下,从整体上研究人体生命活动的周期性,并指导临床诊断、治疗、预防和养生的一门科学。它是中医学的一个分支学科。它对生物体(大部分是人类)节律机制的解释是通过中医基础理论进行的,也就是中医基础理论中的阴阳学说、卫气营血学说、脏腑学说等。

二、四时养生遵循时间节律

中医理论中包含着丰富的时间医学内容。古代文献中很早就阐明了人体的生理活动可随着时间节律发生相应的变化。例如,皮肤腠理的开合,脉象的变化(春浮、夏洪、秋毛、冬石)、十二经脉气血的运行,经穴的定期开合,卫气与营气的运行等,都与时间节律有关。四时养生基于上述中医理论,主张遵循四时的自然节律进行调养,与现代时间生物学和时间医学的特点相一致。

四时养生是中医时间医学的组成部分,强调人体必须顺应四时的自然变化,遵循时间节律,通过生活起居、饮食、运动等多方面的适应性改变,提高人体适应自然的能力,促进机体保持健康状态。《黄帝内经》认为人"以天地之气生,四时之法成",人与自然界是一个统一的整体,即"天人相应"。人要健康长寿就应"法于阴阳",顺应自然变化的规律,正如《素问·四气调神大论》中所云:"夫四时阴阳者,万物之根本也。所以圣人春夏养阳,秋冬养阴,以从其根,故与万物浮沉于生长之门……。故阴阳四时者,万物之终始也,死生之本也,逆之则灾害生,从之则苛疾不起"。《备急千金要方·养性》引列子之说:"一体之盈虚消息,皆通于天地,应于物类"。强调人体必须顺应四时的自然变化,遵循时间节律,加强人体适应自然的能力,天人相应,保证人体健康长寿。

《黄帝内经》还详细说明了养生须遵循一年四季时间规律的重要性。例如,顺应春季"生"的特性养生对于人的健康具有重要意义。其一,人体在经过冬藏这个季节后,体能元气已积蓄很多,只有顺应春生特性进行推陈出新、畅发生机,才能保证一年的良好精神状态。其二,春时养生也即春季养阳。春应于肝,肝阳不用,则可致脏腑功能失调而精无神、气不振,未老先衰,诸病由生,使人疲乏困倦、头痛、耳聋、头目眩晕等。因此,春季对肝脏及阳气的保养对于人体的健康与延缓衰老至关重要,必须特别重视春季养生在四季养生中的重要性。

《摄生消息论》中说:"夏三月,属火,生于长,养心气。火旺,味属苦,火能克金,金属肺,肺属辛。当夏饮食之味,宜减苦增辛以养肺,心气当呵以疏之,嘘以顺之。故夏三月,欲安其神者,则合忠履孝,辅义安仁;安息火炽,澄和心神;外绝声色,内薄滋味;可以居高,彻环眺望;早卧早起,无厌于日,顺于正阳,以消暑气,逆之则肾心相争,水火相克,火病由此而作矣",所以夏日养生应当以益肝补肾,养肺静心为原则。

秋季早晚温差大,寒暖失常,由热转凉,雨水渐少,气候干燥。外邪乘机入侵,若饮食起居不慎,便会患各种温病、杂病。因此,秋季一定要加强疾病的预防保健。同时适当予以食补,供给身体需要的营养,亦能为"冬藏"做好充分准备。对于秋季人体易患疾病,应及早防治。

冬季养生既是结束,也是开始,是四季养生循环中不可缺少的重要环节,也是激发身体潜能、补养身体本原的重要时机。其总体原则为藏精养肾、避寒就温。养生从起居、饮食、情绪等方面来固护内脏。

第三节　四时养生与生物钟学说

时间医学阐述了生物体内具有产生和控制生物节律的机制,它能感知、测定和"预知"时间、产生节律性振荡信号,从而调节机体各种生理功能的周期性活动,使之按照一定的时间程序节律性地进行。因其类似于生物体内的时钟,因而又称之为生物钟。围绕生物钟的机制及其作用进行研究的学说,称为生物钟学说,属于时间生物学的内容。生物钟学说以近日生物钟为研究的重点,在医学领域主要探讨人体昼夜节律的特点、影响因素及其保持"钟正点"的方法和机制。

一、人体近日生物钟

1. 近日生物钟的作用　地球因自转而导致光照、温度、湿度等环境因素具有 24 小时的周期性。这种环境因素的周期性变化,对于地球上生物的生理和行为都具有重要的影响。生物钟学说认为,人体近日生物钟基因受环境授时因子的影响,并以此调节自身的振荡节律,使其与环境节律同步。同时,它发出振荡信号去影响其他生理功能系统,使其活动按照一定的节律进行。例如,人体内在的生理活动、细胞的新陈代谢和增殖分化均表现出 24 小时的节律性。近日钟基因能否正常表达和调控并形成正常自激振荡,不仅与生物节律能否正常产生有关,而且与健康也有着密不可分的联系。

(1)调控代谢过程:通过调节多种激素,如胰岛素、胰高血糖素、脂联蛋白、瘦素等,影响机体代谢。

(2)调节睡眠和觉醒的时相切换:通过调节多种神经递质,干预交替抑制促进睡眠和促进觉醒的神经元,对睡眠产生影响。

(3)调控肠道微生态:在一定程度上控制着体内微生态的时相变化,通过调节肠道菌群的生长和代谢,进而影响人体的肠黏膜屏障,以及能量代谢、蛋白质合成和解毒过程。

(4)影响免疫功能:通过调控机体免疫功能相关的细胞因子,使免疫状态受到影响。

(5)调控细胞周期和 DNA 损伤修复。

除此之外,生物钟还能调控人体的心理、行为等。

2. 近日生物钟的调节　生物钟的调控机制非常复杂,需要一个多层次调控的网络系统,包括表观遗传调控、转录相关的多种调控等。其中调节近日生物钟最基本的因素有光照周期、褪黑素、钟基因等。

(1)光照周期:在生理状态下,生物钟可通过眼睛的特殊光感受器感受昼夜的光强度变化,再经由视网膜达到下丘脑通路传入,对人的体能变化、精神活动和情绪波动等产生影响。1922 年科学家证明了大鼠昼夜活动节律的内源性质,发现大鼠的昼夜节律可被明暗周期及喂食时间所同步,并通过研究哺乳动物的时间起搏点观察到,下丘脑受损则大鼠的昼夜活动节律会受到干扰。后人在此基础上发现下丘脑视交叉上核为昼夜起搏点的部位。脑部除下丘脑视交叉上核外,杏仁核、海马、嗅球等部位也存在有生物钟的表达,对于维持各自区域的神经活动具有重要调控作用。现在已经明确,哺乳动物的视交叉上核,通过视网膜－下丘脑束接受视网膜投射,谷氨酸盐是其中的神经递质。通过生物节律的研究,人们发现了眼睛系统是时间生物节律的一部分。

(2)褪黑素:褪黑素主要由脊椎动物大脑里的松果体分泌,此外在视网膜、胃肠道嗜铬细胞、唾液腺、血小板均发现有褪黑素的分泌,在植物以及无松果体结构的无脊椎动物体内也发现有褪黑素的分泌。机体分泌褪黑素有节律性，白昼的分泌量低，黑夜分泌量高，峰值出现在午夜。大量的研究结果证实，褪黑素具有广泛的生物学作用，如调节睡眠、抗氧化、延缓衰老、抗肿瘤、改善免疫力、预防阿尔茨海默病、治疗抑郁症等。在时间生物钟系统中，褪黑素的主要作用是调节睡眠。研究发现褪黑素可通过增加脑内 γ- 氨基丁酸递质的含量而产生中枢抑制效应，发挥镇静催眠和免疫调节等作用。

（3）钟基因：生物节律的功能是通过某些组织特异性基因的节律表达实现的，这些基因被称作节律基因或钟基因。内源性昼夜节律的产生依赖于体内的分子振荡器，这一分子振荡器由钟基因连锁的转录 - 翻译反馈环组成。这一反馈环包括多种钟基因，多种物质能够引起这些钟基因的转录激活，从而调节反馈机制。这些钟基因和蛋白之间的调节与作用相互协调，以维持 24 小时的振荡幅度，调节机体的生理节律。

3. 生物钟与疾病　　生物钟功能紊乱会导致健康问题，甚至引发各种疾病。如：睡眠障碍、代谢性疾病、免疫功能紊乱、胃肠道疾病、肿瘤、生殖周期紊乱及多种生殖系统相关疾病等。并且，衰老也与生物钟有关。研究表明，夜间过度的照明可能是引起肿瘤高发病的原因。在跨时区飞行的女乘务员中，超过 30% 的人出现月经失调。流行病学调查显示，在轮班工人当中，乳腺癌的发生率可较日班工作增高 36%~60%。

二、四时养生重视时辰调摄

中医学认为，人体气血运行和生理功能以昼夜为循环周期，随一天中阴阳二气的变化而变化，如《素问·金匮真言论》中曰："平旦至日中，天之阳，阳中之阳也；日中至黄昏，天之阳，阳中之阴也；合夜至鸡鸣，天之阴，阴中之阴也；鸡鸣至平旦，天之阴，阴中之阳也。故人亦应之。"表明人体功能晨起始旺，中午最盛，午后转弱，半夜最衰。再如，《灵枢·营卫生会》指出："营在脉中，卫在脉外，营周不休，五十而复大会，阴阳相贯，如环无端。卫气行于阴二十五度，行于阳二十五度，分为昼夜，故气至阳而起，至阴而止。"人体内的经气就像潮水一样，会随着时间的流动，在各经脉间起伏流注，且每个时辰都会有不同的所主经脉。这些理论与西医学近日生物钟的观念不谋而合。如果能够顺应这种经脉的变化，采用不同的保养方法，就可以达到良好的养生效果。

四时养生重视人体在不同时辰的生理特点，尤其关注四季对时辰的影响，以及随着时辰的细微变化人体自身相应的调节，并以此作为选择适宜养生方法的参考。中国古代将一天分为十二时辰，最早记载于《汉书·翼奉传》，并沿用至今。十二时辰是根据太阳每昼夜绕北极运转一周，对应经过天穹的十二个方位，将昼夜的循环划分为十二个时段，并且以地支命名，称为十二时辰。十二时辰分别为"子、丑、寅、卯、辰、巳、午、未、申、酉、戌、亥"。每个时辰精确对应着自然界阴阳之气在一昼夜中阳气由升到降、阴气由消到长的变化过程。在十二时辰之中，人体气血会相应进行首尾相衔的循环流注，在不同时段不同经络气血的盛衰开合有时相特性变化。十二个时辰对应着人体十二条经脉，气血于寅时由肺经流注，卯时流注大肠，再依次流注胃、脾、心、小肠、膀胱、肾、心包、三焦、胆，丑时流注肝经，再至肺经，周而复始。因此，四时养生推崇十二个时辰各自依照昼夜阴阳变化的规律进行养生,这样就能协调人体与自然的节律,维持气血阴阳的平衡,实现养生防病的目的。

第四节　四时养生与发病阈值学说

一、发病阈值学说

阈值是指一定的范围和程度。任何事物的发生和发展变化均有不同的阈值,疾病也是如此。任何疾病的发生,不论是由外部还是内部因素导致的,都有一个由少到多、由微至著、由量变到质变的积累过程。当病理信息处于早期始发阶段时,疾病以潜隐状态存在着,从宏观整体上并未显露疾病的端倪,此时传统上仍然认为是健康状态,而实际上它是一种未达到发病阈值的未病状态。一般来说,这些病理信息的发展趋势有两种,好转或者恶化。疾病是人体在致病因素作用下,功能、代谢以及形态发生病理变化的过程。这些病理变化达到一定的程度,就会表现出疾病特殊的临床症状和体征。

在尚未出现特殊的症状和体征之前,机体存在着一定的代偿能力,但机体的代偿能力是有限度的,如果致病因素继续作用,超出机体代偿能力的范围,机体整体功能逐渐发生障碍,此时会以病理变化的形式加以反映,从而表现出各种疾病所特有的症状和体征。也就是说机体既可由于外因的有利影响、自身的良性调节及个体差异等原因使病因趋于消灭,从而在不知不觉中恢复健康;也可由于不良因素的不断累加,病理信息状态不断恶化,最终表现出疾病的初发症状而为医生所辨识。病理信息的发展是个量变过程,它需要有促进其发展的物质基础。例如,致病基因在各种因素的影响下,其数量可明显增多,发展到一定界限就可发病,即表现出症状,于是这一界限便将带有不同程度病理信息的人群,区分为有症状和无症状两大类,这一界限就是发病阈值。

发病阈值学说将人群区分为有临床症状的"有病"和无临床症状的"未病"两个部分,未病状态愈接近于发病阈值,所携带的病理信息就愈多。这种未病状态正处于"有病"和"无病"的过渡阶段,它既可以向无病即健康的状态转化,也可向"有病"转化。阻止其转化为"有病",不仅依赖医生个人的医疗水平、临床经验,还需要医者对所借助的仪器、生化等检测手段检测结果的熟悉、分析与认识。在实践中,要尽早地识别疾病、尽量减轻其对人体的损害,从而保护人体的健康。更依赖于个体的自我养生,树立正确的养生观并加以实施,可以有效地阻止未病状态向"有病"转化,减少疾病的发生几率。

二、四时养生降低发病阈值

疾病是多种致病信息积累超过了正常生理阈值的结果。中医临床预防疾病,可以通过四时养生的方法,达到降低发病阈值的目的。

1. 四时起居有节降低发病阈值　古人提倡养生要慎起居,人应四时阴阳变化要注意调整作息时间。春季封藏于地下的阳气升发,早起使得自身阳气随外界同步升发。夏季自然界阳气充沛,适当的延长活动时间使身体阳气得到自然疏泄,避免郁藏体内化火成疾。秋冬两季阳气逐渐消退，阴气日渐旺盛，处于主导地位，秋季为少阴，阴气与阳气互存，阳气下沉，阴气滋生，早卧以养阳气；冬季为太阴，属水，主封藏，阴气最盛，阳气最弱，所以冬季养生关键在于闭藏阳气，此时要注意顾护阳气，即要多睡少动减少阳气的耗损。

2. 四时调养精神降低发病阈值　春季是发陈的季节，人体阳气潜藏一冬，至春日发泄，始无抑郁之患。春令之养生贵在于调畅情志，养升发之气，顺应春季"生"的特性，保持心情舒畅。夏季天气逐渐转热，人们极易感到闷热、困倦和烦躁不安，性情急躁易怒，需要使自己的思想平静下来，神清气和。古代著名养生家嵇康说："夏季炎热，更宜调息静心，常如冰雪在心"，这就是"心静自然凉"。夏季养心要"无厌于日，使志无怒"，使机体的气机宣畅，通泄自如，情绪向外，呈现出对外界事物有浓厚的兴趣，这才是适应夏季的养生。《管子》中记载："秋者阴气始下，故万物收。"秋季应注意收藏，做到内心宁静，神志安宁，切忌被肃杀之气扰乱而悲伤，同时还应收敛神气，适应秋天容平之气。冬天阳气闭藏，应保持心态平和宁静。总之，春应生发之机当心情舒畅，夏应华实之象当精神饱满，秋应平容之性当安定内敛，冬应潜伏之气藏而不露。

3. 四时饮食有法降低发病阈值　四时养生重视饮食的调养，为适应春季阳气升发的特点，为扶助阳气，此时，在饮食上应遵循上述原则，适当食用辛温升散的食品，如：麦、枣、豉、花生、葱、香菜等，而生冷黏杂之物则应少食，以免伤害脾胃。唐代名医孙思邈说："春日宜省酸，增甘，以养脾气"。意思是当春天来临之时，人们要少吃酸味的食品，多吃些甜味的饮食，能补益人体脾胃之气。《保生心鉴》说："暑气酷烈，炼石流金于外，心火焚炽于内，古人于是时独宿、淡味"，故夏季天气热，饮食宜清淡，应以易消化、富含维生素的食物为主。夏季饮食还应少食寒凉冰冷之物，如果食入过多，则易引起呕吐、腹泻、腹痛之类腹疾。秋季多燥，养阴润燥之法则势在必行。宜多喝水而润燥。根据中医学理论，五脏之肺脏对应五色之白色。因此，秋季常吃白色食物可收到润肺之效果，如白萝卜、百合、银耳、莲藕、莲子等。冬季是人体进补的最佳时机，营养物质的吸收不仅迅速，且不会散失太快，因此，进食的滋补之物不仅能够贮藏体内，且效能也会被最大化利用。适合冬令的补品很多，但须注意选用时应当依据自身情况对证施补，且最好能够坚持整个冬季。相对于其他季节，冬季人们会感到食欲比较旺盛，此时脾胃的吸收消化功能也相对较好，饮食中可以适当加入高热、高营养、味浓色重、补益力强的食物，如羊肉、牛肉、鸡肉等动物类食品，对于阳虚寒盛之人尤为有益。

4. 四时合理锻炼降低发病阈值　在寒冷的冬季里，人体的新陈代谢，藏精多于化气，各脏腑器官的阳气都有不同程度的下降，因而入春后应加强锻炼。尽量多活动，使春气升发有序，阳气增长有路，符合"春夏养阳"的要求。夏季通过运动、休息来调节身体状态，但运动太过，可能导致津液损伤。秋季早晚气温较低，因此，秋季的体育锻炼宜选择清晨空气清新、环境安静优美之所，尤以晨间林荫道旁锻炼为宜。冬季运动宜以室内为佳，户外活动时不能衣着过于单薄，更不宜在户外逗留过久，且尤其注意避免汗出过多，以微微有汗便可，切不可于冬令之时汗出而当风。

《素问·四气调神大论》说："阴阳四时者，万物之终始也，死生之本也，逆之则灾害生，从之则苛疾不起，是谓得道。"在养生实践中，应该充分认识到这一原则的重要性和指导性，在了解和把握自然界气候变化规律的基础上，结合每个季节阴阳变化特点,顺应阴阳的变化进行适当的调摄,养阳以助生长之能,养阴以益收藏之本。如此,才能维持人与自然的和谐统一,使机体处于阴平阳秘的健康状态,降低发病的阈值,从而达到防病延年的目的。

学习小结

1. 学习内容

中医四时养生与现代养生理论
- 四时养生与生物气象学
  - 生物气象学
  - 四时养生以季节气候为依据
- 四时养生与时间生物学
  - 时间生物学与时间医学
  - 四时养生遵循时间节律
- 四时养生与生物钟学说
  - 人体近日生物钟
  - 四时养生重视时辰调摄
- 四时养生与发病阈值学说
  - 发病阈值学说
  - 四时养生降低发病阈值

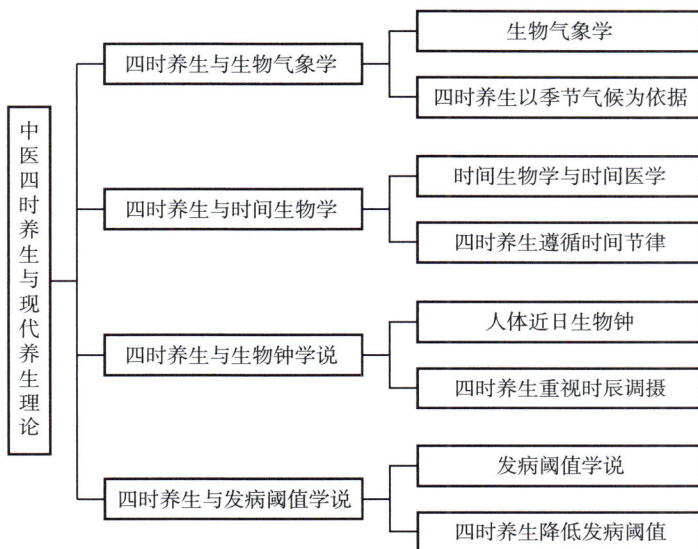

2. 学习方法　以生物气象学的几个要素为主要线索,把握气象因素对人体养生的影响;从时间生物学的概念入手,掌握时间节律对人体生理病理的影响;根据发病阈值的概念,认识中医四季养生对降低发病阈值的影响。

（朱　平　龚婕宁）

复习思考题

1. 如何理解四时养生与生物气象学的联系?
2. 如何理解四时养生与时间生物学的联系?
3. 试从发病阈值角度阐述四时养生的作用。

第九章

春季养生及易发病养护

学习目的

　　掌握春季养生原则、春季养生大法及养生要点,熟悉春季气候对易发病的影响,掌握或熟悉春季易发病的养护方法。

学习要点

　　春季养生原则,春季养生大法及养生要点,春季易发病的养护。

第一节　春季养生原则

　　《黄帝内经》云:"春夏养阳。"春季天地俱生,万物以荣,自然界阳气发动,生机勃勃。人体顺应其变,养护阳气以利生发是春季养生的基本原则。

一、养生大法

(一)衣食住行,养护阳气

　　"春三月,此谓发陈。"春季,春阳发动,是新陈代谢最为活跃的时期。人与天地相应,生活起居、衣食、精神、运动各方面均应随自然的变化加以调整,以养护生发之气,保持身体健康。

(二)脏腑调摄,养肝为先

　　在人体五脏六腑之中,肝与春季的关系最为密切,《素问·六节藏象论》说:"肝者……通于春气。"肝在五行中与"木"相应,为风木之脏,主疏泄,"喜条达而恶抑郁",其特性与草木在春季萌发、生长相似。春天是万物复苏、生发的季节,肝脏也是在春季时功能最活跃。肝气以升发为顺,主人体一身阳气的升腾,肝气升发条达则能发挥正常的生理功能,肝气抑郁不畅,则易导致疾病。因此,春季养生应以养肝护肝为先。

(三)情志调养,舒畅戒怒

　　春季万物萌动,阳气生发,气候变化较大。人体受春天自然气候的影响也处于一个变化较大的时期,而脏腑功能活动的改变又会影响人的精神和心理活动。春气内应肝,肝主疏泄,条达气机,调畅情志,在志为怒,与人的各种情志变化尤其是怒的情绪关系密切。故有"大怒伤肝"之说。肝的生理特点是"喜条达而恶抑郁",即喜欢舒展条畅的情绪而不喜欢抑郁愤怒的情绪。心情舒畅有利于肝的疏泄,反之,心情抑郁可使肝的疏泄受到影响,临床许多疾病都与肝的疏泄失调有关,尤其与情志类疾病关系密切。如肝的疏泄太过可见急躁易怒、失眠多梦、头胀头晕、目眩等症;疏泄不及则可出现胸胁胀满疼痛、精神抑郁不乐、沉默寡欢、嗳气叹气等症。春天肝气、肝阳随春气上升而阳盛火旺,易导致高血压、眩晕、肝炎等疾病。肝气旺盛也使得人的精神情绪随之高昂亢进,使原有精神分裂症、躁狂症等疾患的人易因天气的变化而出现激愤、骚动、暴怒、吵闹等状态。因此,春季成为多种肝病以及精神情志类疾病的高发期和高复期。所以,保持心情舒畅,抑制发怒是春季养生、怡情养肝的基本大法。

(四)饮食调养,合理有度

养生之道讲究先饥而食,日常生活中饮食有常有度,应注意饥饿后方可进食,并须按正常时间、每个人的正常食量就餐,不可暴饮暴食或经常饥饿,避免引起肝的功能障碍及胆汁分泌异常而出现消化功能失调的病症。春季阳气生发,气候温暖,干燥多风,饮食调养还应随季节变化而合理调整,遵照“春夏养阳”的原则,宜多吃些温补阳气和甘润养阴的食物,以使人体阳气充实,阴阳调和,增强人体抵抗力,抵御风邪为主的各类邪气对人体的侵袭。此外,肝旺则易影响脾胃功能而致脾胃虚弱,适当“省酸增甘”,养肝护脾,亦是春季饮食调养的重点。

(五)运动锻炼,动静适宜

生命在于运动,运动是永恒的。运动不仅陶冶情操,对人的身体健康也十分有益。春天自然界阳气开始升发,万物萌动,人体的节律变化也以升发为主。日常生活中可借助这一自然规律,通过运动锻炼达到养护阳气的目的。据研究,春季地球的振动与人体脑波节律基本一致,最让人感觉舒服,对情绪长期焦虑者有一定治疗作用。加之户外空气清新,各种草木的芳香能使人身心放松,减轻压力。因此,春季养生锻炼,提倡以“动”为主,动静适宜。

二、养生要点

(一)生活要点

1. 起居　宜夜卧早起,即稍早睡、略早起。因为春天阳气渐渐上升,所以生活中宜稍早起床以顺应自然,亦因为早起,为保证睡眠时间,故而相应地宜稍早而眠。对此《素问·四气调神大论》谓之:“天地俱生,万物以荣,夜卧早起……”。睡前可用温水洗脚,然后按摩双脚及双腿,以促进血液循环。晨起先在床上仰卧,活动四肢及头颈部,再慢慢坐起下床活动。

常开窗通风换气。开窗既能排除室内有害气体、净化室内空气,又能让阳光直接射入室内,起到消毒杀菌的作用,有益于防病和保健。因此,要经常开窗使空气流通,每天可以上、下午各一次,每次 20~30min。

2. 服饰、形体　春阳升发,人体阳气也是升发之时。《素问·四时调神大论》曰:“广步于庭,被发缓形,以使志生,生而勿杀,予而勿夺,赏而勿罚,此春气之应,养生之道也。”即是说春季人应该穿戴宽松,披散头发,舒展形体在庭院信步漫行,使机体阳气流通,肝之气血顺畅,则可保身体强健。

春季是由冬寒向夏热过渡的时节,此时处于阴消阳长、寒去热来的转折阶段,阳气渐生,气候温暖,而阴寒并未消尽,冷空气仍在活动,寒热多变且温差较大,正所谓早春"乍暖还寒",应适度"春捂",不可过早脱减衣裤、脱去冬衣。尤其一些地区一天之内天气会有急剧的变化,早晨旭日东升,春风送暖,中午阳光曝晒,气温升高,傍晚气温骤降,寒流突至,冷气逼人。所以,初春时节如果衣着单薄,很容易感受春寒而染病。因此,人在春天必须适应自然规律,适当地春捂可以使人体保持合适的温度,有利于人体阳气的升发。如果减少衣物,则春季的寒气就会行使收引的功能,玄府闭塞,不利于阳气之升发。可见,"春捂"既是顺应春季阳气升发的养生需要,也是预防疾病的自我保健良方。唐代著名医药学家孙思邈曾说:"春天不可薄衣,令人伤寒,霍乱,食不消,头痛。"明代医家汪绮石亦云:"春防风,又防寒"。春季过早脱去棉衣,则极易受寒,寒则易伤肺经而致病,临床常见的疾病有普通感冒、流行性感冒、急性支气管炎、肺炎等。春季还是麻疹、流行性腮腺炎、水痘等许多传染病的好发季节,这些疾病的发生虽然与细菌、病毒感染有关,但感染后发病与否很大程度上取决于个人的正气强弱和起居调摄是否妥当。"春捂"得法,将会减少诸多疾病的发病。民间谚语所谓"春不忙减衣""二月休把棉衣撇,三月还是梨花雪""吃了端午粽,再把寒衣送",说的亦是这个道理。

对于如何正确"春捂",古代医籍《摄生消息论》早有记载,其曰:"春天天气寒暖不一,不可顿去棉衣,老人气弱骨疏体怯,风寒易伤腠理,时备夹衣,温暖易之,一重减一重,不可暴去。"其意即为不可过早脱去棉衣,而要逐渐减少衣服,随天气变化而增减,切不可突然减少衣物。"春捂"随着气温回升终将结束,但减得太快就可能出现"一向单衫耐得冻,乍脱棉衣冻成病"。一般气温回冷仍需加衣御寒,即使此后气温回升,最好再捂一周左右,体弱者及老人应再捂两周左右,身体才能逐渐适应天气的变化,减得过快就有可能因受冻而患病。生物气象学发现,许多疾病的发病高峰与冷空气和降温持续的时间密不可分。比如感冒、消化不良,早在冷空气到来之前便已出现,而青光眼、心肌梗死、脑卒中等,在冷空气过境时发病概率会骤然增加。故而春捂的最佳时机,应是在气象预报冷空气到来之前的1~2天。研究表明,15℃可以视为捂与不捂的临界温度,当气温持续在15℃以上且相对稳定时就可以结束春捂,而日夜温差大于8℃时就应该春捂。

虽然春捂十分必要,但春捂也应有度,当南方到了3月,或北方到了5月,天气就会明显变热,此时如若还在春捂,就会超过人体的耐热限度,反而对健康不利。尤其是我国长江流域,春季空气湿度较大,如果过度"春捂",还容易诱发中暑。

3. 怡情　春季内应于肝,肝在志为怒,怒是对人体的不良精神刺激,虽然平时均不宜怒,但春天更须强调遇事戒怒、开朗乐观,避免不良情绪刺激。

（1）心态乐观:积极乐观使人健康,急躁郁怒易导致肝失疏泄,肝气郁滞,气血不畅而成疾。春季养肝,首先应学会制怒,保持心平气和,乐观开朗,积极向上的心境,协调好周围的人际关系,不过分追求金钱、名利和享受等,知足常乐,不急不躁,不卑不亢,注意换位思考,多替他人考虑,消除不满、不安等消极情绪,使肝气能够正常升发、顺调,促进气血的调畅,减少因郁怒伤肝而导致肝的病变。并注意培养高雅的兴趣爱好及幽默感,结伴郊游踏青、赏花嬉戏、下棋聊天以畅情志。除了通过怡情益趣以舒畅心情外,还可采用静思冥想的方法。每天找个安静的地方,让自己放松冥想,可使人重整心情,促进利导思维。每天在室内静思冥想后,最好再去户外晒晒太阳,春日的阳光温暖和煦,既能安抚人的焦虑情绪,还可以增进钙的吸收。静思可以清静心灵,阳光可给心灵充电。

（2）适度宣泄:调节情绪以保持健康的重点,还在于使不良情绪得以宣泄,恢复良好心境。无论太过生气、大发脾气,还是郁怒一直生闷气,肝气无法宣泄而聚集于体内,久而久之则容易导致脏腑功能紊乱而发生疾病,所以一旦心情欠佳,应选择合适的方法把积聚、郁结在心中的不良情绪表达、发泄出去,尽快恢复心理平衡。还可采用转移法,即通过一定的方法和措施改变自己的思想关注点,或改变其周围环境,使其与不良刺激因素脱离接触,从而从精神烦恼中解脱出来,或转移到其他事物上去加以宣泄,这也是防病的简易方法。

（二）饮食要点

春季饮食原则为"省酸增甘"。正如《备急千金要方》所说:"当春之时,食宜省酸增甘,以养脾气"。

1. 少酸抑制肝阳亢　春季饮食不宜过酸,并且适宜少酸。中医五行学说认为,酸入肝,能增强或刺激肝功能。春天肝木之气自然旺盛,最易促使肝阳上亢,若再过食酸性食物,易导致肝气过于旺盛,一则肝旺易导致肝阳上亢;二则肝木克制脾土,肝旺容易损伤脾胃;三则酸味有收敛作用,过酸不利于肝气的升发和肝气的疏泄,所以春季饮食最应少酸。不宜食用羊肉、狗肉、鹌鹑、虾、螃蟹等食物,可多吃春笋、菠菜、韭菜等春天生长的新鲜绿叶蔬菜。肝主青色,故绿色食物多能养肝。

2. 多甘入脾固中气　春季宜食用甘温补脾之品。主要原因是春天肝气过旺易伤脾胃,故在饮食调理时宜先养护脾胃,脾胃功能强健,则不易导致肝病及脾。性温味甘的食物首选谷类,如糯米、黑米、燕麦等;蔬果类如刀豆、南瓜、扁豆、红枣、桂圆、核桃、栗子等。此外,许多肉类鱼类也属甘味,如牛肉、猪肚、鲫鱼、鲤鱼、草鱼、黄鳝等。时令水果中,草莓等应季水果也最有益于春季健康。亦可选用药膳养肝健脾。如:山药30g,薏苡仁30g,茯苓10g,小米75g,大枣10枚共煮成粥,加少许白糖当主食长期食用。

任何事物都有两面性,虽然少酸增甘是春季养生的饮食要点,但若为肝气疏泄不及者,则又应适当补充酸味及辛味食物以增强肝之功能,促进肝之疏泄。常选乌梅、番茄、柠檬、葡萄、山楂、菠萝、杨梅等口味偏酸的食物,以及芫荽、韭菜等辛味食物。

3. 少饮酒养肝保肝　初春时节,虽然大地回春,但寒气仍然较盛,虽然饮酒有利于通经、活血、化瘀和肝脏阳气之升发,但不能贪杯过量。酒的主要成分是乙醇,大约90%的乙醇须经过肝脏代谢,肝细胞胞浆中的乙醇降氢酶催化乙醇生成乙醛,乙醇、乙醛都有直接刺激、损害肝细胞的毒性作用,可使肝细胞变性、坏死,引发酒精性肝炎、酒精性肝纤维化、酒精性肝硬化、酒精性脂肪肝。肝脏代谢乙醇的能力是有限的,若超过限量过多饮酒,就会造成肝损伤而影响健康,甚至造成酒精中毒,危及生命。春应于肝,春天是最应保护肝脏的季节,不可因贪杯而伤肝。

4. 多饮水减毒排毒　人体大约70%的成分由水组成,人体新陈代谢如果离开水则不能运转。初春寒冷干燥易缺水,多喝水可补充体液,增加血容量,促进血液循

129

环。气血流通,新陈代谢旺盛,可以促进肝的升发条达,同时,多饮水还可促进腺体的分泌,尤其是消化腺和胰腺、胆汁的分泌,以利于消化、吸收和废物的排出,减少代谢产物和毒素对肝脏的损害。春季饮香气浓郁的花茶,可有助于散发冬天蓄积在体内的寒邪,促进人体阳气生发,郁滞疏散。适量饮茶,还可提神解困,但春季不宜贪冷茶冷饮。

（三）运动要点

春天气候宜人,是锻炼身体的好季节。

1. 运动时间　春练时间不宜太早,防止因早晨气温低、雾气重而患伤风感冒、哮喘等春季常见疾病。另外,时间太早太阳尚未升起,大地上的植物还未开始进行光合作用,此时空气中氧气含量较低,故应在太阳升起后再进行身体运动,能增强大脑皮层的工作效率和心肺功能。

2. 适合的运动　无论南北方,冬季都是程度不同的寒冷季节,尤其北方要经过相当漫长寒冷的冬季,而南方因缺少取暖设施更令人感到阴寒。寒主收引凝滞,此时人的身体多为蜷缩而不舒展的状态,因此,春天最适合做的就是伸展运动,以顺应其升发之性,从而唤醒身体的复苏。在春季开展适合时令的户外活动,如散步、踏青,尤其是打太极拳,这种柔缓慢行、通畅天地的肢体运动,最能使人舒缓有度,精神焕发,既能振奋人体阳气,促进气血津液化生而充养脏腑筋骨,又能使机体气血通畅,促进吐故纳新,强身健体,还能怡情养肝,达到护肝保健的目的。

3. 运动前准备　春季运动要舒缓。一般人晨起后肌肉松弛,关节韧带僵硬,锻炼应先轻柔地活动躯体关节,掌握好从轻缓到适宜个体的运动强度,防止因骤然锻炼而诱发意外。

4. 运动强度　无论做什么运动都要强度适宜,这一点应因人而异,切忌拘泥于固定的尺度。每个人在具体的运动过程中都要找出适合自己的运动强度,原则是没有疲劳感,并且全身微微汗出,即为恰到好处。

5. 运动禁忌　春天运动不可空腹。空腹时人体缺少适量的精微物质供给,尤其早晨血流相对缓慢,体温偏低,此时运动易出意外。因此,在运动前应喝些热汤饮,或少吃些食物。此外,春季时见多风多雾之日,尤其易见晨雾。雾中含有较多对人体有害的微粒,容易导致和诱发心脑血管及呼吸道疾病,所以雾日不宜运动。

（四）进补要点

春季进补以助生长为原则,以食养为基本方法。

1. 膳食进补

（1）多食豆芽除疲劳：芽类蔬菜被称为“活体蔬菜”,黄豆芽常被称为“活体蔬菜”之冠。最好自己动手发豆芽,这样可以掌握豆芽生长的时间,因为豆芽不是越长越好,一般以一寸左右最佳,这时的豆芽营养素最饱满,其微量元素的含量要超过其他的芽类蔬菜。豆芽处于一种不断地生长过程中,其中营养物质最为鲜活。在万物复苏的春天,人的身体也在生长,尤其需要这种高质量的营养。特别是对正在生长发育的孩子,早春这个季节多吃些豆芽,可以提供丰富的营养。而对于成年人来说,黄豆芽有助于消除身体疲劳。

（2）多食粥助生发：春天是万物复苏、升发的季节,也是诸病多发的季节,不仅流行病易作,一些慢性病也容易复发或加重。饮用“药粥”是简便、实用的防病方法,又

130

不失为时令佳品。如可防治麻疹、助生长的荠菜粥,养脾胃、益颜色的红薯粥,能促进生长发育、儿童最宜食用的猪肝粥,疏风清热、增进食欲的薄荷粥,补肝肾、助生长的枸杞粥等。

(3)食韭菜助阳杀毒:韭菜自古即是美食佳蔬,李时珍曾赞其"乃菜中最有益者"。韭菜为百合科植物韭菜的地上部分,性温,味甘、辛。现代研究证明韭菜富含维生素 A、B、C 和糖类及蛋白质,尤其是维生素 C 和胡萝卜素的含量很高,在蔬菜中名列前茅。春季食韭菜有辛辣助阳的功效,且有调味杀菌等作用。吃韭菜讲究时令,古人早有"初春早韭,秋末晚菘""春食则香,夏食则臭"的说法。韭菜炒猪肝养肝气、助阳气升发是春季养生之最佳。尚可用山药炒韭菜,养肝健脾相得益彰。韭菜因其性热助阳,凡阴虚体质或身有疮疡者不宜食用。

2. 中药进补　根据春季的特点,肝木旺盛,木旺又易克脾,故应重视养肝柔肝、健脾助运以防病保健。

(1)甘草:早在我国现存的第一部药学专著《神农本草经》中即提出甘味"能补、能和、能缓",其中所谓"能和"即为调和中焦脾胃。日常生活中,在饥饿或脾胃虚弱时,最易产生焦虑或不安的情绪,故而一般认为甘味具有一定的安定神志作用。甘味药中的甘草甘味最浓,民间常将其称为"甜根子",春天时为了缓解阳气升发所产生的躁动状态,可以适当地饮用甘草水,常可有助于能量平衡和消化,减轻压力,但高血压和水肿患者须慎用。

(2)蜂蜜:蜂蜜既是一种纯天然食品,同时又是营养保健佳品,自古以来一直深受人们的喜爱,最适合在多风干燥的春季食用。蜂蜜性味甘、平,归肺、脾、大肠经。《神农本草经》记载:蜂蜜能"安五脏诸不足,益气补中,止痛,解毒,除众病,和百药"。其具有补中、润燥、止痛、解毒功效。现代发现尚有抗过敏的作用,可以缓解过敏症状。

(3)山药:山药性味甘平,归脾、肺、肾经,具有补脾养胃、生津益肺、补肾涩精功效,既补气又养阴,养而不腻。《神农本草经》记载,以河南怀庆的怀山药为最佳,有除寒热邪气,补中益气力,长肌肉,久服耳目聪明,轻身不饥,延年的功效,被历代本草列为上品。李时珍在《本草纲目》中论及山药,有健脾补虚,滋精固肾,治诸百病,疗五劳七伤之说。不仅如此,怀山药还可以直接烹饪食用,是上等的保健补品。宋代思想家朱熹就认为怀山药是极佳的补品,远在蜂蜜、羊羹之上。

(4)大枣:大枣起源于中国,已有八千多年的种植历史,被列为栗、桃、李、杏、枣等"五果"之一。大枣甘温,归脾、胃、心经,民间常用其养胃健脾,具有补中益气,养血安神功效。本品既"甘能补中,温能益气",又"味浓而质厚,则长于补血",尚"能缓猛药健悍之性,使不伤脾胃",实为健脾养胃的食疗佳品。

(5)白扁豆:白扁豆是一味非常好的健脾药,味甘,性微温,归脾胃经,具有健脾化湿,和中解暑功效。本品甘温补脾而不滋腻,芳香化湿而不燥烈,尤其炒白扁豆可健脾止泻,对于脾虚湿盛者的食疗价值很高。因其轻清缓补,对于病后体虚、初进补剂者较为适宜。

(6)薏苡仁:汉代越南药开始传入中国,《后汉书·马援列传》记载:"初,援在交趾(古代地名,初起包括广东及现越南北部),常饵薏苡实,用能轻身省欲,以胜瘴气,南方薏苡实大,援欲以为种,军还,载之一车。"说明早在东汉,越南品质优良的薏苡仁已传入中原。薏苡仁甘、淡、凉,归脾、胃、肺经,具有利水渗湿,健脾止泻等功效,炒后则健脾效能更佳。其常作为日常生活的膳食。

（7）茯苓：茯苓被古人称为"四时神药",为药食同源的典型药物,为多孔菌科真菌茯苓的菌核。李时珍在《本草纲目》中称茯苓是由"松之神灵之气,伏结而成"。历代医家及养生学家都很重视茯苓的延年益寿之功,唐宋时服食茯苓已是很普遍的事情。宋代文学家苏东坡就很会做茯苓饼。他曾指出,做茯苓饼"以九蒸胡麻,用去皮茯苓少入白蜜为饼食之,日久气力不衰,百病自去,此乃长生要诀"。茯苓性平,味甘、淡,归心、肺、脾、肾经。茯苓功效非常广泛,能利湿利水、健脾、安神,不分四季,无论寒、温、风、湿诸疾,都能发挥其独特功效。民间药膳中常加入茯苓,如茯苓饼、龟苓膏等。

3. 方剂进补

（1）养肝肾阴之六味地黄丸：六味地黄丸始于宋代,是儿科专家钱乙在《小儿药证直诀》中独创的补肾名方,因由熟地黄、山茱萸、山药、泽泻、牡丹皮、茯苓六味中药组成,而又以熟地黄为君药,故名为六味地黄丸。其具有补益肝肾之阴功用。方中以熟地黄、山茱萸、山药谓之"三补",泽泻、牡丹皮、茯苓谓之"三泻",但以三补为主,通过补泻平衡达到调节身体阴阳的目的。六味地黄丸三补三泻充分体现了中医组方之精妙,历代医家对它推崇备至。

（2）健脾气之归脾汤：归脾汤为南宋名医严用和创制,由人参、黄芪、白术、甘草、大枣、龙眼肉、茯苓、酸枣仁、木香九味中药组成以心脾兼顾,气血并补。但真正令归脾汤发扬光大的,还是明代御医薛己,在原方基础上加入了安神的远志、养血的当归,具有益气补血,健脾养心功用。对心脾气血两虚或脾虚而不统血之出血都有很好的疗效,现代尚可用于亚健康或过度减肥而导致的闭经、极度抑郁,或因工作节奏快、竞争压力大而导致的焦虑、失眠、疲劳、食欲不振、月经失调等。方中人参、黄芪、白术、甘草补气健脾,龙眼肉、当归补血养心,酸枣仁、茯苓、远志宁心安神,木香理气醒脾,共奏心脾兼顾,气血双补之效。

4. 腧穴进补

（1）足三里穴：位于小腿部,外膝眼下 3 寸,胫骨前嵴外一横指处。本穴为足阳明胃经的合穴和胃的下合穴,可健脾益气,和胃降逆,主治肠胃各种病症,如胃痛、呕吐、腹胀、腹泻、便秘、痢疾等。阳明经为多气多血之经,脾胃为气血生化之源,故本穴又能补益气血,擅长治疗虚劳诸症,有强壮保健之效。常言道："常按足三里,胜吃老母鸡。"此穴为保健要穴,经常按摩能起到延年益寿的作用,慢性疲劳者用此法有助于调节机体免疫力,保持充沛的精力。常可采用按摩法、艾灸法。

（2）上巨虚穴：在小腿部,外膝眼下 6 寸,足三里穴下 3 寸,距胫骨前缘约一横指。本穴为足阳明胃经穴位,又为大肠经下合穴,"合治内腑",可以调和肠胃、通经活络。此穴可以调节胃肠功能,治疗腹痛胀满、肠鸣泄泻、痢疾、便秘等胃肠疾病。常可采用按摩法、艾灸法。

（3）公孙穴：在足内侧缘,第一跖骨基底的前下方凹陷处中。公孙穴是足太阴脾经络穴,可以治疗脾胃两经的病变,具有健运脾胃、行气止痛的功效,擅长治疗胃痛、呕吐、腹胀、腹痛、泄泻肠鸣、痢疾等消化系统的疾病。常可采用按摩法、艾灸法。

（4）气海穴：位于腹部前正中线，当脐中下1.5寸。气海穴别称"丹田穴"，属于任脉的穴位，为诸气之海，有大补元气的作用，是人体补气要穴。常用于虚脱、羸瘦无力、脏气衰惫等气虚病证。另可理气止痛、通利肠腑（位于腹白线上，深部为小肠）以调治腹痛、泄泻、便秘等肠腑病证。常可采用按摩法、艾灸法。

（5）中脘穴：位于胸腹部，前正中线上，脐上4寸。或者前正中线上，胸骨下端与脐连线的中点处。本穴位于上腹部，能调畅气机，具有理气、和胃、止痛的功效，擅长治疗胃痛、腹胀、腹痛等病症。另外，本穴为任脉穴，任脉为阴脉之海，总领全身阴经，又为胃之募穴，位于上腹中部，可治疗胃腑的各种病症，有理气健脾、消食导滞、和胃降逆、利湿、疏肝止痛的功效，擅长治疗食少、厌食、呕吐、泛酸、小儿疳积、便秘、泄泻等诸多病症。常可采用按摩法、艾灸法，其中艾灸法可采用温和灸法或隔姜灸法。

（五）预防要点

1. 防风邪外袭　春天多风，是风邪当令的季节。加之春阳萌动，人体阳气升浮，腠理疏松，极易外感风邪为患。早春乍暖还寒，风寒易袭人体；仲春后温暖多风，尤易外感风热之邪。因此，应慎起居，适寒温，及时增减衣物，外出注意呼吸道的防护。还可根据自身体质选用药茶或药膳养护，如薄荷葱姜茶、苏叶姜枣茶等。也可多用艾叶预防。艾叶既可做药，又可为菜，故有"医草"之称。艾叶的干品常可药浴、泡脚、艾灸、驱蚊，但鲜品艾叶在清明前后一个月，因其鲜嫩多汁而为南方某些地区所喜食，意在预防疠气。现代药理研究表明，艾叶是一种广谱抗菌抗病毒的药物，它对多种病毒和细菌都有抑制和杀伤作用，尤其对呼吸系统疾病有一定的防治作用。

2. 防肝阳上亢　春天的升发易引动肝之阳气随之上逆，所以肝阳上亢与春季密切相关。春季是人体血压波动最大的季节，也是脑卒中等心脑血管疾病好发的季节，因此，防止肝阳上亢，控制好血压尤其重要。应注意节娱限欲，不可过度兴奋。同时，在舒缓、愉悦心情和饮食"少酸"基础上，可多食清肝食物。如马兰头、菊叶是江南春季常见的野菜，具有清肝明目之效。春天阳气勃发，肝阳易亢之人多食可获护肝清补之效。另如一些清热凉肝的药膳、茶饮亦是不错的选择：①菊槐绿茶饮：菊花、槐花各10g，绿茶30g，代茶饮。现代研究证明，槐花中含有天然的芦丁，具有较好的降压功能。②菊花粥：菊花50g，粳米100g，先用菊花煎汤，再将菊花汤与粳米同煮成粥。其具有降压、明目、醒神的功效。现代药理研究发现，菊花中含有挥发性精油，故有芳香气味，能降低血压。春季食用菊花粥，不仅可防治风热头痛、肝火目赤、眩晕耳鸣，而且久服还能使人肢体轻松，耳聪目明，提神醒脑。③芹菜粥：芹菜连根洗净150g，煮汁加粳米100g成粥。其具有降压、透疹功效，对降低血压、减少烦躁有一定好处。春季也是小儿麻疹多发季节，食芹菜粥可以解表透疹。此外，芹菜粥也适宜于生长发育旺盛的儿童食用。

3. 防热毒内蕴　在温暖多风的春季，风热之邪易生，若温风过暖，则更易形成温毒之邪。春温时节阳气生发，人体腠理开泄，外邪常乘虚而入。并且，冬季往往多食温热滋补食物，又可蕴生内热。研究表明，脾胃积热之人易患温病。因此，可有目的地通过调整饮食加以预防。

（1）蒲公英：北方区域喜食蒲公英。蒲公英为菊科多年生草本植物蒲公英的地上部分,别名黄花地丁、婆婆丁。蒲公英生命力极其旺盛,每到春天,遍布于路边、田野之上。蒲公英有很高的药用价值,富含蛋白质、脂肪、碳水化合物、微量元素及维生素,有丰富的营养价值,可生吃、炒食、做汤,是药食兼用的植物。蒲公英具有清热解毒、清痈散结、利湿通淋功效。《本草经疏》谓之:"蒲公英,其味甘平,其性无毒,当是入肝入胃,解热凉血之要药。乳痈属肝经,妇人经行后,肝经主事,故主妇人乳痈肿、乳毒并宜,生啖之良。"其可用于疮痈肿毒、湿热黄疸、热淋涩痛、肝热目赤肿痛等。并且,蒲公英有很好的利尿效果。现代研究证明,蒲公英含有蒲公英醇、蒲公英素、胆碱、有机酸、菊糖等成分,有利尿、缓泻、退黄疸、利胆等药理作用。蒲公英为保肝的佳品,有助于受损肝脏的愈合。

蒲公英可制成:①蒲公英粥:蒲公英 30g,入沸水锅焯透,捞出洗净,挤干,切碎,兑入用粳米 100g 煮成的粥中,拌匀食用,亦可以适当地加入一些调料。其具有清热解毒、消肿散结的功效。②蒲公英茵陈红枣汤:蒲公英 50g,茵陈 50g,大枣 10 枚,制成汤,为治疗急性黄疸型肝炎的食疗药膳。③蒲公英玉米蕊汤:蒲公英 50g,玉米蕊 60g,加水浓缩煎服或代茶饮,可治疗热淋、小便短赤。④蒲公英茶:干蒲公英 75g,水 1 000ml,大火煮沸后盖上锅盖,小火熬煮 1h,滤除叶渣,待凉后即可饮用。⑤蒲公英凉拌、做馅。但应注意,阳虚外寒、脾胃虚弱者忌用,且用量不宜过大,以免脾胃受损而腹泻。

(2)马齿苋:南方区域喜食马齿苋。马齿苋为马齿苋科植物马齿苋的地上部分,民间又称其为长寿草,具有清热解毒、凉血止血、止痢功效。《本草纲目》称其可:"散血消肿,利肠滑胎,解毒通淋……"其常用于治疗热毒血痢、血热出血、疮痈肿毒、湿疹、丹毒等。马齿苋是一种具有药用、食用价值的野菜,实为良药佳蔬。现代研究证明,马齿苋中含有蛋白质、脂肪、糖类、多种维生素、矿物质等多种营养物质。对痢疾杆菌、伤寒杆菌和大肠埃希菌均有较强的抑制作用,可用于各种炎症的辅助治疗,素有"天然抗生素"之称。马齿苋还可利尿、抗氧化、促进溃疡愈合,其护心、降低血压作用对防治心脏病效果尤佳。

马齿苋是春季具有食用和药用价值的美食。可制成:①齿苋芡实瘦肉汤:马齿苋 50g,芡实 100g,瘦猪肉 200g,调料适量,文火煲汤。汤品清淡鲜香、风味独特,具有清热解毒,健脾养胃的功效,适用于肠炎、泌尿系统感染、疮痈肿毒等。②醋香马齿苋:马齿苋煎取浓汁,食醋、白糖适量。③马齿苋炒鸡丝:鲜马齿苋、鸡脯肉、蛋清、调料适量,炒制。本品白绿相间、鲜嫩脆爽,既能健脾益胃,又能解毒消肿,对脾虚、疮疖肿毒有一定的辅助食疗作用。④齿苋炒鸡蛋:马齿苋、鸡蛋、调料适量,炒制。⑤马齿苋疙瘩菜:马齿苋、面粉、碱面、盐、醋、蒜、姜、辣椒面、干辣椒适量,和匀蒸制。此外,还有马齿苋饼、马齿苋馍、马齿苋饺子、马齿苋包子、马齿苋馄饨等。

(3)鱼腥草:西南区域喜食鱼腥草。鱼腥草为三白草科植物蕺菜的全草或地上部分,具有清热解毒、消痈排脓、利尿通淋功效。《本草经疏》曰:"味辛气温,入手太阴肺经。能治痰热壅肺,发为肺痈吐脓血之要药。"其用于治疗肺痈吐脓、肺热咳嗽、疮痈肿痛、热淋、痢疾等。现代研究证明,鱼腥草有抗病原微生物、抗病毒、解热、镇痛、抗肿瘤、抗辐射、提高机体免疫力等作用。

鱼腥草可制成:①鱼腥草茶:鱼腥草鲜品 500g 或干品 50g,煎煮代茶饮。②鱼腥草蒸鸡:童子鸡切块,鱼腥草200g切段,调料适量,上笼蒸制。其既可清热解毒,又可温中益气。③鱼腥草烧猪肺:猪肺300g切小块,鱼腥草100g切段,辅料适量,炒制。其既能清热解毒,又能滋阴润肺。

（4）莴苣:莴苣为菊科植物莴苣的茎叶。其有叶用和茎用两类,叶用莴苣又称生菜,茎用莴苣又称莴笋、香笋。莴苣具有利五脏、通经脉、清胃热、利小便、宽肠通便的功效。莴苣的通便功能非常适宜春季内热导致的便秘。现代研究证明,莴苣含有大量的钾、碘,对人体的基础代谢和体格发育会产生有利影响。味道清新且略带苦味,可刺激消化酶分泌。莴苣清香爽口,肉质嫩,适合烧、拌、炝、炒等烹调方法,也可干制或腌制罐装,亦用之做汤和配料等。

（5）荠菜:荠菜为十字花科植物的幼嫩叶,是颇受人们喜爱的一种野菜。早在公元前300年就有不少关于荠菜的记载,民间自古就有春季采集野生荠菜食用的习惯。《本草纲目》说:"性平,味甘、淡,健脾利水,止血解毒。"现代研究证明,荠菜具有预防癌症、促进胃肠蠕动、缓解夜盲症、降压、止血、抗菌消炎等药理作用。荠菜营养丰富,食用方法多种多样,且具有很高的药用价值。

知识拓展

春季清除体内伏火

伏火就是伏藏在体内的郁火。春季伏火常由冬春季内、外因所致:春节是中国最重要的节日,举家团聚,开怀畅饮,山珍海味,食积化热易潜伏体内形成伏火;冬季寒邪侵袭聚于体内亦可郁而化火。春天人体阳气萌动,外在的春温热邪和体内的伏火相应最易导致疾病发生,常易引发呼吸道感染、春季中风等。伏火潜伏久,病程长,禁忌使用大剂量苦寒泻火药,宜遵循"火郁发之"之旨,因势利导促使体内伏火发散透泄于外。春季清除伏火,从心理讲要有积极乐观的心态;从生活讲要规律生活、按时休息、适当运动;从饮食讲要多吃性味甘平的食物,忌吃油腻辛辣之物,多喝水。另外,食疗清除伏火也是选择之一:①竹叶粥:竹叶具有清热生津,利尿功效,用竹叶汁熬制粥品可以清除春季常见的心肝之火;②牛蒡排骨汤:用牛蒡根、胡萝卜熬汤,可以利用牛蒡的清热解毒及发散功效以发散郁火,对预防春季常见的温毒有明显疗效,尤其可以预防小儿多发的腮腺炎。牛蒡还可促进血液循环,适用于长期久坐办公室的上班族;③菊槐绿茶饮:用菊花、槐花、绿茶泡制饮品,可以清除常见的春季肝经伏火,并能降压;④番泻叶:春季适量喝点番泻叶水能清肠泻火。

4. 防痼疾发作　俗话说:"百草回芽,百病发作",意指患有宿疾者在春天来临之际极易旧病复发。尤其在春分前后,更是诸多慢性病容易复发的节点。如精神疾病在春季往往病情加重,病情复发率较高;偏头痛、慢性咽炎、过敏性哮喘、高血压、冠心病等在气候多变的春季也易发作。所以应注意从饮食起居、衣食住行多方面加以预防。

5. 健脾胃防病　可通过食养的方法健脾助运、扶助正气,以达到预防疾病的目的。食粥是最为常用的食养方法,可选择:①红枣粥:红枣50g,粳米100g,同煮为粥,早晚温热服用。其具有养血安神功效。红枣其性平和,具有良好的补益作用,对儿童的生长发育有很大益处。其养血安神的功效,适用于久病体虚、脾胃功能虚弱者服用。②山药粥:干山药或鲜山药适量洗净切片,与粳米同煮成粥,具有补益脾胃功效。

　　6. 强经络防病

　　(1)勤梳头:梳头可疏通经络,调畅气血,历来是养生的常用方法,在中国古代备受养生家的推崇,尤其强调春季须勤梳头。春天是自然界阳气萌生发动的季节,人体的阳气也顺应自然有向上向外升发的特点。春日多梳头可使诸阳之会的头部得到按摩,有利于阳气的通达宣发。现代研究表明,头部是五官与中枢神经之所在,梳头可加强对头部的摩擦,疏通血脉,改善头部的血液循环,改善睡眠,缓解头痛,预防高血压、脑血管意外等疾病。梳头要注意全头梳,从发际起一直梳到颈后发根处,每一部位梳 50 次以上,梳头时间以早晨为最佳,此时正是人体阳气升发之时。有条件者也可选择梳头与气功按摩结合的梳头功。

　　(2)按穴位:春季可根据个体情况适当按压肝经腧穴以养生。

　　太冲穴:在足背部,当第一跖骨间隙的后方凹陷处。取太冲穴时,可采用正坐或仰卧的姿势,以手指沿踇趾、次趾夹缝向上移压,压至能感觉到动脉应手,按之有酸胀感,此处即是太冲穴。太冲穴具有平肝息风、疏肝养血的功效,是疏肝解郁的要穴。其擅治头痛、眩晕、目赤肿痛、咽喉干痛、耳鸣、耳聋,以及月经不调、崩漏等。常可采用按摩法、刮痧法。

　　行间穴:位于足背第 1、2 趾骨间,趾蹼缘后方赤白肉际处,可清肝泻火,疏肝理气,用于春季肝经风热之头痛、眩晕、目赤肿痛,以及月经不调、痛经、闭经、带下等妇科经带病症。常可采用按摩法。

　　期门穴:在胸部,当乳头直下,第 6 肋间隙,前正中线旁开 4 寸。本穴为肝经穴位,又为肝之募穴,为疏肝调肝之要穴,治疗口苦、胸闷善叹息、易怒等肝气郁结证。对于肝气犯于脾胃而呕吐、吞酸、呃逆、腹胀、腹泻者,本穴可以起到疏肝理气之效。常可采用按摩法、艾灸法。

　　章门穴:位于侧腹部,第 11 肋游离端下际。本穴为八会穴之脏会,脏会主治五脏疾病,如有神疲乏力等症状,可适当刺激章门穴起到补虚作用,但以肝脾病为主。章门穴又为脾之募穴,刺激章门穴能起到健脾和胃、降浊止呕、止痛的作用。本穴又为肝之腧穴,是肝经与胆经的交会穴,故可疏肝健脾、消痞散结,治疗胁痛等病症。常可采用按摩法、艾灸法。

　　7. 药物调肝防病　　中医药文化给予后人无数的方药,适度用药食同源的方药在春季调补肝脏,亦可起到较好的防病治病效能。

　　(1)中药调肝

　　佛手:佛手为芸香科植物佛手的果实,性味辛、苦、酸、温;归肝、脾、胃、肺经,具有疏肝理气、和胃止痛、燥湿化痰功效。本品辛行温通,气味芳香,"功专理气快膈,惟肝脾气滞者宜之",常用于肝郁气滞及肝胃气滞,既可作为药用,亦可春季作为菜肴炒食。

　　香橼:香橼为芸香科植物枸橼或香圆成熟果实,性味辛、苦、酸、温;归肝、脾、肺经,具有疏肝理气、宽中、化痰功效。本品与佛手相似,可用于肝郁气滞或肝胃不和等。

玫瑰花：玫瑰花为蔷薇科植物玫瑰的花蕾，性味甘、微苦，温；归肝、脾经，具有行气解郁、活血、止痛功效。本品芳香行气，既能"舒肝胆之郁气"，又能醒脾开胃，理气止痛，作用缓和，"宣通窒滞而绝无辛温刚燥之弊"，适用于肝胃气滞及月经不调者，可泡水饮用。

梅花：梅花为蔷薇科植物梅的花蕾，性味微酸、涩，平；归肝、胃、肺经，具有疏肝和中，化痰散结功效。本品气味芳香，能疏肝解郁、开胃醒脾、理气和中，既可用于肝胃气滞证，又可用于痰气互结之梅核气。

桑椹：桑椹为桑科植物桑的果穗，性味甘、酸，寒；归心、肝、肾经。本品甘酸，主入肝肾经，能"滋肝肾，充血液"，"久服黑发明目"。

枸杞子：我国栽培与食用枸杞渊源久远，《诗经·小雅》中就有："陟彼北山，言采其杞"，其栽培史大约已有 3 000 多年。枸杞子性味甘，平；归肝、肾经。具有滋补肝肾、益精明目功效。本品甘润滋养，药性平和，滋而不腻，补而不峻，为滋补肝肾最佳之品，可用于肝肾阴虚、精血不足之两目昏花、视物模糊，或眼睛干涩，及肝肾亏虚之须发早白。我国古代医学典籍中多处记载了枸杞子的养生价值。《神农本草经》记述其"久服坚筋骨，终身不老，耐寒暑"。民间常制成杞圆膏、杞精膏、杞味茶、枸杞膏，现代常用枸杞子代茶饮、煮粥、煲汤、药酒、熬膏、生食以养生。

五味子：五味子为木兰科植物五味子的成熟果实，性味酸、甘，温；归肺、辛、心、肾经，具有敛肺滋肾、生津止渴、涩肠止遗、宁心安神功效。本品甘以益气，使气旺则津生；酸能生津，使津足则渴止，乃"生津之要药"。现代研究证明，五味子具有良好的保肝作用。

（2）方剂调肝

疏肝气之逍遥散：逍遥散出自宋代医书《太平惠民和剂局方》，擅长疏肝解郁，健脾养血，肝脾同治，既是妇科良方，又是内科妙方，善于消除身心压力，调节情绪状态，治疗消化系统疾病。逍遥散用疏肝之柴胡，配以当归、白芍、白术、茯苓、生姜、薄荷、炙甘草等养血柔肝、健脾祛湿、补中益气的中药，具有疏肝解郁，养血健脾的功用，可用于思虑过度引起的脾弱血虚肝郁之证。现代社会因精神压力大导致的肝气郁结、气机紊乱，以及各种心理障碍，或身心俱病，以逍遥散治疗有独到的疗效。

消郁滞之越鞠丸：越鞠丸是《丹溪心法》中的经典名方，由"金元四大家"之一朱震亨创立。朱震亨认为，脾胃受损的主要病因有气郁、血郁、痰郁、火郁、湿郁、食郁之分，其中又以气郁为主。越鞠丸由香附、川芎、苍术、栀子、神曲等五味中药组成。香附行气开郁、川芎活血祛瘀、栀子清热泻火、苍术燥湿健脾、神曲消食导滞，气机畅行，则诸郁可消。

和胃气之保和丸：保和丸是消积导滞、理气和胃的经典名方，亦由朱震亨创制，至今已有 600 余年的历史。若平时食量过大，或经常食用辛辣油腻食物，或持续心情郁闷，或频繁进补，均易导致食积，而食积化热则常见胃热之象，此时宜服保和丸调养。保和丸由山楂、神曲、半夏、茯苓、陈皮、连翘、莱菔子组成，其中君以山楂可消肉食，臣以神曲可助山楂消食，佐以莱菔子、半夏、陈皮、茯苓能消米面之积，半夏能化痰积、治

胀满,陈皮可和胃理气、健脾助运,茯苓可健脾益气,使以连翘清除食积之热,对工作压力大、情绪不稳定、饮食不规律者,可作为春季日常调养之用。

第二节　春季易发病养护

春季有三个月,约为农历一月至三月,从立春起至立夏。春季以风气为主令,主要的致病外邪是风邪,人体与春季相应的五脏是肝,春季在五行中属木。这些自然属性都是春季养生防病与治病的核心所在。

一、心理及精神疾病

心理及精神疾病是以精神(心理)活动障碍为主要表现的一类疾病,即认识、情感、意志和行为等方面的异常。心理及精神疾病的症状是复杂而多样的,可以表现在精神活动的各个方面,所以精神疾病症状错综复杂。

(一)季节对发病的影响

春季的季节特点是寒温不时、阴晴易变,同时生机盎然,情愫激发,无论动物还是植物都生机勃勃。春季人的情绪也处于一种开放宣达的状态,情绪易变,易被激怒,精神性疾患容易发作或旧病复发。中医认为肝气与四时的春气相应,肝又称为风木之脏,主疏泄,喜条达而恶抑郁,具有调畅情志的功能。若肝失疏泄,导致肝气郁滞或肝阳上亢,都可以引发心理及精神疾病。

(二)养护方法

对于心理及精神疾病的患者由于大脑调节能力较差,要平安度过发病率高的春季,关键在于保持精神调和、平衡心态,并从生活各环节加以养护。

1. 精神调养　春季与肝相关,怒则伤肝,易于诱发疾病,故春季尤其要注意戒怒,避免因情绪激动而伤肝。同时,春季要令自己的意志生发,不使情绪抑郁,努力做到心胸开阔,并保持乐观愉快的精神状态。对于心理和精神类疾病的患者,注意病后情绪调护尤为重要,若情志调和得当,则脏腑安宁,气血平和,有利于疾病的康复。

2. 起居、环境调养　创造舒适的睡眠环境,避免噪音、强光干扰,保证充足、高质量的睡眠,有利于身体健康和心情舒畅。创造良好的家庭氛围,有助于患者保持愉快和稳定的情绪。

3. 饮食调养　春季心理及精神疾病的患者宜少食酸味之食品,宜食辛、甘温味之品;可增多瘦肉、鱼类、花生、豆类等优质蛋白质的摄入,配合维生素和矿物质含量较高的水果和蔬菜。

4. 中药调养　人的情志变化除了由心主宰之外,还与肝的疏泄功能密切相关。肝旺于春,此季可酌情服用调肝的中药或方剂,以预防心理及精神疾病的复发。尤其对于既往常在春季发病的患者,坚持服药十分关键。无论自我感觉如何,都不能在春季自行减药或停药。

5. 其他调养　在风和日丽的日子,提倡多参加户外活动,尤以团体活动为佳,既能加强身体锻炼,提高自身免疫力,又能排解不良情绪,可以避免疾病的发生。可选择踏青郊游,参观游览,打太极拳、太极剑,练瑜伽等。此外,长期烟、酒、药品依赖者,不宜突然戒掉,以免造成内环境剧烈变化,引起身体和精神的不适,应逐步减量。

知识拓展

春季传染病及过敏性疾病

　　春季天气转暖,为病毒、细菌的繁殖生长提供了条件,所以春季是多种传染病的高发季节,如流行性感冒、水痘、流行性脑脊髓膜炎、甲型病毒性肝炎等。同时春季气候多变,百花齐放,花粉四处飘扬,容易导致过敏性疾病的发生,如过敏性鼻炎、哮喘、皮肤过敏症等。春季养生防病的重点在于避免接触病原体和过敏原,提高自身的免疫力。

二、流行性感冒

　　流行性感冒是由流感毒感染引起的急性呼吸道传染病,传染性强、传播速度快。临床以急起高热、乏力、全身肌肉酸痛和轻度呼吸道症状为主要临床表现。本病一年四季均可发生,但以春季及冬季为多。

（一）季节对发病的影响

　　流行性感冒相当于"时行感冒",由清代林珮琴在《类证治裁》中首次提出。其发生原因为时行病邪即"戾气"侵袭人体,其诱因大多与"风邪"有关,尤以风热为多。春季天气变化无常,时冷时热,春季又是"风木"当令的季节,风性开泄,使人体的皮毛汗孔张开而阳气外泄,易损伤阳气,令人正气不足,人体的抗病能力下降。若衣物增减不当,寒温失调,再复加疲劳、睡眠不足等因素,则容易引起流行性感冒的发病,尤其在冬末春初之际更甚。

（二）养护方法

　　增强体质、提高抵抗力是预防流行性感冒的关键。流行性感冒高发期为2~5月份,此时要注意保暖,避免受寒,适当加强体育锻炼,均衡饮食,平衡心态,增强自身的抵抗力。

　　1. 起居、环境调养　预防流行性感冒重点要避戾气,要尽量避免与感染患者接触,少去人口密度大、空气污浊的公共场所,必要时戴口罩防护。教室、科室、办公室等公共场所可用含氯消毒液喷洒等进行消毒;家居消毒应以通风、日晒等物理消毒法为主,定期清扫。住宅空间可用食醋熏蒸(煮)法消毒或艾叶烟熏消毒,也可悬挂中药避秽香囊。居室应注意温度适中,保证睡眠时间和质量,避免过于劳累。注意勤洗手,保持手部的清洁。

　　2. 饮食调养　普通健康人群饮食勿偏食辛辣、肥腻及高热量食物,以免胃肠积热易受邪侵。祛邪防病可适当食用大蒜,并注意少量多次饮水润喉。每日应摄入足量的水分,保持二便通畅,使邪有出路。饮食宜清淡,宜多食蔬菜及水果,如豆腐、白菜、萝卜、西兰花等,发热时应进食流质或半流质食物;不宜进食辛辣刺激及肥甘厚味之品,如韭菜、辣椒、牛奶、鸡蛋、煎炸食品等。

　　3. 中药调养　流行性感冒易感人群,如老人、儿童及久病体弱者,可以服用

扶正祛风中药以达"扶正祛邪"的目的。用鬼针草、岗梅根、板蓝根各等份煎水代茶饮,或用贯众、板蓝根、大青叶、甘草煎水代茶饮,可以起到辅助正气,祛邪的目的。

4. 其他调养　每天坚持保健按摩足三里、风池、迎香等穴位,能增强人体的免疫力,预防疾病发生。

三、支气管哮喘

支气管哮喘是由多种炎性细胞参与的气道慢性炎症。患者表现为反复发作性的喘息、呼吸困难、胸闷或咳嗽等症状,常在夜间和(或)清晨发作、加剧。多发于冬春季节,气候变化或精神刺激常能诱发此病。

(一)季节对发病的影响

哮喘春季多发,其主要原因为春季春暖花开,各种花粉飘浮于空气中,易被哮喘患者吸入体内。春季天气转暖,各种病原微生物大量繁殖,可随口鼻吸入呼吸道致病。此外,异体蛋白、某些动物和昆虫(如狗、猫、蟑螂、螨虫)的分泌物或皮屑、灰尘等,也可以诱发哮喘。中医认为哮喘为痰伏于内,遇新邪引动而触发。春季季节变化,寒热交替,外感风寒失于表散,或风热侵袭留于肺经,痰气交阻,肺失宣降而发为哮喘。

(二)养护方法

哮喘是一种顽固难愈的疾病,病程较长且反复发作,临床难以速愈。哮喘从病因上可分为外源性和内源性两大类。外源性哮喘多因某些外界致病原导致,此类患者的养护重点应避免接触与发病有关的"外邪",这一因素往往与季节关系密切。患者应注意养护正气,并配合适当的养生方法,能减轻或减少疾病的发作。就春季而言,外源性哮喘的发作比较多见,而内源性哮喘多为感染所诱发。

1. 起居、环境调养　哮喘的患者若起居失慎,则可引起旧病复发。因此在气候变化、节气转换时应特别注意防止内外合邪而诱发,注意防寒保暖。肺若吸入秽浊之气,比如植物花粉、皮屑以及枕头、被褥、沙发上的尘螨等,皆可以诱发哮喘。所以,须清除周围环境中的致敏物质,保持居室内干燥通风,及时清除积尘,勤晒衣被。有条件者,也可在居室内安装空气净化器等,以保持空气的清新。

2. 饮食调养　哮喘患者可由食物刺激发作,其中最常见的食物是鱼、虾、螃蟹、禽蛋、牛奶等,故日常饮食应避免食用这些致敏食物。同时,不可恣食肥甘厚味、辛辣及酒类,亦应少食生冷寒凉之物,防止助湿生热、内酿痰浊而成为哮喘的"夙根"。

哮喘患者大多体质较弱,饮食宜营养丰富,便于消化和吸收,宜多食富含蛋白质食物,如瘦肉、鱼类(过敏者除外)及豆制品;宜多食富含维生素的水果和蔬菜;宜多食具有清肺作用的食物,如百合、木耳、梨、竹笋等。另外,中医有"咸哮"之说,故宜忌暴饮暴食及过食酸咸食物,如咸鱼、咸肉等物。

3. 精神调养　心理因素、过敏原和感染为诱发哮喘病的三大诱因,因此哮喘患者要注意调养精神。避免过度紧张、焦虑不安、郁怒等情绪,避免情绪刺激,以免复发。

4. 中药调养　哮喘的患者在春季要注意预防。酌情进行中药调治,能够扶正固本,提高机体免疫能力,从而减少哮喘发作或减轻症状。可以服用一些能疏散风邪、益气固本的药物,或者采用穴位敷贴等方法进行预防。

四、流行性脑脊髓膜炎

流行性脑脊髓膜炎简称"流脑",是由脑膜炎奈瑟菌引起的以脑脊髓膜化脓性炎症为主要病理变化的急性传染性疾病,临床以发热、头痛、呕吐、皮肤瘀点、颈项强直及颅内压增高为主要表现。该病好发于冬、春季节,儿童发病率高。

(一)季节对发病的影响

本病发病时间一般从冬末春初开始,春季在 2~4 月间形成高峰。根据发病季节和临床特点,本病属于中医温病范畴。流脑多因外感风热毒邪或温热毒邪所致,季节气候变化亦是导致本病发病的重要诱发因素。冬春季节寒冷多风,或温风过暖,一旦起居不慎,寒热失调,人体卫外不固,则易致外邪侵入而发病。小儿脏腑娇嫩,气血未充,更易遭受外邪侵袭。

(二)养护方法

在春季流脑流行期间,保护易感人群,使其避免同传染源接触,同时扶助人体正气以抵御外邪,是预防的关键。

1. 起居、环境调养　在外界气温变化大或温差较大时,应尽量避免外出,并做好防护。并且,应注意经常开窗,通风换气,搞好室内外环境卫生。经常晒衣服、晒被褥、晒太阳,以祛除致病邪气。实验证明,脑膜炎奈瑟菌抵抗力弱,对寒冷、日光、热力、干燥、紫外线及一般消毒剂均敏感。因此,要注意起居和环境养生对预防本病的发生有重要作用。在流行期间儿童应避免到公共场所,以"避其毒气"。应注意勤洗手,以减少病邪侵入的几率。小儿的玩具、衣物等要注意消毒、清洗、曝晒,并且勤洗手,保持手部的洁净。大人咳嗽时要避免与小儿密切接触,避免同卧。

2. 饮食调养　在流行性脑脊髓膜炎流行期间,每天可吃 1~2 瓣生大蒜或少食些青蒜,早晚用淡盐水漱口,有一定预防作用。

3. 中药调养　中医理论认为扶正可以祛邪、防病。所以,可酌情服用补气之品,如黄芪、大枣等,也可服用一些清热解毒的药物,如蒲公英、鱼腥草等以预防。

4. 其他调养　重视人工免疫,15 岁以下的少年儿童,必须及时接种流行性脑脊髓膜炎疫苗。

五、甲型病毒性肝炎

甲型病毒性肝炎又名 A 型肝炎,是感染甲肝病毒所致的一类传染性肝病,一年四季均可发病,但以秋冬及早春季节发病率最高,呈明显的季节性。本病有 2~6 周的潜伏期,起病急,伴有明显发热,明显的消化道症状,常有恶心呕吐,食欲减退,厌油腻肉食,腹胀,肝区出现隐痛,甚至出现黄疸。

(一)季节对发病的影响

中医认为甲型病毒性肝炎是外感湿热或疫疠热毒之邪所致的外感热病,病邪多由口鼻而入,侵犯肝脏而发病。一般认为,脾胃功能不足,正气亏损,是病邪易入的内在因素。春季肝木偏旺,如养护失职,则易导致肝失疏泄。并且,肝气又易犯脾土,致使人体卫外能力减弱。此时,若遇湿热病邪或疫疠病邪,就会引起发病。

（二）养护方法

1. 起居、环境调养　春季肝经司令,应保证充足睡眠和良好情绪,使肝气条达、疏泄、升发有度,全身气血调畅则不易受病。同时,需养成良好的卫生习惯,提倡分餐制或公筷制,餐具要消毒。注意环境卫生,注意手的清洁,触摸公共设施后应及时洗手。

2. 饮食调养　养成良好的饮食习惯,不要生食或半生食海产贝类。注意饮水卫生,不喝生水。少食凉拌菜,禁食受污染的海鲜和腐败不洁的食物。忌油煎、炸、辛辣等强烈刺激性食品,减轻肝脏负担。

3. 中药调养　对于易感人群可以适当服用中药预防,如选用茵陈、山栀、甘草,或蒲公英、甘草,或生黄芪、大青叶、连翘、甘草,每日一剂,早晚煎服,连服 3 天,具有一定的预防效果。

4. 其他调养　对于密切接触患者的儿童、孕妇和年老体弱者,可以注射甲肝疫苗,具有防护作用。

六、皮肤过敏症

皮肤过敏症是指由过敏原引起的皮肤病,过敏原可以通过皮肤直接接触、吸入、食入、黏膜部位吸收等进入体内,常表现为多种皮疹,临床常见红斑、丘疹、斑疹、风团,并见瘙痒或者疼痛,严重可发生过敏性休克。

（一）季节对发病的影响

冬天寒冷,人们常进行室内活动,春季气温回升,万物复苏,室外活动逐渐增多,人体受到紫外线的照射增加,皮肤新陈代谢的表现尤为明显,皮脂腺和汗腺分泌物增多,加之春季空气中各种尘埃、微生物和花粉增多,当空气中的各种微粒黏在皮肤上,皮肤接触到各种过敏原后发生过敏反应,引起过敏性皮炎或斑疹。中医认为,本病为风邪侵袭于肺所致。肺主治节,外合皮毛,有卫外的功能。春季温暖而多风,是风邪当令之时,人体皮毛开泄,加之户外活动增加,容易触犯病邪。若其人素有肺气不足,卫外失于固摄,则皮肤过敏症易发。

（二）养护方法

1. 起居、环境调养　《黄帝内经》云:"虚邪贼风,避之有时。"春季要尽量避免当令的致病邪气,避免接触过敏原。外出时要注意防晒,在暴露部位涂上防晒剂,以保护皮肤免受日光的过度照射,尤其是长期在室内工作、平时缺乏日照的人,更应加强皮肤的保护。

养成良好的生活习惯,勤漱洗以去除体表的致病物质。避免使用过热的水和碱性过高的洗漱用品,减轻洗涤剂对皮肤的刺激。穿着的衣服要轻、软、宽松,丝、毛织品或者人造纤维不要直接接触皮肤。

室内温度不宜过高,衣被不要过暖,减少汗液分泌对皮肤的刺激。居室应保持清洁卫生,及时洒扫,减少环境中的过敏原,如屋尘、螨虫、毛等。

2. 饮食调养　春季应少食含光敏性物质较多的食物和辛辣刺激性食物,如苋菜、荠菜、莴苣、荞麦、芹菜、辣椒等。已患皮肤过敏症者,应忌食此类食物。宜多食富含维生素 A(如胡萝卜、萝卜、韭菜、玉米、红薯等)和维生素 B 族的食物(如豆类食品、蛋类、五谷杂粮等),以及蔬菜、水果(如香蕉、柑橘、西红柿、大枣等)。另外,忌酒类和海鲜类食物,高脂肪、高糖饮食也不可多食。

3. 中药调养　中医对皮肤病的防治主要采用内外兼调的方法,以防为主。在强调外因的基础上,重视内因和饮食、劳倦等致病因素。可选用一些清热祛风化湿的药物,如荆芥、防风、桑叶、菊花、赤芍、牡丹皮、黄连、黄柏、苦参、地肤子、白鲜皮等,单味或数味组合煎汤代茶饮用以预防。对皮肤过敏症患者,可在服药的同时配合局部外搽、湿敷、熏洗等方法,可获较好的疗效。

七、过敏性鼻炎

过敏性鼻炎是人体对某些物质过敏而发生的鼻黏膜非感染性炎性疾病,表现为遇到某种物质、闻到某种气味或者在某种环境下,突然出现打喷嚏、流大量清涕、鼻痒、鼻塞、流泪等症状。

(一)季节对发病的影响

过敏性鼻炎又称为变态反应性鼻炎,过敏原通过呼吸道进入体内,与鼻腔黏膜发生过敏反应性炎症。春季过敏原甚多,如花粉、柳絮、尘螨等,接触到过敏原,加之抵抗力低下,诱发本病发生或复发。中医认为,肺主气属卫,人体的卫外功能由肺所主。肺开窍于鼻,鼻气通于肺,亦与天气相通。春季风邪肆虐,风性轻扬升散,多从口鼻侵入人体,肺气失于宣通,清窍闭塞而发病。本病多属本虚标实,肺气不足、藩篱不密常为其本。当自然界阳气升发,春风渐起,则病邪随气候变化而乘虚外袭。

(二)养护方法

1. 起居、环境调养　起居有常,作息因时调整,是养护正气防御风邪外袭的基本方法。同时,春季要注意防寒保暖,尤其鼻部的保暖和防护,外出可戴口罩。肺气不足、体质较弱者应重视"春捂",不宜过早脱去冬衣。此外,居室内不宜种植可能引起过敏的花草,尽量不养宠物。保持室内通风干燥、经常换洗、曝晒衣服、被褥等,减少尘螨、霉菌。

2. 饮食调养　过敏性鼻炎的患者禁食可能引起过敏的牛肉、乳制品、禽蛋、燕麦、花生、海鲜、芒果、草莓等食物,禁食刺激性食物如辣椒、芥末等,冷饮或过冷食物会降低免疫力,尽量禁食或少食;宜食富含维生素 C 及维生素 A 的食物,如菠菜、白菜等;宜食生姜、蒜等暖性食物。

3. 中药调养　可服用一些扶助正气的中药,预防疾病的发生,如玉屏风散、黄芪口服液,或黄芪红枣汤等。对肺脾不足、肺肾两虚的患者,也可服用补中益气汤、右归丸等,以减轻发病程度。

4. 其他调养　持之以恒的体育锻炼可增强体质,对预防过敏性鼻炎有积极的作用,但做户外活动及各种运动项目时,应尽可能选在花粉指数最低的时间。如在早晨

进行慢跑,每天 1 次,每次 15~30min,跑后如配合冷水或温水浴效果更好。自我进行头面及穴位按摩也可增强鼻黏膜的抗病能力,穴位可选迎香、合谷等。也可以坚持每日清晨用清水清洗鼻腔。

八、春季卡他性结膜炎

春季卡他性结膜炎多发病于儿童与青少年,是以双眼奇痒、睑结膜出现大而扁平的乳头及角膜缘附近结膜胶样增生为特征的疾病。按病变发生部位分为睑结膜型、球结膜型和混合型。

(一)季节对发病的影响

春季卡他性结膜炎属于中医学"时复目痒""时复症"范畴。其发生大多都与风邪有关,风热外侵,常客于肺,循经上犯白睛,或湿热内蕴,复感风邪而发。春季是"风木"当令的季节,故本病有较强的季节性,春夏季节发病率明显高于秋冬两季,常春季发病,夏天加重,秋冬缓解。

(二)养护方法

本病不传染,但病因不明,有研究认为可能与结膜对光、热或空气中某些物质如花粉等的过敏有关,因此本病的防治应以避免接触过敏原或脱敏为主要方法,但因不易找到过敏原,故目前多采用非特异性治疗以减轻症状。

1. 起居、环境调养　春季阳光灿烂、紫外线较强时,双眼不可裸露在外,可佩戴防护眼镜,减少日光刺激。同时注意避开可能的致敏原,如花粉、烟尘等。发病后双目奇痒时,切忌用力揉眼损伤角膜,可用珍珠滴眼药润目止痒。

2. 饮食调养　饮食宜清淡,忌食辛辣刺激性食物。可多食蒲公英、菊花叶,也可饮用桑叶菊花茶、桑叶决明子茶以清肝疏风,有一定防治效果。

3. 中药调养　中药祛风止痒可有效缓解症状,病愈后可采用中药调理改善自身免疫功能,对预防本病的复发有较大帮助。

九、流行性腮腺炎

流行性腮腺炎中医称为"痄腮""大头瘟",属于时行疫病,该病以耳下部梨形肿大为主要症状。腮腺红肿疼痛最具有特征性,起病较急,具有较强的传染性,好发于儿童和青少年。

(一)季节对发病的影响

流行性腮腺炎是由病毒引起的,一次感染可终身免疫。一般通过患者的飞沫传播,多发生于儿童,特别是学龄儿童在学校内可相互传染患病。中医认为,初春时节,六淫失常,易形成风热时毒之邪。邪袭少阳,胆经郁热,病乃发生。春季属风,肝为风木之脏,所谓春应于肝,此时肝的生理功能易受气候的干扰而失于疏泄。从脏腑相关理论来说,人体生理上脏腑相合为用,病理上脏腑相互影响。肝为厥阴之脏,与少阳胆腑相表里。故本病外感温邪少阳胆经受累,与肝失疏泄,邪热上炎的体质亦有一定关系。

(二)养护方法

1. 起居、环境调养　温邪从口鼻而入,故应创造良好的生活环境,搞好环境卫生,房间要经常开窗通风,并注意个人卫生。在流行期间,可对居住、生活环境进行消毒,尽量不参加大型集体活动,必要时佩戴口罩。

2. 饮食调养　饮食以清淡为主,尤其是素体热重或有发热咳嗽等症时,更应少食忌食辛辣食物。患者多饮水,注意休息。饮食以流食、半流食为主,食物不宜过硬,宜烂软。多食蔬菜水果。应禁油腻辛辣食物,如肥肉、辣椒、海鲜、生葱、生姜、生蒜等。多吃易消化食物和蔬菜水果,如冬瓜、苦瓜、丝瓜、白菜、豆腐、绿豆、薏苡仁、芦笋、菠菜、萝卜、西瓜、苹果、梨等。禁食酸性食物,如橘子、酸梅、柠檬、葡萄、山楂、菠萝、杨梅等。

3. 中药调养　预防用药可服板蓝根冲剂、小柴胡冲剂,或食蒲公英,饮菊花茶。发生腮腺炎后,可口服银翘散、普济消毒饮,对肿胀的腮部可在医生指导下外用如意金黄散,或青黛醋调后外涂、仙人掌去刺后捣泥外敷、水仙花根茎捣泥外敷等。

4. 其他调养　平时注意锻炼身体,以提高自身抗病能力。流行性腮腺炎疫苗可以有效预防感染,在中医养护的同时,应重视人工免疫。

十、水痘

水痘是由水痘 – 带状疱疹病毒初次感染引起的急性传染病。好发于婴幼儿和学龄前儿童,成人发病症状较儿童为重。以发热、皮肤和黏膜分批出现红色斑疹、丘疹、疱疹、痂疹伴瘙痒为特征。皮疹呈向心性分布,主要发生在胸、腹、背部,四肢较少。冬、春两季多发,其传染性较强,在人群中接触后,易感者的发病率可达 80%~90%。本病为自限性疾病,一般很少第二次发生感染。

(一)季节对发病的影响

水痘一年四季都有发生,但多见于春季,儿童以 1~4 岁发病为常见。本病发生的主要原因是外感风温湿热邪毒。春季温暖多风,易夹湿邪邪毒侵袭,首先犯于上焦肺卫,肺失宣肃,加之湿热相搏郁蒸肌腠,则发为水痘。

(二)养护方法

1. 起居、环境调养　居处、教室和办公室要经常开窗通风,保持室内空气清新。养成良好的卫生习惯,勤洗手,避免交叉感染。疾病流行期间,应尽量避免到公共场所,防止接触传染。

2. 饮食调养　宜食用易消化及营养丰富的饮食,禁忌油腻、姜、辣椒等刺激性食物;禁用补药和热性药,少食热性食物,以防止助火生痰,如咖喱、大蒜、韭菜、茴香、桂皮等。如有发热情形,最好以冰枕、冷毛巾擦浴、多喝水等辅助退热。要让病儿休息,吃富有营养易消化的饮食,要多喝开水和果汁水。

3. 中药调养　可服用板蓝根冲剂或金银花泡茶饮,每天 1 次,连服 5 天,有一定的预防效果。若已患病而发热者,可服正柴胡饮,或银翘散、薏苡竹叶散治疗。热退后病情平稳,水痘渐消向愈者,可用绿豆煎汤服用。

4. 其他调养　水痘疫苗适用于易感人群,接触水痘患者 3 天内接种仍然有效,接种一次就可产生足够的免疫力,达到预防疾病的效果。避免用手抓破疱疹,特别要注意不要抓破面部的痘疹,以免引起化脓感染,或留下瘢痕。同时剪短手指甲,避免抓挠损伤。

学习小结

1. 学习内容

```
                                                          ┌─ 衣食住行，养护阳气
                                                          ├─ 脏腑调摄，养肝为先
                                          ┌─ 养生大法 ─────┼─ 情志调养，舒畅戒怒
                                          │               ├─ 饮食调养，合理有度
                          ┌─ 春季养生原则 ─┤               └─ 运动锻炼，动静适宜
                          │               │
                          │               │               ┌─ 生活要点
                          │               │               ├─ 饮食要点
                          │               └─ 养生要点 ─────┼─ 运动要点
                          │                               ├─ 进补要点
   春季养生及易发病养护 ──┤                               └─ 预防要点
                          │
                          │                           ┌─ 心理及精神疾病
                          │                           ├─ 流行性感冒
                          │                           ├─ 支气管哮喘
                          │                           ├─ 流行性脑脊髓膜炎 ── 季节对发病的影响
                          └─ 春季易发病养护 ──────────┼─ 甲型病毒性肝炎
                                                      ├─ 皮肤过敏症
                                                      ├─ 过敏性鼻炎
                                                      ├─ 春季卡他性结膜炎 ── 养护方法
                                                      ├─ 流行性腮腺炎
                                                      └─ 水痘
```

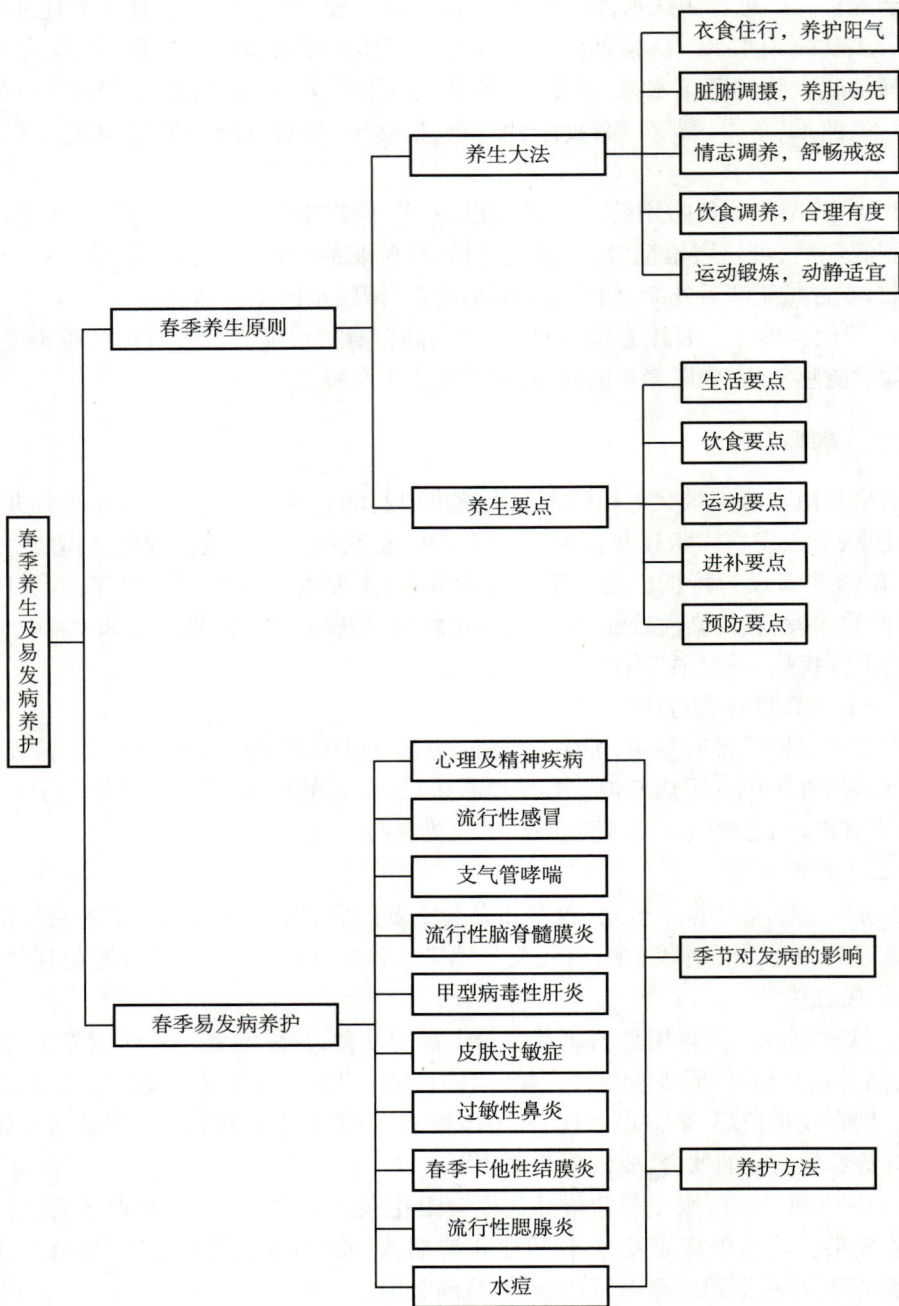

2. 学习方法　根据春季的气候特点、人体的生理特点,掌握春季养生原则、春季养生大法及养生要点,熟悉春季气候对常见病发病的影响,了解春季易发病的养护方法。

（张凤瑞　韩洁茹）

复习思考题

1. 春季养生原则和养生大法是什么？
2. 如何正确理解"春捂"？
3. 春季饮食养生的原则是什么？为什么？
4. 春季养生防病应注意哪些方面？

笔记

第十章

夏季养生及易发病养护

掌握夏季养生原则、夏季养生大法及养生要点，熟悉夏季气候对易发病的影响，掌握或熟悉夏季易发病的养护方法，了解秋病和冬病的夏防夏养。

学习要点

夏季养生原则，夏季养生大法及养生要点，夏季易发病的养护，秋病的夏防夏养，冬病的夏防夏养。

第一节　夏季养生原则

夏季气候炎热，雨水充沛，阴阳相合，万物竞长。正如《素问·四气调神大论》所说："夏三月，此谓蕃秀，天地气交，万物华实。"人应夏季，脏腑气血功能旺盛，阳气外发，阴液易耗。因此，夏季养生需顺应阳盛于外的特点，以养护阳气，兼以顾阴，注重养"长"为基本原则。

知识拓展

夏季的时间界定

在北温带，气象意义的夏季为 5 月 21 日（小满）—8 月 22 日（处暑）；在南温带，气象意义的夏季为 11 月 21 日（北半球的小雪）—次年 2 月 18 日（北半球的雨水）。在中国夏季从立夏（每年 5 月 5 日至 7 日之间）开始，到立秋结束；西方人则普遍称夏至到秋分为夏季。在南半球，一般 12 月、1 月和 2 月被定为夏季。气候学意义上讲：连续五天平均温度超过 22℃算作夏季，直到五天平均温度低于 22℃算作秋季。

一、养生大法

（一）衣食住行，护阳顾阴

夏季阳气隆盛，新陈代谢活跃。暑热蒸津外泄，易致津气消耗。人与天地相应，生活起居、衣食、精神、运动各方面均应顺应自然界阳气盛而阴不足的特点,护阳以养"长",顾阴以内守。在暑湿偏盛之时,还应避暑防湿,以免邪侵致病。

（二）脏腑调摄,养心为先

夏季气候炎热,五行属火。心在五行中亦与"火"相应,又称"火脏",内寓君火,以阳气为用,为阳中之太阳,具有温通血脉,兴奋精神,推动机体功能活动,以使生机不息的作用。其特性与夏季阳气隆盛,草木竞长及繁茂的属性相似。同类相召,同气相求,心与夏气相通相应。正如《素问·六节藏象论》说:"心者……为阳中之太阳,通于夏气。"夏季心阳最为旺盛,有利于人体心脏的生理活动。

夏季也是心脏疾病的高发时段。一则炎夏酷暑,易生火热之邪,可致心火亢盛,热扰心神,出现心烦躁扰甚至猝然昏倒之症;二则夏暑多汗伤津,阳加于阴谓之汗,汗为津之余,津又是组成血液的主要物质基础,故常有"血汗同源"之说,而心主血通于夏气,因而夏暑易伤心阴;三则津能载气,故伤津过多必耗气而使心气亏虚,心阳不足,失于温煦、鼓动可致血行不畅、汗出口渴、精神萎顿等症。因此,夏季养生应以养心护心为先。

（三）精神调摄,静养制怒

夏季气候炎热潮湿,阳气旺盛,常使人感觉困倦烦躁和闷热不安,易于激动。而情志不遂,气郁化火,则易使心火亢盛,或伤阴动血,或耗伤心气、心阳,从而产生各种心病。心藏神,在志为喜,心的气血充沛,阴阳协调是产生喜悦情志活动的物质基础。养心贵在养神,因此,夏季养神以静心、戒怒戒躁为基本大法,做到神清气静,心静无怒,保持愉快而稳定的情绪,对外界事物保持浓厚兴趣,培养乐观外向的性格,以利于气机的通泄。但应避免喜乐太过,从而使心气涣散而病。正如《素问·四气调神大论》指出:"使志无怒,使华英成秀,使气得泄,若所爱在外,此夏气之应,养长之道也。"嵇康《养生论》说,"更宜调息静心,常如冰雪在心,炎热亦于吾心少减,不可以热为热,更生热矣",亦指出了"心静自然凉"的夏季养生法则。

（四）饮食调养,清暑开胃

夏季气候炎热,暑热难耐,汗多津伤,心火易亢;且暑易挟湿,阻碍气机,脾胃功能偏弱,易使人食欲不振,烦热口渴,疲乏多汗,脘痞不适。因此,夏季饮食调养应重在清心消暑、健脾开胃、生津止渴。饮食宜清淡、少油腻、易消化,适当选用苦味食品以清心泻火,配合辛辣酸香以开胃助消化,增强脾胃纳运功能。但不宜贪凉饮冷或辛辣香燥、肥甘厚味太过。以免过食苦寒,损伤脾阳;或过食辛辣,助火伤津;或过食肥甘,生湿困脾,并进而变生他患。

（五）运动锻炼,强度适宜

夏季阳气隆盛,气温升高,容易出汗。适当的出汗可以排毒,也可以自然降低体温。通过运动锻炼而汗出,可促进人体阳气生发,气血通畅,从而起到养生保健、预防疾病的作用。但在烈日炎炎下剧烈运动,可致大汗淋漓,汗泄太多,气随津脱,不仅伤阴,也伤损阳气,因此,夏季运动锻炼应强度适宜,适当出汗,循序渐进,持之以恒。在运动时间、场地、锻炼项目的选择上,注意避免暑热耗伤津气。运动项目应相对平和,不宜太过剧烈,运动后要适当饮水或者饮温盐水,以补充体液。

149

二、养生要点

（一）生活要点

1. 起居　夏季尤其应重视起居对身体的影响。

（1）晚睡早起，定时作息：夏季昼长夜短，阳气盛极而阴气初生，万物生长繁茂，是新陈代谢最为活跃的时期。起居作息，宜顺应自然界阳气盛而阴不足的特点，晚睡早起且定时，使体内阳气能够适度宣通开泄于外，从而推动皮肤肌腠开泄，使肢体活动伸展，并促进脏腑功能旺盛，起到应夏养阳的效应。正如《素问·四气调神大论》所说之"夜卧早起，无厌于日……此夏气之应，养长之道也"。若夏天睡眠质量不好，还会导致秋冬季节体质下降。

（2）增加午休，养足精神：立夏之后，随着黎明时间前移，人觉醒时间亦较前提早，而晚上睡的相对较晚，容易造成睡眠不足。且夏季中午时分气温最高，容易出汗，津气俱耗，加之午饭后大脑供血相对不足而容易出现"夏打盹"。因此，夏季养生要保证睡眠充足，增加午休就显得十分重要。特别对于老年人或睡眠不佳者，都应该尽可能地小睡一会。或在午间时分听听轻音乐、闭目养神。午睡时间因人而异，一般以0.5~1小时为宜。

上述所言两点，正符合《黄帝内经》睡好子午觉的养生理论。"子"指夜半，即夜间23点到凌晨1点。"午"指正午，即白天11点到13点。子时是阴气最盛、阳气衰弱之时，"阳气尽则卧"，因此，子时最适合睡眠，且最能养阴，睡眠效果也好，能起到事半功倍的作用。而午时是人体经气"合阳"的时候，此时阳气最盛、阴气衰弱，"阴气尽则寤"，午饭后，适当安排午睡，既可避暑热之气，又可补充夏季睡眠的不足。但应注意午睡时间不能过长，以免扰乱人体生物钟，反易让人精神不振或头痛。正所谓"子时大睡，午时小憩"。

（3）注意温差，不可贪凉：现代生活中，空调已经普及，但因夏日炎热，腠理开泄，易受风寒湿邪侵袭，有空调的房间，不宜室内外温差过大，且不可让电扇、空调正对睡床直吹，更不宜夜晚露宿，以免受凉。

知识拓展

"冷"过敏

现代社会空调无处不在，常导致室内外温差太大。夏季，人们从炎热的室外走进室内的瞬间，寒气可由毛孔直接进入身体，导致现代人的"富贵病"。身体内寒气过多得不到排出，则会引起一些亚健康症状，如：乏力、晨起后倦怠、腿肿、腰酸、腰痛等症状。夏季气温较高，过敏体质的儿童如果突然进入空调室，犹如从夏季突然转入深秋季节，上呼吸道受到冷空气的突然侵袭，原先就处于高反应状态的气管、支气管会反射性地痉挛，引起咳嗽、气喘。另外，夏天孩子们喜食冷饮，这也是一个"冷"刺激。很多孩子在运动后喜欢大量喝冰汽水，须臾则见咳嗽、气喘骤作，尤其过敏体质的孩子更易引起疾病发作。所以，夏季养生应防"冷过敏"。

首先,空调尽量要少用,不要一进家门就直接进空调房,能用电扇时最好就不要用空调。其次,家用空调要注意定期清洁,因为灰尘中的尘螨是最主要的过敏源。最后,运动完之后不要打开冰箱拿起冷饮就喝,可以先喝一些温开水,尽量少吃或不吃冷饮。

（4）居处凉爽,整洁通风:夏季居住环境宜清凉干净,注意经常开窗通风,通常天气晴好时,每天可以上、下午开窗换气各一次,每次 20~30min,使空气流通,排除室内有害气体、净化室内空气,同时阳光射入室内,还能起到消毒杀菌的作用,有益于防病和保健。如阳光直晒太过刺目并使室温过高,可挂上珠帘或透气的纱幔窗帘等遮阳。

夏季纳凉是生活中的必然选择,但纳凉时间不宜过长,可选在树荫下、水亭中、凉台上纳凉,不要在房檐下、过道里,且应远离门窗之缝隙,以防虚邪贼风入中导致阴暑症。

（5）合理洗浴,防病保健:晚上睡前可用温水洗脚,然后按摩双脚及双腿,以促进血液循环。酷热盛夏时,每天洗一次温水澡或用温水毛巾擦身,不仅能洗掉汗水、污垢,使皮肤清爽、消暑防病,而且能够通过温水冲洗时水压及机械按摩作用,使神经系统兴奋性降低、扩张体表血管,加快血液循环,改善肌肤和组织的营养,降低肌肉张力消除疲劳,改善睡眠,增强抵抗力。

2. 服饰　夏季的服饰应以透气、防晒为宜。

（1）棉麻衣服,夏季首选:轻便凉爽的夏装以透气、合身的棉麻质地衣服为最佳选择。内衣内裤宜选择纯棉制品,化纤类的内衣内裤不宜选用,以避免因出汗、不透气而使病邪滋生。

（2）勤洗勤换,曝晒消毒:无论内衣还是外衣,都要勤洗勤换,最好可以曝晒消毒。如果没有曝晒的条件,可以选择用高温消毒的方法,日常定期彻底消毒尤为重要。但应避免穿刚晒过的衣服,也不可久穿湿衣,以防外感暑热或暑湿而患病。

（3）红色服饰,防暑效佳:浅色服饰尤其是白色是夏季人们较喜穿着的颜色,其实从其防暑功能而言,以红色服饰最佳。因红色可见光波最长,可大量吸收日光中的紫外线,保护皮肤不受伤害,防治皮肤老化甚至恶变,而其他服装（包括白色）此种功效较弱。

（4）防晒衣帽,必不可少:外出活动或体育锻炼时,要穿防晒衣、戴遮阳帽等加强防护,以避免强烈日光对肌肤的损伤,并注意避开烈日炽热之时。

小贴士

太阳镜的选择

夏季烈日炎炎,不少人都会戴上太阳镜。许多人认为太阳镜颜色越深越能保护眼睛,其实,镜片颜色过深会严重影响能见度,眼睛因看东西吃力容易受到损伤。专家建议,夏季选择太阳镜的标准是:镜片应能穿过30%的可见光线,以灰色和绿色为佳,这样,不但可抵御紫外线照射,而且视物清晰度最佳,透视外界物体颜色变化也最小。

3. 情志　夏季养生之精神调摄,应以静养制怒为要点。

（1）情志宜静,贵在养神:盛夏酷暑蒸灼,人易感到困倦烦躁和闷热不安,夏季调节情志先要静心养神,多做安静怡情之事,如绘画、书法、听音乐、下棋、种花、钓鱼等,以保持心情舒畅,心神宁静而得养。

（2）戒怒戒躁,喜乐安闲:夏季阳气隆盛,情绪极易出现波动,尤其易于激动,因而在立夏之初就要做好自我调节,戒怒戒躁,保持精神安定。心在志为喜,安闲自乐、笑口常开的良好心态,对人体属良性刺激,有利于气机宣泄,脏腑功能旺盛。但喜乐又须有节,避免因太过而使心气受损。

（二）饮食要点

1. 谨和五味　夏季饮食应根据气候特点及五味入五脏的理论,调和五味,适度为宜。

（1）省苦增辛:夏季心火当令,心火过旺则乘克肺金而劫伤肾水,味苦之物亦能助心气而制肺气。适当食些苦味食物,可补气固肾、健脾燥湿,对夏季气温高湿度大而致的精神萎靡、倦怠乏力、胸闷、头昏、食欲不振等大有裨益。但苦入心、辛入肺,尽管夏季天气炎热,但也不可食用苦味食物过多,宜适度地增加一些辛味的食物,如此可避免心气偏亢,有助于补益肺气。按照中医"火克金"之说,只有心火不亢才能使肺气平和。唐代医学家、养生家孙思邈就特别主张"夏七十二日,省苦增辛,以养肺气"。

（2）适度加咸:夏季因炎热而汗出较多,体内津液大量消耗,盐分损失亦多,易导致心血不足而脉动失常,对此可以适度地增加一些咸味保护心脏,如《素问·脏气法时论》曰:"心欲耎,急食咸以耎之,用咸补之,甘泻之"。

（3）适度添酸:夏季宜多食酸味以敛汗固表。正如《素问·脏气法时论》说:心主夏,"心苦缓,急食酸以收之"。同时,根据五行生克制化规律,夏天心火旺而容易乘肺金、侮肾水,要注意酸收补养肺肾之阴。醋作为我国的特殊调料是夏季的最佳选择。醋在我国已有 2 000 多年的历史,古谚语有:"开门七件事,柴米油盐酱醋茶",可见醋在我国人民生活中占有很重要的地位。随着科学技术的发展、生活水平的不断提高,对食醋的认识也不单单停留在只作为调味品,而更多地注重它的营养价值和医疗保健价值。食醋一则消除疲劳,二则促进消化,三则美容护肤,四则开胃。研究认为,酸味的醋,能提高胃酸浓度,帮助消化和吸收,促进食欲。醋还有很强的抑制细菌能力,短时间内即可杀死化脓性葡萄球菌等。对伤寒、痢疾等肠道传染病有一定的预防作用。

2. 清淡饮食　夏季气候炎热,人体新陈代谢较快,阳气的自然外泄必然导致内守之阳的不足,表现为中土脾胃之阳不足,功能相对低下,而体内热气又容易郁结而致便秘、痤疮、口舌生疮等病症。为减轻脾胃的负担,防止火热内蕴,夏季饮食宜清淡养胃为主,不宜过食辛辣肥甘厚味。面食、小米粥、燕麦粥、青菜、黄瓜、冬瓜、南瓜、西兰花等质地软和、口味清淡的食物适宜夏季食用,大枣、小米粥具有补益气阴的功效,夏季可常食。另如荷叶包饭、凉拌西瓜翠衣,既消暑热,又开胃健脾,鲜美可口,老少皆宜。同时,应忌食味厚、热性食物,如羊肉、牛肉、鸽子肉、狗肉等食物。这些食物不但难以消化,影响食欲,还能生热、生湿、生痰,容易引起疾病。

3. 科学饮水　水为生命之源,人体的新陈代谢离开水则不能运转。一年四季均应饮水,但相对于夏季的气候特点来说,更应多饮水,并注意科学饮水。汗为津液所

笔记

化生,人体大量出汗时,不仅带走人体中的代谢废物,还会使许多精微物质流失。因此,为了补充阴津,应常喝淡盐水、柠檬水、牛奶,尤其淡盐水加柠檬是夏季饮品的最佳选择。

（1）清晨一杯水:"一日之计在于晨",清晨的第一杯水尤其重要。白开水为首选,蜂蜜水也非常适合早上饮用,但不宜喝果汁、可乐、汽水、咖啡、牛奶等饮料。

（2）不渴也饮水:夏季汗多而尿少,加之暑热伤津,水分流失较其他季节尤为明显,因此不能等到口渴时才饮水。排泄是人体排出代谢废物,即各种"毒邪"的重要途径,饮水不足而排尿减少,容易导致"毒邪"聚集在体内,进而影响身体健康。所以,应养成良好的饮水与排尿习惯。

（3）睡前稍饮水:当人熟睡时,由于体内津液丢失,血液中的津液减少,血液会变得黏稠,故临睡前适当喝点水,可以减少瘀血的发生。

（4）饮水须适度:虽然强调夏季应多饮水,但如果无节制地大量饮水,对健康也有损害。白天饮水过多会加重肾脏负担;睡前饮水过多会因频繁起夜而影响睡眠。

（5）夏宜饮绿茶:我国南方夏季有饮热茶降暑的习惯,热茶的降温能力大大超过冷饮制品,乃是消暑饮品中的佼佼者。同时,茶叶中富含钾元素,夏季饮绿茶既能降温解渴,又能解乏。由于绿茶的性质偏寒凉,有清热去火的作用,适度地饮用可以使咽喉、口腔、头目等清爽舒适。但应注意饮茶量不宜太多,空腹不宜饮用,以免损伤阳气。

4. 冷饮宜慎　俗话说"病从口入",其中饮食不当常是人体阳气损伤的重要因素。夏季养生应从少食寒凉饮食开始。因天气炎热,阳气易于外泄,常导致中阳不足。人体靠阳气的升发保持健康活力,生活中尤其是夏季若过食寒凉则更加重了阳气损耗,对人体健康非常不利。同时,大量食用冰镇饮料、西瓜等,也只能解一时之渴,有时甚至会越吃越渴,其主要原因是骤冷入胃导致体热内聚而不外出,郁热在内不能宣泄则人体感觉更热。所以,西瓜、绿豆汤、乌梅小豆汤等,虽为解渴消暑之佳品,但不宜冰镇。特别是女性,太多的寒性食物会影响脾胃的正常功能,更容易导致腹泻、体寒等问题。

5. 适当多食应季水果　夏季的水果与其他季节水果的显著不同是含有大量的水分,并且这些水分中含有大量的精微物质,最适应夏季的特点而补充人体所需,诸如西瓜、甜瓜等。尤其是西瓜,为夏季的特产,盛产于祖国的大江南北,不仅能解渴,尚能补充人体因炎热出汗而消耗的津液。

（三）运动要点

夏季运动锻炼应注意强度适宜,循序渐进,持之以恒。在运动时间、场地、锻炼项目的选择上均应有所调整。

1. 运动时间　宜选在清晨或傍晚较凉爽时段进行适度的锻炼,避开正午的炎炎烈日,尤其是避免在正午阳光直射下运动,以免伤暑甚或中暑。

2. 运动场地　宜选择公园、河湖水边、庭院树荫下等空气新鲜处,注意加强防晒保护。有条件最好能到高山森林、海滨地区避暑疗养。

3. 运动项目　夏令最好的运动是游泳。游泳不仅锻炼人体的手、脚、腰、腹,而且惠及体内的脏腑,如心、脑、肺、肝等,特别对血管有益,被誉为"血管体操"。再者,由于在水中消耗的热量要明显高于陆地,故游泳还能削减过多的体重,收到健美之效。

不宜游泳者,宜选择散步、慢跑、太极拳、八段锦、气功、导引、广播操、广场舞等有氧运动。

4. 运动强度 掌握好适宜个体的运动强度,避免剧烈运动。汗为心之液,夏季出汗不可过度,防止耗伤心气、心液,甚或导致伤暑、中暑等病证。

5. 运动后调理 适度运动出汗后,可适当饮用盐开水或绿豆盐汤生津止渴,切不可饮用大量冷水以凉遏暑邪,损伤脾胃。不要立即用冷水冲头、淋浴,以免引起寒湿痹证、"黄汗"等多种疾病。

(四)进补要点

夏季进补以清补、轻补为宜。

1. 膳食进补 具有清心安神效用的百合、鸭肉、生姜为夏季膳食进补的最佳食材。

(1)百合:百合为百合科植物卷丹、百合或细叶百合的肉质鳞叶。百合夏季也可成熟,与秋季成熟者相比只是体型大小有别。百合具有养阴润肺、清心安神功效,有较好的养心阴、安心神之能,比较适宜作为夏季养心药膳食用。此外,民间常将百合作为养生基本药膳食用,虽然四季均可选择,但以夏季为最实用。常见的菜肴有西芹百合,常用的汤羹有百合汤,常见的粥品中亦有百合粥;云南常将百合去心,加入调味的肉馅蒸制成药膳,看上去宛如一朵朵盛开的白莲花,既作食用,又作药用;既是药膳,又赏心悦目如艺术品般可以欣赏。还可用鲜百合、甘笋、芋头、芡实、椰汁、牛奶等熬制成汤,清暑生津,健脾和胃。

(2)鸭肉:鸭属水禽,性寒凉,为夏季最佳肉食。经过千百年的生活实践,逐渐将鸭肉定为夏季最佳补益之物。尤其在南方炎热地区,各种鸭品更是层出不穷。鸭肉营养丰富而味道鲜美,常说的"鸡鸭鱼肉"四大荤,足以说明鸭子在我们生活膳食中的重要地位。鸭肉适于滋补,是各种美味名菜的主要原料,不仅享有"京师美馔,莫妙于鸭""无鸭不成席"之美誉,同时也为中医所称道,记曰:"滋五脏之阴,清虚劳之热,补血行水,养胃生津,止咳息惊……"民间认为其是"补虚劳的圣药"。

煲鸭汤味道鲜美,常用的有莲子薏苡煲鸭汤,以养心祛暑;鸭肉海参共炖,炖出的鸭汤善补五脏之阴。鸭肉膳食中,有鸭肉与糯米煮粥,有养胃、生津之功,尤宜于病后体虚;鸭肉同海带炖食,对心脏大有裨益;鸭肉和竹笋等炖食,可防治痔疮出血。

(3)生姜:"冬吃萝卜夏吃姜,不劳医生开处方"是一句脍炙人口的民间谚语,体现了劳动人民的养生智慧。生姜为中国人厨房里的必备之物,一年四季均可作为菜肴必用之物,甚至为日本、韩国等亚洲国家所喜爱。在夏季用时可稍增量,对人体大有裨益。生姜能健胃温中,针对夏季易出现中阳不足尤为适宜,形色金黄,味道鲜甜脆嫩,更兼咸辣。酱生姜可以说是南方人的美食,腌制的生姜为民间常用,既可加大枣煮水饮用,又可生食,还可用来煮粥。但仍需注意,一则不宜过食;二则宜早上服食,夜晚则不宜。

2. 中药进补 夏季宜选清补之品,注意服食应有所节制,夏季过用寒凉药物,会损伤人体的阳气,尤其素体阳虚有畏寒肢冷症状的人宜少食或不食。另外,进补宜选既无明显的偏寒、偏温特性,又无滋腻妨胃弊病,且性质平和的补药,夏季如果能正确服用补药,同样可取得良好的进补效果,只是在吸收蕴蓄方面略逊于冬令进补。根据夏季阳热偏旺的特点,夏令进补之前可酌情服用菊花茶、绿豆汤等清热之品为补药开路。

（1）西洋参：西洋参是公认的益气生津之佳品，性味甘、微苦而性凉，归心、肺、肾经。本品性凉而补，既能补气，又能清热养阴生津，为补气药中的"清养"之品，具有补气养阴，清热生津之能。正如《医学衷中参西录·药物·西洋参解》所谓："凡欲用人参而不受人参温补者，皆可以此代之。"炎炎夏日用此最宜。既可切成薄片每天1片嚼食，又可每日两片泡水喝，尚可煲汤时适量放入。

（2）五味子：五味子性甘而温，味酸，归肺、心、肾经。本品酸能收敛，甘能补虚，《神农本草经》列为上品，并认为本药能"主益气、咳逆上气、带伤羸瘦、补不足、强阴、益男子精"。养生大家孙思邈说："五月常服五味子，以补五脏气。遇夏月夏季之间，困乏无力，无气以动，与黄芪、人参、麦冬、少加黄柏煎汤服，使人精神顿加，两足筋力涌出。""六月常服五味子，以益肺金之气，在上则滋源，在下则补肾。"这里的五月、六月是阴历，正值夏天炎热之时。可见五味子有良好的补虚强身作用，常服能使人体力增强。本品单服即有效，如《备急千金要方》的五味子酒。

（3）酸枣仁：酸枣仁性味甘、酸而平，归肝、胆、心经，有养心益肝，滋补安神，敛汗补虚等功用。《神农本草经》赞其"久服安五脏，轻身延年"。本品能滋养心肝之阴血，《本草撮要》谓其"功专安神定志"，为滋养安神药，适用于心肝阴血亏虚者。

3. 方剂进补

（1）生脉散：夏季的最佳滋补方剂就是生脉散，可在夏季常服。生脉饮由人参、麦冬、五味子组成，具有益气养阴，生脉敛汗功用，用于温热、暑热、久咳所致的气阴两伤证，是治疗气阴两伤证的代表方剂。其中人参益气生津，麦冬养阴清热生津，五味子敛汗生津，特别适合夏季见有暑热伤津之象者。津能载气，伤津则易耗气，最终呈气阴两伤，可用该方调养。

（2）玉屏风散：玉屏风散具有益气固表功用，主治肺卫气虚证。方中黄芪益气固表、强壮卫气以抵御外邪的侵袭，配以白术健脾，从内助生气血运行，辅佐黄芪益气固表驱邪外出，防风则疏风解表，预防病变由腠理而入，三药各司其职，齐心协力，犹如一道玉屏护卫着人体肌表的安全，故古人将称其誉为玉屏风散。该方对夏季"空调病"所引发的卫阳虚弱尤为适用，不仅能明显增强机质，还可预防疾病。

4. 腧穴进补

（1）阴郄穴：位于前臂内侧，腕横纹上0.5寸，尺侧腕屈肌腱的桡侧缘。本穴为手少阴心经的郄穴，"汗为心之液"，本穴可滋阴清热，治疗骨蒸盗汗等阴虚盗汗证。常可采用按摩法、艾灸法。

（2）神门穴：位于腕横纹尺侧端，尺侧腕屈肌腱的桡侧凹陷处。神门穴为心经原穴，《灵枢·九针十二原》说："五脏有疾当取之十二原"，即五脏的疾病应取与其相对应的原穴。又心藏神，主神明，所以本穴可以补益心气、安神定志、调理阴阳，调节心与神志疾病。常可采用按摩法、艾灸法。

（3）心俞穴：位于肩胛内侧部，第5胸椎棘突下，旁开1.5寸。本穴为心的背俞穴，心藏神，主神明，可以宁心益智、安神、调理阴阳，调理心慌、惊悸、健忘、心烦、失眠、郁证等。本穴尚有止汗的功效，能有效治疗盗汗、自汗等汗证。常可采用按摩法、艾灸法。

（4）内关穴：位于前臂内侧，腕横纹上2寸，掌长肌腱与桡侧腕屈肌腱之间。本穴为心包经络穴,心藏神,主神明,可以宁心安神,调理阴阳,调治失眠、烦躁、郁证等心神疾患。常可采用按摩法、艾灸法。

（五）预防要点

1. 防心火　夏季气候炎热,暑热难耐,汗多津伤,心火易亢。可用淡竹叶、鲜芦根煮水以清心火、利小便。

2. 防暑热　《理虚元鉴》指出:"夏防暑热",即在盛夏须防暑邪。暑为夏季的主气,为火热之气所化,独发于夏季。夏季防暑不可等闲视之。

（1）水果防暑:西瓜甘甜多汁,夏季适当进食西瓜有很好的清暑生津、解渴利尿作用;西瓜翠衣,即西瓜瓤和西瓜外皮的中间部分。绿色的瓜条可晒干入药煎,能起到清热解暑的效果,亦可以把它作为一个很好的食养凉菜。

（2）中药防暑:常用荷叶、绿豆等。

①荷叶:荷叶为莲的叶,性味甘平,归肝、脾、胃经,具有清热解暑功效,用于暑热烦渴。夏季可用荷叶粥、荷叶包饭。

②绿豆:绿豆为夏季防暑的必备之物,常用于膳食调理,如绿豆粥、绿豆糕等,为民间夏月食用。尤其百合绿豆粥（汤）清热解暑为最佳。

（3）药粥防暑:夏季多食欲不振,在炎炎的夏夜,应该多喝些凉性的米粥,如绿豆粥、莲子粥、金银花粥、竹叶粥、荷叶粥、冬瓜粥、鸭梨粥、山楂粥、莲藕粥、海蜇粥等,既可滋润干燥的咽喉,又可开胃,起到清热解暑、生津止渴、增进食欲的功效。

（4）药茶防暑:茶有解暑热、爽神、提神的作用,夏季可适当饮用菊花茶、苦丁绿茶、薄荷凉茶等。

3. 防湿浊　夏季湿重,暑多夹湿,湿为长夏之主气,在我国不少地方,尤其是南方,既炎热又多雨,人们所说的湿病就多见于这个季节。《理虚元鉴》提出"长夏防湿"。此时空气湿度最大,加之或穿着暴露、涉水淋雨、居处潮湿,以致感受湿邪而发病者最多。

（1）中药祛湿可用扁豆:白扁豆性味甘而微温,归脾、胃经。具有健脾化湿,和中解暑功效,特别适合夏季防暑湿之用。本品既是食品,又是药品,甘温补脾而不滋腻,芳香化浊而不燥烈,《本草便读》誉其"能养胃健脾,脾胃得治,则清浊可分,吐利自愈。"对于暑湿,《本草备要》谓其"调脾暖胃,通利三焦,降浊升清,消暑除湿。能消脾胃之暑,止渴止泻,专治中宫之病"。

（2）方剂祛湿可用平胃散:平胃散由苍术、厚朴、陈皮、甘草组成,具有燥湿运脾,行气和胃功用。主治湿困脾胃,气机阻滞的病证。在道家养生中,曾有"一剂养神平胃散,两盅和气二陈汤"的楹联。古代道家在日常生活中常冲服少量的平胃散以防湿浊邪气。所以,夏季暑湿较盛时,可服平胃散祛湿防病。

4. 防饮食不洁　夏季致病微生物极易繁殖,食物容易腐败、变质,肠道疾病多有发生。因此,夏季要特别注意饮食卫生,防止病邪入口而导致消化系统疾病。

5. 冬病夏治　冬病夏治是我国传统中医药治疗中的特色疗法,以《素问·四气调神论》中"春夏养阳",《素问·六节藏象论》中"长夏胜冬"的克制关系为指导思想,对于一些在冬季容易发生或加重的疾病,在夏季给予针对性的治疗,提高机体的抗病能力,从而使冬季易发生或加重的病症减轻或消失,是中医学"天人合一"的整体观和"未病先防"的疾病预防观的具体运用。常用的治疗方法包括穴位贴敷、针刺、药物内服等,通过在夏季自然界阳气最旺盛的时间对人体进行药物或非药物疗法,益气温阳、散寒通络,从而达到防治冬季易发疾病的目的。

（1）作用机制:冬为阴,夏为阳。"冬病"是指某些好发于冬季或在冬季易加重的虚寒性疾病,由于机体素来阳气不足,又值冬季外界气候阴盛阳衰,以致正气不能祛邪于外,或重感阴寒之邪,造成一些慢性疾病如慢性咳嗽,哮证、喘证、慢性泄泻、关节冷痛、怕冷、体虚易感等反复发作或加重。"夏治"是指在夏季三伏时令,自然界和机体阳气最旺之时,通过温补阳气,散寒祛邪,活血通络等治疗措施,一方面能增强机体抵抗病邪能力,另一方面又有助于祛除阴寒之病邪,从而达到治疗或预防上述冬季易发生或加重的疾病的目的。

（2）常用方法:冬病夏治的方法很多,如根据穴位的主治病证,在人体的特定穴位上进行药物贴敷、药物注射、艾灸、埋线、刮痧、拔罐,或内服药物等,其中最具有代表性的治疗措施为三伏天的药物穴位贴敷（即天灸疗法,常采用具有温通功效的中药组方制成贴敷药物）,因其疗效明显、操作简便、费用低廉、无明显副作用而得到了广泛的应用。经历代中医学家的反复实践发现,在夏季的三伏天用中药穴位贴敷治疗冬天容易发作或加重的疾病疗效显著,根据具体的病证选用不同的穴位,分别于三伏天的初伏、中伏、末伏各敷一次。病史较长或病情较为顽固者可适当增加贴敷次数,贴敷时间以机体自我感觉可以耐受为度,但一般不超过 24 小时。不同的体质和不同的病证选用不同的穴位,同时可配合辨证施治的中药内服等治疗措施。冬病夏治的疗程最好连续应用 3~5 年。现代研究发现,药物贴敷后可使局部血管扩张,促进血液循环,改善周围组织的营养。药物透过表皮细胞间隙并经皮肤本身的吸收作用,使之进入人体血液循环而发挥明显的药理效应。另外,通过神经反射激发机体的调节作用,使其产生抗体,提高免疫功能,增强体质;还可能通过神经—体液的作用而调节神经、内分泌、免疫系统的功能。

（3）适应证:适用于临床各科疾病。①呼吸系统疾病:如慢性咳嗽、哮喘、慢性支气管炎、慢性阻塞性肺疾病、反复感冒等;②风湿免疫性疾病:如关节疼痛及肢体麻木、肩周炎、风湿性关节炎等;③消化系统疾病:如慢性胃炎、慢性肠炎、消化不良等;④耳鼻喉科疾病:如过敏性鼻炎、慢性鼻窦炎、慢性咽喉炎等;⑤儿科疾病:如哮喘、咳嗽、支气管炎、体虚易感冒、脾胃虚弱等;⑥慢性皮肤病:如荨麻疹、冻疮、硬皮病等;⑦妇科疾病:如慢性盆腔炎、痛经、经行泄泻、不孕症等。

冬病夏治包含了中医丰富的理论基础和实践经验,建议在正规医院医生的指导下,根据个体的体质和病证的具体表现辨证施用。近年来,随着中医"治未病"理论和方法的发展、养生学的不断进步,在冬病夏治、提前调养思维的指导下,冬病夏治的外延进一步拓展,如秋病夏治、夏病冬治、冬病秋治等。中医在四时养生方法中,除了冬病的夏防夏养之外,还包括秋病的夏防夏养、夏病的冬防冬养、冬病的秋防秋养等内容。

第二节　夏季易发病养护

夏季以暑气为主令,主要的致病外邪是暑邪;五行中属火,五脏应心,在色为赤,在味为苦。这些自然属性都是夏季养生防病与治病的核心所在。

一、中暑

中暑是在暑热季节、高温和（或）高湿环境下，由于体内的热量不能及时地散发出去，致使体温调节中枢功能障碍、汗腺功能衰竭、水电解质丢失过多而引起的以中枢神经和（或）心血管功能障碍为主要表现的急性疾病。

（一）季节对发病的影响

中医认为，暑邪是夏季的火热之邪，具有严格的季节性。暑邪侵袭人体，耗伤津气为伤暑；暑入心包，闭阻神明为中暑。发病原因与天气的暑热和体质的虚弱密切相关。中医将中暑分为"阳暑"和"阴暑"，阳暑多在长时间太阳曝晒时出现，阴暑常因错误的解暑方式导致"暑热在内、寒湿在外"而引起。例如在户外曝晒后突然进入冷气大开的室内；或是在大汗的状态下，进行冷水浴或喝冰冷饮品，以致皮肤毛孔急剧收缩、身体难以散热而中暑。

> **知识拓展**
>
> #### "阳暑"和"阴暑"
>
> 古代医家将暑病分为阴暑和阳暑。现在一般认为，阳暑，包括以下几个方面：①夏季感受暑热之邪所致的病证。一名动暑、中暍。《景岳全书·杂证谟》："阳暑者，乃因暑而受热者也。在仲景即谓之中暍。凡以盛暑烈日之时，或于长途，或于田野，不辞劳苦，以致热毒伤阴，而病为头痛、烦躁、肌体大热、大渴、大汗、脉浮、气喘，或无气以动等证，此以暑月受热，故名阳暑。治宜察气之虚实，火之微甚，或补或清，以固其气。"若气不甚虚，但有火证者，宜白虎汤或益元散；若汗出脉虚浮，烦渴，有火而少气者，宜白虎加人参汤或竹叶石膏汤、桂苓甘露饮；若眩晕少气，虽烦渴而火不甚者，宜生脉散。参见暑病、动暑、中暍。②暑温的一种类型。《医门棒喝》初集："暑温者，夏至后所感热邪也。古人分阴暑、阳暑。盖夏至以后，相火湿土，二气交会，合而为暑，或值时令热盛，或为禀体阳旺，而成阳暑之证，是暑而偏于火者。"参见暑病、中暍。③即中暑。见《六气感证要义》，热衰竭和休克，危及生命安全。而阴暑问题，则是引致大部分中暑现象的原因。
>
> 所谓"阴暑"，指夏季因气候炎热，在户外身体晒得很热的情况下，突然进入冷气大开的室内；或是在大汗的状态下吹风纳凉，进行冷水浴或喝冰冷饮品等错误的解暑方式，以致暑热与风寒之邪乘虚侵袭，致皮肤毛孔收缩、身体难以散热而中暑为病。正所谓"暑热在内、寒湿在外"，故名"阴暑"。主要病状有发热恶寒、无汗、身重疼痛、神疲倦怠、舌质淡、苔薄黄、脉弦细等。

（二）养护方法

1. 起居、环境调养　炎炎夏日，预防中暑的方法，应合理安排工作，注意劳逸结合，避免在烈日下过度曝晒，并采取适当防晒措施。室内适当降温，避免出入温差太大的环境。保证睡眠充足，适当午睡。睡觉时不要对着电扇或空调出风口直吹，避免天热皮肤毛孔舒张，邪气通过毛孔长驱直入而致病。若因闷热而感到不适时，尽快往阴凉通风处让身体散热,并要适当补充水分。若长时间处于高温环境,出现明显乏力、头昏、胸闷、心悸、注意力不能集中、大量出汗、四肢发麻、口渴、恶心等症状,是中暑的先兆。应立即将患者移至通风处休息,给患者喝些淡盐开水或绿豆汤、西瓜汁、芦根水、酸梅汤等,亦可服用防暑药物如人丹、十滴水,太阳穴外敷清凉油等预防中暑发生。

2. 饮食调养 夏令预防中暑,应采用"热者寒之"的原则,饮食调养宜清淡而富有营养,少吃油腻厚味,减轻脾胃负担。多喝粥,多吃新鲜蔬菜瓜果,但不宜冰镇后食用。利用食物的"五味"之性,亦可预防中暑。

酸味食物,如乌梅性平而味酸,在夏季与砂糖煎水制成酸梅汤饮料,不但酸甜可口、生津止渴、清热解暑,还有开胃涩肠、消炎止痢的作用。其他酸味的食物如柠檬、杨梅、金橘、杨桃等,针对夏季汗多易伤阴,均有敛汗、止泻,收敛固涩的作用。食醋,针对夏季炎热,食欲下降,食用凉拌菜、凉拌面等适当放些醋调味,不仅味鲜可口,使人食欲大增,还可保护菜肴中维生素 C 的流失,有助消化并杀灭或抑制细菌和病毒的作用,尤其可预防肠道传染病、流行性感冒、呼吸道疾病的发生。

甜味食物,如苹果汁、葡萄汁、菠萝汁、番茄汁等都含有极丰富的多种营养物质,如多种维生素、糖类、矿物质等,既可以补充维生素和机体所丢失的水分,又可以消除疲劳,增加活性,还能帮助消化,提高食欲。

苦味食物,如苦瓜、苦荬菜、蒲公英等苦味食物能消除疲劳,增进食欲还可以健脾,在一些谷、肉、果、菜中多与甘味相兼,具有清热利尿、祛湿解毒的作用。可做成凉拌苦瓜、苦荬菜,肉片炒苦瓜等清暑开胃。

辣味食物具有疏通血脉、运行气血、增强身体抵抗力的作用。如被称为"地里长出的青霉素"的大蒜,其杀菌能力可达到青霉素的 1/10,对葡萄球菌、大肠埃希菌、痢疾杆菌、伤寒杆菌、炭疽杆菌、霍乱弧菌、霉菌、病毒、寄生虫等病原体都有较强的杀灭作用,尤其在炎热的夏季,可以起到预防流感、治疗感染性疾病的作用。在夏季胃口不佳、饭量减少时,在菜里放上一些辣椒能促进消化液的分泌、改善食欲、增加饭量,并能抑制肠内异常发酵,增强体力。

此外,夏季多汗可带走体内的大量盐分,应注意补充水分和盐分,调节体内电解质的平衡,一般 1 000ml 冷开水中加 0.9g 食盐饮用。可自制中药凉茶当饮料服用解暑,如金银花 8g、白菊花 8g、淡竹叶 5g、西洋参 10g、藿香 4g、豆卷 10g,用 1 200~1 500ml 开水浸泡约 1h,冷后适当饮用,但阳虚畏寒、四肢不温、大便偏稀的人应少用或不用。

3. 运动调养 夏季适宜进行户外活动,尤以团体活动为佳,加强身体锻炼,提高自身免疫力,避免疾病发生。最佳运动为游泳,亦可选择太极拳、太极剑、瑜伽、广场舞等。既可促进健康排汗,又可促进新陈代谢,帮助增加能量消耗和减轻体重。

4. 中药调养 中暑发病与夏季气候炎热、暑湿交蒸有密切关系,预防本病可以内服藿香正气水、十滴水、人丹等芳香辟秽、清暑化湿的中成药以祛邪扶正。太阳穴处外涂风油精、清凉油清暑醒神。对暑闭心神,高热持续不退的患者,可内服羚羊角粉、紫雪丹、牛黄清心丸、安宫牛黄丸等中成药,以预防邪热内陷厥阴,引起神昏、惊厥等危急重症。

药膳调养方如:芦根绿豆粥,能清热养胃、消暑解渴。党参茯苓白术鲫鱼汤,可健

笔记

159

脾益气,祛湿养胃。

5. 其他调养　长时间处于烈日或高温环境,出现口渴、食欲不振、头痛、头昏、多汗、疲乏、虚弱,恶心及呕吐,心悸、脸色干红或苍白,注意力涣散、动作不协调,体温正常或升高等先兆中暑表现时,可以选用大椎、委中、外关,配合中冲、十宣、脊椎两侧、关冲,采用单纯拔罐或刺络拔罐,留罐5min。脊柱两侧用梅花针重叩刺3~5次后走罐。中冲、关冲、十宣用三棱针点刺放血,不拔罐。或用刮痧方法预防中暑发生。用刮痧板或适宜的刮痧工具,蘸香油或花生油在清洁的后颈部两侧、脊柱两侧、两肘、头骨上下等处刮。刮痧前一定要洗净双手,手持刮痧板以30°~45°由上到下、由左到右顺着刮,用力均匀,每次刮5~6遍或皮肤出现紫红色刮痕为止。

二、虫媒传染病

夏季虫媒传染病主要包括流行性乙型脑炎、登革热、疟疾等疾病。

流行性乙型脑炎(简称乙脑)是乙脑病毒经蚊传播的传染病,急性起病,以高热、意识障碍、惊厥和脑膜刺激征为主要临床特征,重型患者病后往往留有后遗症。多见于7、8、9月盛夏时节,有明显的季节性。发病年龄自幼儿至老年都可感染,10岁以下儿童多发,尤以2~6岁儿童发病率高。

登革热是登革热病毒引起、伊蚊传播的一种急性传染病。临床以起病急骤,高热,全身肌肉、骨骼及关节痛,极度疲乏,部分患者可有皮疹、出血倾向和淋巴结肿大为特征。发病季节与伊蚊密度、雨量相关,故夏季多发。在气温高而潮湿的热带地区,蚊媒常年繁殖,全年均可发病。本病西医目前尚无特效疗法,急性期以一般治疗和对症处理为主。

疟疾是经按蚊叮咬或输入带疟原虫者的血液而感染疟原虫所引起的虫媒传染病。临床以典型的周期性寒战、发热、出汗为特征。长期反复发作可引起脾、肝肿大及贫血。具有较强传染性。

(一)季节对发病的影响

中医无"乙脑"病名,认为本病属温病范畴,因暑热病邪侵袭而发病。夏季暑气当令,暑热病邪易于流行,其邪伤人最速,特别是小儿神怯气弱,气血未充,脏腑未坚,一旦被暑热病邪所侵,正不胜邪,则卒然发病。临床以高热、抽搐、昏迷为主症,发病急骤,变化迅速,易出现内闭外脱等危象,重症病例往往留有后遗症,导致终生残疾。根据临床表现的不同,本病尚有"暑风""暑痉""暑厥"之名,"暑风"以手足搐搦而动为名;"暑痉"以项强或角弓反张为名;"暑厥"以昏厥伴手足逆冷为名。

中医亦无"登革热"病名,根据其临床特征,当属夏秋之际,人体正气内虚,感受暑热疫疠之邪而病,可参考暑温、伏暑等辨证施治及养护。

中医对疟疾的认识甚早,远在殷虚甲骨文中已有"疟"字的记载。后世历代医家对疟疾的病因、病机、症状、针灸治法等作了系统而详细的探讨,认为疟疾由感受疟邪,邪正交争所致,以寒战壮热,头痛,汗出,休作有时为特征,多发于夏秋季。中西医学对疟疾的认识基本相同。中医药对疟疾的治疗积累了丰富的经验,具有良好的疗效,尤其是现代研究成功的青蒿素,对疟疾更具有卓效,受到世界的重视。

(二)养护方法

1. 起居、环境调养　蚊子是传播乙脑病毒、登革热病毒以及疟原虫的主要中间宿主。注意生活环境卫生,积极防蚊灭蚊是预防乙型脑炎、登革热、疟疾等虫媒传染病的重要措施。动员群众实行翻盆倒罐,填堵竹、树洞。对饮用水缸要加盖防蚊,勤换水。室内应保持通风凉爽,整洁卫生,并采取有效的防蚊灭蚊措施,避免蚊虫叮咬。做好疫情监测,以便及时采取措施控制扩散。急性期患者应卧床休息,给予流质或半流质饮食,在有防蚊设备的病室中隔离到完全退热为止,不宜过早下地活动,防止病情加重。保持皮肤和口腔清洁。高热应以物理降温为主。对出血症状明显的患者,应避免酒精擦浴。

2. 饮食调养　饮食调养首先应注意清洁卫生,食物清淡而富有营养,少吃油腻厚味,多饮水,及时补充水分。急性期患儿宜给清淡而富营养的流质食物,如豆浆、牛奶、西瓜水、绿豆汤、稀米汤等,保证水分充足,禁食韭菜、辣椒、煎炸食品、膨化食品等。

3. 运动调养　平素应积极参加各种体育活动,加强身体锻炼,增强体质,提高自身免疫力。户外锻炼时,应注意选择适当的运动场地和运动时间,采取适当的防蚊驱蚊措施,避免蚊虫叮咬而引发本病。

4. 中药调养　乙型脑炎、登革热、疟疾等虫媒传染病发病与夏季气候湿热、蚊虫较多有密切关系,预防此类疾病可以内服藿香正气水、十滴水、人丹等芳香辟秽、清暑化湿的中成药以祛邪扶正。皮肤暴露之处外涂风油精、清凉油、花露水等防蚊祛暑。对高热持续不退的患者,可内服羚羊角粉、紫雪丹、牛黄清心丸、安宫牛黄丸等中成药,以预防邪热内陷厥阴,引起神昏、惊厥等危急重症。

5. 其他调养　针对本病后遗症表现为肢体瘫痪、关节僵硬的患者,可用摇、揉、搓、摇等推拿手法进行调养,手法要有节奏,柔和、缓慢,由远端到近端。每次10~30min,每日 1~2 次。

三、结膜炎

结膜炎是机体防御能力减弱或外界致病因素增加时,引起结膜组织炎症的疾病。按病程可分为超急性、急性、亚急性、慢性结膜炎。临床以自觉眼部异物感、烧灼感、发痒和流泪等症为特征。常伴有结膜充血和水肿、分泌物增多、结膜下出血、乳头增生、滤泡形成、膜或假膜形成、耳前淋巴结肿大和压痛等体征。

(一)季节对发病的影响

急性结膜炎类似于中医的"暴风客热""脓漏眼""天行赤眼"等病证,多为外感风热火毒或湿热疫疠之邪,上攻于目,猝然发病,局部有明显红肿热痛的眼科疾病。多发于夏秋之季,常有与类似患者接触史。

(二)养护方法

1. 起居、环境调养　本病因具有较强的传染性,患者应注意隔离,医护人员接触过患眼的手和医疗器械,以及污物等均需严加消毒处理。患者的手帕、洗脸用具、枕套以及儿童玩具等均需隔离与消毒。应禁止到游泳池游泳,以免引起传播流行。本病禁忌包眼,单眼发病以透明眼罩保护健眼。流行季节可用菊花、夏枯草、桑叶等煎水代茶饮预防。

2. 饮食调养　中医认为本病性质属实属热,饮食调养应注意清淡而富有营养,少吃辛辣香燥及煎炸油腻厚味,以免生热化火,加重病情。应多饮水,多排尿以利泄热。

3. 中药调养　预防本病可以内服防风通圣散,外用黄连西瓜霜眼药水;熊胆眼药水或 10%~50% 千里光眼药水滴眼。或用 1:10 000 的高锰酸钾溶液不断冲洗,冲洗后以胆汁二连膏涂眼。

4. 其他调养　防治本病可针刺合谷、曲池、攒竹、丝竹空、睛明、瞳子髎等穴。点刺眉弓、眉尖、耳尖、太阳放血。

四、食物中毒

食物中毒是指进食被细菌或细菌毒素污染的食物,或食物含有毒素而引起的急性中毒性疾病。病因不同可有不同的临床表现。

(一)季节对发病的影响

本病多发生于夏秋季,此与夏季气温高、细菌易于大量繁殖密切相关。常因食物不新鲜、保存不当、烹调不当、生熟刀板不分或剩余物处理不当而引起。节日会餐时、饮食卫生监督不严,尤易发生食物中毒。中医认为,本病因饮食不洁所致,湿热或暑湿秽毒之邪由口而入"直趋中道",多见湿热蕴结中焦,脾胃运化失职;或湿热困遏,大肠传导失司等病机。夏季炎热高温,且"暑多兼湿",故病邪易于滋生而致病。

(二)养护方法

1. 生活、环境养护　做好饮食卫生监督,对餐饮从业人员定期进行健康检查及卫生宣传教育,认真贯彻《食品卫生法》,应特别加强节日会餐的饮食卫生监督。禁止食用病死禽畜。因伤致死,经检验肉质良好者,食用时应注意;弃去内脏,彻底洗净,肉块要小,煮熟、煮透;刀板用后洗净消毒。已变质的肉禁止食用。肉类、乳类在食用前应注意冷藏(6℃以下)。接触熟食的一切用具要事先流水洗净,切生鱼生肉的刀板要经清洗消毒才能切熟食。蒸煮螃蟹要在沸水中充分煮透。吃剩的螃蟹存放超过 6 小时者应再煮一次才能吃。醉、腌蟹不能杀菌,最好不吃;必要时加醋拌浸,可以杀菌。生鱼生肉和蔬菜应分开存放。剩余饭、菜、粥等最好冰箱冷藏保存,或摊开存放通风清凉处所,以防变质,下一餐食前须彻底加热。饭菜按就餐人数做好计划,现做现吃,避免剩饭剩菜。消灭苍蝇、鼠类、蟑螂和蚊类,不在食堂附近饲养家畜家禽。

严格管理与检查食品,尤应注意罐头食品、火腿、腌腊食品的制作和保存。食品罐头的两端若有膨隆现象,或内容物色香味改变者,应禁止出售和禁止食用,即使煮沸也不宜食用。谷类及豆类亦有被肉毒杆菌污染的可能,因此禁止食用发酵或腐败的食物。

2. 饮食调养　平时注意饮食卫生,避免食入不洁之物或有毒食物。中毒治疗早期,饮食应为易消化的流质或半流质饮食,可食马齿苋粥或甘草绿豆汤。病情好转后可恢复正常饮食。

五、小儿夏季热

小儿夏季热是婴幼儿时期特有的一种非感染性发热疾病。临床以入夏后长期发热、口渴多饮、多尿、汗闭为特征。因本病有严格的季节性,发病于夏季,故名夏季热。

本病主要发生于我国南方,如东南、中南及西南等气候炎热地区。发病多见于 3 岁以下小儿。发病时间多集中于 6、7、8 三个月,与气候有密切关系,气温愈高,发病尤多,但在秋凉以后,症状多能自行消退。有的患儿可连续数年发病,而随着年龄增大,其发病症状可逐年减轻,病程亦较短。本病若无其他合并症,预后多属良好。

(一)季节对发病的影响

本病的发病原因主要与小儿体质因素有关。有因小儿先天禀赋不足,如早产儿、未成熟儿,肾气不足者;有因后天脾胃不足,发育营养较差,脾胃虚弱者;有因病后体虚,气阴不足者,入夏后不能耐受暑热气候的熏蒸,易患本病。

暑性炎热,易耗伤津液。小儿冒受暑气,蕴于肺胃,灼伤肺胃之津,津亏内热炽盛,故发热、口渴多饮;又暑易伤气,气虚下陷,气不化液,则水液下趋膀胱,而出现尿多清长;又肺津为暑热所伤,肺主清肃,外合皮毛腠理,司开阖。若开阖失司,则腠理闭塞,水液无以排泄,故见少汗或汗闭;汗与小便都为津液所化,汗闭则尿多,尿多则津伤,津伤则必饮水自救,因而形成汗闭、口渴多饮、多尿的证候。

本病虽发生于夏季,为"暑气熏蒸"而致,但无一般暑邪致病内陷营血的传变特点。至秋凉后有向愈之机,但缠绵日久者,也会影响小儿体质。

(二)养护方法

1. 起居、环境调养　本病因暑气熏蒸而致,应注意改善居住条件,保持环境通风凉爽以避暑降温。但室温不宜过低,更不能用空调或冷风对着幼儿直吹,以免感受风寒致病。积极防治小儿各种疾病,特别是麻疹、泄泻、咳喘、疳证等,病后注意调理,恢复体质,增强机体耐受力。小儿高热时可适当用物理降温,常洗温水浴,可帮助发汗降温。避免着凉、中暑,防止并发症。

2. 饮食调养　小儿饮食宜清淡而富有营养,多补充水分,可用西瓜汁、银花露、绿豆汤等代茶饮。

3. 中药调养　预防本病可以内服生脉饮口服液,每次服 5ml,1 日 3 次。

单方验方:荷叶、西瓜翠衣各 5g,地骨皮、生地各 3g,大枣、五味子各 2g。1 日 1 剂,水煎滤取药液,加白糖少量,频频饮服。

4. 其他调养　取足三里、中脘、肾俞、大椎、风池、合谷等穴,视病情行补泻手法。如下元肾阳不足者,针后加药条灸,每穴 2~3min,每日针 1 次,7 次为 1 疗程,一般治疗 1~2 个疗程。

推三关、退六腑各 200 次,分阴阳、推脾土各 300 次,清天河水 200 次,揉内庭、解溪、足三里、阴陵泉,摩气海、关元各 3min。1 日 1 次,7 日为 1 个疗程。用于暑伤肺胃证。

六、泌尿系统感染

泌尿系统感染属尿道黏膜的炎症,女性好发。临床上可分为急性和慢性、非特异性尿道炎和淋菌性尿道炎,多为致病菌逆行侵入尿道引起。其主要表现为膀胱刺激征,即尿频、尿急、尿痛,膀胱区或会阴部不适及尿道烧灼感;尿频程度不一,严重者可出现急迫性尿失禁;尿混浊、尿液中有白细胞,常见终末血尿,有时为全程血尿,甚至见血块排出。一般无明显全身感染症状,体温正常或有低热。

(一)季节对发病的影响

中医的淋证与本病有类似的临床表现,多因饮食劳倦、湿热侵袭膀胱,气化失司而致,临床以小便频急,滴沥不尽,尿道涩痛,小腹拘急,痛引腰腹为主要表现。因其脏腑病位、病因病机各有侧重,又有热淋、血淋、石淋、膏淋、气淋、劳淋之分。本病的发生与夏季气候炎热,湿热之邪容易从下侵袭膀胱有关,加之人体汗多而尿少,尿道防护屏障薄弱更容易被病邪侵袭。

（二）养护方法

1. 起居、环境调养　增强体质,防止情志内伤,消除各种外邪入侵和湿热内生的有关因素,避免忍尿、过食肥甘、纵欲过劳、外阴不洁等因素对本病的影响。注意居室卫生,注意妊娠及产后卫生,积极治疗消渴、痨瘵等疾患,避免不必要的导尿及泌尿道有创或无创操作,从而减少本病的发生。此外,禁房事、注意适当休息、避免劳累、排空膀胱尿液等也是本病调摄养护的重要内容。

2. 饮食调养　淋证应多喝水,饮食宜清淡,忌肥腻香燥、辛辣之品。以免酿生湿热,下注膀胱而致病。

3. 情志调养　夏季天热烦躁,五志化火,容易导致肝经湿热下注,或心火下移小肠而引发本病。故调畅情志,积极乐观,使志无怒,对本病的调摄养护有一定意义。

4. 中药调养　预防本病可以内服三根汤或单用白茅根煎服。

七、痤疮

痤疮是毛囊皮脂腺的一种慢性炎症性皮肤病,临床表现以粉刺、丘疹、脓疱、结节等多形性皮损为特点。其好发于颜面、胸、背部,多见于青春期男女。

（一）季节对发病的影响

中医认为本病常因素体阳热偏盛,加之青春期生机旺盛,血热内壅,气血郁滞,蕴阻肌肤而致,或因过食辛辣肥甘之品,肺胃积热,循经上熏,血随热行,上壅于胸面而致。若病情日久不愈,气血郁滞,经脉失畅;或肺胃积热,久蕴不解,酿湿生痰,痰瘀互结,致使粟疹日渐扩大,或局部出现结节,累累相连,使病程缠绵,病情加重。夏季暑湿交蒸,蕴结皮肤则易发痤疮。

（二）养护方法

1. 起居生活调养　经常用温水、去油保湿作用柔和的洁面奶洗脸,以减少油脂附着面部堵塞毛孔。禁止用手挤压皮损,以免引起感染。

2. 饮食调养　饮食清淡,少食油腻、辛辣及糖类食品,多吃新鲜蔬菜、水果,保持大便通畅。

3. 中药调养　预防本病可以辨证内服枇杷清肺饮、黄连解毒汤、海藻玉壶汤、参苓白术散等中成药。外治可选用颠倒散、鹅黄散、三黄洗剂、颠倒散洗剂、痤疮洗剂等外搽。

八、夏季皮肤病

夏季皮肤病以皮炎、疖疮、蚊虫叮咬等最为多见。其中,夏季皮炎是因气候炎热引起的一种季节性的炎症性皮肤病,常在6~8月份发病,成人多见。皮损对称发生于躯干、四肢,尤以小腿伸侧为甚,表现为大片鲜红色斑,在红斑基础上有针头至粟粒大小的丘疹、丘疱疹,伴有剧痒,搔抓后可出现抓痕、血痂,久之皮肤粗糙增厚。疖疮是一种化脓性毛囊及毛囊深部周围组织的感染。

（一）季节对发病的影响

夏季皮肤病总以风热、湿热、火热之邪为患,或感受火热毒邪,蕴结肌肤;感受火热之气,或因昆虫咬伤,或因抓破染毒,毒邪蕴蒸肌肤,以致经络郁阻、气血凝滞而成本病。亦有脏腑蕴热,火毒结聚:七情内伤,气郁化火,火炽成毒,或恣食膏粱厚味、醇酒炙煿,损伤脾胃,运化失常,脏腑蕴热,发越于外,火毒结聚于肌肤而发为本病者。夏季暑热亢盛,易生火毒,蕴结肌肤则发皮肤疖疮。

毒虫咬伤多见于夏、秋季节,好发于暴露部位。人体皮肤被虫类叮咬,接触其毒液,或接触虫体的毒毛,邪毒侵入肌肤,与气血相搏所致。皮损为丘疹、风团或瘀点,亦可出现红斑、丘疱疹或水疱,皮损中央常有刺吮点,散在分布或数个成群。自觉奇痒、灼痛,一般无全身不适,严重者可有恶寒发热、头痛、胸闷等全身中毒症状。

(二)养护方法

1. 起居生活调养　改善环境卫生,消灭害虫。保持室内通风和散热,室内温度不宜过高;衣服、被褥常洗晒。同时,穿着应宽松、吸汗,保持皮肤干燥、清洁;宜用温水沐浴,浴后擦干并外用粉剂。

2. 饮食调养　饮食清淡,不要过食膏粱厚味、辛辣及糖类食品,多吃新鲜蔬菜、水果,保持大便通畅。

3. 中药调养　夏季皮炎,可外用1%炉甘石洗剂、1%薄荷炉甘石洗剂、1%薄荷酒精外用制剂。红斑、丘疹、风团等,可用1%薄荷三黄洗剂外搽。继发感染者,可用马齿苋煎汤湿敷,然后搽青黛散油膏,或外搽颠倒散洗剂。松毛虫、桑虫皮炎可用橡皮膏粘去患处刺毛,并用新鲜马齿苋捣烂外敷,或涂5%碘酒。

疖疮初起箍围消肿,用千锤膏或者金黄膏外敷。脓成则提脓去腐,用九一丹、八二丹撒于疖疮顶部,再用千捶膏敷贴。若脓出不畅,用药线引流;若脓已成熟,中央已软,有波动感时,应切开排脓。脓尽宜生肌收口,用生肌散、太乙膏或红油膏盖贴。

4. 其他调养　忌内服发散药,忌灸法,忌食烟酒、辛辣、鱼腥等物,忌房事和愤怒。

知识拓展

夏季皮肤癣病的预防

夏季天气湿热,有利于各种真菌、细菌的繁殖生长,加之夏季人们出汗较多,皮肤易潮湿,如不及时擦净和保持干燥,真菌便会侵害皮肤而引起皮肤癣病。接触皮肤癣病患者或动物及公用生活用具,都可以发生传染。而且,患病与否与人体的抵抗力有较密切的关系。

最常见的皮肤癣病是足癣,也就是通常所说的"脚气"。喜欢穿皮鞋的人容易患此病,因为皮鞋不易透气,脚部的湿度和温度增高,若局部皮肤不干净,表面就会堆积很多的皮屑,在这种情况下真菌极易生长而发生癣病。脚气患者除了脚趾间的皮肤发红、糜烂、出现小水疱之外,还会瘙痒及有异味。另外,有些青壮年男士容易在夏季感染体癣和花斑癣(汗斑),这与排汗量大有关。若因多种原因导致出汗后不能及时清洗,真菌则会在皮肤上繁殖,形成丘疹、水疱、鳞屑等,损害皮肤。

笔记

保持皮肤清洁干燥是防治癣病的基本要求,与患者尽量分开生活用具是预防癣病传染的重要措施。注意个人卫生,保持皮肤干爽,夏季可使用爽身粉;勤洗澡并更换内衣,常穿皮鞋者的袜子宜选用棉质的,以利吸汗、透气;不要共用鞋袜、毛巾;尽量避免在游泳池、健身房等地方赤足行走。

第三节　秋病夏防夏养

秋病夏防夏养,指重视夏季养生以预防或减轻秋季某些疾病的发生。《素问·金匮真言论》云:"冬病在阴,夏病在阳,春病在阴,秋病在阳。"《素问·阴阳应象大论》云:"冬伤于寒,春必温病;春伤于风,夏生飧泄;夏伤于暑,秋必痎疟;秋伤于湿,冬生咳嗽。"指出在四季变化中当季所患疾病常与上一季调养失当有关。可见,人体如果违背四时养生之道,不但当季会产生病变,也会降低机体适应秋天的能力,因"奉收者少"而影响下一季节疾病的发生或加重。圣人谓"春夏养阳","夏气之应,养长之道也",顺应自然,即可起到预防秋病发生的作用。

一、脱发

脱发是正常的生理现象,但倘若每日脱发超过100根,且脱发持续时间超过2个月,拉发试验阳性,头发密度或发质降低,则可诊断为病理性脱发。本病是皮肤科的常见病,但易诊难治,由于对患者外观影响较大,严重者可导致心理、精神问题。病因多样,遗传因素、油脂或雌雄激素分泌失调、微量元素缺乏、病菌感染、过敏、不良生活作息、精神紧张、抑郁焦虑等均可导致。夏季油脂分泌旺盛,头皮上的糠秕马拉色菌过度生长和繁殖繁殖,破坏角质层和脂质层的紧密结构,使得表皮细胞大量脱落,毛囊受损无法稳固发根而脱发。

(一)季节对发病的影响

脱发多因肝肾之精不足,无以滋润充养。亦可因血分有热或肺失滋养所致。《黄帝内经》云:"血气盛则肾气强,肾气强则骨髓充满,故发黑;血气虚则肾气弱,肾气弱则骨髓枯竭,故发白而脱落。"此类脱发常见体弱者或病后。若夏季未能正确养生,暑热外袭,干扰心神,甚至暑热入于血分而形成血热,至秋则脱发易作或加重。如清代冯兆张《冯氏锦囊秘录》载:"发乃血之余……忽然脱落,头皮作痒,须眉并落者,乃血热生风,风木摇动之象也"。再如,夏季烈日炎炎,暑热消耗人体津气,若养护不善,脏腑常因而失于濡养。至秋日气候干燥,与燥金之脏相合,肺主皮毛功能必然受损,从而导致脱发。人之皮毛赖肺的精气以滋养,夏伤于暑,则秋日肺的精气不足,须发失于润养而脱落。甚至可因血分有热,外合燥邪,导致毛发大伤,脱发明显增多。此外,还可因夏季饮食不节,过食油腻、辛辣,致湿热内蕴,或戴帽过久,局部湿热阻塞毛窍,经络气血运行不畅,延至于秋则脱发加重。

(二)养护方法

1. 起居、环境调养　夏季阳光充足,为避免头发受阳光直射,减少紫外线对发根、发质的损伤,外出时应戴遮阳帽、遮阳伞,但应注意头部的散热及干爽,防止堵塞毛囊或皮脂腺口。睡前应卸头饰,减少头发负担。工作或生活环境应注意保持清爽,温湿度适宜。戒烟酒,以免滋生湿热,阻塞经络气血运行,影响皮毛的濡养。要保持乐观的心态,"暑气通于心",避免季节产生的焦躁、压抑情绪,保证充足的睡眠,聆听优美舒缓的音乐,或在天气凉爽的时段做深呼吸、散步、瑜伽等运动,以舒缓情志。

应注意头发局部的养护,最好每2~3天洗头一次,水温适宜,在40℃左右,不用脱脂性强或碱性洗发剂,此类洗发剂易使头发干燥、头皮毛囊破坏。应选用酸性天然洗发剂,可在温水中加入食盐或白醋,在洗发的同时边揉搓,边从前额至头顶到后脑的顺序按摩头皮。洗发后不使用易产生静电的尼龙梳梳头,不要用电吹风的高温档吹干,注意及时修剪头发,不要烫发、染发。

2. 饮食调养　饮食以清淡为主,多食菠菜、芦笋、卷心菜、藕、百合、香蕉、猕猴桃、杨桃、苹果、柑橘、荸荠等清润的蔬菜水果,以及大豆、黑豆、玉米等植物蛋白较高的粗粮,适量补充有丰富蛋白质、维生素和微量元素的鱼类、贝类、猪肝、鸡蛋、瘦肉、海藻等,忌食甜食、坚果、高热量或辛辣刺激性食物。

3. 中药调养　内服可选用七宝美髯丸,或《备急千金要方》记载的桑麻丸,对脱发均有较好的防治作用。

4. 其他调养　针灸疗法亦是重要的防治方法,多以三棱针或梅花针散刺阿是穴或百会、头维、四神聪等头部穴位,以及经过头部的督脉、足三阳经穴位为主。

二、支气管炎

支气管炎是临床常见疾病,可分为急性支气管炎和慢性支气管两类。急性支气管炎是气管、支气管黏膜的急性炎症;慢性支气管炎指气管、支气管黏膜及其周围组织的慢性非特异性炎症。主要病因为病毒或细菌的反复感染。冷空气导致的呼吸道小血管痉挛缺血、防御功能下降,烟雾、粉尘、空气污染、吸烟、过敏均可导致该病的发生或加重。

(一)季节对发病的影响

支气管炎,中医总称为咳嗽或喘证。夏季炎热,心火当令,心火过旺则克伐肺金。且肺为娇脏,不耐寒热,若过多使用空调等制冷设备或冷饮冷食摄入较多,又极易感受寒邪,伏藏于内,至秋季气温骤然下降,引动伏邪,发为咳嗽。同时,夏季人体出汗过多,容易导致脏腑阴液不足。至秋令时节,气候干燥,又加重肺阴损伤。上述原因均可导致秋季支气管炎的发生。

(二)养护方法

1. 起居、环境调养　居处环境应保持整洁卫生,空气流通,温湿度适宜。夏季炎热,易带走水分,及时补充水分,防止燥邪伤肺。尽量避免养花或宠物。避免接触粉尘、螨虫或化学试剂。夏季汗多,不可贪图一时凉爽,而用电扇、空调急剧降温,或大量饮冰水或冷食。防止因贪凉卧露而外感风寒损伤肺卫之气。生活应规律,晚睡早起,避免过度劳累。应禁烟戒酒,避免二手烟的危害。加强适宜的体育锻炼,每天坚持练习腹式呼吸,也可根据实际情况进行游泳锻炼。夏季运动可加强呼吸肌的收缩能力,促进心肺循环,改善通气功能,提高呼吸效率。夏季养肺还应重视宁心,神清气和,胸怀宽广,"不以物喜,不以己悲",抑制心火,心神得养则可扶助肺金。

2. 饮食调养 夏季饮食宜清淡,尽量避免肥甘厚腻之物,以免生痰化火。不可滥服苦寒之物,少吃冷饮、海鲜、西瓜、苦瓜等,以免损伤肺脾的阳气,可食姜、葱、蒜、韭等以养肺气,但忌食大热之品,防止灼伤肺津。

3. 中药调养 《备急千金要方》谓之"省苦增辛,以养肺气",以甘凉滋润药食同源的滋补食物为主,如绿茶、豆制品、瘦肉、蜂蜜、银耳、甘蔗、萝卜、百合、黑芝麻、核桃、松子等。谷物属土,土生金,故夏季喝米粥可润肺养肺,可将上述提及的百合、银耳、雪梨等加入其中,或加入少许川贝粉亦可。

4. 其他调养 在夏季的初伏、中伏和末伏,借助自然界日照时间最长、气温最高的时间,可进行预防性穴位贴敷,此法又谓之天灸,有振奋脏腑阳气,驱散内伏寒邪的作用。可以通过自我按摩来养肺。睡前,可以端坐椅上,闭目放松。深吸气于胸中,空心握拳,轻叩膻中穴,也可以请家人帮助按摩肺俞穴、定喘穴(背部第7颈椎棘突下,两侧旁开0.5寸)或轻拍背部膀胱经,排出体内寒气,畅快胸中之气以养肺气。

三、慢性疲劳综合征

慢性疲劳综合征是以持续或反复发作的疲劳为特征的综合征,不明原因的疲劳持续至少6个月或以上,并可伴有多种神经、精神等症状。该病病因可能与不良生活方式、工作精神压力、病毒感染及免疫系统、中枢神经系统功能紊乱等相关。患者常见疲惫乏力,情绪不稳定,反应迟钝,记忆力下降,全身不适或肌肉、关节疼痛,食欲不振等症状。

(一)季节对发病的影响

慢性疲劳综合征与中医学"虚劳""百合病"相类似,其内因以机体的阳气亏虚为主,或兼有肝气郁结。夏季阳气亢盛,气血通达于表,腠理开而汗泄,秋季日照减少,气温渐降,阳气衰而阴气渐生,气血充而不实,导致疲劳产生。秋风萧瑟,草木凋零,谓之悲秋,人们情绪常不稳定,容易触景生情,引起凄凉忧郁之感,秋令内应于肺,情志主忧,而悲忧最易伤肺。"惟肺也,外统皮毛,为之护卫",肺外合皮毛,固护肌表,为人体之藩篱。肺气虚则阳不胜阴,卫外不固。肺主一身之气,可直接影响其他脏腑功能,最终导致慢性疲劳综合征的发生或加重。可见,慢性疲劳综合征虽好发于秋季,但夏防夏养尤为重要。

(二)养护方法

1. 起居、环境调养 夏季炎热,易于耗气伤津,应保持工作、生活环境温度适宜,避免长期高强度的体力或脑力劳动,不要在电脑前工作得太久,科学合理地安排时间。注意劳逸结合,保障每天足够的睡眠,以储存能量,解除疲劳,恢复体力。保持心态平和,多参加娱乐活动,以积极的人生态度面对挫折。适当锻炼身体,可减轻身体紧张状态,消除疲劳。宜选择有氧运动、增强耐力及心肺功能的项目,如慢跑、瑜伽、太极拳,唱歌、气功等。运动以低、中强度为宜,每次运动0.5~1h,每周运动3~4次。

培养兴趣爱好,如花鸟鱼虫、琴棋书画等,或经常聆听轻音乐,可以转移注意力,充实生活,放松心情。

2. 饮食调养　清淡均衡饮食,控制体重。补充各种富含维生素、必需脂肪酸、肉碱等的食物,如麻油、紫菜、海带、肉、蛋、奶、豆类等,多吃蔬菜水果,适量饮茶,避免过食肥甘。

3. 中药调养　五味子,每日可服用7~15粒,既可收耗散之阳气于外,又能温劳倦内伤之神在内。其他药食同源的莲子、百合、龙眼肉、红枣等,均可养心安神,可加入饮食中进行调理。此外,食疗还可选用黄芪、陈皮、肉桂炖煮母鸡,冬虫夏草炖煮鸭,以人参、甘草、当归、薏苡仁煲补中益气粥,均以春夏养阳思想为指导,防患于未然。

4. 其他调养　关节、肌肉不适或疼痛者,可用传统揉、捶、振等推拿手法疏通经络、行气活血。推拿双手或双足相应神经、循环、呼吸、免疫系统反射区,能够缓解疲劳、记忆力减退、疼痛等症状。也可针刺或艾灸足三里、肺俞等穴位进行调养。足三里是常用补益穴位,肺俞具有宣肺、理气的作用。虚劳多以七情为诱因,《素问·阴阳应象大论》说:"在脏为肺……在志为忧"。肺主一身之气,对全身气机具有调节作用。肺气不畅,气郁于内而导致悲忧,宣畅肺气可以调神怡情。并且,肺与肝关系密切,气机上一升一降,五行上相互制约,宣肺又可疏畅肝气。所以,刺激上述穴位可调整阴阳、疏通气机,使气血运转正常。此外,水浴、电、磁理疗疗法均可以促进血液和淋巴循环,能够消除疲劳,缓解症状。

第四节　冬病夏防夏养

冬病夏防夏养是冬病夏治的补充和发展,以养和防为重点,借助夏季自然界旺盛的阳气对人体进行有针对性的养护,既能祛除体内的寒邪,又能为秋冬季节储备阳气,阳气充足则严冬季节寒湿等外邪不易损伤人体。并且,夏季阳盛则腠理开泄,经脉气血充盈,有利于外治、内服中药的吸收。中医认为,通过夏季养阳,使人体阳气振奋,清除"伏邪",提高机体抗病能力,从而使冬病发病率大幅减低和减缓症状,甚至根治,起到"缓治其本"之目的。

一、关节炎

关节炎是以关节疼痛、麻木、屈伸不利甚至肿大疼痛等为主要临床表现的一类疾病。受累关节出现滑膜成纤维细胞为主的炎性细胞增殖与浸润、骨与软骨基质破坏。在气候寒冷的地域发病率较高,一般冬春和秋冬交界时期症状加重,属于"冬病"范畴。

(一)季节对发病的影响

关节炎属中医狭义肢体经络痹病范畴,多因感受风、寒、湿等外邪,导致经络气血运行不畅,无以濡养四肢关节而发病。《素问·痹论》云:"所谓痹者,各以其时,重感于风寒湿之气也","其风气胜者为行痹,寒气胜者为痛痹,湿气胜者为著痹也"。本病的外因是风、寒、湿邪,冬季北风凛冽、潮湿寒冷,若失于防护,外邪乘虚侵袭,使肌肉、关节经络痹阻不通。同时,随着空调普及,夏季室内冷气强劲,室内外温差明显加大,若受暑大汗后立即进入低温环境,可使腠理闭塞,将"风、寒、湿"邪留滞于体内,至冬季天气寒冷,再次受寒所侵,则导致病情发作或加重。而正气不足,无力驱邪外出,是本病的内在原因。若本身即为阳气不足体质,或随年龄增长,人体阳气渐衰,如《诸病源候论·风病·风湿痹候》所说:"由血气虚,则受风湿"。《济生方·痹》谓:"皆因体虚,腠理空疏,受风寒湿气而成痹也。"腠理不密,阳虚生内寒,再加上自然气候的影响,内外合邪,初在腠理,次及肌肉,再及经脉,更及于筋,深至于骨,导致该病缠绵难愈。因此,在夏季对本病加强调养尤显重要。

(二)养护方法

1. 起居、环境调养 夏季气候炎热,潮湿多雨,应保持心态平和,减少烦躁、焦虑情绪,避免气机郁滞;坚持睡子午觉。工作、生活环境应保持干燥,温度适宜,不可贪凉而过食生冷瓜果、过度使用空调、风扇,或洗冷水澡。避免当风而卧,席地而睡,夜间露宿,防止关节处受寒湿侵袭。若遇到淋雨、涉水等情况,应及时服用姜汤姜茶等以祛寒湿之邪。可选择游泳、散步、骑自行车等有益的锻炼方式,避免剧烈活动,防止汗出过多消耗津气。避免上下楼、爬山、深蹲等屈膝运动,减少关节的损伤。可在温度适宜的房间内进行关节锻炼:患者取坐位,双肘关节、膝关节伸直,上半身前倾,以两手触摸双脚。自我按摩手肘、肩颈、腰膝、脚踝等部,以温热为度。

2. 饮食调养 饮食宜清淡,避免过食寒凉、辛辣之品,不可过食肥甘厚味,减少摄入动物内脏、海鲜、禽肉、豆类等富含嘌呤的食物,多吃蔬菜水果。

3. 中药调养 风寒湿邪实者,可将生薏苡仁50g和干姜9g煮粥,再调入糖50g服食。或以瘦猪肉100g,辣椒根90g煮汤,调味后每日服用。有瘀血征象者,可将桂枝、白芍、桃仁等水煎后与大米煮粥,每日食用。肝肾亏损、痰瘀凝结者,以五加皮60g,老母鸡1只炖熟取食。

4. 其他调养 自制中药盐袋:菖蒲60g,小茴香60g,食盐500g,文火炒热后装入粗布制成的袋内,外敷患部。或在医生的指导下,三伏穴位贴敷、发泡灸、温灸、推拿按摩、刮痧拔罐、全身或局部熏洗、药酒涂擦等疗法均可在三伏天进行,局部的强刺激可使血流加快,达到活血消肿散结的功效,缓解或消除膝关节的局部疼痛、肿胀及功能障碍。

二、慢性肺病

慢性肺病主要临床表现为反复咳、嗽、气喘、气短、乏力等症,包括慢性阻塞性肺疾病、支气管哮喘、慢性支气管炎、变态反应性鼻炎、慢性咳嗽等好发于冬季或在冬季加重的疾病,病理上多以气道、肺实质和血管的慢性非特异性炎症、气流受限为特征,分别属于中医的"哮证""咳嗽""喘证""肺胀"以及"鼻鼽"范畴,病程缠绵难愈。随着病情发展,因其具有进行性和不可逆性,肺功能逐渐减退,后期可并发肺心病、呼吸衰竭,对人体健康产生极大损害,严重影响患者的工作和生活质量。

（一）季节对发病的影响

中医认为,肺主气司呼吸,慢性肺病多为感受风寒邪气或伏痰阻肺,遇新感外邪而引动。肺气宣降功能失调,卫外不固,水道失司,导致痰饮内停,甚而形成寒痰宿饮。阴邪久留则易伤肺、脾、肾阳气。肺气久虚,子病及母,则脾气亏耗,无以温化痰饮;肺主出气,肾主纳气,阴阳相交,金水相生,病久及肾,则肺肾出纳失常。慢性肺病虚实夹杂,经久难愈,每遇冬季寒邪加重,病情迅速复发或加重。因此,在夏季阳气旺盛之时加以调养,可以预防本病患者遇冬即发或加重。

（二）养护方法

1. 起居、环境调养　生活、工作环境应清洁卫生,保持空气流通,避免环境过敏原的滋生。空气污染严重时尽量减少外出。从夏季开始,逐渐使用冷水清洗鼻、脸、手,以适应寒冷气候时对呼吸道的刺激。进行适当的体育锻炼,如锻炼腹式呼吸、做扩胸体侧等呼吸操、太极拳、乒乓球等。但时间不宜过早,日出之前空气污染物较多,未完全扩散,且绿色植物因没有光合作用导致周围蓄积了大量二氧化碳,对慢性肺病患者不利。生活要有规律,保证充足睡眠。尤其应戒除不良嗜好,戒烟和避免被动吸烟是最有效的慢性肺病的养护方法。

2. 饮食调养　饮食宜清淡,应补充足够的热量、蛋白质及适量的维生素,做到营养均衡。据报道,蛋白摄入不足是我国农村慢性肺病高发的重要原因。但应注意蛋白质和脂肪不宜一次摄入过多,以免影响消化。忌食生冷、刺激性食物,及海鲜等发物或易致敏的食物。

3. 中药调养　肺气不足者,可服玉屏风散预防,或服药膳核桃百合粳米粥,脾肾阳虚者,可以人参、生姜代替百合,加强补气功能以扶正固本。

4. 其他调养　选择药物进行穴位敷贴。《张氏医通》载:"冷哮灸肺俞、膏肓、天突,有应有不应,夏日三伏中用白芥子(白芥子、延胡索、甘遂、细辛)涂法,往往获效。"后世穴位敷贴均以此方为基础,通常选取背俞穴贴敷。《素问·咳论》有云:"治脏者治其俞。"刺激背俞穴可调理脏腑气血阴阳,提高免疫力。《理瀹骈文》曰:"病在外者贴敷局部,病在内者贴敷要穴。又曰五脏之系皆在背,脏腑十二俞皆在背,其穴并可入邪,故脏腑病皆可治背。"根据中医子午流注等时间医学理论,庚日助肺气,故于每伏的第一日操作效果最佳。此外,艾草加姜煎煮后泡脚也有一定预防作用。

三、冻伤

冻伤是一种对寒冷发生异常反应而导致的局限性皮肤炎症,是冬季的常见病。临床可见局部肿胀、麻木、黯红或青紫,暖时自觉灼痒,重者或起水疱甚则破溃的局部性损伤,严重者可出现体温下降、四肢僵硬等症状。本病好发于人体末梢部位,如单侧或双侧手、足、耳、面颊等处,多与寒冷、潮湿环境有关。本病中医又称为"冻疮",多因人体在冬季因保暖不当,机体失于温煦,受寒邪侵袭后局部血脉瘀滞所致。一般天气转暖后可自愈,但每遇冬季易再发,故属于"冬病"范畴。

小贴士

三伏贴注意事项

1. 三伏贴局部会出现瘙痒等不适症状,易过敏者一定要仔细留意皮肤状态。
2. 贴药时注意避免着凉、运动及洗澡,以防影响药效。
3. 婴幼儿、孕妇、急重症患者、贴敷部位皮肤存在破损等都不适宜。

(一)季节对发病的影响

冻伤的外因为寒湿之邪。冬季在湿冷环境中久居,若失于防护,使局部皮肤肌肉经络受邪而气血运行不利,则易于患病。《诸病源候论》记载:"严冬之月,触冒风雪寒毒之气,伤于肌肤,气血壅涩……便成冻疮。"《外科启玄》说:"受其寒冷,致令面、耳、手、足初痛,次肿,破出脓血,遇暖则发热;亦有元气弱之人,不奈其冷者有之。"可见本病除了寒冷、潮湿等外因之外,更与人体阳气素虚,对低温适应能力弱,机体局部血液循环不良有关。冬季,寒湿肆虐易伤阳气,若其人素体阳气不足,无以推动血行,则经络瘀塞,皮肤失于濡养。本病虽有自愈倾向,但即使在天气回暖后缓解,仍会遗留色素沉着、瘢痕、皮肤粗糙等问题,且人体皮肤较难在春、夏、秋三季自行修复完全,因此于次年冬季低温寒冷之时极易复发。所以,对于冻伤,防重于治,尤其应重视夏季的养护。

(二)养护方法

1. 起居、环境调养　从夏季开始,进行适当的体育锻炼,可改善全身血液循环,是预防冻伤的最好方法。对于手足、耳廓等容易患冻疮的部位每天数次接触凉水,尽量不用碱性肥皂,洗后适当涂抹护肤霜,之后揉搓按摩至局部发热,促进局部皮肤的血液循环,消除微循环障碍,提高耐寒能力。

2. 饮食调养　要增加营养,平时注意补充足量的蛋白质、脂肪和维生素以满足机体热量需要,强健身体,增强耐寒能力。可适量增加如生姜、牛肉、羊肉等散寒暖胃的食物摄取。并在医生的指导下进补,如红参、西洋参、银耳、燕窝等。

3. 中药调养　对于已经发生过冻伤的部位,须增加中医调养。《外科正宗》记载:"冻风者肌肉寒极,气血不行……每逢冬寒则发。六月初六、十六、廿六日,用独蒜捣膏,日中晒热,在于遇冬所发之处擦之,忌下汤水,一日共擦三次不发"。大蒜味辛性温,可行气暖胃,解毒消积。可将成熟的紫皮独头蒜捣烂置于阳光下晒热后立即揉搓5min(若感觉皮肤灼痛则立即用水冲洗局部),每日2~3次,连续1周。亦可用芝麻叶或樱桃去核搓烂、或生姜片等替代。熏洗可选用茄根60g,花椒10g,也可选用干红辣椒5只,水煎后熏洗易于复发处,每日1次,每次30min,或可用适量食醋加热趁温擦拭,每日3次,连续7天。

此外,《素问·至真要大论》有"诸痛痒疮,皆属于心"之说。心主血脉,而夏应于心,故夏季亦可酌情选用温阳散寒、通利血脉的当归四逆汤内服进行预防。

4. 其他调养　夏季三伏通过隔姜灸或穴位贴敷关元、气海等穴位,借助自然界的阳气及人体腠理开泄的特点,使药力直透肌肤深层,通畅经脉,改善气血运行,可取得良好的预防效果。

笔记

学习小结

1. 学习内容

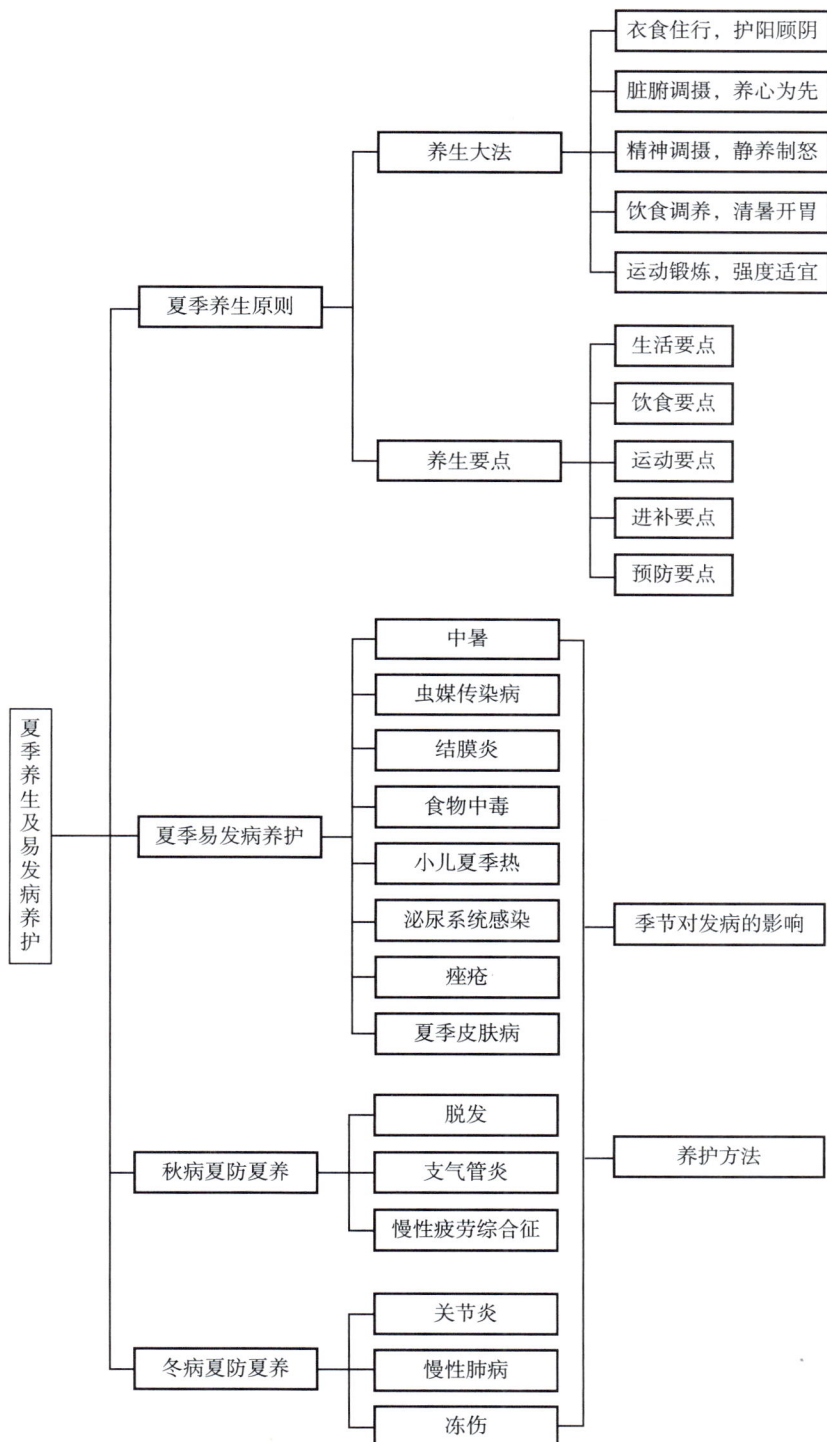

夏季养生及易发病养护
- 夏季养生原则
  - 养生大法
    - 衣食住行，护阳顾阴
    - 脏腑调摄，养心为先
    - 精神调摄，静养制怒
    - 饮食调养，清暑开胃
    - 运动锻炼，强度适宜
  - 养生要点
    - 生活要点
    - 饮食要点
    - 运动要点
    - 进补要点
    - 预防要点
- 夏季易发病养护
  - 中暑
  - 虫媒传染病
  - 结膜炎
  - 食物中毒
  - 小儿夏季热
  - 泌尿系统感染 —— 季节对发病的影响
  - 痤疮
  - 夏季皮肤病
- 秋病夏防夏养
  - 脱发
  - 支气管炎 —— 养护方法
  - 慢性疲劳综合征
- 冬病夏防夏养
  - 关节炎
  - 慢性肺病
  - 冻伤

笔记

2. 学习方法 根据夏季养生的养生大法和养生要点,学习夏季易发病如中暑、虫媒传染病、结膜炎、食物中毒、夏季皮肤病的养护方法;根据秋病夏防夏养与冬病夏防夏养的原理及意义,学习秋病和冬病夏防夏养的基本方法。

（李琳荣　尚懿纯）

复习思考题

1. 夏季养生原则和养生大法是什么?
2. 夏季饮食养生如何做到"谨和五味"?
3. 夏季是否可以"进补"? 如何正确"进补"?
4. "秋病夏防夏养"与"冬病夏防夏养"应怎样理解?

第十一章

秋季养生及易发病养护

学习目的

掌握秋季养生原则、秋季养生大法及养生要点,熟悉秋季气候对易发病的影响,掌握或熟悉秋季易发病的养护方法,了解冬病的秋防秋养。

学习要点

秋季养生大法,秋季养生要点,秋季易发病养护,冬病秋防秋养。

第一节 秋季养生原则

《黄帝内经》云:"秋冬养阴。"进入秋季,高温已退,天气逐渐凉爽,燥金当令,万物日渐萧条收敛,人体与之相应亦逐渐趋于平静、内敛状态,加之夏季人体气阴消耗较大,所以秋季养生应以和润收养为基本原则。

一、养生大法

（一）衣食住行,和润收养

秋季天高气爽,气候干燥,处于"阳消阴长"的过渡阶段,自然万物大多不再生长,即已平定,亦是即将转为冬藏的前奏阶段。正如《素问·四季调神大论》所云:"秋三月,此谓荣平,天气以急,地气以明。"人体的生理活动与秋季的自然环境变化相适应,体内阴阳双方也随之发生改变。因此,秋季养生在对精神情志、饮食起居、运动导引等方面进行调摄时,应注重"和""润"二字,不宜太过活跃、躁动,以收敛夏季耗伤之气阴。正所谓秋天要养"收"。就是顺应秋天大自然收敛之势来帮助人体的五脏尽快进入收养状态,让人体从兴奋、宣泄逐渐转向平静、内敛,平和润养以保持健康。

（二）脏腑调摄,润肺为先

在人体五脏六腑中,肺与秋季的关系最为密切,《素问·六节藏象论》谓:"肺者……为阳中之太阴,通于秋气。"秋天是万物肃杀、收敛的季节,燥气当令,肺在五行中与"金"相应,为燥金之脏,其特性与草木之地上枯萎、地下收藏相似,喜润而恶燥。秋季易生燥邪,燠邪最易伤肺,肺燥阴伤,宣降失职,则易出现干咳少痰,口咽干燥等

175

呼吸系统疾病。因此,秋季养生应以养肺润肺为先。

(三)调和情志,远离悲秋

秋季万物成熟是收获的美好时节,也是万物逐渐凋谢、呈现衰败景象的季节。此时最易引起悲凉、颓废等伤感情绪。肺与秋气相应,在志为悲,肺虚体弱之人对秋天气候的变化尤为敏感,尤其是一些中老年人目睹秋风冷雨,花木凋零,万物萧条的深秋景况,更容易产生悲秋、凄凉、垂暮之感而情绪低落、抑郁。宋代养生家陈直曾说:"秋时凄风惨雨,老人多动伤感,若颜色不乐,便须多方诱说,使役其心神,则忘其秋思。"可见,秋季注重调和情志,远离悲秋为养生之要务。正如《素问·四气调神大论》说的:"使志安宁,以缓秋刑,收敛神气,使秋气平,无外其志,使肺气清,此秋气之应,养收之道也"。

(四)饮食调养,甘淡滋润

过了"秋分"之后,由于雨水逐渐减少,空气中的湿度较小,秋燥便成了中秋到晚秋的主要气候特点。秋季又是肺金当令之时,稍有疏忽保健,易被秋燥耗伤津液,引发口干舌燥、咽喉疼痛、肺热咳嗽等症。因此,秋日饮食以养阴润肺、清润防燥为基本法则。宜吃甘淡清凉、平和润燥的食物,使脏腑阴阳气血和谐,达到滋补身体之目的。

(五)运动锻炼,动静和谐

金秋时节,天高气爽,是开展各种健身运动的好时期。因秋气主收,人体的生理活动也随自然环境的变化逐渐进入"收"的阶段,阴精阳气都应收敛内养,故运动养生也要顺应这一原则,避免进行大运动量的锻炼。以动则强身,静则养神,动静结合,和谐平衡为目标,防止汗液流失过多而阳气耗伤、津液受损,以达到心身康泰之目的。

二、养生要点

(一)生活要点

1. 起居　早睡早起。秋季天高风劲,肺气收敛,起居作息应做到早睡早起,不熬夜,不睡懒觉,以顺应自然界阴阳交替的规律。正如《素问·四气调神大论》所云:"秋三月……早卧早起,与鸡俱兴,使志安宁,以缓秋刑……此秋气之应,养收之道也。"意指秋季阴气已升,万物果实已成,自然界一派容态平定的气象。秋风劲急,物色清明,肃杀将至。人们要早睡,并且要早起,鸡鸣时即起;使神志安逸宁静,以缓和秋季肃杀之气的剋伐;应当收敛神气,以应秋气的收敛清肃;神意不要受外界干扰,以使肺气清静,这就是应秋季收敛之气调养人体"收气"的道理。

2. 服饰　适当秋冻。秋季服饰提倡"秋冻"。俗话说"秋不忙添衣",有意识的让人体经受适度寒冷锻炼,可以避免因多穿衣物导致的身热汗出、汗液蒸发,阴津耗伤、阴气外泄等情况,顺应了秋天阴精内蓄、阴气内守的养生需要。此外,微寒的刺激,可提高大脑的兴奋,增加皮肤的血流量,使皮肤代谢加快,机体耐寒能力增强,有利于预防伤风等病症的发生。当然"秋冻"还要因人、因时而异,老人、小孩往往抵抗力较弱,进入深秋时还应注意保暖;若气温骤然下降,出现雨雪天气,亦不可再行"秋冻",应根据气候变化及时添加衣物。

低温习服与冷水浴

低温习服,是对寒冷的适应,医学上也称为"冷习服"。指在低温条件下,经过一定时期的锻炼,使人对低温产生一定的适应性,即对低温耐力的提高,对低温生理反应的减轻。适当的低温习服对于养生保健、预防疾病有良好的作用,一般来说,在夏末秋初可以开始低温习服。

冷水浴是低温习服锻炼的一种常用方法,即用冷水进行耐寒锻炼。冷水浴应采用循序渐进的方法:①洗浴。从冷水洗手足开始,水温可从微温的 25℃~35℃ 逐渐降至 15℃~25℃。洗浴之前先揉搓脸、耳、颈、足部,冷水洗浴后用干毛巾擦干,也可再揉搓片刻。②擦浴。冷水洗浴适应后,用湿毛巾从上肢开始沿肩、背、胸、腹,再到腿部进行擦洗,擦洗时间不超过 2min,宜顺向心方向操作,以利静脉回流。然后用干毛巾用力擦干身体,以擦至皮肤发红为好。③淋浴。应在冷水擦浴已经习惯后进行。先做好暖身活动,淋浴时水量宜小,并同时用毛巾用力擦身,时间不超过 1min,浴毕用干毛巾擦干身体至皮肤发红。④浸泡。冷水锻炼的最高阶段,一般人不可随意尝试。初期可从微温水开始,全身浸入冷水时两手作周身按摩,以促进皮下血管扩张和静脉回流,加速血液循环。具体浸泡时间不宜过长,根据气温和个体情况而定。

3. 情志　平和宁静。为减缓秋季肃杀之气对人体精神情志的影响,应注意心态平和,培养不以物喜,不为己悲,乐观开朗,宽容豁达,淡泊宁静的性格,收神敛气,保持内心宁静,以适应秋季容平的特征。同时,通过适当参加群体活动,如聊天,棋牌,广场舞,或结伴去野外山乡,登高远眺,饱览大自然秋花烂漫、红叶胜火等胜景;或培养一些兴趣爱好,如琴棋书画等,以更好地调畅情志,摆脱"悲秋"的情绪对人体功能活动的不良影响。

4. 房室　节制房事。中医认为肺主气司呼吸,五行属金,肾主生殖,五行属水,肺肾金水相生。秋季保养肾精有助于补养肺气肺阴。因此,秋季顺应自然界收藏的规律,注意节制房事,蓄养阴精,是补肾养肺的养生要点。

(二)饮食要点

1. 增酸少辛　肺属金,通气于秋,肺气盛于秋季。辛入肺,酸入肝,酸味和甘味结合有滋阴润燥的作用。饮食宜减辛以平肺气,防止肺气过盛"金克木"而伤肝;增酸以助肝气,护木以御金。

(1)增酸:可多食酸味或酸甜食物养肝护肝,如山楂、葡萄、苹果、柚子、柠檬等,但胃酸过多或脾胃虚弱者应谨慎食用。

(2)少辛:辛辣食物会消耗人体大量津液,加重秋燥之症。应少吃油腻厚味,少食葱、姜、蒜、韭、椒等辛味之品,少吃加入大量调味料的烧烤。

2. 饮食有节　秋季饮食尤当注意定时、定量。人体脾胃功能在炎夏易受损伤,步入秋季天气渐凉,是机体脾胃恢复的最好时机。此时注意节制饮食很有必要。饮食定时可使胃肠生理功能维持正常的活动、有序地进行消化;饮食定量则可避免胃肠超

笔记

负荷活动,以防止胃肠功能进一步损伤,引发消化不良或胃病。同时,每餐进食品种不宜过多,以免加重胃肠负担。

3. 清淡甘润　秋季天干物燥,燥性干涩而易伤津液,因而秋季经常出现口干及皮肤干燥、鼻燥、口唇干裂等诸多燥象。秋季可通过多饮水、多食果蔬汁等清淡饮食,养阴润燥。

（1）饮水生津:秋季应注意多饮水,以维持体内津液平衡,以减轻秋燥对人体的影响。晨饮淡盐水,晚饮蜂蜜水,既是补水分、防便秘的好方法,又是养生防衰老的重要措施。但糖尿病患者应注意不要过多摄入蜂蜜。

（2）多食果蔬:秋季是一年四季中果蔬品种、产量最多的季节。地之所产常是人体最需要之物。秋季的新鲜果蔬,富含人体所需的多种营养物质,以酸味或酸甜之味最多。酸甘能化阴液,故这些水果多具有滋阴生津,养肺润燥的作用,榨汁后与其他有益食物同服,更是秋季保健的上佳饮品。如柑橘汁、萝卜汁、石榴汁、梨汁、猕猴桃汁等。其中萝卜若与甘蔗、梨、莲藕等榨汁同服,效果更佳。秋季适度地选择适合个体的水果食用,尤其是具有润肺功能者对人体大有益处。

4. 少食寒凉　秋季瓜果丰富,清凉可口,香甜诱人。但过食生冷瓜果或寒凉之品,易损伤脾胃而引起腹泻、痢疾等,正如民间谚语所说"秋瓜坏肚",尤其老人、儿童及体弱者更应注意少食寒凉,以保护颐养胃气。

（三）运动要点

1. 项目适宜　在气候适宜运动的秋季,面对诸多运动项目,应因人而异区别选择,如老年人可散步、慢跑、练五禽戏、打太极拳、做健身操、八段锦、自我按摩等;中青年人可跑步、打球、爬山、洗冷水浴、游泳等。在进行"动功"锻炼的同时,可配合"静功",如六字诀默念呼气练功法、内气功、意守功等,动静结合,和谐施练。对喜爱耐寒锻炼的人,须从秋天开始,与天气变化相应相和,循序渐进,持之以恒,才能增强机体对多变气候的适应力和抵抗力。

秋季登山远眺,可加快心跳和血液循环,增加肺通气量,提高肌肉的耐受力和神经系统的灵敏性,从而增强体质。同时,高山森林,空气清新,负离子含量高,置身于这样的环境中可使心情愉悦舒畅,有益于身心健康,可有效地抵御秋燥肃杀之气的侵犯。

2. 平衡运动　秋季运动还应重点关注一些能够促进机体平衡的运动方法,如太极拳动作轻缓柔和、圆软自然,连贯协调,左右平衡,以意领气,是平衡人体阴阳的好方法。再如平地倒走锻炼,倒走是一种反序运动,能刺激前行时不常活动的腰背及下肢肌肉,促进血液循环,提高机体的平衡能力,同时又因倒走是人体的一种不自然运动,迫使人们在锻炼时精神集中,可训练神经的自律性与控制力,提高大小脑的平衡能力,对防治秋季常见的焦虑、忧郁等不良情绪有良好的效果。

3. 循序渐进　随着天气逐渐转冷,运动量可适当增加。通过科学锻炼,在严冬来临之前体质会有一定提高,可以增强机体抗寒耐冻的能力。根据人体的体质情况也可选择冷水浴,秋天气温逐渐降低,反其气候而行之,用冷水刺激肌肤,使大脑调动全身各系统,可以加强人体对寒冷的适应能力,提高血管弹性平衡,增强人体对疾病的抵抗力。

（四）进补要点

秋季进补对冬季养生具有重要作用。但进补须适度,提倡以食补为主,切忌以药代食。并且,进补宜先调脾胃。因夏季饮食起居不当常易导致脾胃功能减弱,故秋凉伊始忌贸然进补。可先进易消化之品以调理脾胃功能,或食莲子、山药、扁豆等补益脾胃,再循序渐进施以调补。平补润补是秋季进补的基本原则。选用"补而不峻""防燥不腻"的平补之品,如泥鳅、鲫鱼、白鸭肉、芝麻、核桃、百合、糯米、蜂蜜、牛奶、花生、鲜山药、白木耳、广柑、白果、梨、红枣、莲子、甘蔗等清补柔润之品,可起到滋阴润肺养血的作用。忌食辛辣耗散之物。

1. 膳食进补

（1）秋食螃蟹:螃蟹是公认的食中珍味,秋天正是食螃蟹的最佳季节。螃蟹有丰富的营养,富含优质蛋白质和多种氨基酸、维生素,矿物元素钙和镁等,对身体有滋补作用。据《本草纲目》记载,螃蟹气味咸、寒,具有舒筋益气、理胃消食、通经络、散诸热、散瘀血之功效。一般民间食蟹必佐姜、醋,既能保持蟹肉的鲜美,又有一定药用价值。蟹本性凉,而生姜性温,具有温中散寒解毒之功效;醋除了调味外,还可杀菌并且破坏螃蟹中的组胺。须注意螃蟹必充分蒸熟方可食用,以防其体内寄生虫致病。

（2）梨膏糖:以雪梨或白鸭梨和中草药为主要原料,添加冰糖、橘红粉、香檬粉等熬制而成,既能润肺利咽,又能治疗咳嗽多痰、哮喘等疾病。其味甘易服,疗效显著,适合秋季养肺之用。民间有歌谣曰:"一包冰屑吊梨膏,二用药味重香料,三（山）楂麦芽能消食,四君子打小图谤,五和肉桂都用到,六用人参三七草,七星炉内生炭火,八卦炉中吊梨膏,九制玫瑰均成品,十全大补共煎熬",体现了梨膏糖食药两用的价值。

（3）食粥:食粥有利于和中益胃生津,对中老年脾胃虚弱的人尤为适宜。正如《医学入门》中所说:"盖晨起食粥,推陈出新,利膈养胃,生津液,令人一日清爽,所补不小。"如百合红枣糯米粥滋阴养胃,百合莲子粥润肺益肾,三色粥清热养肺,百合杏仁粥祛痰止咳,鲜生地汁粥凉血润燥,扁豆粥健脾和中,生姜粥御寒止呕,胡桃粥润肌防燥,松仁粥润肺益肠,菊花粥明目养神,茶粥化痰消食,燕窝粥养肺止嗽,山药粥健脾固肠,甘菊枸杞粥滋补肝肾……各人可根据自己的实际情况来选择不同的粥食用,方可使脏腑阴阳气血和谐,达到滋补身体之目的。

2. 中药进补

（1）南沙参:南沙参为桔梗科植物轮叶沙参或沙参的根,甘润而微寒,归肺、胃经,具有养阴润肺,益胃生津,益气,化痰功效。《本草正义》谓其:"体质轻清,气味俱薄,具有轻清上浮之性,故专主上焦,而走肺家。"我国东北地区朝鲜族常年用其制成沙参泡菜食用。

（2）百合:百合为百合科植物卷丹、百合、细叶百合的肉质鳞叶,性味甘、寒,归肺、心经,具有养阴润肺,清心安神功效。本品甘寒质润,《本草便读》曰其"功专补虚清热",《日华子本草》赞其能"安心,定胆,益志,养五脏"。民间常用其与其他食材炒菜食用,如西芹百合等,西南如云南等地常用其去心加肉品蒸制食用。

（3）麦冬:麦冬为百合科植物麦冬的块根,性味甘、微苦而微寒,归肺、胃、心经,具有养阴生津,润肺清心功效。本品甘寒入肺,《药性解》将其高度概括为"退肺中隐伏之火,生肺中不足之金",而《脏腑药式补正》进一步说麦冬"果是肺有燥热,斯为润燥滋液之要药。"民间常用其与桔梗等药泡水饮用,或与糯米等蒸制食用。

(4)玉竹:玉竹为百合科植物玉竹的根茎,性味甘、微寒,归肺、胃经,具有养阴润肺,生津止渴功效。《本草正义》称其"味甘多脂,为清热滋润之品"。《长沙药解》说其:"清肺金而润燥"。民间常用之泡水、嚼服、煲汤等,除其润肺功能之外,改善心脏功能的作用亦较明显。

(5)黄精:黄精为百合科植物滇黄精、黄精,或多花黄精的根茎,性味甘平,归肺、脾、肾经,具有补气养阴,润肺,健脾,益肾功效。本品甘平质润而入肺经,既能滋阴润肺,又能补益肺气;味甘如饴,既能补脾气,又能养胃阴。先秦时期就有用黄精延年轻身的记载,如《名医别录》记载:"主补中益气,除风湿,安五脏。久服轻身,延年不饥"。民间常用鲜黄精蒸饼服用,以此补养肺、脾、肾功能。

3. 方剂进补

(1)沙参麦冬汤:沙参麦冬汤为清代吴瑭(鞠通)创制,吴瑭针对温邪易耗伤阴液的病理特点,继承叶桂所倡甘寒养阴生津之法,由北沙参、玉竹、麦冬、天花粉、扁豆、桑叶、生甘草组成,用于热伤肺胃,津液亏损而见口渴咽干、或干咳少痰,舌红少苔,脉细数者。也可用于热病或呼吸道疾病的瘥后调养。若将其作为养生之剂,宜将北沙参改成南沙参。

(2)琼玉膏:琼玉膏由新罗人参、生地黄、白茯苓、白蜜熬制而成,具有滋阴润肺,益气补脾功效,主用于肺阴亏损,虚劳干咳,咽燥咯血,肌肉消瘦,气短乏力者。也可用于秋季呼吸道疾病的瘥后调养。若将其作为养生之剂,宜将新罗人参改成党参。

4. 腧穴进补　秋季可根据个体情况适当按压肝经腧穴以养生。此外,还可选择以下肺、肾经等穴位进行秋季调养。

(1)列缺穴:列缺穴位于腕部,桡骨茎突上方,腕横纹上1.5寸,当肱桡肌与拇长展肌腱之间。简便取穴为两手虎口自然平直交叉,一手食指按在另一手桡骨茎突上,指尖下即是。本穴属于手太阴肺经腧穴,具有宣降肺气、解表止咳、降逆平喘的功效,治疗肺系病症,如咳嗽、气喘、咽喉肿痛等;尚可疏通大肠经,为四大总穴之一,所谓"头项寻列缺",其善治头痛、落枕、颈椎病等头颈项部疾病。本穴为八脉交会穴,通于任脉,亦可治疗如小儿遗尿、月经不调等泌尿生殖系统疾患。常可采用按摩法、艾灸法、刮痧法。

(2)太渊穴:太渊穴位于腕掌侧横纹桡侧,桡动脉搏动处,为手太阴肺经原穴,也是八脉交会穴之脉会。其具有补益肺气、活血通脉的功效,擅长治疗外感、咳嗽、气喘、咽喉肿痛、胸痛,以及无脉症等病症。常可采用按摩法、艾灸法。高血压者可以通过按揉太渊穴治疗。研究表明,按揉太渊穴降压具有良好的即时效应,一般30min内即可令血压开始下降,而对于正常血压则没有影响。

(3)肺俞穴:肺俞穴位于背部,第3胸椎棘突下,旁开1.5寸。本穴为足太阳膀胱经腧穴,亦为肺的背俞穴,可以宣降肺气、解表止咳、降逆平喘,擅长主治肺及呼吸道的各种病症,如感冒、咳嗽、气喘、咯血等肺疾患。该穴也可以宣肺润燥、疏风止痒,治疗皮肤瘙痒、荨麻疹、瘾疹等皮肤病。若有肺阴虚症状,出现骨蒸潮热、盗汗的阴虚病症,该穴也有滋阴润肺、清热等功效。常可采用按摩法、艾灸法(温和灸法、隔姜灸法)、拔罐法。

(4)膏肓穴:膏肓穴位于背部,第4胸椎棘突下,旁开3寸。简便取穴法为先低头,颈项部出现的最高点为第七颈椎,依次往下数四个椎体即是第四胸椎。从肩胛骨内侧缘做一垂线,该线与第四胸椎棘突下的水平线交叉处即为膏肓穴。膏肓穴属于足太阳膀胱经,具有清热养阴、补虚益损功效,是治疗各种慢性虚损病症的要穴,临床常用于治疗咳嗽、气喘、盗汗、肺痨、健忘、遗精、羸瘦、虚劳等,正如《千金方》所载:"膏肓俞,无所不治,主羸瘦虚损,梦中失精,上气咳逆,狂惑忘误。"常可采用按摩法、艾灸法。

(5)太溪穴:太溪穴位于足内侧,内踝后方,当内踝尖与跟腱之间的凹陷处,取穴时非常容易找到。太溪穴为足少阴肾经腧穴,具有补肾填精的功效,擅长治疗肾虚导致的月经不调、遗精、阳痿、小便频数、消渴、泄泻、腰痛、头痛、目眩、耳聋、耳鸣、咽喉肿痛、齿痛、失眠、咳喘、咳血等病症。常可采用按摩法、艾灸法。

(6)大钟穴:大钟穴位于足内侧,内踝后下方,当跟腱附着部的内侧前方凹陷处。基本就在太溪穴(足内侧,内踝后方,即内踝尖与跟腱之间的凹陷处)的后下方0.5寸处。大钟穴是足少阴肾经的络穴,可以益肾利水,健脑益智。肾主纳气,因此肾虚便不能纳气,则会引起咳嗽、气喘,此时便可适当刺激大钟穴,效果尤佳;足少阴肾经循行于足跟部,按照"经脉所过,主治所在"的基本理论,大钟穴也擅长治疗足跟痛。常可采用按揉法、艾灸法。

(五)预防要点

1. 衣装适宜,谨防着凉　秋季气温逐渐下降,早、晚温差较大。虽说秋凉宜冻,但金秋季节气候变化无常,人们在顺应气候变化的同时,还应适当注意保暖,以防止感冒和引发呼吸道各种疾病,要根据天气情况,及时增减衣服,防寒保暖,防病保健。

2. 合理膳食,谨防伤阴　膳食上以防燥护阴、滋阴润肺为准则。秋季天高气爽、气候干燥,秋燥之气易伤肺。因此,秋季饮食宜清淡,少食煎炒之物,多食新鲜蔬菜水果,蔬菜宜选用大白菜、菠菜、冬瓜、黄瓜、白木耳;肉类可食兔肉、鸭肉、青鱼等;多吃一些酸味的食品,如广柑、山楂等。适当多饮水,多吃些萝卜、莲藕、香蕉、梨、蜂蜜等润肺生津、养阴清燥的食物。尽量少食或不食葱、姜、蒜、辣椒、烈性酒等燥热之品及油炸、肥腻之物。体质、脾胃虚弱的老年人和慢性病患者,晨起可以粥食为主,如百合莲子粥、银耳冰片粥、黑芝麻粥等,可多吃些红枣、莲子、百合、枸杞子等清补、平补之品以健身祛病。不可多食大鱼大肉,瓜果也不能过食,以免伤及肠胃。另外,要特别注意饮食清洁卫生,保护脾胃,多进温食,节制冷食、冷饮,以免引发肠炎、痢疾等疾病。

3. 积极锻炼,谨防受邪　秋季加强体育锻炼是养生保健中最积极的方法,可选择登高、慢跑、快走、冷水浴等锻炼项目。但秋季气候干燥,早、晚温差较大,是一些细菌、病毒繁殖与传播的有利条件,随着干燥的灰尘,一些细菌、病毒在空气中飞扬,常会引起呼吸道疾病的发生,也是慢性支气管炎和哮喘病的高发时节。因此,在参加体育锻炼的同时要加强防护,以免受邪。

4. 保持乐观,谨防伤神　秋季万物成熟是收获的美好时节,但秋天也是万物逐渐凋谢、呈现衰败景象的季节。此时最易引起衰落、颓废等伤感情绪,因此,要注意调养情志,学会调适不良情绪的方法,多与朋友、家人谈心,或到公园散步,看电影、电视,或养花、垂钓,这些都有益于修身养性、保持乐观情绪,使内心宁静而愉悦。

第二节　秋季易发病养护

一、季节性口唇皴裂

季节性口唇皴裂,是指人体口周皮肤和黏膜细胞发生分解、脱落,以致口周皮肤和口唇黏膜出现干燥、脱皮屑现象。本病临床可见口唇干燥、皴裂、有纵沟纹或裂沟、脱屑、出血、疼痛等症状,且久治不愈。如果伴有真菌感染,可有假膜形成且不易揭去,表现为红肿、糜烂等。本病一年四季都可发生,但以秋季为多。

(一)季节对发病的影响

人的口唇黏膜无汗腺分布,缺乏油脂分泌功能,口唇的湿润全靠局部丰富的毛细血管和少量发育不全的皮脂腺来维持。秋天气候干燥,空气中湿度较低,加之此时人体皮肤黏膜血液循环较差,若水果蔬菜摄入偏少,维生素 B_2、维生素 A 摄入量不足,局部维生素供给不良,黏膜表皮细胞抵抗力降低,则人的口唇很容易干裂,甚至出现越舔越干的现象,加重口唇的干裂和脱皮。此外,秋季也易出现以下不利因素,如对化妆品或阳光过敏,或情绪易烦躁,或某些疾病(糖尿病等)引起津液代谢失调,或烟酒等辛辣刺激之品摄入过多等。中医认为口唇由肺脾气血所主,秋季燥气流行,伤人肺津,饮食不节脾运失健,均易引起口唇干裂。

(二)养护方法

1. 起居、环境调养　切忌频繁舔唇。秋季天干物燥,舔唇后唾液迅速蒸发会带走口唇黏膜更多的水分,导致口唇干燥、干裂程度加重。并且,唾液中含有多种消化酶,主要是淀粉酶和麦芽糖酶,均可引起唇角炎症。所以,应尽量减少舔唇。为了缓解口唇的干燥,在未发生皴裂的时候可使用润唇膏或润唇油。每晚临睡之前,用化妆棉沾一些蜂蜜或橄榄油涂在唇上,然后用手指头轻轻按摩口唇及唇周,以促进局部的血液循环。但糖尿病患者切忌涂抹蜂蜜。处理已翘起的唇皮,可用消毒后的剪子细心剪去,不要用手或钳子去撕,以免撕裂口唇,导致疼痛、流血,甚至感染。在风沙大干燥较甚时应戴口罩,可保持口唇的温度和湿度。

2. 饮食调养　应多饮水,多吃梨、荸荠等有生津滋阴作用的食物。山药是首选健脾食品,新鲜蔬菜、水果富含维生素,均应多食。平日多吃水果以及黄豆芽、油菜、小白菜、白萝卜等富含维生素的新鲜蔬菜。日常饮食应以清淡为主,减少进食煎炸、辛辣、燥热性食物,如辣椒、大蒜、生姜、大葱、洋葱、韭菜、芫荽、胡椒、桂皮等。另可食银耳炖冰糖,山药百合粥等润肺健脾。

3. 中药调养　可以用中药麦冬、生地黄煎水代茶饮,具有滋阴的作用;当归、首乌煎水代茶饮,或可煲汤、做饭时加入,具有滋阴养血润燥的作用。另如天冬 15g,麦冬 15g,白糖 10g,开水 300ml,加盖泡 10~15min 后饮用。成人一次饮完,儿童饮用量减半,均为一天一次,连续服用 3~5 天可有良好作用。一些药食两用的中药配方,对口唇干裂也有较好的治疗作用,如百合、山药等。

二、慢性咽炎

慢性咽炎为咽黏膜的慢性炎症,多因急性咽炎反复发作或治疗不彻底,以及邻近器官病灶刺激如鼻窦炎、扁桃体炎,鼻咽炎、气管炎等引起。烟酒过度,粉尘及有害气体刺激亦为常见病因。此病常为上呼吸道性炎症的一部分,并与某些全身性疾病引起局部末梢循环障碍有关。慢性咽炎其临床表现多种多样,如咽部不适感、异物感、咽部分泌物不易咯出、咽部痒感、烧灼感、干燥感或刺激感,还可有微痛感,咽分泌物增多,黏稠,故常有清嗓动作,吐白色黏痰,严重者可引起刺激性咳嗽及恶心、呕吐。本病在临床中常见,病程长,症状容易反复发作。慢性咽炎多见于成年人,儿童也可出现。

(一)季节对发病的影响

秋季多晴少雨、气候干燥,是慢性咽炎的高发季节。慢性咽炎是普通的常见疾病,症状顽固,病程较长,久治不愈。在秋季多由不良生活习惯、环境污染、疾病等诸多原因综合作用,导致机体抵抗力降低而诱发咽炎。中医认为咽喉属肺,其病机多与肺经有热、阴虚内热、肝火上炎或肺肾阴虚有关。

(二)养护方法

慢性咽炎的养护要点应防治结合,以预防为主。

1. 起居、环境调养　尽早戒烟。吸烟对呼吸道黏膜有强烈刺激作用,使咽部黏膜充血,加重慢性咽炎患者的不适感。因此,慢性咽炎患者应严格戒烟。生活要有规律。经常熬夜、晚起等不良睡眠习惯,严重干扰人体正常生物钟的节奏,破坏人体的正常免疫功能,降低人体的抗病能力而患各种疾病。所以应保证足够的睡眠时间,养成有规律的睡眠习惯。

居处环境应清洁、通风、冷暖适宜,生活和工作应在空气新鲜的环境中。避免二手烟刺激,避免接触粉尘、有害气体、污浊空气等对咽黏膜不利的刺激因素。居室新居装修应慎重选择装修材料,装修完毕不可立即居住,防止甲醛等有害物质对呼吸道黏膜的刺激。室内空气过于干燥对咽喉不利,应及时在房间内洒水或使用加湿器增加空气的湿度,以保持室内适宜的温度和湿度。

2. 饮食调养　平时注意多饮水,保持呼吸道湿润和口腔清洁。改变暴饮暴食、喜食过热、过烫食物等不良饮食习惯。少食辛辣、刺激性较强、太冷、太腻或油炸的食物及浓茶、烈酒等饮料,少食瓜子、花生等炒制零食,减少对咽部黏膜的刺激。宜食具有清热、滋阴润肺作用的蔬菜、水果,如萝卜、白果、菠菜、苦瓜、苹果、香蕉、西瓜、甘蔗等。瘦猪肉、鸭肉、蚌肉、乳、蛋、赤豆、黑大豆、黑芝麻、黄豆制品,以及银耳、木耳、青果、百合等食品都有补肺阴或肾阴的功效,也可适当食用。

3. 中药调养　若咽喉不适感明显,可用胖大海泡水代茶饮。或用麦冬 3g,甘草 1.5g,金银花 3g,乌梅 3g,西青果 3g,以沸水冲泡,经常服用,或常吃绿豆饮或雪梨浆。

4. 心理调摄　培养良好的心理素质,消除焦虑、紧张情绪。积极参加社会公益活动,培养和谐的人际关系。有条件者可外出旅游,既增长知识,又陶冶情趣,放松身心,有利于减轻心理压力,减少疾病发作、缓解咽部不适症状。

5. 其他调养 积极治疗相关疾病。局部相关疾病,如鼻咽部的慢性炎症,因鼻塞而长期张口呼吸,咽部对空气的调温、湿润和清洁功能相对减弱。并且,鼻腔失去了正常作用,干燥、寒冷的空气、粉尘及微生物便可直接损害咽部黏膜。另外,鼻腔的脓液向后流入咽部,以及过度的烟、酒、辛辣刺激性食物都会诱发慢性咽炎的反复发作。因此,患有鼻炎的慢性咽炎患者,应及时进行治疗。同时,还应积极治疗可能引发慢性咽炎的全身相关疾病。

三、秋季腹泻

秋季腹泻,是指好发于秋季 10~11 月的腹泻病,以 6 个月~3 岁小儿最为多见。引起秋季腹泻的病原体有轮状病毒、ECHO 病毒、柯萨奇病毒等,其主要是轮状病毒。临床有三大特征,即上呼吸道症状、呕吐、腹泻。本病起病急,常伴发热、流涕和咳嗽等呼吸道感染症状。腹泻次数每日 6 次以上,甚至数十次,大便呈黄色或黄绿色水样便或蛋花汤样便,可有少量黏液,无腥臭味。本病是一种自限性疾病,一般无特效药治疗,多数患儿在一周左右会自然止泻。但部分患儿出现严重呕吐、腹泻时,如果补液不及时,容易出现脱水,其后果较严重。

(一)季节对发病的影响

秋季腹泻属于中医“泄泻”范畴。小儿脏腑娇嫩、脾常不足,在炎热的夏季又常因贪凉或饮冷使脾运更受损伤。长夏季节感受暑湿之邪,至秋凉之后西风渐起,机体卫外失固而引起发病。湿热蕴中,水谷不分,并走于肠,泄泻乃作。

(二)养护方法

1. 起居、环境调养 居室应保持适宜的温度。为防止腹部受凉,可以给小孩戴一个肚兜,这样可以阻挡体外寒热之邪的入侵,保护胃肠功能。成人也要注意腹部保暖。

2. 饮食调养 注意饮食卫生,小儿喂养工具必须严格消毒。奶瓶和餐具要经常用开水煮沸消毒,冲好的奶粉常温下不得超过 2h,放冰箱保存不得超过 24h,以免变质。一岁以下小儿尽量母乳喂养,母乳可以给小儿一定的消化酶和抗体,对预防秋季腹泻尤其重要。适当喝些温开水,不至于过多破坏胃的酸性环境。小儿的辅食添加要循序渐进,不可增加脾胃负担而伤及运化功能。

3. 中药调养 健脾祛湿,和胃止泻的中药如山药、薏苡仁等,可以起到调理脾胃功能、利湿止泻的作用。小儿出现秋季腹泻的早期,应在医生指导下使用抗病毒药物,可以抑制病毒的复制和繁殖,减轻症状,缩短病程。对于呕吐症状不显著的小儿,可以服用“口服补液盐”,每袋补液盐溶解于 500ml 水中,4~6h 内分次服用,可以起到补充水、电解质的作用。也可以使用蒙脱石散。菌群失调者,可选择微生态制剂,如枯草杆菌二联活菌颗粒等。也可补充维生素 B,改善胃肠道的功能。

4. 其他调养 小儿推拿、足浴、脐疗、红外线腹部理疗等,安全、易行,可以酌情使用。

小贴士

预防秋季腹泻小常识

1. 不吃生冷的食物,吃熟食,喝开水。
2. 尽量少食易带致病菌的食物,如螺丝、贝壳、螃蟹等,食用时要煮透蒸熟。
3. 适量用醋和蒜佐餐,以消毒杀菌。
4. 饭前便后洗净手。
5. 餐具、炊具用前要消毒。

四、普通感冒

感冒是一种最常见的由多种病毒引起的急性呼吸系统疾病,系因外感风邪,客于肺卫,以鼻塞、流涕、咳嗽、恶寒、发热、头身疼痛为主要临床表现的病症。轻者称为伤风;重者称为重伤风;若同时在某一地区内流行,病无长少,率近相似,则称为时行感冒。中医将感冒分为风寒型感冒、风热型感冒、暑湿型感冒和时行感冒(流行性感冒)等。风寒感冒是秋季最常见的一种感冒类型。

(一)季节对发病的影响

深秋近冬季节,风寒之气较甚。风寒之邪外束人体肌表,卫阳被郁,故见恶寒、发热、无汗;清阳不展,络脉失和则头痛、肢节酸疼。风寒上受,肺气不宣而致鼻塞流涕、咽痒、咳嗽;寒为阴邪故口不渴或渴喜热饮。舌苔薄白而润,脉浮或浮紧,俱为表寒征象。风寒感冒为常见的外感病,一年四季都可发生,但好发于秋冬寒冷之际。

(二)养护方法

感冒的发生,是在正气不足的情况下,外邪乘虚侵入机体而发生;而体内痰热、伏火、痰湿内蕴,肺卫失于调节,亦易感受外邪而发病。因此,该病的养护要点以防护为要。

1. 起居、环境调养　做好日常护理,增强抵抗力。保持居室空气新鲜,注意避风保暖。每日早晚、餐后用淡盐水漱口,以清除口腔病菌。在感冒流行期间更应注意盐水漱口,仰头含漱使盐水充分冲洗咽部效果更佳。以冷水浴面、洗鼻孔。每晚热水泡脚(水温度以热到不能忍受为止)15min,要注意水量要没过脚面,泡后双脚要发红,才可获预防效果。初发感冒时,可在杯中倒入开水,对着热气做深呼吸,直到杯中水凉为止,每日数次,可减轻鼻塞症状。

2. 饮食调养　患病期间以清淡易消化饮食为宜,应忌食油腻、油炸、黏滞、咸辣、过硬及海腥食物。佐餐宜选用各种酱菜、豆腐、肉松等清淡食品。发热时,可多饮水、多饮清淡的菜汤以及新鲜的果汁,如西瓜汁、梨汁、甘蔗汁、藕汁等,以及稀粥、蛋汤、牛奶、豆浆等。多食用富含维生素的蔬菜、水果。风寒感冒患者宜吃具有辛温发汗散寒之品,可喝点姜汤。

3. 中药调养　风寒型感冒患者可选用伤风感冒冲剂、感冒清热冲剂、九味羌活丸、通宣理肺丸、午时茶颗粒等药物治疗。风热型感冒患者可选用解热消炎胶囊、香雪抗病毒口服液、感冒退热冲剂、板蓝根冲剂、银翘解毒丸、羚羊解毒丸等药物治疗。

4. 其他调养　加强体育锻炼,增强体质,以御外邪。尤其体弱易感者,平时可以多练习中医的功法,如太极拳、八段锦、五禽戏等增强抵抗力。

经常按揉风池、大椎、曲池、合谷、外关、迎香等穴位,能增强人体免疫力,预防感冒。还可按摩鼻翼:两手微握拳,以屈曲的拇指背面上下往返按摩鼻翼两侧。每日上下午各按摩 15~30 次,以局部红、热为度。穴位按摩:用双手的拇指、食指、中指指端(任用一指)按摩鼻通、迎香等穴后,再用鱼际穴周围的肌肉发达区,揉搓鼻腔两侧由迎香穴至印堂穴的感冒敏感区。按摩涌泉穴和足心,直至发热,使这两个区域的经络通畅,气血运行正常,可预防风寒侵入。

五、手足口病

手足口病又称为手足口综合征,是由多种肠道病毒感染引起的急性传染病,病原体主要为柯萨奇病毒 A 组(5、9、10、16 型),亦可由 B 组(2、5 型)及新肠道病毒(EV71 型)引起。多为隐性感染,患儿及带毒者为传染源。病毒存在于感染者的咽部和粪便中,粪便带病毒率高,排毒时间也长。传染途径以消化道为主,但早期也可由呼吸道传播。感染后对同型病毒能产生较持久的免疫力,再次受同型病毒感染者极少。

(一)季节对发病的影响

手足口病是感受时邪引起的急性发疹性传染病,临床以手足掌跖、臀及口腔疱疹,或伴发热为特征。本病一年四季均可发生,但以夏秋季节为多见,任何年龄均可发病,临床尤多见于 5 岁以下小儿。本病可经消化道、呼吸道传播,传染性强,易引起流行。一般预后较好,经数天到一周痊愈,少数重症患儿可因调护不当,合并感染,而致病程迁延,严重者可因邪毒留心,或内陷心肝而出现病情变化,甚或危及生命。

(二)养护方法

1. 起居、环境调养　本病流行期间,勿带孩子去公共场所。对与患者密切接触者应隔离观察 7~10 天,并给板蓝根颗粒冲服;体弱者接触患儿后,可予丙种球蛋白肌注,或服中药调养。注意搞好个人卫生,养成饭前便后洗手的习惯。对日常用品、食具等应经常消毒,衣物常置阳光下曝晒,室内保持通风换气。

2. 饮食调养　时令过了"秋分"之后,由于雨水逐渐减少,空气中的湿度降低,秋燥便成了中秋到晚秋的主要气候特征。手足口病患儿,多因为口中疱疹疼痛而影响进食,加之秋季又是肺金当令之时,稍有疏忽便易被秋燥耗伤津液。因此,宜吃清热生津、养阴润肺的食物,以汤类、粥类为好。如绿豆粥、梨、百合、甘蔗等清补柔润之品。

3. 中药调养　中药以清润为主,如沙参、麦冬、生地黄、玉竹、玄参、白芍、天花粉、百合、桑叶、桑白皮、瓜蒌皮、太子参、西洋参等滋阴、润肺清热。

4. 其他调养　气功锻炼能增强人的体质,提高机体免疫力,培育正气,使机体功能保持协调,从而有利于预防疾病。

六、抑郁症

抑郁症又称为抑郁障碍,是常见的情绪障碍性疾病,以显著而持久的心境低落为主要临床特征,可伴有躯体不适和睡眠障碍等症状。本病病因并不十分清楚,生物、心理与社会环境等诸多因素参与了抑郁症的发病过程。

（一）季节对发病的影响

秋风落叶,凄风凄雨,往往使人触景生情,特别是老年人易产生垂暮之感,诱发消极情绪,严重者,终日郁郁寡欢,少语懒言,很容易患上抑郁症。抑郁症是情感障碍的一种类型。抑郁情绪相当于中医的悲忧情志。临床资料表明,抑郁症发病的高峰基本处在春分、秋冬前后,从8~10月均呈上升之势,并且在9月到次年1月的整个秋冬季节发病较春夏为多,而且前后呈上升趋势。其中,女性抑郁症发作尤以10月为发病高峰期,说明自然界的变化对人的抑郁情绪有较大影响。研究认为,秋冬季节能促进大脑中5-羟色胺分泌失常,从而引起季节性发病,并随着年龄增长、病程延长,抑郁症会逐渐加重。

（二）养护方法

1. 起居、环境调养　应养成良好的睡眠习惯,不熬夜,不在夜晚参加容易引起情绪亢奋的活动。培养良好的与外界及群体的沟通能力,学会以积极的心态应对挫折,多做利导思维。居室应有充足的光线和照明,家具及饰物以柔和的暖色调为宜。在天气晴朗的日子,多开门窗通风,以保证居室空气新鲜。

2. 饮食调养　过度节食会使心情烦躁、抑郁、疲倦和虚弱,应加以避免。宜多食高蛋白、高纤维、高热能类食物。如低脂牛奶可减缓情绪的紧张、暴躁或焦虑;香蕉富含的生物碱可振奋精神和提高信心,帮助大脑减少忧郁情绪;葡萄柚可净化繁杂思绪、提神醒脑;菠菜含有大量能抑制抑郁症的叶酸。但要忌食辛、辣、腌、熏类、酒类及咖啡等刺激性食物,以免加重心理负荷。还可多吃些含钙类的食物,如黄豆及豆制品、红枣、韭菜、芹菜、蒜苗、鱼、虾、芝麻、核桃、牛奶等。另外,多吃些富含维生素B和氨基酸的食物,如谷类、鱼类、绿色蔬菜、蛋类等,对于摆脱抑郁症也有裨益。

3. 中药调养　可用玫瑰花或绿梅花热水浸泡后代茶饮。或用逍遥丸间断服用。若发作后症状明显,尚可选用柴胡加龙骨牡蛎汤、半夏厚朴汤、甘麦大枣汤等。

4. 其他调养　多做户外运动,多晒太阳,可以加强人体的新陈代谢,宣泄负性心理能量,有效防止抑郁症的发作。运动还有助于增强体质,产生积极的心理感受,能较快地振奋精神、消除抑郁的相关症状,如舞蹈、跑步、散步、跳绳等。并且,如能在优美、安静的环境做户外运动,更容易产生欢乐、愉快的情绪。

健身气功锻炼对人体神经系统、呼吸系统、循环系统、内分泌等均能产生良好影响,在锻炼健身气功时通过改变神经系统的控制,调整不同中枢的兴奋水平,能够降低人体的紧张和忧虑,愉悦身心。可根据自身情况选择八段锦、太极拳等项目。

知识拓展

抑郁症的中医治疗

在抑郁症的治疗中,中医除进行药物、针灸等治疗外,还提倡心身综合治疗,包括五情相胜法、说理开导法、暗示疗法、移情易性法、顺情从欲法及怡情养神法等。

五情相胜法的基本原理是：人的情志活动可以影响人体的气血阴阳，不良的、持久的情绪刺激则会导致情志疾病的发生，而正确运用情志相克，则可以纠正人体气血阴阳的偏颇，使机体恢复平衡。如怒伤肝、悲胜怒；喜伤心、恐胜喜；思伤脾、怒胜思。该法以情胜情，一定要把握好使用的时机和尺度，特别是激怒疗法、惊恐疗法等，以免因使用不当引起纠纷。怡情养神法即通过培养优雅、恬淡的兴趣爱好，从而陶冶性情，动静结合，达到调神养神的目的。此外，还有音乐疗法等。

第三节　冬病秋防秋养

一、复发性口疮

复发性口疮以反复发作的口腔黏膜局限性溃疡损害为特征，在口腔黏膜病中发病率最高，且多发于青壮年，好发于唇、颊、舌缘等处的黏膜。一般认为其与免疫、遗传和某些基础疾病有关。

（一）季节对发病的影响

复发性口疮的临床特征以口腔黏膜局部浅表性溃疡为主，周围充血、灼热、疼痛，在中医学中属于火热炽盛的表现，既可因外感所致，也可因内伤引起，又多为虚实夹杂之症。《素问·至真要大论》中指出："少阳之复，大热将至……火气内发，上为口糜"，表明四时六淫之邪可导致口内生疮，其中以外感火邪、燥邪为主。秋季燥邪当令，燥邪干涩，易伤津液，燥火外感，津液更伤，易发口疮。内伤发病主要因为饮食起居失调，脏腑功能受到影响而致气机郁滞，甚而化火上攻，或因思虑太过，劳倦疲乏，导致脾胃中气损伤，阴火内生，上灼于口，时日久之，则肌肉溃破，口内发疮。冬季寒冷干燥，饮食多偏温热，故本病易发。秋季提前养护，可减少其发病。

（二）养护方法

1. 起居、环境调养　避免损伤口腔黏膜。尤其是牙齿不规整或有假牙的人，由于摩擦口腔黏膜，很容易频繁出现溃疡。因此需要纠正咬唇、咬颊、咬舌等不良习惯，拔除残牙或改装不合适的假牙。注意口腔卫生，养成早晚刷牙、饭后漱口的习惯。可用加盐凉白开水或茶水漱口，也可用药物漱口液，以除去口中的浊气，减少口腔细菌，防止因食物残渣而加重继发感染。漱口水的温度要适宜，以免损伤黏膜。

保证充足的睡眠。长期睡眠不足、劳累过度是口疮反复发作的常见诱因，这些因素会耗伤人体阴血，阴虚则火旺，上炎于口腔则引起口腔黏膜溃疡。并且，应保持心情舒畅、乐观开朗。如果长时间受到烦躁、忧郁、压抑等不良情绪的困扰，很容易产生"郁火"，这也是导致复发性口疮的常见原因。此外，还应保持大便通畅。

2. 饮食调养　饮食尽量清淡，多吃蔬菜水果，忌食辛辣刺激之品，如酒、辣椒、胡椒、花椒、生蒜、大葱等。多吃些滋阴润燥的食物，如燕窝、梨、芝麻、藕、菠菜、鳖肉、乌骨鸡、猪肺、豆浆、饴糖、鸭蛋、橄榄。多食芝麻、核桃、糯米、蜂蜜、甘蔗等，可以起到滋阴润肺养血的作用。

3. 中药调养　可选药食两用的清润之品，如菊花、银耳、甘蔗、荸荠、绿豆、芦根等，此外还可适当食用一些药膳，如：参麦团鱼、蜂蜜蒸百合、橄榄酸梅汤等。

4. 其他调养　可适当运动增强体质，减少疾病的发生。如气功中的"六字诀"，即六字诀养生法，是我国古代流传下来的一种养生方法，为吐纳法。它的最大特点是通过呼吸导引，充分诱发和调动脏腑的潜在能力来抵抗疾病的侵袭，具有调节机体免疫功能的作用。

二、反复呼吸道感染

反复呼吸道感染是指一年内反复患上呼吸道感染 5~7 次以上，或患支气管炎、肺炎 2~3 次以上。一年四季均可发病，冬、春季为多，发热可有可无，有反复上呼吸道感染、支气管肺炎等症状和体征。

（一）季节对发病的影响

秋季在脏应肺。肺为娇脏，不耐寒热，易被邪侵。秋季气候干燥，容易形成温燥或凉燥，均可导致肺津、肺气耗伤。肺主宣发卫气，固护腠理，肺津、肺气耗伤，则可导致肺卫不固而容易邪侵。入秋之后天气渐凉，时至深秋近冬时，则气候大多已较寒冷，本病冬季高发，寒邪侵袭是其主要原因，但体质虚弱、藩篱不密是其内在因素，正虚且外邪频袭，则表现为反复呼吸道感染。所以，应重视秋季的提前养护。

（二）养护方法

1. 起居、环境调养　创造良好的室内环境，应注意每天定时开窗通风，同时保持一定的空气湿度，保持呼吸道湿润，减少被病菌侵袭的机会。不要穿得过多，被褥也不宜太厚。气候变化时应随时增减衣服。若活动后出汗，应及时擦干。随着中秋后气温下降室内活动增多，应尽量减少去人群拥挤的公共场所，避免与呼吸道感染性疾病患者的近距离接触，以防感染。

2. 饮食调养　保证饮食的营养均衡，养成良好的饮食习惯，按时进餐、不挑食、不偏食。多食牛奶、肉类、蛋类、鱼类、新鲜蔬菜和水果。由于维生素 A 有保持人的呼吸道黏膜上皮细胞的完整、防御呼吸系统感染、增强机体免疫功能等作用，因此可多吃一些富含维生素 A 的食物，如胡萝卜、黄绿色的蔬菜、黄色水果、瓜类等。

3. 中药调养　可有针对性的服用具有补气扶正作用的中药，如黄芪、太子参、党参、白术、茯苓、山药、红枣等。可服玉屏风散预防，此方由具有益气固表作用的黄芪、白术、防风组成。也可酌情服用橘皮粥理气化痰、健脾和胃，沙参粥润肺养胃、祛痰止咳，以扶正固本。

4. 其他调养　对于易患小儿可以采用按摩的方法进行预防。小儿按摩是一种广受家长和患儿喜爱的防治方式，经过历代发展，已经形成了非常独特的小儿按摩穴位和手法体系。咳嗽、气喘用清肺经（从无名指指跟推至指端）止咳、平喘，结合点按肺俞（在肩胛内角与脊柱连线中点）；食欲不振、免疫功能低下者可补脾经（拇指端推至指跟）、运内八卦（环推掌心）以益气健脾；揉板门（大鱼际）可兼治咳嗽和食欲差。

三、雷诺病

雷诺病是一组因血管神经功能紊乱而引起的阵发性末梢动脉痉挛性疾病,可分为原发性与继发性两种类型,前者无潜在疾病,肢端血管多无器质性病变;后者继发于某种全身性疾病,肢端血管常有器质性疾病,常称为雷诺综合征或雷诺现象。其主要症状为肢端皮肤出现由苍白－紫绀－潮红－正常的规律性颜色变化,多数患者病变部位以手指指端为主,且呈对称性。

中医学没有"雷诺病"一词,但对于其临床表现文献中有类似记载,张机《伤寒论·辨厥阴病脉证并治》之"手足厥寒,脉细欲绝"与此相似,因此,一直以来诸多学者都将本病按其症状表现归入"四肢逆冷""血痹""脉痹""寒痹"等范畴。

(一)季节对发病的影响

雷诺现象发作与内因和外因均密切相关。从内因看,气虚为其本,涉及脏腑包括心、脾、肾三脏,其中以心为主。心主血脉,全身气血的运行皆赖心之推动;而脾为后天气血"生化之源",肾"藏精气"乃是"先天之本",脾、肾两脏在气的形成和维持气的生理功能方面密切相关。三脏受累则对本病的发生与发展产生重要影响。从外因看,主要是受到寒邪的侵袭。秋冬时节气温较低,万物凋敝,阳气活动迟缓,内收封藏。人体应之而转为阳气的收藏,气虚之人则此时气血运行更加无力,肢体经脉调节失常,若再受寒邪侵袭,则引起气血凝滞、脉络不通而出现肢端青紫及麻木等现象。秋季若能提前补虚固本、疏通脉络,可以减少其发病。

(二)养护方法

1. 起居、环境调养　保持居室的温暖。尤其要注意手足的防寒保暖,尽量避免暴露于寒冷空气中或接触冷水及冷的物体。日常宜用热水洗手、洗物品,湿手须立即擦干,以减少寒邪侵袭。每天用热水泡脚,每次泡脚 20min（可用艾草或生姜煮水泡脚）,水温 42℃ 左右最佳,同时可按摩脚掌的涌泉穴,可以促进周身血液循环,使全身气血流通,起到调理脏腑、舒通经络的作用。背为阳中之阳,从秋季开始就应重视背部的保暖,可加穿一件夹背心,秋高气爽时,可以给后背晒个"日光浴"以保护阳气。

平日需细心保护手指免受外伤,以免引起指尖溃破或其他病变。对有吸烟嗜好者,劝告戒烟,避免尼古丁对血管收缩的刺激作用。此外,避免情绪激动对本病的发作也有预防作用。

2. 饮食调养　体虚气弱者日常饮食以温热食物为宜,如糯米、肉类、鲫鱼、黄鳝等,也可食生姜、葱白,或饮姜茶,有散寒温经作用。

3. 中药调养　因本病系体虚受寒,营卫失调,阳气不能四达,寒邪痹阻和经络不畅所致,可选用黄芪、桂枝、芍药、生姜、大枣煎汤,也可选用鸡血藤、地龙、当归、桑寄生、川芎、丹参等药物。

4. 其他调养　平时可通过一些简便方法保护肾的阳气。如双手搓腰法:两手对搓发热后,紧按腰眼处（位于第三腰椎棘突下旁开 3.5 寸凹陷处）,每天早晚各一次,每次做 50~100 遍,能温煦肾阳、畅达气血。

加强锻炼:①气功:采取卧位和坐位,做内养功,用腹式呼吸,放松自己,并意守引导气血贯盈指端,觉得有发热感为好。可在做此功之前配合做自然呼吸的放松功。

每次 30~40min，每日 2~3 次。②甩手锻炼：先两手交替对患指做自我推拿，然后两手放在腹前，轻轻地甩动，120~180 次 /min，甩 3~5min，以肤色逐渐红润为好，同时也要结合呼吸锻炼和意守气血充盈到肢端，每日 2~3 次。③医疗体操：腕部功及腿功对本病也有积极的治疗作用。如抓空增力、拧拳反掌、仰卧举腿和蹬空增力等动作，都能明显改善四肢末端的血液循环。

学习小结

1. 学习内容

```
                                             ┌─ 衣食住行，和润收养
                                             ├─ 脏腑调摄，润肺为先
                                  ┌─ 养生大法 ─┼─ 调和情志，远离悲秋
                                  │           ├─ 饮食调养，甘淡滋润
                                  │           └─ 运动锻炼，动静和谐
                   ┌─ 秋季养生原则 ─┤
                   │              │           ┌─ 生活要点
                   │              │           ├─ 饮食要点
                   │              └─ 养生要点 ─┼─ 运动要点
                   │                          ├─ 进补要点
                   │                          └─ 预防要点
                   │
                   │                          ┌─ 季节性口唇皲裂
秋季养生及易发病养护 ─┤              ┌─ 季节对发病的影响
                   │                          ├─ 慢性咽炎
                   │              ├─ 秋季腹泻
                   ├─ 秋季易发病养护 ─┼─ 普通感冒   └─ 养护方法
                   │                          ├─ 手足口病
                   │                          └─ 抑郁症
                   │
                   │                          ┌─ 复发性口疮  ┌─ 季节对发病的影响
                   └─ 冬病秋养秋防 ─┼─ 反复呼吸道感染
                                   └─ 雷诺病    └─ 养护方法
```

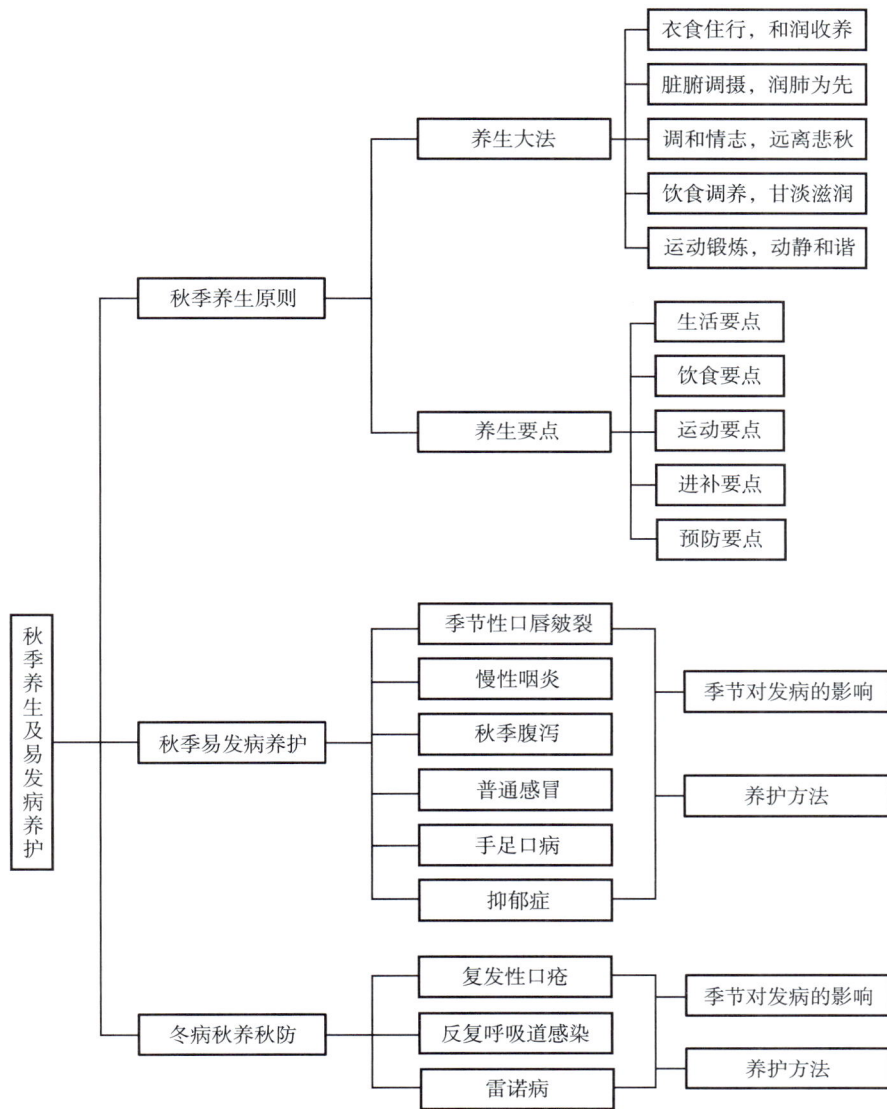

2. 学习方法 在掌握秋季养生大法和秋季养生要点的基础上，熟悉秋季气候对人体的影响，掌握秋季易发病的养护方法，以及冬病秋防秋养的基本养护方法。

（黄浏姣 汶 希）

191

复习思考题

1. 秋季养生原则和养生大法是什么？
2. 试述秋季饮食养生的要点。
3. 秋季"进补"有何意义？"进补"原则是什么？
4. 哪些"冬病"可以秋防秋养？

笔记

第十二章

冬季养生及易发病养护

> **学习目的**
>
> 掌握冬季养生原则、冬季养生大法及养生要点，熟悉冬季气候对易发病的影响，掌握或熟悉冬季易发病的养护方法，了解夏病的冬防冬养。
>
> **学习要点**
>
> 冬季养生原则，冬季养生大法及养生要点，冬季对易发病的影响及养生方法。

第一节　冬季养生原则

《素问·六节藏象论》曰："肾者，主蛰，封藏之本，精之处也……通于冬气。"冬三月，草木凋零，昆虫蛰伏，是自然界万物闭藏的季节。因此，冬令养生贵在养藏、固精、益肾。以"藏"为中心对人体进行养护是冬季养生的基本原则。

一、养生大法

（一）衣食住行，养阴助藏

冬季自然万物大多闭藏，人与天地相应，此时亦应顺应养藏之道，生活起居、衣食、精神、运动等各方面均应顺应自然变化而以收藏为主，以保持身体健康。若违背冬季养生原则易损伤肾藏，来年春季很有可能产生病变。正如《素问·四气调神大论》云："冬三月，此谓闭藏……此冬气之应，养藏之道也。逆之则伤肾，春为痿厥，奉生者少"。

（二）脏腑调摄，温肾藏精

人体的先天之本为肾，肾与冬令相应。冬令以寒为主气，寒冷最易损伤人体的阳气，而肾阳为人体阳气之根本，肾精为人体生长壮老已的根本物质，故冬季养生以温肾藏精为主。同时，因脾为后天之本，与先天之本相互滋生促进，先天生后天，后天养先天，故冬季养生又以暖脾温胃为辅。对于脾胃素虚或胃有宿疾者，在寒冷的冬季，更应保养脾胃之气，使其运化功能正常，以利充养先天，促进肾的藏精。

（三）情志调节，内敛藏神

冬季因天气寒冷、日照减少、环境不良等各方面原因，人们往往容易心情压抑、焦

笔记

193

虑,产生抑郁情绪。因此冬季养生更应该重视情志的调摄,使其心情愉悦平和,情志调畅,才能更好地养生防病。根据冬气闭藏的特点,在精神情志方面应顺应冬季"藏"的特性,保持精神内敛,安宁平静,使机体与外界环境保持相应与平衡,方可养精蓄锐、平安少疾。正如《素问·四气调神大论》所说:"使志若伏若匿,若有私意,若已有得。"指出冬季要控制情志活动,保持精神安静,使情志像军队埋伏、鱼鸟深藏、人有隐私、心有所获一样隐而不宣,又如同获得珍宝那样感到内心愉悦,如过度兴奋、激动或忧伤、焦虑,则易扰动体内潜伏的阳气,甚至使阳气耗散,从而导致疾病的发生。

(四)饮食调养,增加热量

冬三月养生的主题是养藏,而养藏即是养肾。因此,冬季是养肾的最佳季节。肾是人体生命活动的原动力,冬季人体阳气内敛,生理功能也有所收敛,此时肾既要为维持冬天的热量消耗准备足够能量,又要储存一定能量为将来所用,所以饮食上应以增加热量,以助能量储备为基本要点。

(五)运动锻炼,持之以恒

冬季气候寒冷,万物潜藏,外界环境肃杀,人体功能反应相对于其他三季亦不甚活跃,常呈现倦乏、慵懒的状态。此时进行适当地运动锻炼,能促进全身血液循环,激发机体活力,加速多余热量的消耗,对养生保健有良好作用。并且,运动能锻炼人的意志,还可获一定的瘦身效果。所以,在冬季天寒地冻之时,不可过于怠惰欠动,仍应坚持运动锻炼,持之以恒,方有所获。但运动须有尺度,应以不扰冬藏之旨为原则。

二、养生要点

(一)生活要点

1. 起居　冬季夜长昼短,水面结冰、大地冻裂,是万物生机闭藏之际,不宜再扰动阳气,起居作息宜早睡晚起,让阳气得到充分的闭藏,生命得到充分的休养。因此,冬天一定要等到日光出现再起床,是阳气闭藏是否充分的时间标准,也是冬天养藏的时间标准。正如《素问·四气调神大论》之谓:"早卧晚起,必待阳光。"从另一方面论之,也可以说是避免冬寒损伤人体阳气,恰如《寿亲养老新书》所云:"唯早眠晚起,以避霜威"。

2. 服饰　我国幅员辽阔,南北方冬季气温差异极大,但冬季气候均以寒冷为特点,北方严寒而干冷、南方则湿冷渗入肌肤,为抵御冬季的寒冷,无论南北方人的服饰均应温暖舒适、防寒保暖为主。若衣着过于单薄则易感受寒邪。

(1)头颈部保暖:头为诸阳之会,头部暴露于外,容易使阳气外泄。如受到寒冷刺激,筋脉收引,血脉凝滞,不通则痛,容易引起头痛、感冒,甚至会造成胃肠不适等病症。因此,冬季应选择适当的帽子、围巾等,避免头颈部受寒而引发疾病。

(2)背部保暖:背部是人体的阳中之阳,风寒等邪气极易通过背部侵入,引起腰背酸痛等症状,并可通过颈椎、腰椎影响其附近的肌肉及关节、内脏而危害健康,甚而引发外感性疾病、呼吸系统疾病和心脑血管疾病等。冬季注意背部保暖,宜穿棉背心,睡时也要保暖背部,避免寒邪侵袭,以免损伤阳气而致病。

(3)足部保暖:足为三阴经之始,三阳经之终,与人体十二经脉、脏腑气血相联系。因脚远离心脏,供血不足,热量较少,保温力差,常导致"寒从脚下起"。足部受寒,最容易损伤肾阳而导致男子的阳痿不育及女子的宫冷不孕,尚可导致男子常见的寒凝肝脉之寒疝腹痛。因此,冬季足部保暖尤为重要。平常除了白天注意对脚的保暖外,每晚坚持用热水洗脚可促进全身血液循环,有增强机体防御能力和消除疲劳、改善睡眠的作用。

（4）保暖有度：冬季服饰在避寒保温的同时,还应注意保暖适度,衣物不宜过于厚重,否则易致腠理开泄而导致寒邪侵入。《保生要录·论衣服门》指出:"冬月棉衣莫令甚厚,寒则频添重数,如此则令人不骤热也。"《遵生八笺·四时调摄笺》也说:"宜寒极方加棉衣,以渐加厚,不得一顿便多,惟无寒即已"。

3. 居室　冬季应注意保持室内温暖。南北方均应通过各种保暖措施调节室内温度,既要通风,又要保证适宜的温暖。正似汪绮石在《理虚元鉴》所说:"冬防寒,又防风。"

4. 房室　冬季房事有节,保养肾精,在"养藏之道"中尤为重要。肾精为五脏六腑之本,是生命之根。《四季养生调摄》说:"冬三月乃水闭水藏之时,最宜固守元阳,以养真气矣。"明代高濂《遵生八笺》中亦说:"冬之三月,乾坤气闭,万物伏藏,君子戒谨,节嗜欲,止声色,以待阴阳之定。无竞阴阳,以全其生,合乎太清。"如果在冬季应保养肾精之时依然精液频泄、不知节制,则必然会耗损肾精,导致身体虚弱、未老先衰以及病邪入侵致病。《寿世保元》中明确指出:"精乃肾之主,冬季养生应节制房事,不能恣其情欲,伤其肾精。"若房室有节,就能保持体内精气充足,精神气血有余,肾精巩固,保持健康而长寿。

5. 怡情　冬季怡情养神要重视内敛藏神。情志不可过于外达,应尽可能处于内敛状态,尽量避免不良情绪刺激,保持心态乐观,遇到烦心事要注意保持冷静,避免喜怒无度、杂虑太多而伤神,并进而伤及脏腑气血而致病。同时,应忌惊恐。因恐为肾之志,过度惊恐则伤肾。肾应冬季,冬季大惊大恐会影响肾的收藏功能,进而可使肾精受损。因此,冬季心理调养应尽量避免使人受到惊恐刺激。

（二）饮食要点

1. 增苦少咸　五行中"水克火",咸入肾。冬季肾的功能偏旺,如果过食咸味之物,肾气会更旺,容易损伤心气,影响人体健康。因此,冬季要少吃咸味食品,以防肾阳过旺,同时适当地多吃一些苦味食物,以补益心气。但所谓"增苦少咸"切不可太过,稍加注意即可。

2. 温食忌硬　黏硬、生冷的食物多属阴,冬季过食寒凉之物容易收缩血脉而使血流不畅,损伤脾胃而影响人体健康,故应尽量避免食用。但也应注意食物以温而不热为宜,倘若食物过热则易损伤食道,或大量过热食物进入胃肠后,又容易引起体内积热而致病。故而冬季饮食宜选择温热松软之品。

3. 多饮温热水　水是万物之源,一年四季均要饮水,即使不渴也得饮水,虽然冬令人体代谢不比其他季节旺盛,但为了温暖阳气,并保护人体的基本代谢,应以饮用温热水为主,既能补充人体的水分,又能在"冬藏"的同时排除体内的秽浊之物,保证肾与膀胱的清洁。同时,最好多饮红茶,红茶是冬季最佳饮品之一。红茶性味甘温,可以补益身体,养蓄阳气,温热暖胃,增强人体对寒冷的抵御能力。

（三）运动要点

1. 减少运动量　冬三月以静和藏为主,从而从形体到动作,再到心灵都应处于闭藏的状态,应尽量减少运动、不宜出汗过多。正如《素问·四气调神大论》强调冬季应"无泄皮肤,使气亟夺"。无泄皮肤就是不要使皮肤开泄出汗,因为出汗可使阳气外泄而不能闭藏。另外,在治疗疾病时,尽量少用发汗药、少用辛温发汗法。孙思邈在《备急千金要方·道林养性》中说:"冬时天地气闭,血气伏藏,人不可作劳汗出,发泄阳气,有损于人也。"《四季养生歌》中亦说:"伏阳在内三冬月,切忌汗多阳气泄"。

2. 锻炼当适时　冬季应进行力所能及而可持久坚持的体育活动,但要注意运动时间,且场地须适宜。运动场地一般以室内为佳。户外活动时必须做好防寒保暖工作,不能衣着过于单薄,更不宜在户外逗留过久,尤其应注意避免汗出过多,以微微有汗便可,切不可于冬令之时汗出当风。

(1)晨练不可过早:不少人晨练选择在黎明之前或天方破晓之时,以为此时环境幽静,空气清新,其实并不尽然。由于夜间近地面层空气冷却作用,容易形成稳定的逆温层,就像盖子一样罩在空中,使近地面空气中的污染物不易扩散,而此时污染物的浓度最大。因此,晨练者应该有意识地避开这段时间,而选择日出之后,因为日出之后气温开始上升,逆温层被破坏,污染物向外扩散出去,空气的清洁度会明显好转,这时才是晨练的好时机。时间一般应在上午10点以后或下午为宜。

(2)切莫选择树林:不少人认为在树林丛中晨练氧气充足,可以满足锻炼时氧气的需求量。但实际情况却并非如此。因为植物的叶绿素只有在阳光参与下才能进行光合作用,制造出新鲜的氧气,并释放出大量的二氧化碳。因此,绿树林丛中是白天散步的好地方,却非清晨锻炼的理想场所。

(3)中老年人冬季不宜晨练:中老年人群易发生心脑血管疾病,而早晨至中午期间是此类疾病发作的高峰时段。另外,若过早起床锻炼,过低的冷空气会刺激血脉迅速收缩,容易导致心脑血管疾病的发生,而在下午至傍晚时间锻炼,这种情况则较少发生。

(四)进补要点

"冬季进补,开春打虎",这是我国民族的进补习惯。冬天气候寒冷,寒邪最易损伤人体阳气,因此冬季进补以温补为主,主要是温补肾和脾胃之阳气。冬季进补的宗旨在《千金月令》曾有记载:"(十二月)是月可补药,不可饵大热之药,且早食,宜进宿熟之肉。"说明冬季是进补时令,但依然要避免进食大辛大热之品,以温补为佳。进食补品宜在一天中较早的时候完成,以便消化吸收,且肉食要尽量烹制至熟烂。

1. 膳食进补　冬季膳食进补是中医四时养生进补中最有特点的内容。

(1)冬季进补佳品:羊肉、鸡汤是冬季最有代表性的进补佳品。

羊肉:羊肉营养丰富,无论清炖还是红烧或烤制食用,味皆鲜香,尤应重视的是羊肉还有很好的药用价值。中医学认为"人参补气,羊肉则善补形。"其味甘不腻,性温不燥,能暖中补虚,益肾壮阳,开胃健力,利肺助气,豁痰止喘,养肝明目,具有益气血、壮肾阳、补虚老、健脾胃、理虚寒、消浮肿、补形衰、益产妇等功效。因此,凡脾胃虚弱所致消化不良、脾虚吐食、肾阴阳两虚遗尿、血虚,以及男子五劳七伤、妇人产后带下和一切虚寒疾患,取羊肉炖食都很有益。民间流传的滋补膳食中,有许多以羊肉为主的膳食,如大羊肉汤、长寿汤、羊头烩等,尚有许多以羊肉为主制成的药膳,如可暖中补虚、益气养肾、暖脾护胃的羊肉粥;可温阳散寒、补肾益精的麻黄附片羊肉汤;可补益精血、温肾助阳的海参羊肉汤;可明目固精、强筋补肾的枸杞羊肉汤;可补肺滋肾的山药羊肉汤；可消积下气、补虚健体的萝卜羊肉汤；可温阳补气、健脾补肾的黄芪羊肉汤。

虽然羊肉既滋补又温暖，但食用羊肉时也有一些禁忌需要注意。羊肉属于大热之品，凡有发热、牙痛、口舌生疮、咳吐黄痰等内热症状的人都不宜食用；患有肝病、高血压、急性肠炎或其他感染性疾病的患者，或者在发热期间也不宜食用；不宜与醋同用，羊肉大热，醋性温而与酒性相近，若两物同用，易生火动血。不可频繁食用以铜制器皿烹饪的羊肉，避免因摄入过多的铜、锡造成人体伤害。如果铜锅表面发黑或有绿斑，则更不可未加处理就随便使用，以免有害物质损伤机体，甚至引发疾病。羊肉为高蛋白食物，多食则不易消化，所以一次性不宜食用过多，最好同时多食用蔬菜。

鸡汤：鸡汤所含的精微物质是从鸡油、鸡皮、鸡肉和鸡骨溶解出的精华，在寒冷的冬季饮之，尤能起到温补的功能。研究证实，鸡汤具有增强支气管黏膜分泌，稀化痰液和增加呼吸道分泌型 IgA 的作用。冬天是支气管炎的高发季节，因此多喝鸡汤，可以预防其发生。此外，鸡肉中含有的特殊物质，可以改善鼻咽部血液循环和增加鼻腔黏膜分泌，能够保持呼吸道通畅、清除病原体、缓解感冒中出现的上呼吸道症状，如鼻塞、咽干、咳嗽等。但应注意发热者不宜食用。

萝卜：萝卜也是冬季养生佳品。常言道"冬吃萝卜夏吃姜，一年四季保安康"。萝卜在我国拥有非常悠久的栽培食用历史，其营养丰富，有很好的食用、医疗价值。萝卜味辛、甘，属土，无毒，可做菜、做汤、生食都可以。进餐时选择萝卜，可以消谷食、去痰癖、止咳嗽、解消渴、通利脏腑之气，助脾胃运化以预防疾病，有利于身体健康。研究表明，萝卜含有大量的葡萄糖、果糖、蔗糖和多种维生素、矿物质。萝卜中的维生素 C 含量比梨及苹果高出 8~10 倍。其中所含的淀粉酶和芥子油成分，对人体消化十分有利。同时，萝卜还有下气定喘、止咳化痰、消食除胀、清热解毒的药用价值。

（2）冬季补益药膳：常用补益药膳无外乎为补肾、补脾两种。

冬季最佳药膳：当归生姜羊肉汤为冬季进补最佳药膳。该法出自汉代医圣张机《金匮要略·腹满寒疝宿食病脉证治》，由当归 9g，生姜 15g，羊肉 50g 组成，具有温中补虚，祛寒止痛之功效，主治寒疝，虚劳，产后血虚有寒，腹痛，胁痛，喜温喜按，腹中拘急等，尚能治疗某些男性不育症。北方寒冷的冬夜，偶尔熬制当归生姜羊肉汤，既可食用，又可药补，尤其适用于阳虚、血虚体质者，对平和体质之人亦可起到温补之能。

补肾药膳常用参附牛肉汤、枸杞苁蓉鹿肾粥、胡桃羊肾粥、大枣羊肉粥、海参公鸡粥、核桃粥、栗子粥、党参红枣炖排骨等。

温脾药膳常用羊肉糯枣温胃粥、山药炖肘子、糯米红枣粥、八宝粥、小米粥、红枣龙眼粥等。

2. 药酒进补　酒是炮制中药的常用之品，具有活血化瘀，通经活络，振奋精神，祛寒散瘀，麻醉镇痛，消毒杀菌作用。可以作为药引子使用，能够引药入经，直达病所，更好地发挥药物的定向治疗作用。此外，做为溶媒与药物合用泡制药酒，能更好地提取药物的有效成分，提高药物的治疗效果，适应复杂的病情。冬季适度而少量饮酒可以温经护肾，对此《千金方》曾载："冬三月宜服药酒一、二杯，立春则止。终身常尔，百病不生。"酌情饮用药酒养生，是十分方便且功效明显的方法。

药酒制作方法

白酒尤其是高度白酒释放药效最佳,可作为制作药酒首选,也可选择黄酒、红酒。泡酒容器最好选择砂锅、瓷瓮、玻璃等器皿,但一定避免金属材质,防止有害物质析出。

中医用药讲究配伍,很少只用一种中药泡酒。优质的养生药酒,需要良好的处方,每一味药材都尽可能地讲究地道性,即宜选择道地药材,宜切成薄片,或捣碎成粗颗粒状,药和酒的比例为1:10,泡制一个月即可。在泡酒的过程中,不要提前打开容器,并需注意器皿的清洁。

炮制好的药酒应注意:一看颜色,即有无沉淀、药渣有无异常;二闻味道,即是否清香,不可有刺鼻的酸味;三尝味道,即不要出现麻舌感。

（1）药酒适宜人群:老年肾虚、脾虚、脾肾两虚者。酒是热性之物,温补的药材用酒浸泡药效会更好。老年人肝肾功能虚衰,非常适合用喝药酒的方法调理身体。但应控制饮用量,切忌因过量而危害健康。作为养生用的药酒,以饭后半小时服用15ml为宜。此外,肝病者不宜饮用;感冒、胃溃疡、出血等身体特殊情况亦不宜饮用;药酒不能与西药同服。

（2）药酒的优点:①服法简便,易于吸收;②保存方便,可常温下持久保存。

（3）著名药酒:龟龄酒。据清宫中的《节次照常膳底档》记载,龟龄酒由鹿茸、海马、杜仲、枸杞子、天冬、生地黄、熟地黄、淫羊藿、补骨脂、人参、山药、砂仁、丁香、甘草、当归、牛膝、穿山甲、酒等组成,具有抗衰防老、延年益寿的功效,久服可以延缓衰老。

3. 膏方进补　膏方又称膏剂、膏滋方,是指由中医望、闻、问、切分析后,选取几十种中药一起煎煮,反复浓缩药液,再加进胶性药物、糖和蜂蜜等熬制成的一种半固体状的药膏。膏方以滋补为主,虽然一年四季均可服用,但相对来说冬季是其最佳服用季节。膏方有"处方膏药""成方膏药"之别,成方膏药针对特定疾病,用药固定。由于各人体质不尽相同,成方膏药适用面较为狭窄,对病情复杂者往往效果欠佳。地道的膏药都是"处方膏药",即"一人一方"。

（1）膏方适宜人群:①体质虚弱者:气血不足、五脏亏损、体质虚弱或因外科手术、产后,以及大病、重病、慢性消耗性疾病恢复期出现各种虚弱证的患者,宜在冬令进补膏滋,从而促使虚弱者恢复健康、增强体质、改善生活质量;②老年人及早衰者:老年人气血衰败、精力不足、脏腑功能低下,冬令进补膏滋可以抗衰延年;③亚健康者:膏滋以补为主,纠偏祛病,对调节阴阳平衡、纠正亚健康状态,使人体恢复到最佳状态作用显著;④一些特定人群应注意:外感邪实、内火旺盛者不宜服膏方。

（2）膏方的优点:①作用面较广:膏方处方一般药味较多,少则二三十味,多达六七十味。因此其功效主治可以兼顾疾病的多个方面;②效用较为缓和,以滋补为主;③由于原料是经过煎煮浓缩加工制成的,所以有效成分含量较高;④作用比较稳定持久;⑤服用方便,既可直接食用,又可用温水冲化饮服;⑥口感较好,易于吸收。

（3）著名膏方：南宋时洪遵（文安）的《洪氏集验方》收载的琼玉膏为著名膏方之一，直至今日仍广为沿用。方中用高丽参 24 两，生地黄汁 16 斤，茯苓 49 斤，白蜜 10 斤熬制而成。其既能养阴润肺，又能调补脾胃，主治阴虚肺燥之肺痨，症见虚劳干咳，咽燥咳血，肌肉消瘦，气短乏力，舌红少苔，脉细数等。明朝太医在琼玉膏方中加入枸杞子、天冬、麦冬等药，调制成膏，养颜效果十分显著。

4. 中药进补　中药进补可分为温肾、暖脾两个方面。

（1）温肾药食同源中药：常用紫河车、杜仲、肉苁蓉、锁阳、核桃仁等。

紫河车：紫河车为健康产妇娩出的胎盘，性味甘、咸而温，归肺、肝、肾经，具有温肾补精，益气养血功效。本品的补肾阳、益肾精之功可用于肾阳不足、精血亏少之证，既可单用，又可配伍其他补肾中药。其益气养血之效，常用于产后乳少、面色萎黄、食少气短之证。本品不燥不腻，作用温和持久，以治生长发育不良及虚劳早衰见长，尤长于生殖器官发育不良及由此导致的男子不育、女子不孕。民间常制成胎盘粉或炖服等。

杜仲：杜仲性味甘温，归肝、肾经，具有补肝肾，强筋骨功效，可用于治疗肾虚腰痛，并有标本兼治的特点，尤以治肾虚筋骨不健之腰膝酸痛及下肢痿软见长。正如《本草汇言》引文曰："凡下焦之虚，非杜仲不补；下焦之湿，非杜仲不利；下焦之疼，非杜仲不除；足胫之酸，非杜仲不去。然色紫而燥，质绵而韧，气温而补，补肝益肾，诚为药剂。"冬季养生之用，既可单用制成杜仲酒、杜仲茶，又可制成著名的方剂青蛾丸。

冬虫夏草：冬虫夏草性味甘平，归肾、肺经，具有补肾益肺，止血化痰功效。本品既能补肾阳，又能益肾精，有一定的壮阳、起痿、填精之效，可单用浸酒服，对此《药性考》赞其能"秘精益气，专补命门"。病后体虚或易感外邪者，可与鸡、鸭等炖食，或为散剂常服，有补虚扶弱，促进机体功能恢复之能。

肉苁蓉：肉苁蓉性味甘咸而温，归肾、大肠经，具有补肾阳，益精血，润肠通便功效。本品甘温助阳，质润滋养，咸以入肾，既能补肾阳，又能益肾精，唯其作用和缓从容，难求速效，常制成药酒或炖服。《本草汇言》既谓其"养命门，滋肾气，补精血之药也"，又释名曰"此乃平补之剂，温而不热，补而不峻，暖而不燥，滑而不泄，故有从容之名"。

锁阳：锁阳性味甘温，归肝、肾、大肠经，与肉苁蓉均具有补肾阳，益肾精，润肠通便功效，既治肾阳虚之阳痿、不孕，又治肝肾不足之腰膝酸软、筋骨无力。

核桃仁：核桃仁性味甘温，归肾、肺、大肠经，具有补肾，温肺，润肠功效。本品甘温质润，能补肾固精而用于肾阳不足之腰膝酸软。其补肾纳气，温肺平喘而用于肺肾不足、肾不纳气之虚寒喘嗽。核桃仁补阳作用缓和，多作辅助之品用之，或作食品用之，如生食、捣糊、核桃仁炒韭菜等，小量常服有滋补强壮之效，尤宜于久病体虚、营养不良而有肾阳虚者。

（2）暖脾胃药食同源中药：日常家庭厨房里有很多调料是药食同源的中药，既可为菜肴增香添味，又可以养生治病，常用的如胡椒、花椒、小茴香、草果、砂仁、丁香等。

胡椒：胡椒粉常在做汤或拌凉菜时使用。胡椒也是一种中药，其性热而辛辣，功效是温中散寒，止痛止泻。冬季饮食提倡忌食寒凉生冷，所以在做凉拌菜时，放一点白胡椒能够散寒暖胃。

花椒：花椒属于芸香科植物，性质辛热，具有温中止痛，杀虫功效。最常用作调料。因疲劳而腿脚发酸,用花椒煮水泡脚,可以缓解腿部疲劳,促进睡眠。若与苦参泡脚尚可祛湿以治脚气。

小茴香:小茴香辛温,归肝、肾、脾、胃经,其辛温行散,散寒和胃止痛,主要可以缓解寒疝腹痛。小茴香炒热包在布里暖腹,可以缓解疼痛。将小茴香碾成末用黄酒送服,也能起到治疗腹痛及痛经的作用。

草果:日常生活中在吃麻辣香锅、涮羊肉时,经常会看到锅底有草果这种调料。草果辛温而归脾胃经,具有燥湿温中之功,可以温暖中焦脾胃,并可以助消化,除湿,解酒毒。

砂仁:砂仁辛温而归脾、胃经,具有化湿行气,温中止泻之功。本品气味芳香,善入脾胃经而温脾暖胃。

丁香:丁香辛温而归脾、胃、肾经,具有温中止痛,温肾助阳功效。其性下行善于温中散寒而治胃寒腹痛,也可用于肾虚阳痿。

5. 方剂进补

(1)金匮肾气丸:此方为东汉末年名医张机创制,由熟地黄、山药、山茱萸、泽泻、茯苓、牡丹皮、桂枝、附子组成,具有温补肾阳功用,用于治疗肾阳不足证,症见腰痛脚软,半身以下常有冷感,少腹拘急,小便不利,或小便反多,入夜尤甚,阳痿早泄,舌淡而胖,脉虚弱,尺部沉细;以及痰饮,水肿,消渴,脚气,转胞等。本方少量温阳补火药与大队滋阴益精药为伍,旨在阴中求阳,精中求气,主以补虚,兼行通利,有调补之巧,体现了"少火生气"的中医理论,也说明本方意在徐生肾气,而不为速壮肾阳。该方是温补肾阳最常见的基础方,后世应用非常广泛。

(2)理中丸:理中丸出自张机之《伤寒论》,由人参、干姜、甘草、白术组成,其中明显有后世医家创立的四君子汤之形,具有温中祛寒,补气健脾功用,主用于中焦虚寒证。中焦虚寒证常因脾胃素虚,外邪内侵;或脾阳不足,寒从中生;或过食生冷、过服寒药伤及中阳所致,症见脘腹冷痛,喜温喜按,口淡不渴,舌淡苔白等。药效明显,古人称之"实以燮理之功,予中焦之阳也"。

6. 腧穴进补

(1)肾俞穴:肾俞穴位于背部,第2腰椎棘突下,旁开1.5寸。肾俞穴出自《灵枢·背腧》,为足太阳膀胱经的腧穴,又为肾的背俞穴,内应肾脏,为肾气在背部输注、转输之处。肾俞穴具有益精补肾、强壮筋骨的功效,古往今来诸医家都用肾俞穴治疗肾虚引起的疾病,也将其当作保健穴位来应用。常可采用按摩法、艾灸法(隔姜灸法、温和灸法)、拔火罐法。

(2)太溪穴:太溪穴位于足内侧,内踝后方,当内踝尖与跟腱之间的凹陷处,取穴时很容易找到。太溪穴具有补肾填精的功效,擅长治疗肾虚导致的月经不调、遗精、阳痿、小便频数、消渴、泄泻、腰痛、头痛、目眩、耳聋、耳鸣、咽喉肿痛、齿痛、失眠、咳喘、咳血等。常可采用按摩法、艾灸法,尤其艾灸太溪穴能补肾壮阳、防病保健、强身健体、益寿延年。

(3)大钟穴:大钟穴位于足内侧,内踝后下方,当跟腱附着部的内侧前方凹陷处。大钟穴是足少阴肾经的络穴,可以益肾利水,健脑益智,主治癃闭、遗尿、便秘、咳嗽、气喘、健忘、嗜睡等。常可采用按揉法、艾灸法。

(4)悬钟穴:悬钟穴在小腿外侧,外踝高点上3寸,腓骨前缘。悬钟穴为八会穴之髓会。脑为髓之海,髓海不足,则脑失所养;且肾主骨生髓,腰为肾之府。本穴可补髓生脑、补肾,治疗痴呆、中风等髓海不足疾患和腰痛、腰膝酸软等肾虚证。常可采用按摩法、艾灸法。

（5）关元穴:关元穴位于腹部前正中线,当脐中下3寸。本穴有大补元气的作用,是人体补气要穴,主治羸瘦无力、脏气衰惫等气虚病症。常采用按摩法、艾灸法。

（6）命门穴:命门穴位于后背正中线上,第2腰椎棘突下凹陷中。命门穴最早见于《针灸甲乙经》,"命"指生命,"门"指出入通达之处,命门的意思即为生气出入通达与维系生命之处。命门穴位于两肾俞之间、督脉循行线上,督脉乃"阳脉之海",统帅诸阳经,督领一身之阳气,故该穴能培元固本、温肾壮阳、疏经调气,常用来治疗遗精、阳痿、早泄、月经不调、遗尿、尿频、腰痛、下肢痿痹、泄泻等。常采用按摩法、艾灸法。

（五）预防要点

1. 多事之冬,谨防"心病"　寒冬时节,养肾之余,也不要忽视护心,因为这一季节是冠心病等心脑血管疾病诱发或加重几率最高的时节,也是心肌梗死的高发时期,可谓名副其实的"多事之冬"。中医先贤在著述中早就提醒过冬日谨防"心病",如明代高濂所撰《遵生八笺·四时调摄笺》中指出:"冬日肾水味成,恐水克火,故宜养心。"避免冠心病加重或心梗发作,首当其冲是避免或减少诱发原因,如避寒就温、以防感冒,减少活动、避免过劳,调畅情志、谨防激动等,尽量避开诱发因素,可以有效减少心脑血管疾病的发作;其次,应注重夜间的保健。据报道,急性心梗发病率夜间明显高于白天,晚上7点到凌晨2点的发病人数约占全天的40%。这就需要人们注意避免昼夜温差变化带来的刺激,以及晚餐过饱饮食带来的危害,同时密切关注患者晚间的身心动态;第三,要特别警惕患者身体的异常讯息,如数日或数周内乏力、胸部持续不适、症状变为频发、心绞痛而诱因不明显且服药休息均不缓解等,发现异常后如能及时施治往往可以使危急患者转危为安,进而安然过冬;第四,要注意平时予以积极地对症治疗,坚持服药,并随身带药,以备不时之需。

2. 冬季寒盛,预防寒证　冬季寒气当令,易生寒邪,风寒外袭,容易引发风寒感冒、咳嗽、皮肤干燥、过敏、冻疮等寒性病症。适寒温,护肌肤、调饮食,是预防寒邪侵袭致病冬季养生保健的重要内容。

第二节　冬季易发病养护

一、高血压

高血压病是指以体循环动脉血压[收缩压和(或)舒张压]增高为主要特征(收缩压 ≥ 140mmHg,舒张压 ≥ 90mmHg),可伴有心、脑、肾等器官的功能或器质性损害的临床综合征。高血压是最常见的慢性病。本病一年四季均可发生,但以冬季为多见。

（一）季节对发病的影响

高血压属中医"眩晕""头痛"的范畴。秋冬寒冷季节,由于血管收缩、血液黏稠,高血压患者或血压亚健康者,要格外注重保养,避免着凉感冒。二十四节气中冬至、清明等重要节气,农历每月十五前后,由于节气影响和月相运动的变化,容易导致

201

血管内外的压强差变大,血压波动,甚至引起脑血管意外。中医认为,季节因素可引起情绪变化,肝郁化火,阳亢火炎,上扰头窍而发病。

(二)养护方法

1. 起居、环境调养　噪声影响人的情绪,大于85dB的噪音能对人体神经系统和心血管系统等产生明显的损害,是导致高血压的重要原因之一。杂乱不整的居处环境,容易使人情绪波动,烦躁不宁,气血逆乱而引起血压升高。而居于清静淡雅的环境中,在居室内外栽花种树,环境整齐美观,可使人心情舒畅。可以消除紧张情绪,解除疲劳,使血压趋于稳定。故高血压患者的生活环境需要清静,居室色彩以淡绿色为主,窗帘以淡蓝色为佳,居室灯光以柔和的白色灯为宜。淡绿色和淡蓝色均有宁静心神的作用。

小贴士

高血压冬季养生须知

1. 易发时间须防护　二十四节气中的清明、冬至等节气,农历每月十五前后,由于节气影响和月相运动的变化,容易导致血管内外的压强差变大,血压波动,甚至引起脑血管意外。秋冬寒冷季节,由于血管收缩、血液黏稠度增高,高血压患者或血压亚健康者,要格外注重保养,尤其在易发时间要做好防护。

2. 行为忌讳　高血压患者晨醒后,不要急于起床,可以赖床5min,待心律、血压、呼吸、内分泌功能等较为平稳后,再缓慢起床。起床要遵循三个"半分钟",即"坐起后停半分钟,双腿垂于床沿半分钟,站起后在床前站立半分钟"。

---

2. 情志调养　良好的心境对于预防高血压和血压波动具有重要作用。脾气暴躁、性格乖戾、情绪激动,是引起血压波动的重要诱因。《素问·生气通天论》提出"大怒则形气绝,而血菀于上,使人薄厥",《素问·举痛论》提出"怒则气上",说明情绪波动尤其是大怒与血压波动密切相关。古人历来提倡泰然淡定处事,"外物以累心不存,神气以醇泊独著。旷然无忧患,寂然无思虑",臻至心灵清静之境。因此,日常可选择一些精神修持的方法,摒除外物的干扰而保持内心的宁静。保持良好的情绪,理智地控制情感的发作,以散淡容忍之心看待世事风云,即使遇有不平之事,也要制心忍性,尽量克制忿恨与愤怒。为了调畅情志、和悦精神,鼓励参加一些娱乐活动,如传统的诗词歌赋、琴棋书画、花鸟虫鱼,均可益人心智、怡神养性,有助于高血压的防治。尤其是音乐、书法、绘画以及养花养鸟养鱼等活动,动中有静,以静为主,最能陶冶性情、解除郁闷、抑制愤怒,适宜于中老年人群。

3. 饮食调养　适宜于高血压调治的食物主要有:谷物类包括玉米、大豆、荞麦、绿豆、葵花籽等;蔬菜类包括芹菜、百合、胡萝卜、大蒜、冬瓜、番茄、土豆及绿叶蔬菜等;水果类包括苹果、香蕉、山楂、橙子、柑橘、桃等;动物类包括瘦猪肉、兔肉、鸡肉、鸽子肉等。

绿色蔬菜和新鲜水果,含丰富的维生素,有利于心肌代谢,改善心肌功能和血液循环,促进胆固醇的排泄,防止高血压的发展。此外,高血压的养生应该提倡适量饮用硬水。硬水中钙、镁离子的含量较高,有助于降低血压。有研究表明,饮用软水地区高血压的发病率及死亡率均较饮用硬水地区增高,而且心血管病死率也增高。

4. 中药调养　中医经过几千年的发展,积累了大量的调治"眩晕""头痛"的药膳食养食疗方,可以酌情选用:①绞股蓝炖甲鱼方:绞股蓝 20g,甲鱼 1 只(约 200g),炖汤食用。滋阴补阳,适用于阴阳两虚型高血压。②芝麻核桃粉:黑芝麻 200g,核桃粉 300g,红糖 50g,研末拌匀。每日 2 次,每次 10g,温开水送服。益肾润燥,适用于阴阳两虚型高血压。③熟地牛髓汤:牛髓骨 500g,熟地黄、黄精各 50g,炖汤食用。补肝肾、益脑髓,适用于肝肾阴精亏虚型高血压。④二花鲫鱼汤:菊花、槐花各 10g,鲫鱼 1 条(约 250g),炖汤食用。适用于肝阳上亢、肝火上炎型高血压。⑤半夏白术天麻粥:用法半夏、天麻、白术各 10g,橘皮 6g,煎煮 20min 后去渣取汁,将粳米 100g 煮至粥将成时调入药汁,加入红糖 20g 后以文火煨煮 10min 即可,化痰泄浊平肝,用于痰浊蕴结型高血压。⑥陈皮山楂钩藤茶:陈皮、山楂、钩藤各 10g,乌龙茶 5g,泡茶饮。化痰降脂,适用于痰湿内蕴型高血压,对高血压合并高血脂、肥胖症患者尤为适用。

5. 其他调养　可以按摩耳后的降压沟、头顶的百会穴、肘外侧的曲池穴 10~20min,对缓解头晕头痛、降低血压有一定帮助。此外,还可按摩印堂、太阴、风池、合谷、内关、涌泉、大椎、足三里、丰隆、三阴交、太溪等穴调养。

二、脑卒中

脑卒中,主要指急性脑血管病变,有缺血性和出血性之分。中医统称为"中风",多见于中老年人,以猝然昏仆,不省人事,伴半身不遂,口舌歪斜,言语謇涩为主要临床表现,轻者可仅见口舌歪斜和半身不遂。由于其发病急骤,来势凶猛,而又难以预测,病死率和病残率较高,故中医素有"人之百病,莫大于中风"之说。大量临床医学统计资料表明,70% 以上的脑卒中患者发病在秋末和冬季。

(一)季节对发病的影响

冬季来临,天气由凉转寒,气温、气流等气象要素变化剧烈,而冷空气又不断南侵。人体受冷后,导致交感神经兴奋,全身毛细血管收缩,致使脑部负荷加重,引起血压升高,同时,导致血液黏稠度加大,促使血栓形成。加之中老年人对外界环境变化的适应性差,抵抗力弱,一旦气温骤变,饮食起居不当,再复加情绪刺激等因素,极易导致气血上冲,脑脉痹塞或脑脉破损而脑卒中。

(二)养护方法

1. 起居、环境调养　居室宜保持温暖,外出注意防寒,尤其手足及头部的保暖。保持良好的精神情绪,避免精神紧张、情绪不稳定或激动,防止血压突然升高。日常仔细关注血压变化,并采取有效的措施积极控制高血压。保证充足的睡眠,避免劳欲过度。养成良好的排便习惯,保持大便通畅。若出现突然眩晕或头痛,一过性视物不清或失明,舌根发硬或失语,肢体麻木、活动不便、精神疲乏、嗜睡等症状,须及时就医。

2. 饮食调养　多饮水,尤其提倡睡前饮水。合理营养,冬令进补不宜过于油腻。每日三餐选择新鲜蔬菜、蛋白质及豆制食品,少食过甜、咸和高脂食物,多食水果,晚餐不宜过饱,控制体重。饮食调养对降低血黏度、减轻心脏负担均有一定作用。

3. 中药调养　中医经过几千年的发展,积累了大量的调治中风的方药,其中醒脑静注射液是治疗中风的有效中药针剂。

4. 其他调养　戒烟酒,常锻炼,动静相结合,保持气血流通。中老年人可选择散步、体操、太极拳、家务劳动等运动量较小的活动。不可久坐不动,或骤然进行剧烈运动。大便干结难解者,可配合腹部按摩或大肠经穴位按摩。

三、慢性阻塞性肺疾病急性发作

慢性阻塞性肺疾病是一种肺部损伤而引发呼吸障碍的疾病,这种疾病会阻碍肺部的空气流动,导致呼吸不畅。受损的气管或呼吸道因气管肿胀及浓痰堵塞而阻碍空气进出,气囊或肺泡被破坏,以致弹性降低及呼出二氧化碳的能力下降。临床以慢性咳嗽、咳痰、气喘或呼吸困难为主要表现。本病一年四季均可发生,但常因气候因素导致急性发作,尤以冬季为多。

知识拓展

冬季预防脑出血要积极治疗原发病

除高血压病之外,动脉粥样硬化也是引发脑出血的危险因素。导致动脉粥样硬化的疾病很多,例如糖尿病。糖尿病所致的脂代谢异常易发生动脉粥样硬化,其发病率比非糖尿病患者高两倍。另外,高脂血症,尤其低密度脂蛋白增高,也是引起动脉粥样硬化的高危因素。因此,纠正高脂血症可明显降低脑血管病的风险。40岁以上中年人应每年定期查体一次,以期能及时发现高血压及糖尿病等疾病。体检项目应含有血压测定,心脏检查及血脂和血糖等项目。

药物预防脑出血的关键在于控制和治疗可能引起脑出血的疾病,如高血压、高脂血症、动脉粥样硬化病、糖尿病、冠心病、高黏血症、肥胖症等。常用的药物包括脑血管扩张剂、血小板聚集抑制剂、降脂药、降血糖药、维生素类等。

（一）季节对发病的影响

慢性阻塞性肺疾病属于中医"肺胀""喘证"范畴,多因先天禀赋不足或久病失治,导致肺、脾、肾三脏气虚,易为外邪所侵,痰浊、瘀血阻于体内。常因冬季寒冷气候诱发,导致咳喘反复发作。冬天寒冷,空气干燥,尤其降雪少的季节,病毒和细菌活跃,呼吸道黏膜易受刺激,抵御病原微生物能力下降,因此易于感染呼吸道疾病。并且,冬季寒流侵袭及气压变化,容易导致支气管黏膜血液循环障碍,平滑肌痉挛,呼吸道分泌物排出困难及机体抵抗力降低,也为病毒或细菌的入侵创造了条件。

（二）养护方法

1. 起居、环境调养　积极预防感染,年老体弱者更应注意在天气冷暖变化及感冒流行期间,应尽量避免公共场所的活动。应避免接触油烟、烟雾、烟尘及有害气体,减少其对呼吸道的刺激。防寒保暖,衣着以宽松、轻便、暖和为原则,外出时应戴好帽子、口罩、手套。

2. 饮食调养　宜食含维生素、微量元素、优质蛋白的食物,如牛羊肉、鱼类、禽蛋、豆制品、新鲜蔬菜、水果、干果等。少食虾、蟹等海产品及易引起过敏的食品。禁食咸辣、燥热之物,同时避免过高碳水化合物饮食和过高热卡摄入,以免产生过多二氧化碳。

3. 中药调养　中医积累了大量"肺胀""喘证"的药膳食养食疗方,如:①枇杷叶粥:枇杷叶 10~15g,粳米 50g,冰糖适量,先将枇杷叶布包水煎,去渣取浓汁,再加入粳米和水煮粥,粥将成时加入冰糖稍煮,每日早、晚用之佐餐。清肺止咳,兼以养胃。②沃雪汤:山药 45g,牛蒡子 12g,柿霜饼 18g,先煮山药、牛蒡子,取汤,再加入柿霜饼,泡溶,早、晚分食。补益气阴,清宣润肺。

4. 其他调养　体育锻炼能增强体质,提高机体免疫力和对气候变化的适应力。锻炼强度可因人而异,以不感到劳累、舒适为宜。运动和呼吸锻炼(如腹式呼吸锻炼)可以改善患者活动能力、提高生活质量。太极拳有锻炼身体多种功能的作用,是慢性阻塞性肺疾病患者保健调养的适宜方法。

四、类风湿关节炎

类风湿关节炎是一种病因不明,以慢性对称性多关节炎为主的全身疾病,可能与感染后引起的自身免疫反应相关。本病多见于青壮年女性,主要累及多关节的滑膜,表现为反复发作的关节肿、痛、热,受累关节常为手足小关节,最终导致关节畸形、强直、丧失功能。类风湿关节炎好发于秋、冬季节,尤其以冬季较为明显。

(一)季节对发病的影响

类风湿关节炎患者对气候变化敏感,凡遇寒冷、阴雨、潮湿天气时,由于周围血管收缩与扩张时间延长,造成关节血液循环不良,关节腔内滑液黏稠度增加,于是指、腕、趾等关节肿胀、症状加重。本病属中医学"痹证"范畴,其病因主要是正气不足和风、寒、湿等病邪外袭。如《素问·痹论》指出:"风、寒、湿三气杂至,合而为痹也。其风气胜者为行痹,寒气胜者为痛痹,湿气胜者为著痹也。"冬季风寒当令,低温持续,人体极易为邪所侵,导致血络痹阻而发病。

(二)养护方法

1. 起居、环境调养　冬季气温低,要随时根据温度的变化适当增添衣物,外出时可以戴手套保暖双手,避免使用冷水洗漱、洗物品,勤晒被褥,内衣汗湿后应及时换洗,以防寒湿之邪入侵。每晚可用热水泡足或泡手,可以改善局部的血液循环。

2. 饮食调养　饮食应以清淡为主,忌食生冷和肥甘厚味食物,以免酿生"内寒""内湿",尽量少吃或不吃海鲜、新鲜菇类等发物,宜多吃富含维生素 C 的蔬菜水果。蔬菜如胡萝卜、萝卜、苦瓜、土豆、西红柿,水果如橘子、甜橙、红枣、山楂和苹果等以及富含蛋白质的食物如瘦肉、大豆制品等。

3. 中药调养　中医积累了大量"痹证"的药膳食养食疗方,如:①防风粥:防风 10~15g,葱白 2 根,水煎取汁;粳米 50~100g 煮粥,待粥将熟时加入药汁,共煮成粥。一日 2 次,趁热服食。可祛风除湿,通经宣痹。适合类风湿关节炎关节游走性疼痛者。②桂枝粥:桂枝 10g,大米 100g,葱白 2 根,生姜 3 片。将桂枝洗净,浸泡 5~10min 后水煎取汁,加大米煮粥,待熟时调入葱白、姜末,再煮一二沸即成,每日 1~2 剂,连续 3~5 天。可发汗解表,温经通阳,适用于类风湿关节炎骨节酸痛等。③二活粥:羌活、独活各 10g,大米 100g,白糖少许。将羌活、独活水煎取汁,加大米煮粥,待熟时调入白糖。可散寒解表,胜湿止痛,适用于类风湿关节炎,头痛身痛,肩臂肢节疼痛等。

4. 其他调养　适当体育锻炼,可促进关节血液循环,根据自身情况可选择慢跑、快步走、做广播操、打太极拳等项目。每天双手握保健球活动,可缓解关节僵硬状态。

避免刺激因素,戒除烟酒。

五、皮肤瘙痒症

皮肤瘙痒多因皮肤老化所致,由于皮肤萎缩,逐渐变薄,皮脂腺与汗腺的功能明显减退,皮肤缺乏皮脂和汗液滋润变得干燥、缺少弹性,容易发生细小裂口,使得感觉神经末梢容易暴露,稍有外界因素的轻微刺激,就可能引起瘙痒发作。本病好发于老年人,冬季是其高发期。

(一)季节对发病的影响

皮肤瘙痒症属于中医"疥风""风瘙痒"范畴,指临床上无原发性皮肤损害而以瘙痒为主的皮肤病,以皮肤瘙痒剧烈,挠抓后引起抓痕、血痂、皮肤肥厚、苔藓样皮疹为特征。本病常为寒冷所诱发,常于由寒冷的室外骤入温暖的室内,或在夜间解衣入睡时瘙痒发作。可表现为全身或局部皮肤异常剧烈地瘙痒,衣着或饮食刺激可使瘙痒加重,往往日轻夜重,影响睡眠,令人烦恼。冬季温度较低,气候干燥,皮肤水分散失增多,因而引发或加重皮肤的瘙痒。

(二)养护方法

1. 起居、环境调养　冬季室温不宜过高或过于干燥,以温度 22~23 ℃,湿度 50%~60% 为好。避免搔抓和过分摩擦皮肤,穿宽松柔软的棉质衣物。

保持皮肤清洁湿润,养成正确的沐浴方式,沐浴时水温不宜太热,冬季以不超过 40℃ 为宜,且时间不宜过长,冬季一般不超过 15min。减少清洁剂、香皂的使用。秋冬季节洗澡不要太勤,不可用热水、毛巾、肥皂用力搓澡,防止洗掉皮肤表面脂膜,使皮肤干燥加重而瘙痒。每次沐浴后可适当涂抹含有少量油脂的润肤液。有条件者可进行矿泉浴,这对止痒去病大有裨益。

2. 饮食调养　养成定时喝水的习惯,及时补充皮肤水分。多吃些富含植物油脂的食物(如芝麻、花生、核桃等),可使皮肤滋润;适当多食新鲜蔬菜和水果。限酒或戒酒,忌辣椒、蒜、咖啡、香料等辛辣刺激性食物,尽量少食鱼、虾、螃蟹、蛋、牛奶等含异体蛋白质较多的食物,防止因异体蛋白质引起人体过敏反应,加重瘙痒症状。

3. 中药调养　中医积累了大量"风痒证"的药膳食养食疗方,如:①桃仁粥:桃仁 10g(去皮),粳米 50g,煮粥。粥将成加红糖少许调味。活血润肤通便,适宜老年皮肤瘙痒伴便秘者。②泥鳅煲红汤:泥鳅 30~50g,红枣 20g,加适量水置武火上烧沸,再用文火煮 25min,加入盐、味精即成。补中益气,强精补血润燥,适宜老年皮肤瘙痒者。③鸡血藤膏:鸡血藤 500g,加水煎煮 3~4 次,过滤取汁。微火浓缩药汁,再加冰糖 500g 制成稠膏,可常服。养血活血,润燥祛风。适宜血虚风燥皮肤瘙痒者。

4. 其他调养　适当运动以改善皮肤血液供应、增加汗腺和皮脂腺的分泌,减轻皮肤的干燥程度。多做皮肤按摩,可以促进血液循环和淋巴液循环,改善皮肤、肌肉的营养,增强皮肤的耐寒和抗干燥能力。

六、慢性胃炎

慢性胃炎是由不同病因导致的胃黏膜慢性炎症,临床表现为上腹隐痛、腹胀、嗳气、食欲不振、恶心及呕吐等。慢性胃炎是一种临床常见病,其发病率居各种胃病之首,可发病于各年龄阶段,且其发病率随年龄增长呈上升的趋势。本病一年四季均可发生,但以冬季为多。

(一)季节对发病的影响

慢性胃炎属中医"胃痛"范畴。冬季气候寒冷,寒邪易侵袭人体而客胃,阳气被遏,气机郁滞则胃痛发作;或因脾胃素虚,中阳不足,而寒为阴邪,易伤阳气,受寒后骤然发病;素体瘀血阻滞,胃络不畅,气温突降致使寒凝血瘀证候加重,胃痛始作;或因冬令进补不当,过食肥甘、辛热食物,也可因湿热蕴阻、食积胃脘,胃气阻滞而发病。因此,冬季易见慢性胃炎发作。

(二)养护方法

1. 起居、环境调养 防寒保暖,外出尤应注意服饰衣帽的保温。不可因室外严寒而久处室内,避免情绪抑郁或情绪紧张、愤怒、忧伤,尤其要避免长期精神紧张和焦虑,减少因情绪波动造成胃脘不适。保证充足的休息和睡眠,避免过度劳累导致脾胃的损伤。

2. 饮食调养 坚持少食多餐,选择营养丰富、易消化的食物,如牛奶、豆类、青菜等高热量、高蛋白、高维生素的食物。忌食辛辣刺激性食物,如辣椒、芥末、咖啡等,尽量避免食用油炸食品。另需根据患者的具体情况制定个性化的饮食护理措施,对于胃酸分泌过低的患者,应将食物充分煮熟,以便于消化吸收,多食用肉汤、鸡汤来刺激胃酸分泌;对于胃酸分泌高的患者,应选择牛奶、豆浆、果汁等食物,避免食用酸性、高脂肪食物;对于腹胀明显的患者,应避免食用易引起胀气的食物,如芋头、马铃薯、藕、红薯等高淀粉类的食物。

3. 中药调养 可选用药膳方调养,如:①姜枣桂圆汤:取干姜10g,切成薄片,红枣30g,桂圆30g,红糖20g,加水500ml,煮15min即成。具有温胃调补之功。②羊肉萝卜小米粥:小米150g,白萝卜70g,羊肉50g,香菜15g,盐及料酒少许。炖汤至米汤黏稠,调味即可出锅。具有益气补虚,温中暖下,健脾和胃之功。③参芪猴头菇炖鸡汤:母鸡1只,猴头菇100g,党参50g,黄芪50g,红枣10g,姜片少量,炖至鸡肉熟烂入味。具有补气健脾养胃之功。

4. 其他调养 选择适宜的有氧运动,如骑车、慢跑、游泳、打太极等,以使机体气血调和,增强抵抗力。

七、便秘

便秘是指排便周期延长,或周期不长,但大便干结,艰涩难出,或大便不硬,但排便不畅。便秘的病因通常有饮食中纤维素含量低,排便姿势不当,或者因失水、失血后体内水分减少。

(一)季节对发病的影响

冬季好发便秘的主要原因是与气候干燥寒冷、户外活动减少、喜食热饮热食、饮水量下降等有关。有些饮食过于讲究精细和高营养,缺乏纤维素、食物残渣少,使胃肠蠕动及刺激减弱,且冬季气温较低,机体代谢较慢,因此在冬季更易患便秘。唐代医药家孙思邈在其《备急千金要方》中记述:"便难之人,其面多晦。"历代医家也有"想长寿,肠先清"之说。因此,冬季防治便秘尤为重要。

(二)养护方法

1. 起居、环境调养 养成每日定时排便的习惯,以晨起定时如厕为好。排便时

间可相对固定,有利于形成定时排便的条件反射。起床所产生的"起立反射"和早餐后产生的"胃结肠反射"可使结肠蠕动波增加,结肠内压增高,产生便意,有利粪便排出。所以,晨起排便是良好的养生习惯。须注意排便时不要用力过猛,手纸应柔软卫生,以免造成肛裂或肛门皮肤擦伤,甚至引起感染。排便时间不宜过长,最好 5min 之内,排便时要集中注意力,以防影响便意。不可经常忍便不排,防止因直肠排便反射迟钝而引起便秘。

作息要规律,合理安排日常工作和生活,做到有张有弛,劳逸结合,避免过度劳累和精神紧张。医学研究表明,过度劳累和精神紧张会抑制肠道消化液分泌,减弱肠道蠕动,导致粪便久积于肠内而水分过多被吸收引起便秘。

2. 饮食调养　一日三餐在保证营养的基础上,要合理搭配含纤维素较多的食物,如新鲜蔬菜、水果(以梨、香蕉、柚子、苹果、西瓜等为佳)和粗粮(如全麦、番薯、玉米面)等,以提供较多的食物残渣,有利于保持大便通畅。还可适当选食"产气"食物,如豆类、红薯、洋葱、萝卜、土豆、生黄瓜等,少吃酒、葱、姜、蒜等辛辣刺激性食物。平时保持足量饮水,按成年人的生理需要,每天摄入的液体量应达到 2 000~3 000ml,这在冬季气候干燥时显得格外重要。可以饮用白开水、淡盐水、蜂蜜水和饭前饭后的汤水,但不宜多饮浓茶或含咖啡的饮料,因茶叶中的鞣酸可收敛大便,而咖啡则有利尿、加速水分丢失的作用,不利排便。

3. 中药调理　可选择"便秘"药膳食疗方,如:①桑椹芝麻糕:桑椹 30g,黑芝麻 600g,麻仁 10g,糯米粉 700g,粳米粉 300g,白糖 30g。将桑椹、麻仁、黑芝麻加水烧沸,转小火煮 5min,去渣留汁;糯米粉、粳米粉、白糖放入盆内,加药汁、清水适量,揉成面团,做成糕,在每块糕上撒上黑芝麻,上笼蒸 15~20min 即成。可益气养血,适宜于血虚便秘者。②五仁粳米粥:芝麻、松子仁、柏子仁、胡桃仁、甜杏仁各 10g,粳米 100g。将五仁碾碎,与粳米加水煮粥。服用时加少许白糖,每日早晚服用。可润肠通便,适宜于中老年人气血两虚之便秘者。③当归杏仁炖猪肺:当归 15g,杏仁 15g,猪肺 1 具。将猪肺洗净切块与诸药(装布袋)同炖,至猪肺熟后去药包,加葱、姜及调味料适量。可养血通便,适宜于气血亏虚,肺气不足之便秘者。④香参炖大肠:木香 10g,降香 5g,海参 10g,猪大肠 1 具。将泡发海参与猪大肠洗净切片,降香、木香装入沙布袋。先将大肠煮沸去沫后加葱、姜,煮至将熟时放入海参、药袋煮至大肠软烂,加入适量调味品稍煮即成。可滋阴,润燥,通便,适宜于肠燥便秘者。

4. 其他调养　坚持做揉腹和缩肛运动,对防治便秘有一定作用。揉腹方法:仰卧床上,全身放松,将两手手心叠放按于肚脐上,先按顺时针方向揉 100 次,然后按逆时针方向揉 100 次,揉时用力适度,动作轻柔,呼吸自然。缩肛运动:不论采取什么姿势,做强忍大便的动作,将肛门向上提(停留)5 秒钟,然后放松 5 秒钟,如此反复 20~30 次,每日至少在早晚各做 1 次。此外,每晚用热水洗脚,然后按摩足心,睡前按顺时针方向按摩腹部,也可防治便秘。

八、手足皲裂

手足皲裂是冬季常见的皮肤病。进入冬季,气温逐渐下降,皮脂腺的分泌也随之减少。并且,冬季又常有冷空气侵袭,更加速了手足热量和油脂的挥发,皮肤容易出现干燥皲裂现象。或因为手足受机械性或化学性物质的刺激,在冬季寒冷环境下皮脂腺分泌液减少,皮肤干燥,皮肤角质增厚,失去弹性,当手足运动时则易发生皲裂。所以本病多见于冬季。

（一）季节对发病的影响

中医认为,手足皲裂因外受风寒侵袭,寒性凝滞,引起机体气机失调,血脉运行不畅,四肢末端经脉失养,逐渐枯槁变脆,经反复摩擦或牵拉,以致出现皲裂。手足皲裂在秋、冬季节反复发作,通常与风寒燥冷的季节气候因素有关,加之患者机体气血不足、血脉阻滞,皮肤失于滋养,在摩擦、压力等外在刺激影响下,促使皲裂发生或加重皲裂症状。

（二）养护方法

1. 起居、环境调养　在严寒的冬季,要特别注意手足的保暖,外出戴手套,穿棉鞋。经常摩擦手部皮肤、活动手足部关节,促进血液循环,增强耐寒能力,注意双手及足部的御寒保暖。

化学物质对皮肤具有较强的刺激作用,劳作时要戴乳胶手套。同时,要注意科学洗手足。一是忌用碱性强的洗涤剂。冬季洗手、洗足时,要避免用太多碱性强的肥皂及其他洗涤剂,应选用无刺激性的中性洗手液,最好含有维生素 B_5、维生素 E、芦荟等滋润型护肤成分。每次洗手后,应立即用干净、柔软的毛巾把手彻底擦干,再抹护手霜或其他护肤油脂保持滋润。二是忌频繁洗手。过度洗涤会将皮肤表面正常分泌的油脂彻底洗去,造成皮肤干燥、开裂。三是忌水温过高。最佳水温应该在20~25℃。已经出现皮肤皲裂者,切忌用热水去烫,不但不利于裂口的愈合,反而会使病情加重。

2. 饮食调养　多吃水果和蔬菜,对防治手足皲裂有效。维生素 A 有促使上皮生长、保护皮肤、防止皲裂的作用,可多吃此类食物,如胡萝卜、豆类、绿叶蔬菜、鱼类、肝脏、牛奶等,还应适当多吃脂肪类、糖类食物,这样可使皮脂腺分泌量增加,减轻皮肤干燥及皲裂。

3. 中药调养　用川楝子20枚,熬水2 000ml,趁热浸泡手足,每晚1次。浸泡后的药液次日加热连续使用,一剂可使用3天。此法既可用于预防,又可用于治疗。

4. 其他调养　从入冬开始,每天坚持用手掌按摩易发生皲裂部位,每天1次,每次10~15min,以促进血液循环。

第三节　夏病冬防冬养

夏病冬防冬养是中医四季养生的特色方法之一,属于中医学“治未病”范畴,来源于“冬病夏治,夏病冬治”理论。秋冬阳气由外达转变为收敛内藏,阴气偏盛,此时应顺应秋收冬藏之道,注重养阴。这样到了来年春夏,阴阳调和,方可遏制原有疾病的发作,适用于在春夏好发或加重的一类慢性疾病。

一、甲状腺功能亢进症

甲状腺功能亢进症,简称“甲亢”,是指甲状腺腺体本身产生的甲状腺激素过多而引起的以神经、循环、消化等系统兴奋性增高和代谢亢进为主要表现的一组临床综合征,临床可见甲状腺肿大、心悸、出汗、进食及排便增加、体重减少,同时伴有眼球突出,视力减退等症状。“甲亢”属于中医学“瘿病”的范畴。瘿病病因复杂,病位在颈

部,与心、肝、脾密切相关,基本病机为气滞、痰凝、血瘀壅结。

(一)季节对发病的影响

"甲亢"一年四季均可发病,但在春夏特别是盛夏时节发病率明显升高。甲亢与肝、心、脾相关,而肝、心、脾分别与自然界春气、夏气和长夏相通应。一般认为,"甲亢"证属本虚标实,阴液不足为本,阳热亢盛为标。春季阳气生发,肝气应之,易出现肝失疏泄、肝阳亢盛的表现。夏季是一年中最热的季节,属阳中之阳,心为火脏,火热内盛,耗气伤津,导致机体阴虚火旺之势更甚。加之"甲亢"患者代谢亢进,对气温升高敏感或不耐受高温,也会使症状加重。冬季是"养阴"的关键时机,因而本病应注重冬季的调养,以减轻或预防夏季病发或加重。

(二)养护方法

1. 起居、环境调养　本病常见怕热、多汗之象,冬季穿衣以自身舒适为宜,不可穿衣太多以致汗液大出,既消耗阴津,又损伤阳气,反易加重病情;亦不可着单薄衣衫,使得阳气耗伤,致使来年夏季气阴两虚之象更甚。居所宜安静,以安定神志,缓解烦躁。经常开窗通风,改善室内环境,若室外空气不佳,空气净化器也可达到相同的效果。

2. 情志调养　巢元方《诸病源候论·瘿候》提到"瘿者,由忧恚气结所生",充分说明"甲亢"的成因和情志因素有密切的关系。情志抑郁,则郁怒伤肝,肝气郁结,疏泄失职;暴怒或气郁日久化火伤肝,则肝气亢逆;忧郁胆怯,则肝气虚弱,疏泄无力,均可导致气机运行不畅,痰浊内生,血脉瘀阻,逐步演变成"甲亢"。所以,冬季应重视情志调养以积极预防。可选用文艺调节法、呼吸放松调节法、合理宣泄调节法、理智调节法、自我激励调节法等。

> **知识拓展**
>
> #### 常用情志调养方法
>
> 1. 文艺法　通过一些文艺方法来达到缓解情绪的目的,如音乐、书籍、电影等。适宜的文艺手段可以有效地缓解紧张情绪,改善心境,转移注意力。
>
> 2. 呼吸放松法　采用腹式呼吸的方法,感受每一次的深呼吸,排除心中杂念,能够有效地清净内心,防止负面情绪滋生。
>
> 3. 合理宣泄法　将内心压抑的情绪向合适的对象、以合适的方式宣泄出来,使情绪恢复平静。但应注意宣泄要在合理的范围内,不能越过法律、道德底线。
>
> 4. 理智法　当消极情绪侵扰时,可以试着站在别人的立场多维度看待问题;也可试着将自己抽离出目前的困境,用全局观去辨证的分析问题。通过理智思考,或可发现问题的产生有时是自己认知失衡和思想狭隘所致,便可恢复心平气和的心境。
>
> 5. 自我激励法　通过不断设置并达到的小目标,获得充分满足感,逐步把握自我的情绪,建立信心。

3. 饮食调养　阴虚体质者,饮食调理的原则就是滋阴潜阳。宜食芝麻、蜂蜜、乳制品、豆制品、鱼类、蔬菜、水果等清淡饮食。条件许可者也可食用燕窝、海参、甲鱼等滋阴补品。少食葱、姜、韭、薤等大辛大热之物。"甲亢"疾患已发者应控制碘含量的摄入，少食或不食海产品。

4. 中药调养　桑椹有滋阴补血的功用，新鲜桑椹可直接食用，也可煮粥食用。夏枯草有清肝泻火、明目及散结消肿的功效，可代茶饮，或可与桑叶、菊花、决明子等清肝明目中药同用；也可饮用菊花茶、枸杞子茶等，对"甲亢"及其眼病有一定预防作用。此外，可酌情在冬季服用天王补心丹、一贯煎、沙参麦门冬汤等防治。

5. 其他调养　运动可畅通气血经络，有利于疾病的恢复。但体育锻炼不宜做剧烈运动，应选择柔缓而适度活动的项目，如太极拳、八段锦等。要注意运动量不可过大，以微微汗出为度。

二、夏季厌食症

夏季厌食症是一类季节相关性的消化功能紊乱综合征。每临炎热夏季，出现食欲不振，伴有肢体困倦，精力不济，消瘦等症状。进餐不定时，生活不规律，气候过热，湿度过高都可影响神经调节功能和消化液的分泌，造成食欲不振。中医认为本病病因多责之平素饮食不节，长期偏食，病机以肝阴不足，脾胃失和为主，在夏季暑湿蒸腾环境影响下，导致脾阳失展所致。

（一）季节对发病的影响

夏季厌食症患者一年四季都存在食欲不振的问题，但在夏季尤为严重，因夏季湿热较盛，易侵犯中焦脾胃。脾主运化，湿邪易损伤脾气而致运化失健，影响水谷的正常运化。湿性重浊黏滞，易阻气机，困阻中焦则脾胃气机升降失常，纳运失司，引起食欲减退。同时，夏热侵扰心神，心肝火旺，情绪失调，也易影响脾胃的功能。由于本病患者大多脾气素虚，尤其小儿形体未充，"脾常不足"，故夏季极易发病。所以，在冬季进补之时着重脾胃的调养，对其夏季发病将具有预防和减轻的作用。

（二）养护方法

1. 起居、环境调养　养成良好的睡眠习惯，冬日不可贪睡或熬夜，以免作息不规律而损伤脾胃。居室不可太暖或过于寒冷，以免阳热内蕴或伤及阳气，均不利于脾的运化。

2. 情志调养　肝主疏泄，调畅脾胃之气的升降，为脾胃的正常运纳创造条件。所以，应保持心情平和愉悦，进食前尽量排解消极负面情绪，以免影响脾胃正常运纳，更不可因情志不畅而拒绝进食。

3. 饮食调养　养成良好的饮食习惯，平素不偏食，不过食，不过饱、过饥，不过食辛辣、肥腻、生冷之品，以防胃肠积热或脾阳受伤。定时一日三餐，每餐荤素搭配，营养均衡。冬季进补以清补为好，健脾胃可多食粥，如山药粥、莲子粥、红枣粥、谷芽麦芽粥等；茯苓磨成粉可用水或牛奶冲服，也可制成糕点食用；可多食胡萝卜和山楂。

4. 中药调养　因脾胃虚弱而消化不良者，可用莱菔子消食除胀，鸡内金健胃消食，煎服或研磨成粉服用。也可用香砂六君丸、保和丸等。

5. 其他调养　可选择如下防治法：①穴位贴敷：穴位一般多选神阙、中脘、内关、气海、命门等。药物可选白术、山药、党参等补脾益气，吴茱萸、肉桂、干姜等温中散寒，砂仁、丁香、木香、藿香、佛手等行气和中，炒莱菔子、炒麦芽、山楂、炒神曲等消食化积。穴位贴敷的用法简便，洗浴后自行贴敷至相关穴位，持续过夜即可。②耳穴贴压法：将王不留行籽贴敷在 0.6cm×0.6cm 大小的医用胶布中央，在耳廓常规消毒后取脾、胃、口等穴，用镊子夹住胶布，贴敷其上即可。每于饭前按压 1 次，每日可按压 5~6 次，

211

每次时长控制在 2~3min,刺激强度依个人情况而定,以适当的酸痛、胀感为宜。③推拿法:包括捏脊和摩腹。捏脊即是双手沿着脊柱两旁,用捏法将背上的皮拎起,边提捏边向前推进,从尾骶部开始至颈项部结束,一般重复 3~5 次以完成 1 次完整的捏脊过程。摩腹时患者平卧,双手相叠置于脐下腹部,以脐为中心旋转,上至肋弓下至耻骨联合处,顺逆时针和摩腹圈数没有具体要求,以自我感受为度。需注意餐后不宜立即摩腹,以半小时后为宜。

三、慢性荨麻疹

荨麻疹是一种皮肤出现风团,时隐时现,自觉瘙痒的过敏性疾病,反复发作 6 周以上称为慢性荨麻疹。荨麻疹是由于人体受到各种因素的影响,导致其血管、黏膜及皮肤出现暂时性的组织内水肿及炎性充血的一种疾病。慢性荨麻疹是荨麻疹类型中病因最为复杂的一种,一般全身症状表现较轻,风团时多时少,但反复发生,迁延时间长。中医学认为,荨麻疹发病外多责之于六淫邪气客于肌表,营卫失和;内因于禀赋不足,脏腑功能失调所致。

(一)季节对发病的影响

夏季湿热当令,湿热交蒸入侵肌表,熏蒸皮肤易致荨麻疹发作。《医宗金鉴·痘疹心法要诀》云:"心火灼肺风湿毒,隐隐疹点发皮肤。"由于心与夏季相通应,夏季气温较高,心在五行中属火,人体极易感受暑热之邪而致心火亢盛。心主血脉,热入血分以致血热壅盛传于肌表,可发为荨麻疹;同时,血热蒸腾津液消耗则易致血瘀,血瘀则气机逆乱,内风引动荨麻疹发作。此外,夏季炎热,人们衣着单薄,皮肤暴露面积增大,起居不当或当风作业,风邪易乘虚而入,也是慢性荨麻疹易于发作的重要因素。本病患者大多肺卫不固,脾运失健而湿热内蕴,或为阴虚血燥之体,故冬令先行调养,可以减少来年夏季发病。

(二)养护方法

1. 起居、环境调养 冬季阳气内藏,寒气当令,慢性荨麻疹易发人群应注意阴精的养护。作息应做到早睡晚起,保证充足的睡眠,达到阳气潜藏,阴精养蓄的目的,不可太过劳累耗损肺卫阳气。睡前可用微烫的水泡脚,以微微汗出为宜。日常应注意及时增减衣物,室内的温度湿度应适宜。

2. 饮食调养 冬季饮食调养应遵循"秋冬养阴""无扰乎阳"的原则,既不宜过食生冷,也不宜叠进燥热,宜多食滋阴潜阳之物。素体湿盛或湿热内蕴者,牛羊肉等热量较高的食物及油腻之品不宜多食;忌食辛辣刺激食物,如辣椒、胡椒、洋葱、大蒜、咖啡、酒类等;忌食海腥、鱼、虾、蟹等发物,蔬菜中的竹笋、莴苣、芫荽等也应避免食用。应多摄取性味清淡平和的新鲜蔬菜,如青菜、大白菜、油菜、黄瓜、茼蒿等。

3. 中药调养 可选择具有祛风、清热、养阴、化湿等功效的药物进行调养。根据不同情况,药膳有祛风的防风粥,养阴润肺的百合粥,也可菊花、枸杞泡茶饮用清肝滋肾,或银耳、枸杞子、冰糖炖汤滋阴润燥,湿热素盛者可食赤小豆汤,饮荷叶茶,或食荸荠清热化痰。

4. 其他调养 本病发作常与情志因素有关,冬季舒畅情志,保持情绪的安宁愉悦,也是预防的重要方法。在不宜户外活动的日子,可通过阅读、听音乐、绘画、下棋等怡情悦志。此外,保持适度的运动,对增强体质、调节免疫功能也大有裨益。

学习小结

1. 学习内容

```
                                            ┌─ 衣食住行，养阴助藏
                                            ├─ 脏腑调摄，温肾藏精
                              ┌─ 养生大法 ──┼─ 精神调摄，内敛藏神
                              │             ├─ 饮食调养，增加热量
                              │             └─ 运动锻炼，持之以恒
          ┌─ 冬季养生原则 ───┤
          │                   │             ┌─ 生活要点
          │                   │             ├─ 饮食要点
          │                   └─ 养生要点 ──┼─ 运动要点
          │                                 ├─ 进补要点
          │                                 └─ 预防要点
          │
          │                   ┌─ 高血压
          │                   ├─ 脑卒中
冬季养生   │                   ├─ 慢性阻塞性肺疾病急性发作
及易发病 ──┤                   ├─ 类风湿性关节炎 ──── 季节对发病的影响
养护       │                   │
          ├─ 冬季易发病养护 ──┼─ 皮肤瘙痒症
          │                   ├─ 慢性胃炎
          │                   ├─ 便秘 ───────────── 养护方法
          │                   └─ 手足皲裂
          │
          │                   ┌─ 甲状腺功能亢进症
          └─ 夏病冬防冬养 ────┼─ 夏季厌食症
                              └─ 慢性荨麻疹
```

2. 学习方法　本章应重点学习并掌握冬季养生大法和冬季养生的基本要点,在熟悉冬季气候特点的基础上,学习冬季气候对常见易发病的影响及具体养护方法。并且,了解夏病冬防冬养的原理和基本养护方法。

(韩　捷　韩　进)

213

复习思考题

1. 冬季养生原则和养生大法是什么?
2. 冬季人体保暖应重点防护哪些部位?
3. 试述冬季运动养生的要点。
4. 哪些人群适宜膏方进补?

主要参考书目

1. 黄帝内经素问[M].北京:人民卫生出版社,1963.

2. 黄帝内经灵枢[M].北京:人民卫生出版社,1963.

3. 吴澄.月令七十二候集解[M].北京:中华书局,1985.

4. 高濂.遵生八笺[M].北京:人民卫生出版社,2007.

5. 薛雪.医经原旨[M].上海:上海中医学院出版社,1992.

6. 曹庭栋.老老恒言[M].长沙:岳麓书社,2004.

7. 郑观应.中外卫生要旨[M].广州:广东科技出版社,2014.

8. 陈克炯,陶国良,何士龙.养生四书[M].武汉:湖北辞书出版社,1998.

9. 雷载权.中华临床中药学[M].北京:人民卫生出版社,1998.

10. 颜德馨,夏翔.中华养生大全[M].上海:上海科学技术出版社,2001.

11. 龚婕宁,宋为民.新编未病学[M].北京:人民卫生出版社,2005.

12. 漆浩,陈利苹.中医时间医学全书[M].北京:学苑出版社,2008.

13. 郭海英.中医养生学[M].北京:中国中医药出版社,2009.

14. 苏颖.中医运气学[M].北京:中国中医药出版社,2009.

15. 马烈光.中医养生学[M].2版.北京:中国中医药出版社,2012.

16. 刘清国,胡玲.经络腧穴学[M].北京:中国中医药出版社,2012.

17. 高树中.针灸治疗学[M].2版.上海:上海科学技术出版社,2015.

18. 周祯祥,唐德才.中药学[M].2版.北京:中国中医药出版社,2016.

19. 薛伯瑜,吴伟.中医内科学[M].3版.北京:人民卫生出版社,2017.

20. 杨力.农历养生法[M].北京:中国中医药出版社,2018.

模拟试卷与参考答案

教学大纲

全国中医药高等教育教学辅导用书推荐书目

一、中医经典白话解系列

黄帝内经素问白话解（第 2 版）	王洪图　贺娟
黄帝内经灵枢白话解（第 2 版）	王洪图　贺娟
汤头歌诀白话解（第 6 版）	李庆业　高琳等
药性歌括四百味白话解（第 7 版）	高学敏等
药性赋白话解（第 4 版）	高学敏等
长沙方歌括白话解（第 3 版）	聂惠民　傅延龄等
医学三字经白话解（第 4 版）	高学敏等
濒湖脉学白话解（第 5 版）	刘文龙等
金匮方歌括白话解（第 3 版）	尉中民等
针灸经络腧穴歌诀白话解（第 3 版）	谷世喆等
温病条辨白话解	浙江中医药大学
医宗金鉴·外科心法要诀白话解	陈培丰
医宗金鉴·杂病心法要诀白话解	史亦谦
医宗金鉴·妇科心法要诀白话解	钱俊华
医宗金鉴·四诊心法要诀白话解	何任等
医宗金鉴·幼科心法要诀白话解	刘弼臣
医宗金鉴·伤寒心法要诀白话解	郝万山

二、中医基础临床学科图表解丛书

中医基础理论图表解（第 3 版）	周学胜
中医诊断学图表解（第 2 版）	陈家旭
中药学图表解（第 2 版）	钟赣生
方剂学图表解（第 2 版）	李庆业等
针灸学图表解（第 2 版）	赵吉平
伤寒论图表解（第 2 版）	李心机
温病学图表解（第 2 版）	杨进
内经选读图表解（第 2 版）	孙桐等
中医儿科学图表解	郁晓微
中医伤科学图表解	周临东
中医妇科学图表解	谈勇
中医内科学图表解	汪悦

三、中医名家名师讲稿系列

张伯讷中医学基础讲稿	李其忠
印会河中医学基础讲稿	印会河
李德新中医基础理论讲稿	李德新
程士德中医基础学讲稿	郭霞珍
刘燕池中医基础理论讲稿	刘燕池
任应秋《内经》研习拓导讲稿	任廷革
王洪图内经讲稿	王洪图
凌耀星内经讲稿	凌耀星
孟景春内经讲稿	吴颢昕
王庆其内经讲稿	王庆其
刘渡舟伤寒论讲稿	王庆国
陈亦人伤寒论讲稿	王兴华等
李培生伤寒论讲稿	李家庚
郝万山伤寒论讲稿	郝万山
张家礼金匮要略讲稿	张家礼
连建伟金匮要略方论讲稿	连建伟

李今庸金匮要略讲稿	李今庸
金寿山温病学讲稿	李其忠
孟澍江温病学讲稿	杨进
张之文温病学讲稿	张之文
王灿晖温病学讲稿	王灿晖
刘景源温病学讲稿	刘景源
颜正华中药学讲稿	颜正华　张济中
张廷模临床中药学讲稿	张廷模
常章富临床中药学讲稿	常章富
邓中甲方剂学讲稿	邓中甲
费兆馥中医诊断学讲稿	费兆馥
杨长森针灸学讲稿	杨长森
罗元恺妇科学讲稿	罗颂平
任应秋中医各家学说讲稿	任廷革

四、中医药学高级丛书

中医药学高级丛书——中药学（上下）（第 2 版）	高学敏　钟赣生
中医药学高级丛书——中医急诊学	姜良铎
中医药学高级丛书——金匮要略（第 2 版）	陈纪藩
中医药学高级丛书——医古文（第 2 版）	段逸山
中医药学高级丛书——针灸治疗学（第 2 版）	石学敏
中医药学高级丛书——温病学（第 2 版）	彭胜权等
中医药学高级丛书——中医妇产科学（上下）（第 2 版）	刘敏如等
中医药学高级丛书——伤寒论（第 2 版）	熊曼琪
中医药学高级丛书——针灸学（第 2 版）	孙国杰
中医药学高级丛书——中医外科学（第 2 版）	谭新华
中医药学高级丛书——内经（第 2 版）	王洪图
中医药学高级丛书——方剂学（上下）（第 2 版）	李飞
中医药学高级丛书——中医基础理论（第 2 版）	李德新　刘燕池
中医药学高级丛书——中医眼科学（第 2 版）	李传课
中医药学高级丛书——中医诊断学（第 2 版）	朱文锋等
中医药学高级丛书——中医儿科学（第 2 版）	汪受传
中医药学高级丛书——中药炮制学（第 2 版）	叶定江等
中医药学高级丛书——中药药理学（第 2 版）	沈映君
中医药学高级丛书——中医耳鼻咽喉口腔科学（第 2 版）	王永钦
中医药学高级丛书——中医内科学（第 2 版）	王永炎等